기업도시, 대한민국 新성장전략

기업도시, 대한민국 新성장전략

2008년 1월 18일 초판 1쇄 인쇄
2008년 1월 21일 초판 1쇄 발행

지은이 | 이규황
펴낸곳 | 삼성경제연구소
펴낸이 | 정구현
출판등록 | 제302-1991-000066호
등록일자 | 1991년 10월 12일
주　　소 | 서울시 서초구 서초2동 1321-15 삼성생명 서초타워 30층
　　　　　전화 3780-8153, 8372(기획), 3780-8084(마케팅)
　　　　　팩스 3780-8152
　　　　　http://www.seri.org　　seribook@seri.org

ISBN | 978-89-7633-370-4　03320

삼성경제연구소 도서정보는 이렇게도 보실 수 있습니다.
인터넷 홈페이지에서 → SERI 북 → SERI가 만든 책

CORPORATE CITY

기업도시,
대한민국 新성장전략

이규황 지음

삼성경제연구소

책머리에

CORPORATE CITY

세계화의 진전에 따라 도시가 경쟁의 주체가 되었다. 도시경쟁력이 곧 국가경쟁력이 된 것이다. 따라서 도시가 경쟁력을 가져야 세계화된 시장에서 승리할 수 있다. 그러려면 기업하기 좋은 환경을 만들어야 한다. 도시는 성장잠재력을 키우고 도시경제를 활성화하여 많은 일자리를 창출해내고 소득 수준을 높여야 한다. 또한 기업의 입지환경이나 인프라를 개선하고 성장동력도 확보해야 한다. 아울러 삶의 질을 높이기 위해 주택·복지·의료서비스가 보장되어야 하며, 우수한 인적자원을 양성하여 공급해야 한다. 이를 위해서는 경쟁과 자율이 보장되는 교육과 의료 서비스가 필수적이다.

기업도시는 이런 목적을 달성하기 위해 구상되었다. 기업하기 좋은 환경을 만들어 투자를 활성화하고자 했다. 일자리 창출로 고용을 늘리고, 소득 증대로 경제 성장을 도모하고자 했다.

기업도시는 혁신클러스터를 담는 그릇이 되고자 했다. 대학·연구소와 대·중소기업, 금융기관과 정부·지방자치단체가 클러스터의 요소이다. 이들이 수평적이고 수직적인 네트워크를 이루어 협력과 경쟁으로 정보와 지식을 공유하고 신기술을 창출한다. 적극적인 R&D로 생산성을 대폭 늘리면 지역과 산업의 경쟁력은 크게 높아진다. 클러스터는 의료·관광·첨단산업 등 모든 산업 분야에서 가능하다. 세계적으로 핵심이 되는 산업을 발굴하고 선도하는 것은 우리 경제가 선진국으로 가는 지름길이기도 하다. 이를 위해 교육시장이 강력하게 뒷받침되어야 하고, 선진화된 의료시장도 필요하다. 외국의 기업도시도 자유로운 기업환경과 최고의 질을 보상하는 교육 때문에 성공했다.

저자가 기업도시를 제안하면서 가장 중점적으로 추진하고 싶은 것도 교육과 의료시장의 개혁이었다. 이 부문은 전국적인 차원에서 규제를 완화하는 것이 매우 힘들다. 따라서 기업도시에서부터 개선을 시도하고 효과를 평가하면서 이를 전국으로 넓혀나가는 것이 바람직하다고 생각했다. 그러나 기업도시의 제도화방안을 마련한 법률에 이 부문이 충분히 반영되지 못하였다. 이 점이 저자로 하여금 이 책을 쓰도록 했다.

저자는 기업도시의 성공을 기원한다. 그리고 우리 경제는 서비스산업의 비중을 높여 고용을 늘리는 것이 매우 중요하다. 이런 면에서도 가장 중요한 산업이 바로 교육·의료·관광 등이다. 기업도시는 이를 산·관·학 클러스터로 훌륭하게 담아내야 한다.

이 책은 5개의 부로 되어 있다. 제1부는 기업도시의 탄생을 설명한다. 제2부는 기업도시의 검토 배경, 제3부는 제도적으로 담아야 할 기업도시 건설방안을, 제4부는 외국의 기업도시 사례와 성공요인, 시사점을 분석하고, 제5부는 기업도시 추진에 따른 주요 과제, 민간에게 부여하는 토지수용권과 도시개발권 문제를 분석하고, 기업도시 투자활성화를 위한 출자총액제한제도의 폐지방안과 기업도시에 담아야 할 교육시장과 의료시장의 개혁방안을 설명한다.

이 책은 많은 분들의 도움이 없이는 완성되지 못했을 것이다. 제2부 기업도시의 검토 배경에서 투자문제, R&D 활성화나 총요소생산성의 향상은 한국경제연구원 배상근 박사의 도움을 받았다. 제4부 외국의 기업도시와 시사점은 삼성경제연구소의 복득규·박용규 수석연구원이 썼다. 제5부에서 민간에게 부여하는 토지수용권이나 도시계획권과 개발이익 환수에 대한 논의는 명지대 정우형 교수가 작성해준 것을 정리하였다. 또 출자총액제한제도에 대한 논의와 교육시장 개혁방안에 대하여는 전국경제인연합회의 유환익 차장과 한선옥 연구원이 도와주었다. 산업으로서 의료서비스의 영리법인화와 민간의료보험의 확충은 경희대 정기택 교수가 분석했다. 이 모든 분들께 진심으로 감사드린다.

원고를 읽어주고 좋은 의견을 내준 전국경제인연합회의 임상혁 차장, 원고를 정리해준 노지연, 김정필 양에게도 감사드린다. 책의 편집과 출간을 맡아준 삼성경제연구소 출판팀에도 고마움을 표하고자 한다.

2008년 1월
이규황

차례

CORPORATE CITY

책머리에 • 4

1부 | 기업도시의 탄생

01 기업도시의 발원 — 17

1. 일자리 창출과제의 추진 배경 — 18
2. 일자리 창출의 기본방향 — 19
3. 기업도시 건설 — 26

02 기업도시 추진을 위한 법제도 — 30

1. 도시개발 관련제도 — 30
2. 기존 제도에 의한 기업도시 추진상의 한계 — 34
기업도시의 목적과 기능 충족 곤란 • 34   도시개발 관련제도의 문제 • 36
도시개발 추진상의 문제 • 38

2부 | 기업도시의 검토 배경

01 장기투자 부진의 근본적 타개 — 45

1. 기업도시와 투자촉진 — 45
2. 투자 부진현황과 원인 — 47
   설비투자현황 • 47 투자부진의 원인 • 50
3. 투자활성화대책 : 기업하기 좋은 환경의 조성 — 55

02 기업도시를 통한 일자리 창출 — 60

1. 기업도시와 일자리 창출 — 60
2. 우리 경제의 일자리 현황 — 63
   일자리 창출 추이 • 63 경제성장의 일자리 창출 둔화 원인 • 65
3. 일자리 창출대책 — 78

03 총요소생산성 향상을 통한 경제성장 도모 — 81

1. 기업도시와 총요소생산성 향상 — 81
2. 요소투입 증가에서 총요소생산성 증가로의 전환 — 83
   총요소생산성의 현황 • 83 총요소생산성 향상대책 • 85
3. R&D의 적극적 실현으로 경쟁력 제고 — 87
   R&D투자 현황 • 87 우리나라 R&D투자의 문제점 • 94 R&D투자대책 • 100

04 경쟁력 있는 도시 건설로 국가경쟁력 확보 — 104

1. 세계화에 대응하기 위한 도시경쟁력 확보 필요 — 104
2. 기업도시 건설로 도시경쟁력 확보 — 108
3. 기업도시를 통한 클러스터 형성 — 111

3부 | 기업도시개발특별법의 제정 건의

01 검토 배경 —————————————— 117

02 기업도시의 개념과 유형 ———————— 119
  1. 기업도시의 개념 ——————————— 119
  2. 기업도시의 유형 ——————————— 120

03 기업도시 건설의 경제적 효과 —————— 122

04 기업도시 건설방안 ——————————— 124
  1. 도시개발과 토지공급 ————————— 124
  2. 수준 높은 교육서비스의 제공 ————— 129
    초·중등 교육제도의 개선 • 129   교육시장의 개방 • 137
  3. 양질의 의료시설 확보 ————————— 142
  4. 관광·레저시설의 확충 ———————— 148
  5. 투자환경 개선 ———————————— 152
  6. 세제지원 —————————————— 154
  7. 노동시장의 유연성 제고 ———————— 157

05 기업도시개발특별법의 제정과 과제 ——— 160

4부 | 외국의 기업도시와 시사점

01 주요 기업도시 ——————————————— 165

1. 일본의 도요타시 ——————————————— 165
일본 제조업의 자존심 도요타시 • 165   섬유산지에서 자동차 집적지로 발전 • 167
도요타 중심의 협력네트워크 형성 • 169

2. 스웨덴의 시스타 사이언스 시티 ——————————————— 174
세계적인 무선통신 밸리 • 174   군사훈련장에서 사이언스 시티로 발전 • 175
에릭슨 중심의 클러스터 형성 • 176

3. 핀란드의 울루시 ——————————————— 180
북유럽 최초의 사이언스 파크 • 180   울루 클러스터의 비전 제시자인 울루대학 • 182
클러스터의 네트워크 구조 • 185

4. 프랑스의 소피아 앙티폴리스 ——————————————— 188
유럽의 선도적 과학연구단지 • 188   지중해 관광지에서 유럽의 혁신거점으로 성장 • 191
쾌적한 거주환경을 바탕으로 외자유치 성공 • 194

5. 미국의 랠리 Research Triangle Park(RTP) ——————————————— 196
대학 중심의 R&D 클러스터 • 196
지역경제 활성화를 위한 계획형 연구단지로 조성 • 200
우수대학과 기업의 결합이 핵심 성공요인 • 201

02 시사점 ——————————————— 205

1. 다양한 경로를 통한 기업도시 형성 ——————————————— 205
2. 클러스터의 형성과 기업의 주도적 참여 ——————————————— 206
3. 확실한 경쟁 우위의 확보 ——————————————— 207
4. 탁월한 교육 및 생활환경 구비 ——————————————— 208
5. 장기·지속적인 추진과 다른 지역과의 연계 ——————————————— 209

5부 | 기업도시와 주요 과제

01 기업도시와 도시개발권 ─────────── 213

1. 기업도시 개발의 개념 213
2. 민간기업과 도시개발권 217
도시개발권의 개념 • 217   도시개발권 부여의 필요성 • 219
3. 지방자치단체의 계획고권의 문제 227
계획고권의 개념 • 227   지방자치단체 계획고권의 보장 • 229
4. 현행제도 234
기업도시개발사업의 주체 • 234   기업도시개발구역의 지정제안 • 236
기업도시개발사업과 기반시설 부담 • 238
5. 향후의 과제 243
기존 도시계획과의 연계성과 주민참여 • 243   기업도시개발사업 후의 도시관리 • 245
기업도시개발사업의 위험부담 • 247

02 기업도시와 토지수용권 ─────────── 250

1. 이론으로 살펴본 쟁점 250
토지수용의 요건 • 250   토지수용의 주체 • 254
토지수용권 부여와 사적수용이론 • 258
2. 토지수용권 부여에 대한 논의 266
전경련의 정책건의와 입법화 논의 과정 • 267
토지수용권 부여에 대한 찬반 논의 • 271   요약 및 결론 • 277
3. 현행제도 281
토지수용권의 부여 • 281   토지수용권의 요건 • 283   토지수용권의 행사 • 285
4. 향후의 과제 287
토지수용의 절차규정 • 287   계속적인 공익사업의 수행 • 290
토지취득 및 보상에 관한 업무의 구체적 범위 • 292

03 기업도시와 개발이익 환수 — 295

1. 개발이익의 개념 — 295

2. 개발이익 환수의 논의 과정 — 299
필요성 • 299   논의 과정 • 299   환수규모 및 방법 • 303

3. 현행제도 — 308
개발이익의 환수체계 • 308   개발이익의 산정 • 311
개발이익 환수에 의한 시설의 설치 • 314

4. 향후의 과제 — 318
미실현 개발이익의 환수 • 318   개발이익의 환수 수준 • 321
개발이익 환수의 부담대상자 • 325

04 출자총액제한제도의 폐지 — 328

1. 기업도시에 대한 출자총액제한제도의 폐지 필요 — 328

2. 출자총액제한제도의 내용 — 331
도입 배경 • 331   변천 과정 • 332   출자총액제한제도의 내용 • 334

3. 출자총액규제의 타당성 검토 — 340
소유-지배구조 개선 • 340   경제력집중 방지 • 350   동반부실화 방지 • 355
중소기업과의 공정경쟁 저해 • 358

4. 출자총액규제의 문제점 — 361
투자 저해 • 362   경영권 방어 곤란 • 366   신성장동력의 출현 제약 • 368
기업 경영의 불확실성 가중 • 370   우리나라에만 있는 유일한 제도 • 371

5. 출자총액제한제도의 폐지 — 373
규제의 논거에 대한 문제 • 373   출자총액제한제도의 실효성 미약 • 377
입법목적은 시장에 의하여 달성되고, 부작용은 심화 • 378

05 교육제도의 개선 ──────────── 380

1. 경쟁이 되는 교육개혁이 되어야 기업도시 성공 가능 ⋯ 380
2. 초·중등 교육제도의 개선 ⋯ 384
자립형 사립고교의 확대 • 384   협약학교제도의 도입 • 391
3. 대학시장의 경쟁 도입 ⋯ 395
대학의 경쟁 촉진 • 395   영리법인의 대학 허용 • 399   사립대학의 재원 확보 • 408
대학평가제도 개선 • 413   전문대학 교육개혁 • 418

06 의료산업의 육성 ──────────── 425

1. 고급의료시설의 확보가 기업도시의 성공 보장 ⋯ 425
2. 영리법인 병원의 허용 ⋯ 428
논쟁의 배경 • 428   영리법인 허용의 긍정적 효과 • 431
영리법인 병원 도입의 실증적 효과 • 436   점진적인 영리법인 병원 허용방안 • 446
차선책으로 병원경영지원회사(MSO)의 활용방향 • 447
3. 민영건강보험을 활용한 건강 보장 강화 ⋯ 453
민영건강보험의 개념과 현황 • 453   우리나라 공·사 건강보험의 근본적 문제 • 456
건강보험 관련문제에 대한 왜곡 • 459
도덕적 해이와 실손형 민영건강보험의 영역 • 460
질환 중심 보장성 강화의 문제점 • 461
실손형 민영건강보험을 활용한 보장성 강화방안 • 462

참고문헌 • 466

C O R P O R A T E C I T Y

--------- 1부

기업도시의 탄생

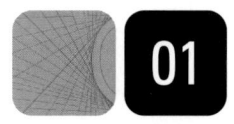

기업도시의 발원

 기업도시는 2004년 2월 25일 전국경제인연합회에서 마련한 '일자리 창출과제 추진계획(안)'에서 중요 과제로 탄생되었다. 일자리 감소에 대한 대책은 당시 경제 현안 가운데 우선순위가 높은 과제 중의 하나였다. 일자리 창출은 경제의 선순환(善循環)을 구축하는 기본요소이며, 고용창출은 근로소득을 증대시키고 이는 소비를 확대시킨다. 그 결과 늘어나는 수요에 대응하여 공급을 늘리고자 기업은 더 많은 투자를 하게 되고 이를 통해 경제가 성장할 수 있기 때문이다.

 그리하여 일자리 창출대책의 기본방향으로 네 가지가 마련되었다. ① 투자를 활성화하고, ② 서비스산업을 육성하며, ③ 수요자가 요구하는 인력을 공급하고, ④ 노동시장을 유연하게 만드는 것이다.

 기업도시 건설은 이 네 가지 가운데 투자를 늘리는 방안의 일환으로 제시되었다. 이하에서는 '일자리 창출과제 추진계획(안)'을 중심으로 그 추진 배경과 기본방향을 살펴봄으로써 기업도시의 출발을 구체적으로 설명하고자 한다.[1]

1. 일자리 창출과제의 추진 배경

지금도 과제의 비중은 동일하지만, 지난 2004년에는 일자리 감소가 우리나라 경제의 중대 현안으로 부각되었다. 2004년 2월 실업자 수는 95만3천 명으로 2001년 4월 이후 가장 많았다. 특히 15세에서 29세까지의 청년실업은 9.5% 수준에 이르렀다. 2001년 3월의 9.6% 이후 최악이었다. 비경제활동인구 중 구직단념자도 2004년 1월 12만4천 명으로 전년 동월 6만8천 명에 비해 82.4% 이상이나 늘어났다. 구직단념자는 비경제활동인구 중 취업의 의사와 능력은 있으나, 취업이 어려워 일자리를 구하지 못한 자 가운데서 지난 1년 내 일자리를 구했던 경험이 있는 사람을 말한다.

일자리 감소의 구조적인 문제는 '고용 없는 성장'에 있다. 경제성장에도 불구하고 고용을 일으키는 여력이 줄어들고 있는 것이다. 예를 들면, 제조업이 전체 GDP에서 차지하는 비중은 크나 일자리의 제공역할은 줄었다. 제조업 중에서도 1990년대 들어서면서 고용효과가 높았던 섬유관련 산업의 비중이 낮아졌다. 반면 전기·전자산업 등 IT산업의 비중은 높아지고 있으나 이들의 일자리 창출효과도 매우 낮다. 외환위기 이후 취업계수(실질GDP 기준 10억 원당 취업자 수)는 34.9명으로 1980년대의 73.1명에 비해 절반 수준으로 떨어졌다. 또 우리 경제의 고용흡수력을 보여주는 고용탄성치(GDP성장률 대비 취업자 수 증가율)는 1980~1990년대 이후 0.32에서 외환위기 이후 0.23으로 하락했다.

노동시장의 진입과 퇴출이 자유롭지 못한 것도 문제이다. 노동시장의

---

1 전국경제인연합회, "일자리 창출과제 추진계획(안)", 2004. 2. 25, pp. 1~36.

표 1 기간별 평균 취업계수 및 고용탄성치 추이   (단위 : %, 명)

	1971~1979년	1980~1989년	1990~1997년	1998~2006년
취업자 수 증가율(A)	3.94	2.84	2.31	1.01
GDP성장률(B)	8.28	8.74	7.25	4.33
고용탄성치(=A/B)	0.48	0.32	0.32	0.23
취업계수	116.4	73.1	46.5	34.9

자료 : 전국경제인연합회, "일자리 창출과제 추진계획(안)", 2004. 2. 25, p. 2, 한국은행, 통계청.

유연성이 크게 개선되지 않고 있어서 5인 이상 사업장의 입직률(入職率)과 이직률(移職率)을 합한 노동이동률은 4~5% 수준으로 별 변화가 없다. 2003년에는 오히려 노동이동률이 하락했다.

사실 일자리를 만들어 고용을 늘리는 것은 모든 국가의 공통된 고민이다. 1990년대 초 유럽은 실업인구 1천7백만 명으로 실업률이 10%를 넘었다. 높은 인건비와 기업에 대한 규제 때문에 기업들은 해외로 나가 실업자 수는 더욱 증가했다. 미국도 비용을 줄이고자 콜센터와 같은 단순서비스직이나 IT기술서비스직은 해외에서 아웃소싱하기 때문에 국내의 일자리는 좀처럼 늘지 않고 있다.

이처럼 일자리 창출을 제약하는 요인들은 많다. 그러므로 일자리를 만들 수 있는 기업이 '투자활성화를 통하여 일자리를 창출'하는 중·장기적인 대책을 세울 필요가 있다.

2. 일자리 창출의 기본방향

일자리 창출과 고용확대 방안의 기본방향은 ① 투자활성화, ② 서비스산업의 육성, ③ 수요자 중심의 인력공급, ④ 노동시장의 유연성 강화 등이다.

첫째, 투자를 활성화해야 한다. 일자리 창출의 제일 첩경은 투자확대이다. 투자가 늘어나야 일자리가 증가하고 고용이 창출된다. 그러면 소득이 늘고 소비가 증가되면서 투자도 다시 늘어난다. 전국경제인연합회가 조사한 결과에 따르면 투자가 17.1% 늘면 12.7만 명의 신규고용이 발생한다. 따라서 기업이 적극적인 투자를 할 수 있도록 투자 저해요인을 제거해야 한다. 또 관광·문화산업 등 고용을 많이 유발할 수 있는 고부가가치산업을 육성해야 한다.

외국인투자도 많이 유치해야 일자리가 늘어난다. 국내 제조업 전체의 고용 가운데 외국인투자기업이 차지하는 비중은 1997년 5.5%에서 2001년에는 8.3%로 크게 늘어났다. 그러나 외국인투자액은 2000년의 152억 달러에서 2003년에는 65억 달러로 지속적으로 줄어들고 있다. 그러므로 투자환경을 개선해서 외국인투자를 더욱 활성화시켜야 한다.

둘째, 서비스산업을 육성해야 한다. 서비스업에서는 연간 30~40만 개씩 일자리가 생겨난다.

전체고용에서 서비스업이 차지하는 비중을 살펴보면 지난 1970년부터 2002년까지 제조업은 5%포인트 늘어났으나 서비스업은 무려 35%포인트나 증가하였다. 실질적으로 일자리 창출을 서비스산업이 주도한 것이다. 또 국민생산에서도 제조업이 차지하는 비중은 지난 30년간 7%포인트 증가한 데 비해 서비스업은 13%포인트나 증가하였다.

이처럼 서비스산업은 우리 경제구조의 생산·고용 측면에서 매우 중요한 분야로 성장했다. 따라서 우리 경제의 성장잠재력을 키우고 경쟁력을 높이기 위해서는 서비스산업의 육성이 매우 절실하다. 서비스산업

표 2 산업별 전년대비 취업자 수 증감

(단위 : 만 명)

	2002년	2003년	2004년	2005년	2006년
전 체	60	-3	42	30	30
서비스업	70	13	46	36	39

자료 : 전국경제인연합회, 전게서, 2004. 2. 25, p. 4, 통계청.

표 3 산업별 고용비중 추이

(단위 : %)

	GDP(경상)			고용		
	1970~2000년 증가율	비중		1970~2000년 증가율	비중	
		1970년	2002년		1970년	2002년
제조업	11.7	21.2	28.8	4.1	14.3	19.1
서비스업	7.1	43.0	55.8	4.8	29.0	63.5

주 : 고용증감(1992~2003년) : 서비스업(454만 명), 농림·어업(-72만 명), 제조업(-78만 명).
자료 : 전국경제인연합회, 전게서, 2004. 2. 25, p. 4.

은 일자리를 만들고 제조업 혁신 지원동력으로서 경제성장을 돕는다. 뿐만 아니라 서비스산업 자체로서도 새로운 성장동력으로 발전할 수 있다. 그러나 제조업의 서비스화는 빠르게 진행되고 있는 데 비해 서비스업의 생산성은 매우 낮다. 2000년도 제조업의 생산성을 100으로 볼 때 우리나라의 서비스업 생산성은 50이고, 미국은 68, 일본은 88이다. 특히, 제조업 경쟁력의 바탕이 되고 있는 사업지원 서비스산업의 발전이 미흡하여 제조업의 생산성이 높아지는 것을 가로막고 있다. 그러므로 서비스산업의 경쟁력을 강화하는 방안을 강구해야 한다. 무엇보다 서비스산업의 시장을 개방하고 경쟁을 촉진하는 한편 서비스산업에 대한 규제를 완화해야 한다.

셋째, 수요에 알맞은 인력을 공급해야 한다. 이제는 지식과 정보가 기반이 되는 사회이다. 이에 따라 산업이 바뀌고 이들 산업의 경쟁력을 뒷받침할 인적자원이 매우 중요하다. 따라서 교육시장의 근본적인 변화가 필요한 때이다. 교육시장은 경쟁이 보장되고 개방되어야 하며, 수요자

표 4 기업규모에 따른 급여 비교 (단위 : 천 원/월)

	1997년	1998년	1999년	2000년	2001년	2002년
10~29인(A)	1,283	1,255	1,376	1,497	1,606	1,705
500인 이상(B)	1,774	1,765	2,019	2,195	2,313	2,718
A/B(%)	0.72	0.71	0.68	0.68	0.69	0.62

자료 : 노동부, 매월 노동통계 조사보고서 각호.

의 요구에 부합하는 인재를 양성하여야 한다.

노동시장의 미스매치(Mismatch) 현상도 매우 심각하다. 일자리는 몹시 부족하지만 기업 눈높이에 맞춘 인력은 공급되지 못하고 있다. 고학력자들은 대기업 등 '괜찮은 일자리(Decent Job)'만 선호하고 있다. 이는 대기업과 중소기업 간 임금격차가 크기 때문인데, 고용인력이 10~29인인 기업의 급여액은 500인 이상을 고용하는 기업의 62% 수준이다. 따라서 고학력자들의 대기업 선호도는 더욱더 증가하고 있다.

그리고 기업은 신규인력 대신 활용이 즉시 가능한 경력직 인력을 우선 고용하려고 한다. 이는 신규인력을 양성하는 데 시간과 비용이 많이 들기 때문이다. 1997년 경력직 채용비율은 39.3% 수준이었으나 2000년에는 81.8%로 크게 올랐다. 그만큼 신규인력의 취업가능성은 낮아지고 있다.

반면 중소기업은 인력을 구하지 못하여 폐업하거나 생산기지를 해외로 이전하고 있다. 특히 기능직이나 단순노무직 등 3D 업종의 인력은 매우 부족하다. 이와같은 수급불균형을 약 40만 명으로 추정되는 외국인 근로자들이 메우고 있다.

고급인력 또한 제대로 공급되지 못하고 있다. 과학·기술 분야는 물론 전문경영자, 재무전문가, 문화컨텐츠 등의 분야에서는 고급인력의 공급이 턱없이 부족하다. 반면에 이공계 석·박사 인력의 공급은 풍부하다. 교육부의 2000년 인력 수급 예측에 따르면 생물, 물리, 화학, 섬유,

표 5 중소기업의 인력부족 및 부족률
(단위: 천 명, %)

구분	사무관리직	생산직					서비스직	판매관리직	전체
		전문가	기술 및 준전문가	기능직	단순노무직	계			
현재인원	438	66	201	607	676	1,550	21	82	2,091
부족인원	11	5	13	52	52	122	0.6	5	139
부족률	2.46	6.25	6.25	7.93	7.08	7.30	2.96	6.09	6.23

자료: 중소기업청, 중소기업 인력부족 현황 조사결과, 2003.

표 6 고급인력의 국제경쟁력

구분	기술인력 공급	외국고급인력 유치	재무기술인력	상위경영자
순위	20위	16위	22위	22위

주: 인구 2천만 명 이상의 30개국 중 한국의 순위.
자료: IMD World Competitiveness Yearbook, 2003.

금속재료, 토목 등 이공계 석·박사 인력은 수요에 비해 공급이 훨씬 많았다. 그러나 전문인력의 국제경쟁력은 매우 낮다.

넷째, 노동시장의 유연성을 높여야 한다. 노동조합이 요구하는 임금인상은 생산성 증가율을 상회한다. 그 결과 기업의 경쟁력은 약화되고, 새로운 일자리를 만드는 데 큰 걸림돌이 된다. 1970~1980년대 우리나라 경제의 고도성장기에는 생산성과 실질임금이 비슷한 수준으로 늘어났다. 그러나 2001년 이후에는 실질임금 증가율이 노동생산성 증가율의 2배에 이른다. 이 때문에 경영자들의 41.7% 이상이 생산성 범위를 벗어나는 노조의 무리한 임금인상 요구를 경영의 가장 어려운 요인 중의 하나로 지적하고 있다.

따라서 생산성 범위 내로 임금인상률을 조정해야 한다. 객관적으로 생산성이나 성과를 나타낼 수 있는 지표가 만들어지고, 이를 기준으로 임금이 조정되어야 한다. 또 근속연수에 따라 임금이 늘어나는 정기승급제도를 없애야 한다. 앞으로는 직무급제도나 성과주의 임금제체가 도

표 7 제조업 임금과 노동생산성 추이
(단위 : %, 시간)

	1970년대	1980년대	1990년대	2001~2002년	2003년상반기
명목임금 증가율	26.5	15.9	10.7	11.0	10.2
실질임금 증가율	8.9	9.1	5.3	7.4	6.3
노동생산성 증가율	8.3	8.0	11.9	4.3	3.7
월평균 근로시간	225.4	231.4	211.3	208.5	206.4

자료 : 산업자원부, 우리나라의 임금과 생산성, 2003.

입되어야 한다. 아울러 근로자의 근로소득세를 경감하고, 주택 및 부동산가격을 안정시키는 한편, 교육개혁을 통해 사교육비를 절감하여 근로자의 실질소득이 늘어나도록 해야 한다.

노동시장의 유연성을 저해하는 또 하나의 요인은 경직된 고용환경이다. 노동계의 고용보장 요구로 신규채용을 어렵게 하고, 대규모 사업장의 정규직을 과도하게 보호하고 있다. 경영상 해고요건이 매우 강화되어 구조조정이 어렵다. 해고요건은 ① 긴박한 경영상의 필요, ② 사용자의 해고 회피 노력, ③ 해고대상자 선정의 합리적이고 공정한 기준, ④ 노조에게 50일 전 사전통보 및 협의 등이다.

또한, 근로자 파견제도나 대체근로자 허용조건도 매우 제한적이다. 따라서 노동시장에 걸맞은 고용여건을 만들어 노동시장을 유연하게 해야 한다. 해고조건을 완화하고, 파견근로자 허용업종을 대폭 자유화하면서, 대체근로를 전면적으로 허용해야 한다.

비정규직에 대한 합리적 대책도 필요하다. 비정규직 문제는 과도한 정규직 보호에서 기인한다. 기업이 비정규직을 선호하는 것은 노동시장의 경직된 고용규제 때문이다. 따라서 정규직에 대한 고용규제 완화와 비정규직에 대한 합리적 보호대책이 필요하다. 또 비정규직에 대한 내실 있는 직업훈련 그리고 여성, 청년, 고령자 등 노동시장 취약계층에 대

표 8 노동시장의 유연화 방안 예시

과제	현행	개선방향
해고제한조건의 완화 (「근로기준법」 제24조)	• '긴박한 경영상의 필요' • 해고 50일 전 노조에 통보	• '경영상의 필요'로 완화 • 사전통보기간의 단축(예: 30일)
근로자파견제 규제 완화 (「파견근로자보호 등에 관한 법률」 제5·6조)	• 대상업종을 26개로 제한* • 파견기간 최장2년	• 대상업종의 대폭 확대(원칙적 자유화) • 파견기간 연장 • 정규직 전환규정 삭제
대체근로자 채용 허용 (「노동조합 및 노동관계조정법」 제43조)	• 외부근로자의 대체근로 금지	• 민간 및 공공사업장의 대체근로 전면허용

주 : * 대상업종 : 컴퓨터전문가, 기록보관원, 언어학자, 번역가, 전신·전화통신기술공, 도안사, 녹화장비조작, 관리비서, 예술·연예, 비서, 타자원, 수금원, 전화교환원, 여행안내요원, 조리사, 보모, 간병인, 주유원, 자동차운전원, 건물청소원, 수위 등.
자료 : 전국경제인연합회, 전게서, 2004. 2. 25, p. 29.

한 대책도 필요하다.

　근속연한에 따라 임금이 늘어나는 연공급(年功給)구조는 임금을 지속적으로 상승시킨다. 따라서 임금피크제를 확산시키는 한편, 노동생산성과 기업의 지불능력을 초과하는 임금상승 압력을 완화하고, 장기근속 근로자의 고용을 안정시켜야 한다. 연령·근속연수 등에 따라 임금이 결정되는 연공급 임금체계 때문에 기업은 고령자 고용을 기피할 수밖에 없다. 따라서 임금피크제는 인력을 효율적으로 관리할 수 있는 제도이다.

　이를 위한 퇴직금 중간정산의 부담이 큰데, 이에 대하여는 정부의 지원이 필요하다. 또한 중고령자 고용을 늘리는 데 장애가 되는 「파견근로자보호 등에 관한 법률」 제5조의 대상업종과 제6조의 파견기간 등을 완화해야 한다.

표 9 연공형 임금제와 임금피크제의 비교

	사용자 측면	근로자 측면
연공형 임금제	생산성이 저하된 장기근로자에 대한 임금 부담의 지속적 증가	고임금·저생산성에 따른 고용기회 감소
임금피크제	생산성 연계 임금지급으로 효율적인 인력 관리 가능	장기근속 가능

자료 : 전국경제인연합회, 전게서, 2004. 2. 25, p. 32.

3. 기업도시 건설

이상과 같이 기업도시 건설은 일자리 창출을 위한 과제 중 기업의 투자 활성화 방안 가운데 하나로 제시되었다. 기업도시는 경쟁력을 높이는 기반이다. 기업도시는 산업클러스터를 만들어 인적자원을 효율적으로 공급하고, 기술개발로 기업의 핵심역량을 발굴함과 동시에 경쟁력을 높여준다. 또 기업하기 좋은 환경을 만들어 투자에 따른 제약을 없애준다. 그리고 기업도시 내에 산업도시와 지원시설과 생활시설을 건설하여 이에 따른 투자효과로 일자리가 늘어난다. 따라서 기업도시는 투자를 활발하게 촉진시킬 수 있는 효과적인 방안이다. 이에 대하여 경쟁력·산업클러스터·규제 완화의 각도에서 구체적으로 설명하고자 한다.

첫째, 세계화가 진전되면서 경쟁주체가 국가에서 도시로 바뀌었다. 도시는 인구가 비교적 조밀하게 집중되어 있는 지역이다. 서비스가 다양하여 주거하는 주민들이 생활하기 편리하다. 산업구조상으론 1차산업보다 2차와 3차산업이 발달된 곳이다. 도시의 경쟁력은 크게 두 가지 관점에서 평가된다. 하나는, 도시의 경제적 경쟁력이다. 즉, 기업하기 좋은 도시를 말한다. 기업의 입지환경과 경제성장동력, 인프라 등이 주요 지표로 사용된다. 다른 하나는 삶의 질의 관점이다. 이는 시민이 살기 좋은 도시를 강조하는 것으로 생활환경, 주택, 부지, 의료, 안전, 교육, 생태환경 등을 중시한다. 그러나 이 두 가지 관점을 분리하기는 어렵다. 경제적 경쟁력의 핵심요인 중의 하나가 우수한 인적자원의 확보인데, 이를 위해서는 삶의 질이 높아야 한다. 따라서 도시는 기업의 경쟁력을 제고해주는 그릇이다.

둘째, 기업도시는 산업클러스터를 형성한다. 클러스터(Cluster)는 유사한 업종의 서로 다른 기능을 하는 관련기업, 기관, 연구소 등이 일정지역에 집적해서 위치하는 것이다. 연구개발을 담당하는 대학 및 연구소, 생산기능을 담당하는 대기업 및 중소기업, 각종 지원기능을 담당하는 벤처 캐피탈(Venture Capital)과 컨설팅 회사 등의 기관이 한군데 모이게 된다. 그리고 이러한 유사업종의 서로 다른 기능의 산업체들이 집적하여 정보·지식을 공유하고 새로운 지식과 기술을 창출하여 시너지효과를 일으킨다. 이때 지식이나 기술의 이전을 통한 외부효과(externality)가 발생한다. 클러스터는 혁신이 중요한 지식기반 시대에 지역과 산업의 경쟁력을 높이는 유효한 수단이다.

기업도시는 클러스터 형성을 통해 차세대 성장동력 거점을 만들 수 있다. 예를 들면 고용창출이 높은 차세대 성장동력(Next Growth Engine : NGE)산업과 디지털TV-디지털미디어방송(DMB)-디지털콘텐츠를 연계하여 NGE클러스터를 조성하여 산업의 효과적인 성장을 도모할 수 있다. 또 대규모 문화·관광·인프라를 만들 수 있는 문화클러스터 조성도 가능하다.

셋째, 기업도시는 투자하기 좋은 환경을 조성한다. 말하자면, 규제의 대폭적인 완화이다. 규제의 완화는 정부의 조직·기능과 밀접한 관련이 있다. 규제는 정부의 시장에 대한 개입을 줄이려는 노력이 있어야 없어질 수 있으므로 정부조직에 대한 대폭적인 축소가 필요하다. 정부가 시장의 자율성과 효율성을 인정하는 범위가 커질수록, 그리고 일관되게 그와 같은 신호를 시장에 보낼 때 기업의 투자를 가능하게 한다. 그러므로 정부의 혁신의지가 없는 한 전국적인 차원에서의 규제 혁파는 실효를 거두기 어렵다. 따라서 기업도시 내에 기업투자의 활성화나 생활의 질을 높일 수 있는 규제를 완화할 수 있는 조치를 만드는 것은 매우 효과적이다. 그리고 그 완화효과가 크면 규제완화조치는 곧바로 다른 지역에 전파되어 전국적으로 기업하기 좋은 환경이 조성될 것이다.

그러므로 기업도시를 통해 기업투자를 저해하는 제반 애로사항을 해소할 수 있다. 우선 해결과제로는 기업의 지배구조 및 투자와 직접적으로 관련된 출자총액제한제도의 철폐가 이에 해당된다. 토지이용상으로는 수도권 입지규제나 공장설립의 최소면적규제의 완화를 들 수 있다. 금융면에서는 동일인 여신한도규제나 부채비율 200% 규제의 완화가 해당된다. 그리고 앞에서 지적한 노동시장의 유연화 방안과 세제나 부담금의 감면을 들 수 있다. 법인세는 3년간 100% 면제하고 2년간 50% 감면하거나 개발부담금 등 7개 부담금을 감면할 수 있다. 그리고 「초지법」 등 토지이용 및 건축관련 각종 인·허가를 의제할 수 있다. 관광·레저 등 서비스산업의 발전을 위하여 과도한 토지이용이나 환경규제를 개선하고 제조업과 동일하게 서비스산업 유치를 위한 산업단지도 도시차원에서 만들 수 있다. 기업도시 내에 기업의 경쟁력을 높이기 위한 R&D 클러스터도 만들 수 있다. 뿐만 아니라 기업도시 내의 삶의 질을 높이기 위하여 경쟁과 개방이 보장되는 혁신적인 교육·의료서비스도 공급할 수 있도록 한다.

그리하여 2004년 2월 25일 전국경제인연합회는 기업도시 건설정책을 추진하기로 확정하였다.[2] 이에 따라 표준기업도시 모형을 제시하고 기업도시 개발을 위한 입지공급을 원활하게 하는 한편, 지방으로 이전하는 기업에게 충분한 인센티브를 주어 투자를 유도하기로 하였다. 그리고 기업도시는 중앙정부 및 지방자치단체와 연계하여 개발하기로 하였다. 중앙정부나 지방자치단체는 기업의 토지수용권을 보장하고 민간기업이 병원, 학교 등에 대한 시설물을 건설하고 운영할 수 있는 권리를 부여해야 한다. 또한 기업도시 개발에 관심 있는 기업과 지방자치단체의 의사를 파악하여 정부와 기업을 연결하고, 구체적인 기업도시 개발방안을 제도화하기로 하였다. 아울러 1,000만 평 규모의 기업도시를 개발한다면 약 10조 원 정도의 투자가 필요하고, 이에 따른 생산유발이나 고용유발효과를 감안할 때 20만 명 수준의 고용이 가능할 것으로 추산하였다.

---

[2] 전국경제인연합회, 전게서, 2004. 2. 25, p. 14.

기업도시 추진을 위한 법제도[3]

1. 도시개발 관련제도

「기업도시개발특별법」제정 이전에 기업이 도시를 개발할 수 있는 근거는 도시의 형태에 따라 달라진다. 수도권에서 수도권 이외의 지역으로 기업을 이전하면서 도시를 개발한다면 「도시개발법」이 적용된다. 그러나 기업이전이 전제되지 않는다면 「산업입지 및 개발에 관한 법률」에 의해서만 도시개발이 가능하다.

「도시개발법」은 지방으로 이전하는 기업에게 도시개발사업구역 지정제안권과 사업시행자의 자격을 부여하고 있다. 이렇게 배후도시 개발권을 부여하는 이유는 이전하는 기업이 필요로 하는 산업시설의 입지를 충족하고 근로자의 생활환경시설도 원활하게 갖출 수 있도록 하고자 함

---

[3] 이 부분은 다음의 두 논문을 참고하였다. 전국경제인연합회, "기업도시 건설을 통한 투자활성화 방안", 2004. 6, pp. 10~17; 김현아·이승우·임주호, "기업도시 건설의 방향과 과제", 《도시정보》 5, 대한국토·도시계획학회, 2004. 5, No. 266, pp. 8~11.

이다. 「도시개발법」상의 시행자는 수도권 과밀억제권역에서 수도권 이외의 지역으로 이전하는 종업원 500명 이상인 법인이다. 이들은 대상구역 토지면적의 3분의 2 이상에 해당하는 토지소유자의 동의를 얻어야 도시개발구역 지정제안을 할 수 있다. 또 사업대상 토지면적의 3분의 2 이상의 토지를 매입하고 토지소유자 총수의 3분의 2 이상의 동의를 얻는다면 시행자는 토지를 수용할 수 있다. 그리고 실시계획의 인가를 받으면 「산업입지 및 개발에 관한 법률」에 의한 산업단지 실시계획의 승인 등을 포함하여 30개 법률에 의한 인·허가를 의제하므로 사업시행절차를 간소화하고 시행기간을 단축할 수 있다. 아울러 「지방세법」·「농지법」 등이 정하는 바에 따라 지방세와 농지세·산림전용부담금·대체농지조성비·대체조림비 등이 감면된다.

한편, 「산업입지 및 개발에 관한 법률」에 의한 배후도시 개발도 가능하다. 동법은 산업입지의 원활한 공급과 산업의 합리적 배치가 목적이다. 따라서 「산업입지 및 개발에 관한 법률」은 산업단지의 조성이 근간이지만, 추가적으로 민간시행자도 배후도시를 개발할 수 있도록 하고 있다. 이때 민간사업자는 '당해 산업단지개발계획에 적합한 시설을 설치하여 입주하고자 하는 자'이어야 한다. 또 '산업시설용지의 일부를 실수요 산업시설용지로 사용하고, 잔여면적은 입주를 희망하는 자에게 공급하고자 하는 경우'이어야만 한다. 「산업입지 및 개발에 관한 법률」에 의한 도시개발은 원활한 산업입지를 공급하기 위한 기반이기 때문에 공공사업의 성격이 강하다.

따라서 민간시행자가 도시를 개발하더라도 지구의 지정이나 토지수용 등을 공공사업과 같은 절차를 따르도록 하고 있다. 또한 지구의 지정, 토지수용 역시 택지개발사업과 같이 별도의 제한이 없다. 또한 비용을

표 10 기업도시와 산업단지의 비교

구분	기업도시	기존 산업단지
입지선정	• 민간기업	• 공공
개발주체	• 민간원칙 • 민간 + 공공도 가능	• 공공원칙 • 민간은 자기 직접사용분에 한하여 개발 가능
소요기간	• 기업이 원하는 곳에 직접개발, 단기간 개발 가능 • 그러나 도시 형성은 장기간 소요	• 장기간 소요
산업입지, 기업투자	• 도시개발 + 기업투자계획 • 도시개발로 산업입지 및 기업투자가 동시에 발생	• 先산업단지 개발 • 後입주기업 모집(산업단지 미분양 빈발)
생활여건	• 교육·의료·문화 등 복합도시로 정주 여건 마련	• 생산기능 위주 개발로 정주여건 부족

자료 : 전국경제인연합회, 《기업도시개발특별법에 대한 문답집》, 2004. 10. p. 6.

보조하거나 기반시설을 지원할 수 있다.

다음은 '기업의 지방이전 촉진대책'이다. 이 제도는 수도권 분산과 지역균형발전을 위하여 수도권 이외의 지역으로 이전하는 기업에게 여러 가지 지원을 해주고 있다. 「도시개발법」이 기업도시의 물리적인 건설에 초점이 맞추어진 것과는 다르다. 이 제도는 1999년에 처음 발표되었으며 2000년 4월, 2002년 6월, 2003년 7월에 걸쳐 보완되었다.

이 제도의 대상은 수도권 과밀억제권역 안에서 3년 이상 계속 사업을 영위한 법인으로 2005년 말까지 수도권 이외의 지역으로 공장 및 본사를 이전하고자 하는 기업이다. 이들에겐 여러 가지 지원이 제공된다.

첫째, 세제지원으로 다음과 같다.

① 수도권 과밀억제권역 안에 있는 법인이 공장 및 본사를 수도권 외의 지역으로 이전할 경우에는 법인세를 5년간 100%, 그 후 2년간 50% 감면한다. 기존 공장·본사의 양도차익에 대하여는 법인세를

표 11 금융지원의 구체적 내용

- 산업은행에서 시설 및 운영자금을 장기저리로 지원
- 산업기반기금을 장기저리로 우선지원하고, 동일인 한도(20억 원)적용을 배제
- 신용보증기금 및 기술신용보증기금의 신용보증한도를 확대하고, 특별보증지원대상에 포함
- 중소기업경영안정자금 및 지방중소기업육성자금을 우선지원
- 국민주택기금에서 지방이전기업 근로자에게 근로자주택 구입·전세자금을 장기저리로 우선지원

자료 : 김현아·이승우·임주호, "기업도시 건설의 방향과 과제", 《도시정보》 5, 대한국토·도시계획학회, 2004. 5, No. 266, p. 9의 내용을 정리한 것임.

3년간 이연 후 3년간 분할납부한다.

② 수도권 과밀억제권역 내에 있는 중소기업이 공장을 수도권 과밀억제권역 외의 지역으로 이전할 경우에는 당해 공장에서 발생하는 소득에 대하여 법인세·소득세를 5년간 100%, 그 후 2년간 50% 감면한다.

③ 수도권 과밀억제권역 등 대도시 내에 있는 공장을 대도시 밖으로 이전하기 위해 공장을 양도하는 경우 당해 공장의 양도차익에 대하여 법인세를 3년간 이연 후 3년간 분할납부하도록 한다.

④ 수도권 과밀억제권역 내에 있는 법인 본사를 수도권 과밀억제권역 외의 지역으로 이전하기 위해 당해 본사 양도시의 양도차익에 대하여는 법인세를 3년간 이연 후 3년간 분할하여 납부한다.

⑤ 재산세·종합토지세는 5년간 100%, 그 후 3년간 50%를 감면하고, 취득세·등록세는 면제한다.

둘째, 금융상의 지원으로 기업의 이전에 따른 시설자금과 운영자금을 지원한다. 아울러 이전기업에 종사하는 근로자에게는 주택자금을 지원한다(〈표 11〉 참조).

도시개발과는 다소 거리가 있으나 외국인투자를 유치하기 위하여 경

제자유구역을 운영하는 「경제자유구역의 지정 및 운영에 관한 법률」도 있다. 그러나 이 법은 외국기업에 대한 투자유치제도이므로 내국인을 포괄하여 적용하기는 곤란할 뿐더러 도시개발을 목적으로 한 제도도 아니다.

2. 기존 제도에 의한 기업도시 추진상의 한계

기업도시의 목적과 기능 충족 곤란

기존 제도에서 민간시행자에 의한 도시개발은 「도시개발법」에 의한 '도시개발사업'과 「산업입지 및 개발에 관한 법률」에 의한 '산업단지개발사업'을 통해 이루어질 수 있다. 그러나 이들 제도는 수도권 분산과 지역균형발전을 위하여 수도권 기업의 이전을 전제로 하여 인센티브를 주는 것이다. 가장 기본적인 형태는 기업이 이전하고 그 기업이 도시개발의 주체가 되는 것이다. 그러나 기업도시는 목적면에서나 기능면에서 기존의 도시개발과 크게 다르다.

목적면에서 보면 기업도시는 연구단지와 산업시설 그리고 문화시설을 포함한 정주시설을 종합적으로 포용해야 한다. 교육·의료·관광·체육시설 등의 확보는 필수적이다. 또 기업활동에 대한 규제가 완화되어야 하고, 조세·부담금 면제도 필요하다. 기능면에서 보면 과학과 기술에 관한 전문인력이 확보되어야 한다. 따라서 기업이 필요로 하는 연구와 개발 그리고 기술개발로 총요소생산성을 높여 기업과 시민을 포함한

표 12 기존 법률의 목적과 주요 내용

	도입 목적	주요 내용	적용 한계
「도시개발법」	• 계획적인 도시개발의 일반절차(민간개발 등)	• 도시개발사업의 절차와 인·허가의제 등	• 일반적인 도시개발절차 • 투자촉진과 정주시설을 위한 지원특례를 적용하기 곤란
「산업입지 및 개발에 관한 법률」	• 제조업 등 산업활동을 뒷받침하기 위한 용지공급	• 산업단지 조성을 위한 절차와 인·허가의제 등	• '先산업용지 조성, 後수요기업 모집'의 공공개발 위주 • 민간주도의 도시개발 적용에 한계
「경제자유구역의 지정 및 운영에 관한 법률」	• 외국인 투자유치를 위한 경제활동자유구역 운영	• 자유구역 내에서의 규제 완화, 개발행위 등	• 외국기업에 대한 투자유치제도를 내국인 기업에 포괄적용하기 곤란 • 개발위주 법령이 아님

자료 : 전국경제인연합회, 전게서, 2004. 10, p. 16.

도시의 경쟁력을 높여야 한다. 산·학·연과 지자체를 연결하는 산업클러스터가 이에 대한 방안이 된다. 그러나 기존의 법적 체계로는 클러스터를 구성하기 위한 네트워크 구축이 쉽지 않다. 또 이처럼 기업하기 좋고 살기 좋은 도시를 기업이 주도적으로 건설하기에는 현재의 제도로는 한계가 있다. 현재의 「도시개발법」이나 「산업입지 및 개발에 관한 법률」 등에서는 민간시행자가 될 수 있는 자격상의 범위가 매우 좁다. 그리고 기업에 인력을 공급하고 기술개발로 경쟁력을 높일 수 있는 정주시설, 즉 교육이나 의료서비스 등에 대한 고려가 전혀 없을 뿐더러 기업하기 좋은 환경을 만들기 위한 규제 완화장치도 없다. 또한 이와같은 내용을 기존의 법률로 수용하고자 하면 개별법마다 특례조항으로 해결하여야 하는데, 이에 따른 비용과 노력이 너무 크고 현실적으로 불가능하다.

도시개발 관련제도의 문제

① 도시개발권 미부여
가장 중요한 것은 민간시행자에게 도시개발계획을 수립할 수 있는 권한을 부여하고 있지 않다는 것이다. 현행 도시개발이나 산업단지의 경우 개발단계에서 지구지정이나 개발계획은 정부가 주도하고 있다. 민간에게는 시행자나 실시계획만 허용되고 있어 산업시설을 지원하는 배후단지 건설과 효과적으로 연계할 수 없다(「도시개발법」 제4조). 도시개발권은 도시계획을 수립하고 그 계획에 따라 개발사업을 수행하는 일련의 과정에 대한 권한이다. 전통적으로 지방자치단체가 도시계획의 수립과 도시개발사업의 시행을 담당하고, 민간시행자에게는 도시개발권을 부여하지 않았다. 그러나 최근에는 도시개발계획의 수립 과정에서 민간의 창의와 지역주민의 의견을 적극 수렴하고 있다. 아울러 민간에게도 개발권을 부여하여 민간이 갖고 있는 새롭고 도전적인 아이디어와 자본을 도입하고 있다. 특히 기업도시는 개발시행자와 최종수요자가 동일하다. 그러므로 산업시설, 교육·문화시설과 도시기반시설을 복합적으로 조성하고 투자를 촉진하기 위하여는 도시개발권을 민간시행자도 갖고 있어야 한다.

② 정주여건의 개발제도 미흡
현행 도시개발제도가 갖고 있는 가장 큰 문제점은 정주여건에 대한 개발제도가 없는 것이다. 특히 수요자의 수준에 맞는 교육과 의료서비스를 공급하지 못하고 있다. 인력의 이동은 정주여건이 크게 좌우한다. 그러므로 기업이전제도가 실제로 효과를 가지기 위해서는 이전지역의 정주여건과 기업이 필요로 하는 서비스 수준이 수도권과 유사한 수준이

되어야 하고, 이전하는 기업의 특성과 수요에도 맞아야 한다.

그러나 현행 도시개발제도는 고용인력의 이동과 정주여건 조성에 대한 지원이 미흡하다. 수도권을 제외한 지방에는 교육 및 공공서비스 인프라 구축이 미약하여 기업이전만을 위한 촉진책으로는 효과가 없다.

우리나라의 경우 가구주의 직장이 이전할 경우의 대부분은 근로자인 가구주 1인만 이전하고, 나머지 가족들은 자녀교육문제 등의 이유로 서울에 거주하는 사례가 대부분이다. 결국 기업이전은 지역정주로는 이어지지 못한다. 그러므로 선진화되고 고급스러운 교육제도와 의료시설이 확보되어 삶의 질이 보장되어야 한다.

③ 전혀 고려되지 않은 기업하기 좋은 환경조성

도시에 대한 중요한 고려 가운데 하나는 경제적 경쟁력으로 기업하기 좋은 도시를 만드는 것이다. 특히 기업이 주도적으로 개발하는 기업도시에는 투자가 활발히 이루어져야 한다. 그러려면 기업의 투자를 저해하는 규제가 완화되어야 한다.[4] 이를 위해 토지규제나 수도권규제, 출자총액제한제도 등 관련법률의 개정과 여신한도제한이나 노동시장의 유연화 방안도 동일하게 관련법률이 개정되어야 한다. 또 조세나 부담금 감면도 마찬가지이다.

그러나 기업투자를 촉진하기 위하여 필요한 이들 규제의 완화는 그 타당성에도 불구하고 전국적인 차원에서 개선하기는 힘들다. 따라서 기업도시 특구차원에서 이와같은 규제를 완화하는 것이 매우 바람직하고, 완화하는 시기는 빠를수록 좋다. 그래야만 기업도시의 경제적 기반을

---

[4] 구체적 규제 완화내용에 대하여는 '3. 기업도시 건설' (26p)참조.

확충하고 기업도 경쟁력을 제고시킬 수 있다. 그러나 현재 시행되는 도시개발제도는 도시의 물리적 건설에만 중점을 두고 있다. 때문에 도시의 경제적 경쟁력에 대한 과제를 해결할 수 없는 한계가 있다.

④ 기업이전제도는 도시개발과는 무관[5]
기업이전제도는 도시의 건설과 기업이전이 분리되어 있다. 도시개발과 기업이전이 효율적으로 연계되지 못하여 기업이전제도의 효용성이 떨어진다. 「도시개발법」에서도 사업시행자는 '지방으로 이전하는 기업'이지만 실질적으로 개발과 이전이 효율적으로 연결되지 않고 있다. 기업의 이전과 기업의 도시개발 참여는 연계되어야만 효과가 큰데, 도시 추진을 위한 기업이전촉진대책과 도시개발제도인 「도시개발법」은 분리되어 있기 때문이다. 또 기업이전과 개발사업을 연계할 경우에도 별도의 혜택과 편의가 주어지지 않는다.

기업이전에 대한 인센티브도 미약하다. 사업시행자의 입장에서 볼 때 지방으로 이전하는 기업에게 주어지는 각종 세제혜택은 경제특구지역보다 못하다. 그리고 기존 생산부지에 대하여 이미 투자한 부분 등에 대한 보상조항도 없어서 이미 투자가 진행된 기업은 기업이전제도의 대상도 되지 않는다.

도시개발 추진상의 문제

이하에서는 「도시개발법」의 내용을 중심으로 기업도시를 추진하기 어

---

[5] 김현아·이승우·임주호, 전게논문, pp. 9~10을 참고하였다.

려운 문제점을 논의하고자 한다.

① 민간시행자의 제한
「도시개발법」상 민간시행자의 자격요건은 수도권에서 지방으로 이전하는 기업과 건설업자로 국한된다. 이와같은 민간시행자의 참여제한으로 기업은 주도적으로 도시개발을 할 수 없다(「도시개발법」 제11조). 때문에 지방에 신규로 투자하려는 기업이나 문화·레저산업 또는 R&D 클러스터를 개발하려는 기업들이 도시개발에 참여할 수 없다.

② 토지소유자 동의에 의한 구역지정으로 개발비용 증가
「도시개발법」에 의하여 민간시행자가 구역지정을 할 경우 민간시행자는 토지소유자의 3분의 2 이상의 동의를 받아야 한다. 이는 「산업입지 및 개발에 관한 법률」과는 다르다. 이 법에서는 사업시행자가 지정권자에게 지정을 제안하여 지구지정이 이루어진다. 그러나 「도시개발법」상 민간법인이 도시개발을 제안하고자 할 때에는 토지소유자의 동의를 받기 위한 시간이 많이 소요된다. 이로 인해 이자부담이 늘어나고 부동산 가격이 올라 매입비와 보상비가 증가하여 도시개발비용이 늘어날 우려가 크다.

③ 토지수용권 제한으로 비용 증가
도시개발사업 추진에는 토지의 매입과 수용이 매우 중요하다. 토지는 도시개발에 있어서 가장 중요한 원자재이다. 토지에 대한 보상가격과 보상시기는 기업의 도시개발 과정에서 현금흐름과 수익성에 결정적인 영향을 준다. 「도시개발법」에서는 민간시행자에게도 토지수용권을 부

여하고 있다. 그러나 이를 행사하기 위하여는 대상면적의 3분의 2 이상의 토지를 매입하고 토지소유자 총수의 3분의 2 이상의 동의를 받아야 한다(「도시개발법」제21조). 이는 기업의 토지수용권의 행사로 토지소유자의 재산권을 침해할 소지를 최소화하기 위한 것이다. 그러나 「산업입지 및 개발에 관한 법률」에는 토지수용권의 제한이 없다.

「도시개발법」으로는 민간사업시행자가 토지수용권을 행사하기 위하여는 토지수용의 면적과 소유자에 대한 제한이 매우 강하다. 따라서 기업이 토지를 매입하는 데 장기간이 소요되고, 이 기간 동안에 지가가 올라 생산원가와 주택가격 등이 상승하게 되어 도시개발비용이 늘어난다. 이 때문에 도시개발사업의 집행과 기업의 경쟁력 확보가 어렵게 된다.

④ 기반시설 공급과 비용부담의 불명확

지구 내의 기반시설은 일부 경우를 제외하고는 시행자가 부담한다. 구역 외의 기반시설은 개발계획에 포함되어 개발계획의 내용에 따라 집행된다(「도시개발법」제57조). 구역 외 기반시설의 설치에 따른 부담은 도시개발의 수익성에 매우 큰 영향을 준다. 따라서 이를 개발계획에 어떻게 반영하여 승인을 받느냐가 개발 과정에서 중요하다. 현행법률에 따르면 개발계획은 지정권자, 즉 시·도지사가 개발계획을 수립하게 되어 있으므로 지자체의 역할이 매우 중요하다. 현실적으로는 개발구역 밖의 기반시설 설치비용도 사업시행자가 부담하도록 유도하는 것이 관행이다(「도시개발법」제53조). 이에 비하여 산업단지는 기반시설의 설치부담에 대해서 국가 또는 지자체 및 해당 시설공급자가 우선적으로 지원할 수 있다는 원칙만 규정하고 있다. 결국 정부의 지원범위가 명확하지 않다. 때문에 민간사업시행자는 기반시설 지원에 대하여 정부와 협의하는 것이 곤란하고, 결과적으로 시행자의 비용이 증가하게 된다. 참고로 경제자유구역에서는 정부가 기반시설 건설비용의 50% 수준을 지원하고, 필요시설의 경우에는 전액을 지원할 수 있다(「경제자유구역의 지정 및 운영에 관한 법률」 제16조).

도시개발을 추진하기 위한 세제지원도 충분하지 못하다. 현행제도로는 지방세와 농지조성비, 대체조림비 정도를 감면하고 있다. 그러나 「경제자유구역의 지정 및 운영에 관한 법률」에 따른 경제자유구역에 대해서는 개발사업시행자에 대한 조세 및 부담금의 감면 폭이 훨씬 크다. 그 예로는 법인세·소득세·관세·취득세·등록세·재산세 및 종합토지세 등을 감면하고 있고 부담금, 농지조성비, 대체초지조성비, 대체산림자원조성비, 교통유발부담금, 생태계보전협력금, 공유수면점·사용료 및 환경개선부담금 등을 감면하고 있다.

⑤ 조성토지의 자율적 처분제한

기업이 도시를 건설한다는 것은 병원, 학교 등의 도시편익시설을 기업이 직접 공급하는 것이다. 도시개발사업에서는 시행자가 공급대상토지를 선정하여 이를 매각한다. 도시개발사업은 택지개발사업과 같이 택지조성과 도시조성이 별개의 과정으로 이루어진다. 따라서 조성된 토지에 개발주체인 기업이 주택, 공장, 병원, 대형상업시설 등을 직접 설치할 수 있는지에 대한 조항이 없다. 물론 조성된 토지를 공급대상에서 제외하여 보유할 수는 있다. 그러나 이들 토지를 실제로 기업이 필요로 하는 용도로 개발할 때 개발주체가 달라지면 수의계약이 금지되어 있기 때문에 문제가 될 수 있다. 「도시개발법」은 「택지개발촉진법」과 마찬가지로 택지를 조성하여 이를 분양·매각하는 것을 전제로 한다. 때문에 도시개발

이후의 기업이전과 도시조성까지가 연계되지 못하고 있다. 도시개발에 필요한 학교용지와 공공시설용지는 수의계약(「도시개발법 시행령」 제46조)으로 감정평가가격보다 낮게 공급할 수 있다(「도시개발법」 제26조). 그러나 의료시설용지는 그러하지 아니하다. 사업시행자가 조성한 산업단지 내의 토지는 처분방법·절차·가격 등에 대하여 산업단지관리기관과 협의(「산업입지 및 개발에 관한 법률」 제38조)하고, 조성토지의 가격은 「부동산가격공시 및 감정평가에 관한 법률」에 의한 감정평가업자가 평가한 금액으로 한다.

    그러나 기업도시의 경쟁력을 높이기 위하여 일류기업을 유치해야 할 경우 수의계약에 의하여 토지를 양도할 필요가 있다. 그리고 생활주거환경개선을 위하여 필요한 여러 가지 시설 중에서는 시장가격으로 유치할 수 없는 경우도 있다. 이때에는 이와같은 시설을 저가로 실수요자에게 공급해야 한다. 이들을 종합해볼 때 기업도시 내에서 기업이 조성한 토지를 처분하는 데에는 자율성을 보장해주어야 한다.

CORPORATECITY

──────── 2부

기업도시의 검토배경

장기투자 부진의 근본적 타개

1. 기업도시와 투자촉진

외환위기 이후 투자의 부진으로 경기는 침체되고 성장잠재력은 점점 하락하고 있다. 따라서 기업도시는 투자를 활성화시켜 단기적으로는 경기를 진작시키고, 장기적으로는 우리 경제의 성장잠재력을 확충하는 방안이다.

첫째, 기업도시의 건설은 규제완화지역특구의 성격을 갖는다. 기업의 투자가 잘 안 되는 가장 큰 이유 중의 하나는 규제이다. 규제는 기업의 투자를 어렵게 만드는 요인으로 대표적인 것이 수도권이나 토지이용규제이다. 또 출자총액제한제도 등 지배구조의 규제도 있다. 아울러 기업의 투자를 촉진하기 위하여는 조세지원이나 부담금을 감면해서 비용요인을 줄여주어야 하고, 노동시장의 유연성도 높여야 한다. 경쟁과 자율이 넘치는 교육·의료시장도 확보되어야 한다. 그러나 산업이나 지역에 대한 규제는 전국적인 차원에서 완화하기가 쉽지 않다. 그러므로 기업도시는 규제를 개혁적으로 완화하고 지원을 확대할 수 있는 특구로 기업하기 좋은 환경을 만들어 투자를 촉진시킬 수 있다.

둘째, 기업도시 내에 서비스산업을 집중적으로 육성하여 투자를 촉진시킬 수 있다. 앞으로 산업구조는 부가가치가 높고 고용창출이 많은 서비스산업의 비중이 높아져야 한다. 교육·의료·관광·레저 등의 산업이 이에 해당된다. 이중에서 선진화된 교육·의료산업의 공급으로 기업도시는 삶의 질을 보장할 수 있다. 또한 교육산업은 기업도시가 필요로 하는 인적자원을 원활히 공급해주어야 한다. 관광·레저산업의 경우 이 산업만 집약하는 관광·레저형 기업도시를 만들 수 있다. 그리고 이들 서비스산업에 대한 규제를 완화하고, 제조업 수준이나 그 이상의 금융·조세지원을 해주어야 한다. 이와같은 내용을 기업도시에 담는다면 서비스산업에 대한 투자 또한 확대될 것이다.

무엇보다 기업도시 건설 자체만으로도 투자는 확대된다. 산업시설이나 지원 인프라를 건설해야 되고 도시에 필요한 문화생활·복지시설은 물론 주택 건설에 따른 투자도 확대된다. 이하에서는 우리나라 설비투자에 대한 부진원인, 그 효과와 대책을 살펴보면서 기업의 투자확대 대안으로 기업도시 건설의 필요성을 설명하고자 한다.

2. 투자 부진현황과 원인

설비투자현황

우리 경제는 외환위기 이전까지 8%대의 고도성장을 시현해왔다. 하지만 1990년대에 들어서면서 경제성장률은 점차 하락하고 있다. 2000년대에 들어서도 4% 중반 수준에 불과하다. 이처럼 우리 경제의 성장률을 하락시킨 가장 중요한 요인 가운데 하나가 투자부진이다.[1]

설비투자는 외환위기 이전까지 매우 높은 증가세를 보였다. 그러나 2001년 이후부터는 매우 부진하다. 설비투자 증가율이 1970년대에는 20%를 넘었으나 1980년대에는 10%대 초반으로 급격히 하락하였다. 1990년대에는 8%대로 주저앉았다. 더욱이 2001~2005년 연평균 실질설비투자(국민계정) 증가율은 1.2%에 머물고 있다. 이에 따라 2006년 2분기 실질설비투자는 20.8조 원 수준이다. 외환위기 이전의 최고점인 1996년 3분기의 20.9조 원을 넘어서지 못하고 있다.

최근 설비투자는 순환주기가 짧아지고 변동 폭도 약화되었다. 2001년 이후 설비투자 순환변동치를 보면 투자패턴의 변화를 확인하기 어려울 정도로 소순환화가 되어가고 있다. 1990년대 설비투자의 순환변동치는 3~5년 정도의 순환주기를 보였다. 반면 2001년 3분기 이후에는 순환주기가 2년 내외로 단축되었다.[2] 경제성장단계의 측면에서도 설비투자는 부진하다. 국내 설비투자 증가율은 선진국들이 1만 달러에서 2만 달러

---

[1] 우리 경제의 성장추이와 성장요인 분석에 대한 최근 연구자료로서는 배상근(2006), 국민경제자문회의(2005), 청와대 경제수석실(2005), 재정경제부(2005), 문소상(2005) 등을 참조할 것.
[2] 삼성경제연구소, "최근의 설비투자동향(장기추세선과 순환국면 분석)", 2005. 8.

표 1 경제성장률 및 설비투자 증가율 추이

(단위 : %)

	1971~1980년	1981~1990년	1991~2000년	2001~2005년
경제성장률	7.3	8.7	6.2	4.5
설비투자 증가율	21.1	12.4	8.7	1.2

주 : 제2차 오일쇼크기간인 1980년(-1.5%)을 제외하면 1971~1979년의 연평균 경제성장률은 8.26%임.
자료 : 한국은행, 경제통계자료(ECOS).

그림 1 실질설비투자규모의 추이 및 증가율 : 1995~2006년(분기)

(단위 : 조 원, %)

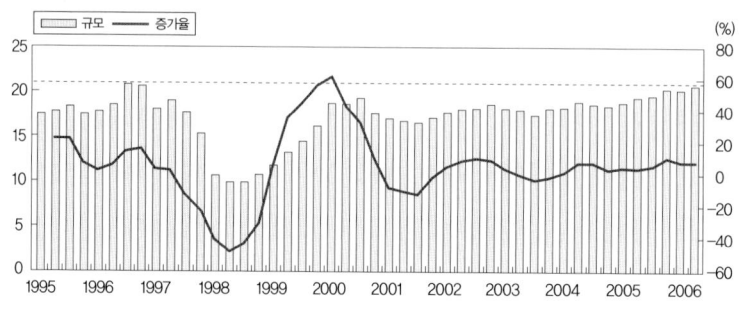

자료 : 한국은행, 경제통계자료(ECOS).

에 진입하는 시기에 기록한 설비투자 증가율에 크게 못미치고, 1인당 국민소득 1만 달러에서 2만 달러로 성장하는 동안 일본과 싱가포르는 8~10%의 설비투자 증가율을 기록하였다. 반면에 우리나라는 1995년 1만 달러에 진입한 이후 1996~2005년 동안 설비투자가 3.4% 증가하는 데 그쳤다.[3] 구조적으로는 투자의 편중현상이 심화되고 있다. 대기업은 투자증가세를 유지하고 있는 반면, 중소기업은 2006년 계획의 경우 16.7% 감소한 것을 포함하여 4년 연속 투자가 감소하고 있다. 내수기업

---

[3] 한국은행, "최근 설비투자동향과 특징", 2003.

그림 2 **자본축적 증가율 및 장기추세선(HP필터) 추이** (단위 : %)

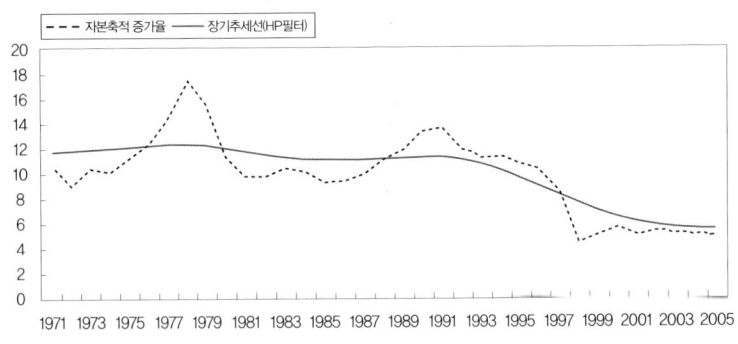

의 투자비중이 점차 높아지고는 있으나 여전히 수출기업이 투자를 주도하고 있다.[4] 그리고 지난 10년간 실제 자본축적 증가율은 우리 경제의 역량에 비해 미흡했다. 〈그림 2〉가 이를 증명한다. 자본스톡 증가율에서 경기순환적인 변동요인을 세거한 자본스톡 증가율의 장기추세선이 1990년대부터 지속적으로 하락하고 있다. 그리고 외환위기 이후에는 장기추세선에 비해 자본스톡 증가율도 하회하고 있다.

  투자부진은 단기적으로는 경기의 침체를 가져오고, 장기적으로는 성장잠재력을 약화시킨다. 기업의 투자부진은 고용을 어렵게 하여 가계의 근로소득이 감소된다. 따라서 가계의 구매력은 감소되고 결국 내수침체를 심화시키는 악순환이 되풀이된다. 중·장기적으로 볼 때에는 자본확충의 실패가 생산능력의 저하로 이어지며 경제의 성장잠재력을 약화시켜 저성장·고실업이 고착된다. 경제성장은 노동과 자본과 같은 생산요소투입의 증가와 생산성 향상으로 이루어진다. 따라서 노동투입과 생산

---

[4] 산업은행, "2006년 설비투자계획", 2005. 12.

성이 과거의 수준과 같다면 투자증가세의 둔화는 자본축적을 어렵게 함으로써 성장력이 둔화될 수밖에 없다. 2001～2004년 중 우리나라의 잠재성장률은 4.8% 수준이었다. 1991～2000년 중 6.1%에 비해 1.3%포인트 하락했다.[5] 따라서 현재의 보수적인 투자추세가 이대로 지속된다면 기업들의 미래생존력은 위협받는다. 기존 설비보수 중심의 투자는 궁극적으로 기업의 경쟁력을 약화시키기 때문이다.

투자부진의 원인

① 투자여건의 악화
기존 주력산업은 성숙되었고 신흥공업국들과의 경쟁이 격화되면서 투자수익률이 하락했다. 중화학제조업의 경우 산업성숙기에 진입한 지 오래이기 때문에 대규모 투자가 어렵다. 한편 IT 등 신산업도 중국 등 개도국들이 빠르게 시장에 진입하고 있다. 따라서 경쟁이 치열하다보니 큰 폭의 수익을 얻기가 어려워졌다.

앞으로 기대수익이 확실한 투자기회를 찾기도 쉽지 않다. 홈네트워크, 차세대자동차, 바이오신약, 지능형 로봇 등 정부가 선정한 차세대 10대 성장동력은 아직 시장이 형성되지 않았다. 그리고 원천기술을 확보하여 기술경쟁력을 높일 수 있는 기회도 만들기 어렵다. 이에 더하여 기업가 정신은 위축되고 우수인력은 부족하여 신사업에 대한 과감한 투자가 어렵고 고비용·저효율의 경제구조도 문제이다. 높은 임금, 주택비, 물류비, 에너지비 등의 이유로 국내 제조업체들의 공장은 해외로 빠져

---

[5] 한국은행, "우리 경제의 성장잠재력 약화원인과 향후 전망", 2005. 9.

표 2 우리 기업의 총자산 대비 현금보유 비율의 추이
(단위 : %)

	2000년	2001년	2002년	2003년	2004년	2005년
대기업	2.27	2.91	3.39	4.10	4.02	4.68
중소기업	6.26	7.50	7.49	7.04	6.67	7.82

자료 : 한국은행, 경제통계자료(ECOS).

나가고 있다. 여기에는 고율의 세부담도 한몫을 하고 있다. 우리나라는 GDP 대비 법인의 세부담뿐만 아니라 평균 유효법인세율이 선진국이나 아시아 국가들보다 높다.

② 기업의 경영행태 변화에 따른 투자수요의 부족

외환위기 이후 기업의 경영행태가 크게 바뀌었다. 외환위기 이후 외국인의 국내 주식보유비중이 높아졌다. 외국자본은 고배당을 요구하고 경영권을 위협한다. 주주 중심의 경영이 확산되면서 2000년에는 5% 수준에 머물던 배당률이 2004년에는 10%를 넘었다. 기업들은 장기성투자보다는 현금유동성을 확보하거나 배당 증가에 경영능력을 소진한다. 대기업의 총자산 대비 현금보유 비율이 2000년 2.3%, 2001년 2.9%, 2002년 3.4%, 2003년 4.1% 등 지속적으로 증가하고 있다. 2005년에는 현금보유 비율은 4.7%나 되어 2000년의 두 배가 넘는다. 이에 더하여 외환위기 당시의 과잉투자 논란이나 정부의 엄격한 부채비율 축소 등 때문에 기업들은 대규모 투자에 신중하다. 한편 중소기업은 수익성이 낮고 금융기관의 대출 태도 변화 등 때문에 투자수요에 비해 투자여력이 부족하다.

③ 은행권의 소극적인 기업대출

기업대출의 대부분은 은행권이 담당했다. 그러나 외환위기 이후 은행권

그림 3 예금은행의 가계대출 비중 : 2002~2005년
(단위 : %)

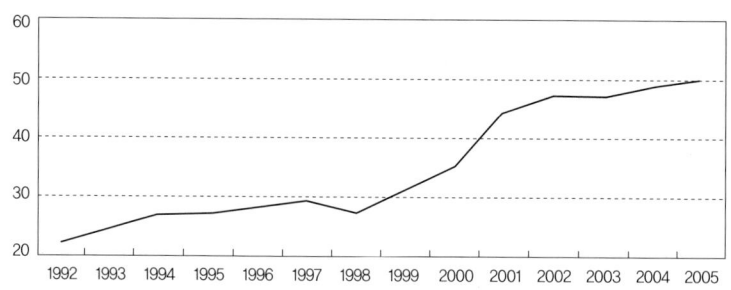

자료 : 한국은행, 경제통계자료(ECOS).

의 대출행태는 보수화되어 기업대출에 적극적이지 못하다. 금융구조조정으로 건전성과 수익성을 강조하기 때문이다. 반면에 은행권은 부동산 담보대출을 중심으로 가계대출에 주력하고 있다. 가계대출은 외환위기 이전까지 예금은행의 전체 대출에서 30% 수준에도 미치지 못했다. 이러한 가계대출이 1999년에는 30% 수준을 넘고 2005년에는 거의 절반 수준에 이르렀다. 이러한 은행권의 대출관행의 변화도 투자부진을 촉진하였다.

④ 규제완화나 제도개선의 미흡

수도권, 출자총액제한, 환경, 입지 등에 대한 규제는 투자를 제약하고 있다. 특히 핵심규제의 상존은 투자활성화를 막는다. 수도권 총량제 등 수도권규제는 공장의 신·증설을 억제하고 출자총액제한제도는 기업의 신사업 진출이나 신규투자를 저해한다. 아울러 인·허가 등 복잡한 행정절차도 문제이다. 한국의 창업절차는 12단계로 캐나다와 호주의 2단계, 홍콩의 5단계에 비해 훨씬 복잡하다. 또한 창업에 필요한 시간도 호주의

표 3 규제등록건수의 추이

(단위 : 건)

	1998년	1999년	2000년	2001년	2002년	2003년	2004년	2005년	2006년
규제등록건수	10,190	7,127	7,156	7,460	7,723	7,836	7,846	8,013	8,083
(증감)	-	-3063	29	304	263	113	10	167	70

주 : 2006년 9월.
자료 : 규제개혁위원회, 규제등록현황.

그림 4 상품시장의 규제현황

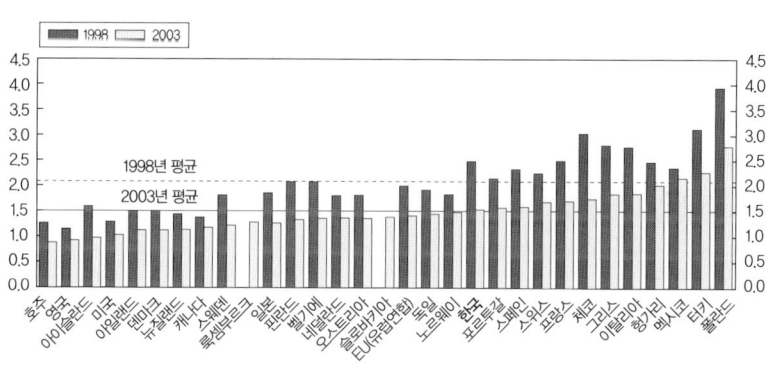

자료 : OECD(2005C).

2일, 덴마크의 4일, 홍콩의 11일 등에 비해 우리나라는 22일이 소요된다. 한편, 외환위기 이후 대폭 축소되었던 규제등록건수가 최근에 크게 늘어나고 있다. 규제등록건수는 1998년 10,190개에서 1999년 7,127개로 무려 3,063개나 대폭 축소되었다가 2006년 9월에는 8,083개로 1999년에 비해 956건이나 증가했다.

그 결과 규제지수가 OECD 평균에 비해 다소 높다(〈그림 4〉참고).

⑤ 해외투자는 늘고 국내투자는 미흡

국내투자에 따라 수반되는 각종 비용이나 임금이 다른 경쟁국들에 비해

표 4 해외투자 및 외국인 국내투자의 추이
(단위 : 억 달러)

	해외투자			외국인투자		
	2003년	2004년	2005년	2003년	2004년	2005년
순투자	97.0	183.8	274.8	202.4	200.0	111.9
직접투자	36.0	50.4	59.2	29.5	73.2	39.8
간접투자	61.0	133.4	215.6	172.9	126.8	72.1

자료 : 이태윤(2006).

표 5 2005년 국가별 외국인 직접투자규모
(단위 : 억 달러)

순위	국가	순유입규모
1	영국	1,645.3
2	미국	994.4
3	중국	724.0
4	프랑스	635.7
5	네덜란드	436.3
6	홍콩	358.9
8	독일	326.6
11	싱가포르	200.8
27	한국	71.9
30	인도	65.9

주 : 순유입규모는 직접투자금액에서 회수금액을 뺀 것.
자료 : 산업자원부.

높다. 따라서 생산기지의 해외이전 등 국내기업의 해외투자는 증가하고 있다. 해외순투자는 지속적으로 늘어나 2005년에는 274.8억 달러에 달하고 있다. 이에 반해 외국인 국내투자는 규제 때문에 오히려 줄어들고 있어 2005년의 111.9억 달러 수준에 머물고 있다. 반면, 2005년 해외순투자는 외국인 국내투자에 비해 거의 2.5배나 된다.

직접투자의 경우에도 우리 기업의 해외투자는 2005년 59.2억 달러인데 반해, 외국인 국내투자는 39.8억 달러에 불과하여 우리 기업의 해외직접투자의 3분의 2 수준에 불과하다.

국제연합무역개발(UNCTAD)의 '2006년 세계투자보고서'에 따르면, 우리나라의 외국인 직접투자의 순유입 규모가 세계 203국 중에서 2004년에는 16위(77.9억 달러)였으나 2005년에는 27위(71.9억 달러)로 무려 11단계나 하락했다. 2004년에 세계 2위였던 영국은 2005년에는 세계 최대 외국인 직접투자유치국으로 1,645억 달러를 유치하였다. 홍콩(359억 달러)과 싱가포르(201억 달러)가 각각 세계 6위와 11위를 차지하였다. 우리나라의 외국인 직접투자 순유입액에 비해 각각 5.0배와 2.8배나 되었다.
　이와같이 국내투자로 연결될 수 있는 자금은 해외로 빠져나가고, 반면에 외국인의 국내투자는 부진하고 미흡하다.

3. 투자활성화대책 : 기업하기 좋은 환경의 조성

　첫째, 투자관련규제를 개혁하고 투자에 대한 지원을 강화해야 한다. 수도권의 첨단산업에 대한 입지를 허용하고 과밀억제지역 내 공장이전 유휴부지에 대한 용도규제를 완화하는 등 수도권정책을 미시적으로 조정해야 한다. 우리나라에서 기업의 입지여건이 가장 좋은 곳은 수도권으로 모든 기업이 수도권에 투자하기를 원한다. 그러나 수도권규제로 인하여 투자가 어렵다면 기업은 국외로 눈길을 돌릴 수밖에 없다. 비수도권은 그동안 강력한 수도권 입지규제에도 불구하고 경쟁력을 확보하는데 실패하였다. 특히, 우리나라에 직접투자하고자 하는 해외 선진기업들은 수도권을 선호하고 있다. 수도권은 인력고용, 인프라와 생활환경 수준, 시장 및 물류의 용이함 등 모든 면에서 다른 지역보다 경쟁적이기 때문이다.

따라서 우선은 이런 조건을 갖춘 지역을 개발하고, 여타 지역으로의 각종 유인책을 마련하도록 노력할 필요가 있다. 그러나 이러한 투자여건을 갖춘 곳을 개발하기 힘들다면 수도권과 관련된 각종 규제를 대폭 완화하고 제반 여건을 보완하며, 외국인의 입장에서 외국인의 생활환경을 개선하기 위해 노력해야 한다. 장기적으로도 수도권의 경쟁력을 높여야만 동북아의 주요 경제권과 겨룰 수 있다. 이런 면에서 수도권정책에도 세계화와 남북통일의 관점에서 경쟁력이 더 많이 도입되어야 한다. 토지에 대한 중복규제나 공장입지시 겹치는 심의절차도 간소화하고, 200% 부채비율 규제완화와 법인세율의 단계적인 인하로 세제경쟁력도 확보해야 한다. 아울러 서비스업에 대하여도 제조업에 준하는 수준으로 조세감면, 규제완화 및 금융지원이 이루어져야 한다.

둘째, 세계적인 기업을 육성해야 한다. 우리나라 기업의 규모는 세계적인 대기업들과는 비교가 되지 않는다. 그러므로 공정거래정책은 기업의 대형화·집중화보다 독·과점 등 경쟁을 제한하는 시장구조에 따른 폐해를 개선하는 데 중점을 두어야 한다. 출자총액제한제나 금융계열사의 의결권 행사의 규제 등은 완화되거나 폐지되어야 하고, 기업의 지배구조도 시장에 맡겨야 한다. 그룹 대 독립경영, 전문 대 소유경영 등은 기업들이 경쟁력 차원에서 판단하도록 해야 한다.

셋째, 기업들의 연구개발·시설투자 등의 지원과 기업의 설비투자에 대한 세제지원을 강화해야 한다. 산·학·연 간의 유기적인 관계조성이나 신성장동력의 방향 설정에 대한 지원과 투자를 확대하여야 한다. 핵심기술 분야(IT, BT, NT 등)에 임시투자세액공제(15%)의 상시화나 고속상각제도와 같은 지원도 필요하다. 그리고 기업의 선제적 투자와 초기시장의 형성을 막고 있는 규제나 제도도 개선되어야 한다.

넷째, 새로운 성장전략사업에 대한 정부와 기업의 협력이 필요하다. 새로운 사업을 하고자 할 때에는 리스크가 매우 크다. 따라서 상용화가 쉬운 디스플레이, DTV 등 경쟁력 있는 분야는 기업이 주도할 수 있다. 그러나 바이오산업, 지능형 로봇 등 장기투자가 요구되고 경쟁력이 취약한 분야는 정부의 주도하에 연구가 이루어져야 한다. 또 대기업투자는 중소기업투자로 연결될 수 있어야 한다. 그러려면 대·중소기업 간 협력이 강화되어야 한다. 따라서 대·중소기업 간 기술공여, 공동연구개발, 장기계약, 설비구매 지원 등이 필요하다.

다섯째, 금융의 중개기능을 강화해야 한다. 자본시장과 금융시스템의 선진화 등을 통해 외환위기 이후 약화된 금융중개기능의 효율성을 높여야 한다. 역량이 있는 중소기업들이 필요한 자금을 원활하게 조달할 수 있도록 은행권은 자발적으로 기업대출을 확충해야 한다. 중견·중소기업에 대한 금융기관의 자금 공급이 원활해야 한다. 기업 신용대출에 대한 면책범위를 늘리고 인센티브를 주는 것도 하나의 방안이다. 또 국내 사모펀드의 규제를 풀고 장기채의 공급을 늘리는 등 고수익-고위험 투자대상을 제공하여 부동산자금을 투자자금으로 끌어들여야 한다.

여섯째, 경영권을 보장할 수 있는 제도를 마련해야 한다. 해외자본과 국내자본을 동등하게 대우하는 것이 가장 중요하다(〈표 6〉 참조). 특히 산업자본과 금융자본의 분리는 재검토하고, 출자총액제한제도는 폐지해야 한다. 또한 의무공개매수제도도 다시 도입할 수 있다. 특정회사 주식의 25% 이상을 사고자 할 때 의무적으로 〈50%+1주〉를 매입해야 한다. 아울러 인수기업의 부당거래나 인수되는 기업의 핵심 사업부문은 매각을 제한해야 한다. 회사의 중요한 결정은 정관이나 이사회에 위임하여

표 6 해외·국내자본별 역차별의 규제내용

분야	규제건수	주요 역차별 내용	관련법률
경제력 집중억제(5)	대기업집단 및 대주주 규제(4)	• 출자총액규제 • 상호출자제한 • 상호채무보증 해소 • 3% 이상 주의 사외이사 선임시 의결권제한	「독점규제 및 공정거래에 관한 법률」 등 4개 법률
	중소기업 고유업종 진입제한(1)	• 국내 대기업은 중소기업 고유업종·사업의 인수·개시·확장 금지	「외국인투자촉진법」 등 2개 법률
금융(5)	산·금분리원칙(3)	• 금융계열사 의결권 행사 한도 • 신탁재산에 대한 의결권제한 • 산업자본의 은행주식 보유제한	「독점규제 및 공정거래에 관한 법률」, 「간접투자 자산운용업법」 등 4개 법률
	기타(2)	• 주식에 의한 이익배당제한 • 이사회의 심의·결의사항 적용, 감사위원 추천의무	「외국인투자촉진법」, 「은행법」 등 2개 법률
토지이용(7)	국·공유지 사용(4)	• 국·공유재산 영구시설물 축조 • 공유재산 대부료, 사용료 감면	「지방재정법」 등 5개 법률
	수도권 공장입지(3)	• 경제자유구역 내 공장의 신·증설 • 성장관리지역 산업단지의 공장 신·증설 • 수도권 공장총량제 적용 배제	「산업집적활성화 및 공장설립에 관한 법률」 등 2개 법률
세제(12)	자유무역지역 내 조세감면 등(12)	• 자유무역지역 내 조세감면 • 경제자유구역 내 부담금감면 등	「외국인투자촉진법」, 「조세특례제한법」 등 7개 법률
인력·기타(4)	인력(3)	• 국가유공자 등 의무고용 면제 • 근로자 파견대상 업무 확대 등	「외국인투자촉진법」 등 3개 법률
	기타(1)	• 외국 교육·의료기관 설립 등	「경제자유구역의 지정 및 운영에 관한 법률」 등 2개 법률
합계	33건		15개 법률

자료 : 전국경제인연합회, 내부자료, 2004.

신속하고 유연하게 기업의 정책이 결정되도록 하여야 한다.

여섯째, 지금까지 지속되어온 맹목적인 반부자정서나 반기업정서를 해소해야 한다. 부와 기업인을 존중하는 사회적 분위기가 만들어지고 전투적인 노사협상은 지양하도록 해야 한다. 선진적인 노사관계의 구축에는 법과 원칙이 준수되어야 하고, 대화와 타협이 존중되는 노사협상의 문화가 만들어져야 한다. 이에는 정부, 기업, 근로자 모두가 함께 노력해야 한다.

기업들은 신수종산업을 발굴하고 신시장을 개척하는 등 신규 투자처를 발굴해나가야 한다. 전통산업은 지속적으로 구조조정을 하고 생산성을 향상하여 부가가치를 높이기 위한 투자를 지속해야 한다. 해외소비를 국내로 흡수하고 고용창출을 확대하기 위해 교육·의료·관광·레저 등 서비스산업에 대한 투자도 늘려야 한다. 대기업은 핵심부품·소재의 국산화와 대·중소기업 상생협력을 강화하여 투자 분위기를 국민경제 전체로 확산시켜야 한다.

02 기업도시를 통한 일자리 창출

1. 기업도시와 일자리 창출

기업도시는 클러스터의 조성을 원활하게 한다. 교육기관과 연구기관, 용역업체 그리고 기업을 지리적으로 인접시킨다. 여기에서의 기업은 경쟁하거나 협력하는 기업 및 하도급업체를 포함한다. 클러스터는 기업가의 혁신을 촉진하여 현재의 주종산업의 경쟁력을 유지하는 한편, 적극적으로 미래의 핵심산업과 품목에 대한 투자가 이루어지도록 환경을 조성한다. 이를 일자리 창출을 위한 대책[6] 중심으로 살펴보면 기업도시는 R&D 개발을 통하여 기존 산업의 경쟁력을 제고하고 새로운 성장엔진을 발굴하며, 또한 부품·소재산업을 육성할 수 있다. 또 기업도시는 복합 관광·레저타운의 건설 그리고 교육·의료산업 등 서비스산업에 대한 규제의 대폭적인 완화로 서비스산업을 고급화시킬 수 있다.

---

[6] 일자리 창출을 위하여 왜 이와같은 대책이 필요한가에 대한 설명은 '2. 우리 경제의 일자리 현황'과 '3. 일자리 창출대책' 참조.

첫째, 새로운 성장전략산업의 발굴과 부품·소재산업의 육성이다. 특히, 수출과 내수를 효율적으로 연결하기 위하여는 국산 부품·소재를 공급하여 국산화율을 높여야 한다. 이를 위하여 R&D가 중심이 되는 산업연구단지를 조성하여 기초·원천기술을 제공할 수 있어야 한다. 이때 기업과 대학 그리고 연구기관 간 긴밀한 산학협력이 되어야 한다. R&D에 필요한 인력수요가 충당되어야 하고 협동연구도 필요하다.

기업도시는 이와같은 인프라를 제공할 것이다. 기업도시는 지역 내의 산·학·연 네트워크를 구축하여 공동연구와 상호협력을 제도화한다. 산·학·연 활동으로 대학과 기업 모두 혜택을 받는다. 학생들에게는 경험과 취업의 기회가 제공되고, 교수는 기업의 실질적 프로젝트에 참여하고, 대학은 기업의 기자재를 공동으로 사용한다. 기업은 핵심역량과 기술발전을 제공받아 경쟁력을 높일 수 있게 된다. 기존 산업의 경쟁력을 높이는 데 더하여 앞으로 우리 경제를 이끌어갈 엔진을 창조해내며, 이에 더하여 부품·소재도 개발할 수 있다. 미국의 Research Triangle Park(RTP)의 경우 RTI(Research Triangle Institution)와 대학, 기업의 산·학·연 프로젝트가 활발하게 진행되고 있으며, 이러한 산·학·연 활동이 RTP 성공의 열쇠라고 평가되고 있다. 핀란드의 울루, 스웨덴의 시스타 사이언스 시티 그리고 프랑스의 소피아 앙티폴리스가 그 예이다.

둘째, 서비스산업의 육성을 도모할 수 있다. 이미 기업의 투자활성화와 관련하여 설명한 것처럼 기업도시는 규제 완화를 폭넓게 담을 수 있다. 특히, 서비스산업에 대한 규제는 대폭 완화되어야 한다. 서비스산업은 부가가치가 높고 일자리를 창출할 수 있으며, 선진경제의 산업에는 서비스산업의 비중을 높여야 되기 때문이다. 이를 위하여 가장 중요한 과제 중의 하나는 교육 및 의료산업에 대한 규제[7]를 획기적으로 완화하는 것이다. 기업도시는 이와같은 규제완화 내용을 담을 수 있다. 특히, 대학 등 고등교육기관의 개혁은 매우 중요하다. 외국의 성공적인 기업도시는 모두 대학을 중심으로 형성되어 있다. 대학의 우수한 연구인력과 대학에서 공급하는 고급인력이 지역에 남아 지역의 발전을 이끌고 있다. RTP의 경우, 노스캐롤라이나의 주요 3개 대학인 NCSU(랄리), Duke University(더럼) 그리고 UNC(차플힐)가 20분 거리에 위치하여 상호 정보공유와 협력을 통하여 RTP의 발전을 견인하고 있다. 미국 텍사스 오스틴의 경우에도 오스틴 텍사스대학이 지역의 연구개발 활동과 산·학·연 연계의 핵심역할을 담당하고 있다. 또한 기업도시는 자율적인 교육시장을 만들 수 있다. 교육시장에서 외국학교 법인의 국내 진출을 단계적으로 허용하거나, 특목고·자립형 사립고·대안학교 등 다양한 형태의 학교를 설립하거나, 대학의 학생선발 자율권을 확대하는 것 등이 그 예가 될 수 있다. 기업도시는 의료산업도 시장에 맡길 수 있다. 국내 민간영리자본의 의료기관 설립 허용, 외국의료기관의 적극 유치, 국민건강보험의 획일적인 보험수가제도를 개선하는 한편, 민간건강보험도 기업도시 내에서 허용할 수 있다.

셋째, 기업도시는 관광·레저산업을 육성할 수 있다. 복합관광·레저타운은 기업도시의 하나의 형태로, 이 도시에는 리조트, 테마파크, 골프장 등이 포함될 수 있다. 이를 통해 다양한 고급 레저수요를 국내에서 흡수하는 한편, 외국인 관광객의 국내유치를 확대할 수 있다. 그리고 숙박, 식당, 관광지와 관광단지, 주변환경 등 국내 관광산업의 인프라를 선진국 수준으로 높일 수 있다.

---

7 교육산업과 의료산업에 대한 구체적 개혁내용은 제5부 기업도시의 주요 과제 중 '제5장 교육제도의 개선'과 '제6장 의료산업의 육성' 참조.

2. 우리 경제의 일자리 현황

일자리 창출 추이

1990년에 들어서도 우리 경제의 성장률은 외환위기 이전까지는 연평균 7%대의 높은 수준을 기록하였다. 그러나 생산요소투입의 증가세나 생산성 향상이 둔화되기 시작하면서 성장률이 하락하고, 더욱이 최근의 성장률은 잠재성장률 수준에도 못미치고 있다. 성장률이 둔화되고 있기 때문에 일자리 창출도 미흡하다. 오쿤의 법칙(Okun's law)에 의하면 성장률과 취업자 수의 증가율은 같은 방향으로 움직이기 때문이다.[8]

외환위기 이후 다소 회복되던 취업자 수는 2003년에는 3만 명 감소했고, 2005년과 2006년에는 30만 명에도 미치지 못했다. 이러한 수의 일자리 창출로는 일자리의 질을 개선하기는커녕 우리나라 노동시장에 해마다 유입되고 있는 신규 노동인구인 40~50만 명 정도도 충분히 흡수하지 못한다. 이에 더하여 경제성장에 따른 일자리 창출능력은 최근에 이를수록 지속적으로 둔화되고 있다. 경제성장률이 1% 증가할 때마다 유발되는 연평균 일자리는 계속 하락하고 있는 것이다. 1990년에는 11.2만 명 수준이었다가 1995년에 10.5만 명으로 내려가고 2000년에는 9.6만 명으로 떨어졌다. 최근에는 경제성장률이 1% 증가할 때마다 유발되는 연평균 취업자 수를 약 7만 명 수준으로 추정하고 있다. 그러므로 충분한 고용 흡수를 위해선 높은 성장세가 필요하다. 특히 청년실업률이 매우 높아 2000년부터 청년실업률은 7~8%를 계속 유지하고 있다(〈표 7〉 참조).

---

[8] 보다 자세한 내용은 OKun(1962)을 참조할 것.

그림 5 취업자 수 증감 및 경제성장률 추이 : 1991~2006년 (단위 : 천 명, %)

자료 : 통계청, 경제통계자료(KOSIS).

표 7 청년·고학력 청년실업률의 비중 추이
(단위 : %)

	2000년	2001년	2002년	2003년	2004년	2005년	2006년
청년실업률	8.1	7.9	7.0	8.0	8.3	8.0	7.9
청년실업자 중 전문대졸 이상의 비중	30.0	32.2	36.0	37.2	36.9	38.2	42.9

주 : 15~29세 연령층을 청년으로 분류.
자료 : 통계청.

　　청년실업자 중에서도 전문대졸 이상의 고학력자가 차지하는 비중이 매우 높아 2000년의 30.0%에서 2006년에는 42.9%로 늘어났다. 2006년에는 15~29세 실업자 중 거의 절반이 전문대졸 이상의 고학력자들이었다. 이러한 고학력 청년실업 문제는 경제적 문제일 뿐만 아니라 사회문제로 비화될 가능성이 매우 높다.

경제성장의 일자리 창출 둔화 원인

① 산업구조의 변화

산업구조는 정보통신산업의 성장과 함께 노동집약적 산업에서 기술과 자본이 집약되는 산업으로 변화하고 있다. 서비스업의 비중은 줄어들고 노동생산성은 향상되고 있다. 그 결과 경제성장에 따른 고용창출과 생산파급효과가 둔화되고 있다.

제조업 위주의 산업구조가 고착되고 있다. 제조업 중에서도 전기·전자산업 등의 비중이 늘어나고 있다. 농림·어업이나 광업, 그리고 고용창출효과가 큰 서비스업도 국내총생산에서 차지하는 비중이 줄어들고 있다. 이와같은 산업구조의 변화에 따라 취업자 구성도 변화하였다. 제조업의 취업자 비중이 줄어들고 있는 반면에, 서비스업이나 정보통신산업의 취업자 비중은 증가하고 있다. 서비스업의 취업자 비중은 1990년 46%에서 2000년에는 60% 수준으로 크게 확대되었고, 정보통신산업의 취업자 비중도 3.5%에서 4.2%로 증가하였다. 그러나 제조업은 27.5%에서 19.2%로 오히려 감소하고 있다.

표 8 산업구조의 변화 추이

(단위 : %)

	1980년	1985년	1990년	1995년	2000년	2005년
농림·어업	12.0	11.1	7.2	5.6	4.9	3.9
광업	2.5	1.9	1.1	0.6	0.4	0.3
제조업	17.4	20.4	23.8	24.8	29.4	32.4
(전기·전자산업)	(0.8)	(1.3)	(2.5)	(3.5)	(7.4)	(12.0)
전력·가스·수도·건설	10.7	11.3	13.4	13.6	10.9	10.9
서비스	57.4	55.3	54.5	55.4	54.4	52.4
전산업 합계	100	100	100	100	100	100

주 : 국민계정 실질산출액 기준구성비. 전산업 합계는 총부가가치(기초가격)임.
자료 : 한국은행, 경제통계자료(ECOS).

표 9 **취업자 구성비의 변화 추이**

(단위 : %)

	1990년	1995년	2000년
제조업	27.5	23.7	19.2
서비스업	46.0	53.3	59.4
(정보통신산업)*	(3.5)	(3.8)	(4.2)
전산업	100.0	100.0	100.0

주 : *정보통신 제조업과 정보통신 서비스의 통합분류.
자료 : 한국은행.

표 10 **산업별 생산유발계수 추이**

	1985년	1990년	1995년	2000년
제조업	2.021	2.056	1.946	1.959
소비재업종	2.149	2.135	1.968	2.074
기초소재업종	1.859	1.993	1.933	1.887
조립가공업종	1.903	2.039	1.943	1.970
(전기, 전자기기)	(1.846)	(1.929)	(1.767)	(1.712)
(수송장비)	(2.039)	(2.170)	(2.132)	(2.361)

자료 : 한국은행, "우리 경제의 성장잠재력 약화원인과 향후 전망", 2005. 9. p. 39.

또한, 산업연계구조가 크게 취약해지고 있다.[9] 산업 간 긴밀성을 나타내는 산업연관관계는 1990년에 비해 2000년에는 크게 하락했다. 최종수요 한 단위 증가가 산업생산에 미치는 영향인 제조업의 생산유발계수는 1980년대 후반 이후 부품·소재산업의 육성 노력 등으로 1990년 2.056으로 정점을 기록하였다. 그러나 IT산업의 비중이 크게 높아지기 시작한 1990년대 이후 점차 하락하여 1995년 1.946, 2000년 1.959로 하락하고 있다. 2000년 이후에도 IT산업의 비중이 높은 수준을 유지하고 있어 생산유발계수가 2000년 수준을 지속하고 있을 것으로 보인다. 그리하여 수출이 호조를 보이더라도 국내 생산, 고용 및 투자 증대로 이어

---

[9] 이 부분은 한국은행, "우리 경제의 성장잠재력 약화원인과 향후 전망", 2005. 9, pp. 38~39를 참조.

지는 경제파급효과는 과거에 비해 크게 하락하고 있다.

이처럼 산업의 내적 연계구조가 취약해진 것은 글로벌 경쟁력을 갖춘 소수 대기업을 중심으로 정보통신산업이 가공·조립 위주로 성장해 온 데 주로 기인한다. 정보통신 관련 핵심부품의 기술수준이 낮아 동 산업의 국내 저변확대가 진전되지 못하고 대부분을 수입에 의존한다. 이에 따라 대기업-중소기업 간, 최종재-부품·소재 간 연계구조가 취약해졌다.[10]

산업별 수입유발계수를 통해 볼 때도 정보통신산업이 여타 업종보다 수입유발계수가 크게 높고 일본에 비해 4배에 달하고 있다. 이는 동 업종의 부품·소재산업의 경쟁력이 낮음을 의미한다.

산업연관관계 형성에 있어 핵심적인 기능을 담당하는 부품·소재산업은 최종재산업의 수출성과가 내수로 파급되는 주요한 경로이고, 동 산업의 주된 생산주체가 중소기업이기 때문에 고용창출에도 크게 기여한다.

전산업에서도 평균 취업계수가 크게 하락했다. 1990년에는 24.4(명/10억 원)이었으나 2000년에는 12.2(명/10억 원)로 절반 수준으로 하락했다. 실제 취업인원과 간접 취업유발인원을 포함한 취업유발계수도 1990년의 42.7(명/10억 원)에서 2000년에는 20.1(명/10억 원)로 하락했다.

---

[10] 일본은 우리나라와는 대조적으로 정보통신산업의 생산유발계수가 2000년 기준 2.30으로 높은 수준을 유지하고 있는데, 이는 소재·부품산업의 높은 경쟁력을 반영하는 것으로 판단된다.

한국과 일본의 제조업 생산유발계수 비교

	1985년	1990년	1995년	2000년
한국 (전기·전자)	2.02 (1.85)	2.06 (1.93)	1.95 (1.77)	1.96 (1.71)
일본 (전기·전자)	2.30 -	2.26 (2.30)	2.28 (2.28)	2.26 (2.30)

자료: 한국은행, 각 연도, 산업연관분석개요; 한국은행, 주요 국가의 산업연관표를 이용한 분석자료, 2001; 한국은행, "우리 경제의 성장잠재력 악화원인과 향후 전망", 2005. 9, p. 39에서 재인용.

표 11 취업계수 및 취업유발계수 추이

(단위: 명/10억 원)

	취업계수			취업유발계수		
	1990년	1995년	2000년	1990년	1995년	2000년
전산업	24.4	16.9	12.2	42.7	27.9	20.1
제조업	15.2	8.6	4.9	39.0	21.5	14.4
서비스업	32.7	25.7	18.2	44.6	34.1	24.3

주 : 1) 취업계수는 산출액 10억 원당 소요되는 취업자 수(=피용자+자영업주·무급가족 종사자)로서 노동생산성의 역수임.
2) 취업유발계수는 최종수요 10억 원당 직·간접적으로 유발되는 취업자 수임.
자료 : 재정경제부(2005).

취업계수와 취업유발계수를 산업별로 살펴보면 제조업은 1990년의 15.2와 39.0에서 2000년에는 4.9와 14.4로 각각 하락했다. 서비스업은 노동생산성의 향상 등으로 취업계수와 취업유발계수가 1990년 32.7과 44.6에서 2000년에는 18.2와 24.3으로 각각 하락했다.

산업구조의 변화와 산업 간 연계구조의 취약, 노동생산성의 향상 등으로 제조업의 고용흡수력은 저하되고 있다. 고용창출효과가 큰 서비스업은 국내총생산에서 차지하는 비중이 오히려 줄어들고 있다. 그 결과 경제성장에 따른 일자리 창출효과는 과거에 비해 크게 낮아지고 있다.

② 수출과 내수의 연결고리 약화

수출호조세가 고용창출이나 내수회복으로 연결되지 않고 있다.[11]

첫째, 중간재의 수입의존도가 높기 때문이다. 중간재투입액에서 국산중간재투입액이 차지하는 비중인 국산화율은 낮고, 산출액에 대한 수입중간재투입액인 수입의존도가 높아지고 있다. 특히, 우리 경제에서 차지하는 비중이 큰 제조업의 수입의존도는 전산업 평균에 비해 훨씬

---

[11] 수출과 내수의 연결고리 약화와 관련된 최근의 분석으로는 국민경제자문회의(2006) 등을 참조할 것.

표 12 2000년 산업별 생산비중·중간투입재 국산화율 (단위 : %, 명/10억 원)

	산업비중	수입의존도*	국산화율**
농림·수산품	2.7	2.5	93.3
광산품	0.2	0.8	97.8
제조업	46.5	21.8	69.9
(전기·전자기기)	(10.2)	(32.4)	(55.5)
전력가스 및 수도	2.3	22.7	58.3
건설	7.1	3.1	94.5
서비스업	39.0	4.8	87.5
전산업 평균	100.0	13.1	77.0

주 : *수입의존도=(수입중간재투입액/산출액)×100
　　**국산화율=(국산중간재투입액/중간재투입액)×100
자료 : 문소상(2005).

높고, 국산화율은 평균에 비해 크게 낮다. 따라서 경제 성장과 수출의 파급효과가 매우 제한적이다.

산업비중이 46.5%나 되는 제조업과 최근 성장하고 있는 전기·전자기기(산업비중 10.2%)의 국산화율은 69.9%와 55.5%로 낮다. 반면에 수입의존도는 21.8%와 32.4% 수준으로 매우 높다. 이에 비하여 농림·수산품이나 광산품, 건설 등의 수입의존도는 2.5%, 0.8%, 3.1%로 매우 낮고, 국산화율은 93.3%, 97.8%, 94.5%로서 매우 높은 수준이다. 그러나 이들 산업이 전체 산업에서 차지하는 비중은 10% 수준에 불과하다. 취업유발계수가 상대적으로 낮은 전기·전자 등 IT산업의 비중이 시속직으로 높아지고 있다. 전기·전자제품의 수출비중도 27.6%(1995년)에서 30.5%(2000년)로 높아지고 있다.

그러나 5대 IT산업은 중간재의 65% 정도를 수입에 의존하여 수출에 따른 국내투자 유발효과가 미흡하다. 때문에 수출이 늘어도 고용창출은 둔화되고 있다. 이러한 현상은 우리의 부품·소재산업의 발전이 미흡하

표 13 한국 및 일본의 IT산업 수입의존도 비교 (2000년 기준, %)

	한국			일본
	수출비중[1]	수입의존도	수입유발계수	수입의존도
IT제조업	29.8	65.0	–	15.6
반도체	8.0	78.8	0.503	8.2
무선통신기기	9.8	66.8	0.506	19.0[2]
컴퓨터 및 주변기기	6.3	50.9	0.551	–
평면 디스플레이	2.9	67.7	0.544	–
TV 및 부분품	2.9	43.7	0.482	16.8[3]
비IT제조업	70.2	30.7	–	15.8
제조업	100.0	30.9	0.373	15.8

주 : 1) 2003년 기준, 2) 통신기계, 3) 전자부품.
자료 : 한국은행, 한국 및 일본의 산업연관표(2000년).

기 때문이다. 그 결과 최종재와 부품·소재, 대기업과 중소협력업체 등의 연계구조가 취약하다. 그러므로 부품·소재산업의 발전을 동반해야 정보통신 분야 등의 급성장이 우리 경제 전체에 주는 파급효과가 확대될 것이다.

둘째, 자본재의 수입 때문에 수출이 유발하는 설비투자가 지속적으로 감소하고 있다. 최근에는 설비투자의 절반 가량을 수입자본재에 의존하고 있다. 세계화 진전, 국내 부품·소재산업의 부진, 첨단제품의 경쟁력 강화 등의 이유로 수출제품의 부품이나 제조장비 등을 해외에서 조달하는 규모가 급증한다. 따라서 수출이 국내투자나 고용에 주는 효과가 제한적이다. 설비투자의 수입자본재 비중(실질금액 기준)이 2001년 33%에서 2002년 24%, 2003년 41%, 2004년 48%로 급속하게 지속적으로 늘어났다. 2005년에는 수입자본재가 설비투자 전체의 절반이나 되었다. 특히 최근 설비투자 증가를 주도하고 있는 반도체, 평판 디스플레이 등의 제조장비나 정밀기계의 수입자본재 비중은 2005년 상반기에 각각

표 14 산업별 수입유발계수 추이(불변가격 기준)

	수출비중				수입유발계수		
	1990년	1995년	2000년	2004년	1990년	1995년	2000년
제조업	76.0	79.3	81.3	86.1	0.341	0.360	0.373
음식료품	2.8	2.1	1.3	1.0	0.162	0.188	0.196
섬유 및 가죽제품	28.5	16.2	9.7	5.6	0.309	0.336	0.316
목재 및 종이제품	0.9	0.9	0.9	0.8	0.398	0.364	0.383
인쇄, 출판 및 복제	0.1	0.2	0.1	0.2	0.175	0.189	0.216
가구 및 기타 제조업	3.6	2.1	1.3	0.7	0.264	0.294	0.291
석유 및 석탄제품	2.6	4.3	5.1	3.2	0.526	0.545	0.616
화학제품	6.3	9.2	8.4	7.4	0.395	0.414	0.380
비금속광물제품	0.8	0.4	0.4	0.4	0.234	0.234	0.220
제1차 금속제품	4.7	4.6	4.2	3.9	0.415	0.418	0.420
금속제품	1.8	2.3	1.3	1.0	0.285	0.267	0.280
일반기계	2.3	4.3	4.1	5.2	0.338	0.323	0.296
전기 및 전자기기	13.0	18.9	30.5	41.2	0.513	0.477	0.456
정밀기기	1.4	1.2	0.9	1.2	0.318	0.245	0.339
수송장비	7.4	12.4	13.0	14.4	0.338	0.326	0.307
서비스업	21.8	19.4	17.4	13.1	0.110	0.132	0.114
전산업 평균					0.229	0.281	0.286
수출의 수입유발계수					0.314	0.357	0.367

주 : 1) 산업별 수입유발계수는 해당 산업에 소비, 투자, 수출 등 최종수요 1단위가 발생하였을 경우 전산업에서 유발되는 수입유발효과의 크기를 의미함.
2) 2001년 이후 수출비중은 국내총생산의 품목그룹별 실질수출증가율을 산업연관표의 2000년도 품목그룹별 수출액에 곱하는 방식으로 추정함.
자료 : 김명식(2005).

76%와 93% 수준이었다. 따라서 2001~2003년 우리 수출 1위 품목인 반도체 무역수지가 2001년 12.9억 달러, 2002년 8.4억 달러, 2003년 17.9억 달러로 3년 연속 적자였다. 이는 글로벌 아웃소싱에 의한 부품 및 제조장비 등의 수입 때문이다.

이러한 현상은 수출의 수입유발계수로도 증명된다. 설비투자를 위한 자본재 수입과 수출품 생산을 위한 중간재 수입의존도를 나타내는 수출

표 15 주요 수출호조업종의 외국인 주식보유 비중

(단위 : %)

	1996년	1997년	1998년	1999년	2000년	2001년	2002년	2003년	2004년
전기·전자	15.4	15.6	29.5	32.3	44.3	48.7	45.7	45.7	49.8
운수장비	10.4	9.1	14.7	8.7	14.4	23.9	27.5	28.7	39.5
기계	10.5	9.1	15.1	25.2	26.2	16.2	16.7	21.2	27.2
철강·금속	14.7	13.5	23.7	24.0	24.0	47.7	48.2	51.2	56.2
화학	12.4	15.7	18.6	17.7	17.7	25.5	25.9	28.3	39.1
전체	13.5	13.9	23.9	24.8	24.8	40.2	39.6	40.8	46.7

주 : 주식보유 비중은 매월 말 주식보유 비중을 평균하여 산출.
자료 : 김명식(2005).

의 수입유발계수는 1990년의 0.314에서 1995년 0.357, 2000년 0.367로 꾸준히 증가하고 있다. 이에 따라 전산업의 수입유발계수도 1990년 0.229, 1995년 0.281, 2000년 0.286으로 증가하고 있다.

이를 산업별로 살펴보면, 제조업은 1990년 0.341에서 1995년 0.360, 2000년에는 0.373으로 지속적으로 상승하고 있다. 반면에 서비스업의 경우는 1995년 0.132에서 2000년 0.114로 하락하고 있다.

셋째, 기업들의 투자행태 변화도 수출의 투자유발효과를 약화시키는 데 일조하고 있다. 외환위기 이후 과잉투자 비판과 함께 리스크 관리가 강조되고 있다. 또 주요 수출대기업의 외국인 주식보유 비중이 높아졌다. 이에 따라 기업의 투자행태는 보수적으로 변화하고 있다. 특히 우리나라 주요 수출호조업종의 외국인 주식보유 비중이 크게 늘어났다. 외환위기 이전인 1996년에는 10.4~15.4% 수준에 불과하였지만, 2000년에는 14.4~44.3%로 급속히 상승했고, 2004년에는 27.2~56.2%나 된다.

그 결과 외국자본의 경영간섭과 적대적 M&A 가능성은 상승하고 배당이나 안정성이 강조되었다. 따라서 주요 대기업들이 수출이 잘 되어 자금여력이 충분함에도 불구하고 경영권 방어 등에 치중하다보니 과감

표 16 주요 수출호조업종의 현금보유 비중 (단위 : %)

	2000년	2001년	2002년	2003년	2004년
〈배당률〉					
전자부품·영상음향통신	11.2	8.2	5.9	5.5	16.6
자동차	2.7	3.7	6.0	10.7	11.0
화합물 및 화학제품	7.6	7.1	7.4	10.5	17.4
1차금속	5.1	5.0	8.5	13.7	19.5
기계류	4.4	4.2	4.8	4.7	5.2
석유정제	6.5	9.0	14.3	20.7	38.0
〈현금보유기준〉					
전자부품·영상음향통신	4.8	4.7	10.3	12.0	10.3
자동차	4.8	6.6	15.4	15.6	15.2
화합물 및 화학제품	5.1	5.7	5.2	5.9	6.7
1차금속	5.4	3.9	3.6	6.5	5.8
기계류	7.5	7.8	9.1	10.3	11.4
석유정제	5.3	5.8	5.0	6.6	7.8
〈차입금의존도〉					
전자부품·영상음향통신	33.5	29.1	23.9	24.9	18.1
자동차	59.4	60.6	26.5	18.2	16.9
화합물 및 화학제품	40.5	38.3	37.0	31.8	27.6
1차금속	35.6	36.6	34.7	28.5	24.4
기계류	33.2	33.5	29.3	27.1	24.4
석유정제	39.4	44.1	39.5	34.7	26.9

자료 : 한국은행, 기업경영분석.

한 투자가 이루어지지 않고 있다.

    이에 따라 주요 수출호조업종의 배당률과 현금보유 비율은 상승하고 차입금 의존도는 점차 하락하고 있다. 이에 더하여 국내투자에 대한 각종 세금 등의 비용은 경쟁국에 비해 높고, 임금상승률도 높고, 강성 노조는 전투적으로 투자여건이 불안정적이다. 또한 출자총액제한제도, 수노권규제 등 규제가 많다. 그 결과, 중국 등과 같은 저임금국가로의 해외

표 17 연도별 해외직접투자 추이

(단위 : 억 달러)

		2001년	2002년	2003년	2004년	2005년
내국인	투자	26.4	29.7	44.8	58.7	65.1
	회수	12.8	6.6	8.8	8.3	5.9
	순투자	13.6	23.1	36.0	50.4	59.2

주 : 외국환신고 기준.
자료 : 이태윤(2006).

표 18 우리나라의 지역별 해외직접투자 추이

(단위 : %)

	2001년	2002년	2003년	2004년	2005년
중국	12.3	27.7	40.8	38.4	40.3
미국	28.3	15.4	26.1	22.4	19.2
ASEAN	7.4	9.5	13.3	8.4	9.7
EU	39.8	23.8	3.9	10.9	8.4
기타	12.2	23.6	15.9	19.9	22.4

주 : 외국환신고 기준.
자료 : 이태윤(2006).

투자가 확대되고 있다. 이러한 국내투자 부진과 외국에 대한 투자 확대는 산업 및 고용의 공동화를 초래할 수도 있다는 우려가 제기되고 있다.

한편, 대중국투자 증가는 대중국수출 급증을 유도하고 있다. 중국진출기업의 자재 중 국산자재 매입비중이 2003년에는 38%(무역협회), 2004년에는 42%(대외경제연구원)나 되었다. 그러나 대중국수출이 증가하여도 고용이나 내수로 연결되지는 않고 있다. 중국에 진출한 한국기업의 현지인 채용이 이미 100만 명을 넘어섰기 때문이다.

예를 들면, 현대자동차의 북경공장은 한국타이어를 쓰고 한국타이어의 공급은 대중국수출이다. 그러나 현대자동차의 고용이 늘어나지는 않아 수출이 고용을 만드는 효과가 하락하고 있다. 이처럼 수출과 내수의 연결고리가 약화되어 수출의 취업유발계수가 지속적으로 하락하고 있다. 다행히도 수출서비스업의 취업유발계수는 완만하게 하락하고 있

표 19 수출의 취업유발계수 변화 추이 (단위 : 명/10억 원)

	1990년	1995년	2000년
수출	31.94	22.32	15.66
제조업	(19.06)	(12.85)	(6.47)
서비스업	(8.83)	(7.84)	(6.97)

주 : 2000년 불변가격 기준.
자료 : 신용상(2004).

표 20 업종별 성장기여도 (단위 : %, %p)

	1975~1980년		1981~1990년		1991~2000년	
	제조업	서비스업	제조업	서비스업	제조업	서비스업
성장률	12.20	7.21	10.58	8.27	7.97	5.34
노동·자본	5.61	8.56	5.62	6.54	3.14	5.47
생산성	6.59	-1.35	4.96	1.73	4.83	-0.13

자료 : 재정경제부(2006).

다. 그러나 수출제조업은 고용창출능력이 1990년의 19.1명에서 2000년에는 6.5명으로 떨어져 불과 10년 만에 무려 12.6명이나 줄어들었다.

③ 서비스업의 발전 미흡으로 해외소비 증가

제조업과 서비스업의 성장률이 모두 하락하고 있는데, 서비스업의 성장률은 특히 낮은 수준이다. 생산성도 제조업은 1990년대에 들어 개선되고 있으나, 서비스업은 과거에 비해 오히려 하락하고 있다(〈표 20〉 참조).

또한 해외소비가 급증하고 있다. 우리 가계가 국내소비에 비해 해외소비의 비중을 증가시키고 있다. 한국은행에 따르면 2000~2004년 중 국내소비가 평균 2.7% 증가한 반면, 같은 기간 중 해외소비는 평균 18.1% 증가했다. 이에 따라 가계소비에서 해외소비의 비중이 2000년 2.0%에서 2004년에는 2.9%로 빠르게 상승하였다. 수입재 소비를 포함하면 해외소비비중은 7.8%에서 10.9%로 상승했다.

표 21 가계소비의 해외의존도 비중 변화 추이
(단위 : %)

	1995년	2000년	2004년
국내 소비지출	98.3 (17.0)	98.0 (12.8)	97.1 (2.6)
국산	92.9	92.2	89.1
수입	5.4	5.8	8.0
해외 소비지출	1.7 (34.9)	2.0 (55.8)	2.9 (15.7)

주 : ( )는 전년동기 대비 증감률.
자료 : 문소상(2005).

국내소비에서도 수입품의 비중이 증가하고 있다. 따라서 소득증가가 과거와 같은 국내수요 유발효과를 가져오지는 않는다. 이는 개방화되는 속도에 비해 국내 서비스업의 경쟁력 개선이 미흡하고, 이에 따라 경제주체들의 소비선호가 바뀌고 있기 때문이다. 특히 교육, 연수, 관광, 레저, 의료 등의 해외소비가 큰 폭으로 증가하고 있다.

무엇보다 해외유학경비가 급증하였다. 공식적인 유학·연수경비 외에 동반가족의 생활비까지를 포함한 실제 총유학·연수경비는 2004년에는 71억 달러로 추정되었다. 그 결과 한국은행 추정에 의하면 2004년에는 해외교육비 지출은 가계 총교육비 지출의 11%, 가계소비 지출의 2%, 경상 GDP의 1%를 차지했었다. 해외여행경비 또한 지속적으로 증가하고 있다. 외국문화 체험, 고급 레저·관광 등에 대한 수요가 크게 늘고 있기 때문이다. 2004년 해외여행자 수는 843만 명, 여행경비 지급은 95억 달러로 2000년 대비 각각 1.6배 및 1.5배나 증가하였다. 아울러 해외의료비 지출도 크게 증가하고 있다. 고급 의료서비스 공급의 부족과 장기(臟器)관리시스템 등 제도상의 비효율성 때문에 2003년 우리나라 국민이 해외에 나가서 지출한 의료비는 약 1조 원에 이른 것으로 추정되었

표 22 최근 경상수지 추이
(단위 : 백만 달러)

	2005년 6월	2005년 1~6월	2006년 5월	2006년 6월	2006년 1~6월
경상수지	2,239.1	8,480.1	1,359.4	1,099.5	-267.6
상품수지	3,700.0	17,796.2	2,815.3	2,873.3	12,795.1
서비스수지	-1,123.4	-6,243.5	-1,354.7	-1,178.5	-8,875.2
소득수지	-121.1	-1,844.5	387.1	-158.6	-2,129.7
경상이전수지	-216.4	-1,228.1	-488.3	-436.7	-2,057.8

자료 : 한국은행, 경제통계자료(ECOS).

다. 그 결과 서비스수지는 만성적인 적자상태이다(〈표 22〉참조). 상품수지는 계속 대규모 흑자임에도 해외소비가 증가하는 서비스산업 때문에 2006년 상반기에는 9년 만에 경상수지가 적자로 돌아섰다.

④ 노동시장의 경직화

첫째, 경직적인 노동시장과 인건비 상승으로 노동비용이 크게 상승했다. 이 때문에 기업은 신규고용 창출과 경쟁력 제고에 어려움을 겪고 있다. 한국의 정규직 고용보호 수준은 OECD 27개 국 가운데서 2위, 전체 고용보호 수준은 10위로 평가되고 있다. 이런 과도한 고용보호규제는 노동시장의 유연성을 감소시켜 신규고용이 축소되고 취업취약계층의 실직을 장기화시킨다. 또한 대기업의 고용보호 수준은 중소기업에 비해 상대적으로 높다. 전투적인 노조 때문에 임금수준이 높아 대기업의 부담이 커져 고용창출을 더욱 힘들게 한다.

둘째, 노동시장 내 인력수급의 불균형과 산업수요에 적합한 인력이 부족하다. 대졸자 등 고학력 신규인력은 대기업만을 선호하여 상대적으로 근로여건이 취약한 중소기업의 인력난은 가중되고 있다. 또 노동시장은 신규졸업자를 제대로 소화해내지 못하고 있다. 학교와 산업현장

간의 간격을 좁혀주는 노동시장 인프라기능이 원활하게 작동되지 않아 구직기간이 장기화되는 등 노동시장의 진입·퇴출·재훈련 과정에서 소요되는 사회적 비용이 증가하고 있다.

3. 일자리 창출대책

첫째, 우리 경제를 견인할 신성장동력을 발굴해야 한다. 과거 우리나라는 시기별로 우리 경제에 필요한 성장동력을 마련해왔다. 1960~1970년대는 경공업, 1980년대는 중화학공업, 1990년대는 정보통신산업을 발판으로 고도성장을 이룩해왔다. 이제는 2010년대 이후 우리 경제를 견인할 기술개발과 신성장동력을 육성하고, 기존 전통산업의 부가가치도 높여야 한다. 이를 위해 정부는 연구개발 투자를 지원하고 미래지향적 장기투자를 활발히 추진할 수 있는 여건을 마련해야 한다. 또한 정부나 기업은 신성장동력을 창출할 수 있는 분야에 대한 선택과 집중으로 투자의 효율성을 극대화해야 한다.

둘째, 고용창출과 고부가가치의 서비스산업을 육성해야 한다. 선진국의 경우, 생산성이 높아짐에 따라 성장의 고용창출효과 저하를 서비스업의 고용흡수력 제고를 통해 만회하고 있다. 우리나라 서비스업은 2005년에는 국내총생산의 56%, 고용의 65%를 차지할 정도로 양적으로는 성장하였다. 그러나 서비스산업의 성장기여도는 오히려 하락하고 있다. 따라서 의료, 교육, 관광, 레저 등의 서비스산업에 투자자금이 원활하게 흐를 수 있도록 각종 규제를 개선하거나 폐지하여 투자를 유치시켜야 한다. 또 서비스산업의 경쟁력을 강화하고 생산성 개선을 도모할 수 있는 방안들을 모색해야 한다. 아울러 FTA협상 등을 통해 서비스시장을 개방하여 국내서비스업이 국제적 경쟁력을 확보할 수 있는 기회를 확대해야 한다.

셋째, 부품·소재산업을 육성해야 한다. 그리하여 부품·소재의 국산화율을 제고시켜 산업연관관계를 높이며, 수출의 국내 파급효과를 극대화하여야 한다. 이를 동해 수출·내수산업 간, 대·중소기업 간 그리고 지역 간 투자격차 등 양극화문제를 완화하고 고용을 증대시켜야 한다. 그 방안의 하나가 클러스터의 조성이다. 대기업-중소기업 간, 산·학·연 간 연계를 강화한 산업집적지를 만들고 연구개발과 마케팅을 종합하여 시너지효과를 내야 한다. 국내 관련 부품·소재산업의 육성을 통해 수출이 내수와 고용확대로 이어지는 경로가 활성화된다면 총요소생산성의 성장기여도는 다소 개선될 수 있다. 2000년 산업연관표를 이용하여 정보통신산업의 부품·소재 국산화율이 10%포인트 개선되는 경우 경제성장률은 1.1%포인트 높아지고, 21만 명의 고용창출이 유발된다.[12]

넷째, 우수한 인적자본을 육성하고, 노동시장을 유연하게 만들어야 한다. 실업문제, 그중에서도 특히 청년층 실업문제는 경기하강에도 원인이 있지만, 중·상시직으로는 산업수요에 부합하지 못한 교육과 노동시장의 경직성에 있다. 기업은 전문성과 능력이 검증되지 않은 청년층의 고용을 꺼린다. 따라서 산업수요에 부응할 수 있는 고급인력을 양성하고 교육 및 직업능력개발 프로그램을 획기적으로 개선하여 우수한 인적자본을 육성하여야 한다. 또 노동시장의 유연성을 강화하여 청년층의

---

[12] 한국은행, "우리 경제의 성장잠재력 약화원인과 향후 전망", 2005. 9, p. 44.

취업기회를 늘려야 한다. 노사관련 법제도를 정비하고, 인력수급의 불균형을 해소하기 위하여 노동시장 인프라를 구축하는 한편, 인력양성·훈련체계를 개선하여 기업의 고용창출여력을 높여야 한다.

다섯째, 공공부문보다 기업이 일자리를 늘릴 수 있는 환경을 만들어야 한다. 정부가 공공부문의 취업지원기능을 확대하고 취약계층의 사회적 일자리를 늘리고자 노·사·정 협약을 도출해내며, 사회통합을 증진시키는 등의 정책적 노력을 해야 한다. 그러나 공공부문을 통한 임시적 일자리나 서비스업 육성 등으로 만들어지는 일자리는 비정규직 등의 확대로 고용의 질을 떨어뜨릴 수 있다. 따라서 공공부문을 통한 인위적인 고용창출보다는 기업이 일자리를 확대시키는 환경을 만드는 것이 보다 중요하다.

총요소생산성 향상을 통한 경제성장 도모

1. 기업도시와 총요소생산성 향상

우리 경제가 혁신주도형 경제로 전환하기 위하여는 경제 전체의 생산성을 획기적으로 제고하여 총요소생산성을 높여야 한다. 단순한 자본이나 노동과 같은 생산요소의 투입증가에서 생산 과정에 투입되는 요소들이 유기적인 결합에 의하여 산출에 반영되는 전체적인 능률을 높여야 한다. 총요소생산성은 경제 전체의 실물자본과 인적자본을 축적하고 기술혁신이 되어야 향상된다. 더 나이가 경제 전체의 혁신시스템을 만들어 혁신역량을 강화해야 한다. 이를 도모하려면 연구개발투자가 필수적이다. R&D투자는 총요소생산성을 높이는 지름길이다. R&D투자는 투자되는 산업은 물론 연계된 산업의 생산성을 높이고 인적자본과 물적자본도 늘린다. R&D투자의 외부효과 때문이다. 기업도시는 R&D 클러스터를 형성하여 연구개발의 기능을 극대화할 수 있다.

기업도시는 클러스터의 핵심주체인 기업, 대학, 연구기관, 중앙정부 및 지방정부, 협회 등 중개기관 등을 지리적으로 집중시켜 생산적이고도 유기적인 관계를 만들어준다. 기업은 지속적인 혁신으로 자체 경쟁력을 강화하고자 연구·개발과 그 성과의 상품화를 위해 노력한다. 대학과 연구기관은 기초연구뿐만 아니라 기업의 혁신능력 강화를 지원하며, 기술개발성과를 지속적으로 이전해준다. 인적자원을 공급하여 연구는 물론 생산이 가능하게 만들어준다. 중앙정부 및 지방정부는 클러스터 내와 다른 클러스터 간 혁신의 저해요소를 없애고 필요한 제도를 보완해준다. 또한 풍부한 공공연구·개발 인프라의 제공과 기초 분야나 응용분야의 기술개발, 실험시설과 첨단기술기업의 지원, 창업기업의 지원, 현장밀착형 기술지원을 통해 기술혁신을 확산시킬 수 있다. 이처럼 기업도시는 연구개발에 관련된 다양한 경제주체들이 효율적인 네트워크를 형성해서 새로운 기술과 지식을 창출·도입·활용하여 이를 교류하고 협력하여 기술혁신을 이루고 부가가치를 높여 생산성을 향상시킨다. 클러스터의 형성에 따른 집적의 외부경제효과(agglomeration externalities)가 발생하기 때문이다. 또 기업도시는 클러스터 엔진을 입지시키고 분리창업(spin-off)을 확산할 수 있다. 대기업 또는 정부투자 기술기업을 통하여 많은 창업기업이 발생한다. 따라서 기술 및 생산, 서비스, 지원기능이 연계된 하나의 산업생태계를 만들 수 있다. 또한 소규모 단위기업이 연합하거나 연구 및 기술개발형 대기업이 지역군집의 주체가 될 수 있다.

그리고 기업도시는 혁신 클러스터시스템을 만들 수 있다. 지역특성에 따라 2~4개의 전략산업이 중심이 되어 기업·대학·연구소·관련기관 간 상호연계를 강화하여 효율적인 산·학·연 간 연구체계를 만든다. 특히 첨단통신과 정보기술, 멀티미디어, 소프트웨어 등 최근 성장을 보이는 첨단업종과 미래성장력이 예상되는 생명공학 분야에 집중할 수도 있다. 이처럼 기업도시는 클러스터를 형성하는 주체와 제도를 담아 경제 전체의 혁신시스템을 만들어 총요소생산성을 높이는 데 기여한다.

2. 요소투입 증가에서 총요소생산성 증가로의 전환

총요소생산성의 현황

① 총요소생산성 증가 추이

우리 경제는 1990년대 중반 이전까지 풍부한 노동력이나 활발한 투자활동 등과 같은 생산요소투입 증가와 함께 생산성 향상이 경제성장을 주도해왔다. 하지만 최근에는 생산요소투입 증가세나 총요소생산성(TFP: total factor productivity) 향상이 둔화되고 있다(〈표 23〉 참조).[13] 2000년대에 들어와서는 인적자본의 투입은 다소 개선되고 있다. 그러나 물적자본 투입과 총요소생산성 향상이 성장에 기여하는 정도가 크게 저하되고 있다. 이에 따라 최근 우리나라 연평균 경제성장률은 4.6%로 하락하여 1980년대의 8.7%의 절반 수준이다.

기술진보(Technology Progress) 등을 의미하는 총요소생산성 증가율이 1980년대에는 다소 개선되었으나 1990년대부터는 정체되고 있다(〈그림 6〉 참조). 우리 경제가 아직도 생산요소투입에 의존하는 성장패턴을 보이

---

[13] 총요소생산성이란 기술진보를 포함한 광의의 개념으로서 생산(부가가치)에서 노동과 자본 등의 생산요소에 의해 설명되지 않은 잔여부분이라고 할 수 있다. 이를 추정하기 위해선 생산함수상의 솔로우 잔차(Solow Residuals)를 이용하는 것이 가장 보편적인 방법인데, 이에 대한 보다 자세한 내용은 Solow(1995, 1957) 등을 참조할 것.

표 23 1980년 이후 요소별 성장기여도 변화

(단위 : %)

기간	경제성장률	성장기여도			
		취업자 수	인적자본	물적자본	TFP
1981 ~ 1990년	8.73	1.91	0.79	3.28	2.76
1991 ~ 2000년	6.08	1.08	0.88	2.71	1.44
2001 ~ 2003년	4.62	1.04	1.06	1.51	1.01

자료 : 재정경제부(2006).

그림 6 총요소생산성 증가율 및 장기추세선(HP필터) 추이

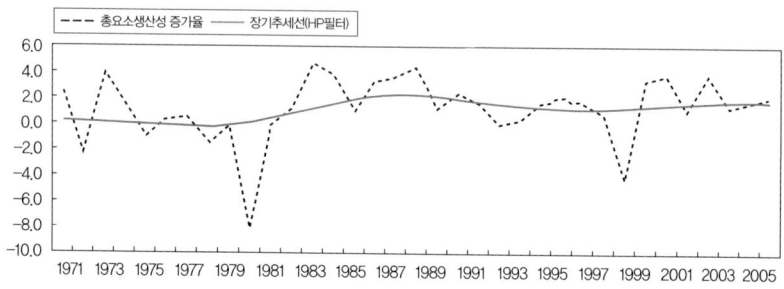

자료 : 통계청, 경제통계자료(KOSIS).

고 있다. 양적 요소투입 위주의 성장에서 질적 개선을 통한 혁신주도형 성장방식으로 전환되지 못하고 있는 것이다. 이와같이 우리 경제의 생산성 향상은 부진하고 요소투입의 증가율마저 하락하면서 신성장동력을 찾지 못한 채 성장세가 약화되고 있다.

② 총요소생산성 증가 추이의 국제 비교

국가경제가 발전하면서 총요소생산성 증가율은 반드시 하락하지는 않지만, 선진국의 경우 총요소생산성의 성장기여도는 높다. 이에 비해 우리 경제는 1990년대 이후 총요소생산성 증가율과 생산요소투입 증가율

표 24 총요소생산성의 성장기여도 비중에 대한 국제 비교(1999~2000년) (단위 : %)

	한국	미국	캐나다	노르웨이	핀란드
TFP 성장기여도 비중	29.0	65.6	62.9	67.9	130.7

자료 : 재정경제부(2005).

이 동시에 하락하고 있다. 선진국도 요소투입 증가율은 하락하고 있지만 총요소생산성 증가율은 오히려 상승하고 있다. 실제로 OECD국가들의 경제성장은 50% 이상이 총요소생산성 증가에 의해 이루어지고 있다(OECD, 2005a).

이에 더하여 우리나라의 노동생산성도 OECD국가들에 비해 크게 낮다. 우리나라의 2000년대 시간당 노동생산성은 10.4달러로 미국 40.0달러, 일본 39.9달러, 영국 32.1달러에 비해 낮고, OECD국가 평균인 27.0달러의 38.6% 수준이다.[14] 이는 소득 수준에 따라 생산성의 차이가 있을 수 있다. 그러나 우리나라의 시간당 노동생산성은 국민소득 1만 달러 시대의 선진국에 비해서도 크게 낮다(〈그림 7〉 참조).

총요소생산성 향상대책

생산요소의 투입만을 대규모로 늘려 경제성장을 도모하는 것은 한계가 있다. 우리 경제는 향후 저출산이나 고령화 등으로 생산가능인구가 줄어들 가능성이 크다. 그리고 개발연대 시기와 같이 급격한 자본축적도 어렵기 때문이다. 따라서 우리 경제의 성장잠재력을 확충하여 지속적으로 경제성장을 달성하기 위해서는 기술혁신과 총요소생산성을 증가시

---

[14] 재정경제부(2006c).

그림 7 1인당 GDP 1만 달러 시대의 시간당 노동생산성 국제 비교 (단위 : 달러)

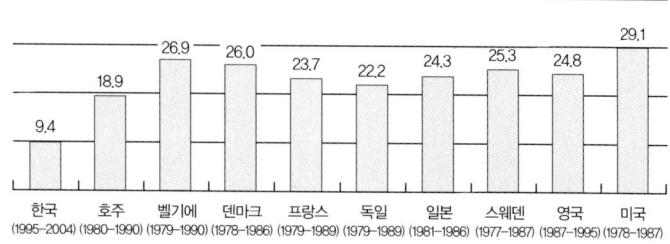

자료 : 재정경제부(2006c).

켜야 한다.

이를 도모하려면 연구개발(R&D, Research and Development)투자가 매우 중요하고 필수적이다.[15] R&D투자는 경제성장에 크게 기여하기 때문이다. R&D투자는 직접적으로 경제 전체의 총요소생산성을 증가시키고 경제를 더욱 발전시킨다. 간접적으로는 인적자본은 물론 자본축적도 증가시킨다. 더욱이 R&D투자가 활발한 산업의 생산성은 직접적으로 증가한다. 뿐만 아니라 이와 연계된 다른 산업의 생산성도 증가한다. 이처럼 R&D투자의 외부효과는 매우 크다.[16] 우리나라 총요소생산성의 성장기여율은 32.4%로 미국의 57.3%보다 크게 낮다(〈표 25〉참조).[17] 이는 미국 R&D의 성장기여율이 40.2%인 데 반해 우리는 10.9%에 불과한 결과에

---

[15] R&D투자가 지속적인 경제성장을 가능하게 한다는 해외연구로는 Griliches(1980, 1995), Romer(1990), Grossman and Helpman(1991), Aghion and Howitt(1992, 1998), Boskin and Lau(1996), Peretto(1998), Howitt(1999), Ha and Howitt(2004) 등을 중심으로 활발하게 진행되어왔다.
[16] 기업 수준의 R&D 자료를 이용하여 생산성과의 관계를 분석한 해외연구로는 Guneo and Mairesse(1984), Griliches and Mairesses(1984), Hall and Mairesse(1995) 등이 있다.
[17] 국내 R&D투자와 생산성에 관해서는 김종일·왕규호·정수연(2001), 서중해(2002), 김인철·김원규·김학수(2003), 이원기·김봉기(2003), 이상현(2004), 하준경(2005), 조윤애·오준병(2006), 최원락(2006), 김원규(2006), 김성수(2006) 등을 중심으로 연구되고 있다.

표 25 경제성장률에 대한 요인별 기여도 (단위 : %)

구분		GDP	물적자본	인적자본	노동공급	총요소생산성	
							R&D
한국	성장률	6.26	2.32	0.78	1.13	2.03	0.68
	(비중)	(100.0)	(37.0)	(12.5)	(18.1)	(32.4)	(10.9)
미국	성장률	3.21	0.22	0.24	0.91	1.84	1.29
	(비중)	(100.0)	(6.9)	(7.5)	(28.3)	(57.3)	(40.2)

자료 : 하준경(2005).

기인한다.

　이처럼 R&D는 기술혁신을 통해 생산성 향상을 이루어 기업과 국가 경제에 도움이 된다. 따라서 R&D에 대한 투자가 보다 활발하게 이루어지면서 R&D투자의 효율성도 높여야 한다. 선진적인 경제시스템 구축, 정보화 개선, 고부가가치화 진전 등을 이루어 경제활동여건을 개선하여 생산성 향상을 도모해야만 한다.

3. R&D의 적극적 실현으로 경쟁력 제고

R&D투자 현황

① 후발국 추격 및 선진국과의 격차확대 : Nut-Cracker 상황
글로벌 경쟁이 급격하게 심화되고 있어 기술수준의 향상이 미흡하거나 가격경쟁력에 치중한 우리 수출제품들은 중국, 인도 등과 같은 후발국에 의해 세계시장에서 밀려나고 있다. 의류 등과 같이 범용기술제품들

표 26 주요 제품의 미국시장 점유율 변화 추이
(단위 : %)

	한국			BRICs			중국		
	1999년	2002년	2004년	1999년	2002년	2004년	1999년	2002년	2004년
의류와 그 부속품	3.9	3.0	2.3	17.4	19.8	23.9	13.1	14.5	18.8
철강	5.9	4.2	4.1	13.9	19.1	24.8	1.7	2.1	4.7
철강제품	5.5	4.5	4.2	14.6	21.0	27.4	11.6	17.7	23.3
비금속제품	2.0	1.7	1.4	19.7	26.9	30.7	17.4	25.2	28.9
화공품	0.8	0.6	0.8	7.8	7.5	9.2	3.3	3.4	4.4
석유제품	0.4	0.4	0.4	1.4	3.3	3.7	0.3	0.4	0.5
컴퓨터	6.8	6.1	4.3	9.2	19.4	37.8	9.0	19.3	37.7
정밀기기	7.5	7.9	8.5	8.1	8.6	9.1	7.5	7.9	8.5
전기기기 및 부분품	7.8	7.8	9.2	10.8	17.3	22.5	10.3	16.0	21.7
무선통신기기	12.5	17.9	23.1	5.8	16.3	24.6	5.4	12.4	23.6
반도체	17.7	13.3	14.8	1.9	2.9	5.2	1.8	2.8	5.1
자동차	2.2	4.3	5.7	1.1	1.9	2.5	0.7	1.1	1.8

자료 : 문소상(2005).

은 중국이나 BRICs에 의해 미국시장이 잠식되고 있다. 이러한 현상은 중국 등이 저임금을 기반으로 가격경쟁력에서 우위를 점하고 있고, 낮은 수준의 기술은 손쉽게 습득하여 활용하고 있기 때문이다.

그러나 우리나라 기업은 무선통신기기, 반도체, 자동차 분야에서 미국시장 점유율을 지속적으로 확대하고 있다. 이는 우리 기술력이 후발국가들에 비해 상대적으로 우수하기 때문이다.

한편, 선진국가나 기업들은 첨단기술과 비가격경쟁력을 제고하고자 대규모의 R&D투자와 우수인력 확보로 시장을 선점하여 후발국가나 기업들의 추격을 따돌리고 있다. 또한 기존 제품들의 핵심기술을 보호하고자 노력하고 있다. 이에 따라 일부 미래성장산업이나 제품 등은 우리 경제와 기업들과의 기술력 격차가 확대되고 있다. 이러한 상황을 종합해보면, 우리 경제와 기업들은 한편으로는 중국, 인도 등을 중심으로 한

그림 8 **R&D투자 및 국내총생산(GDP) 비중 추이** (단위: 조 원, %)

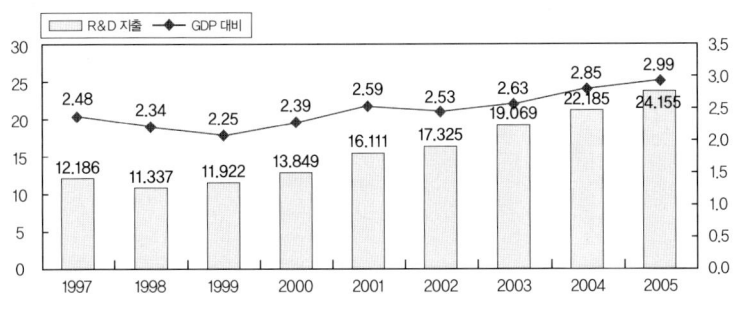

자료: 과학기술부(2006).

후발국들의 재빠른 추격에 직면해 있고, 다른 한편으로는 선진국들의 핵심기술 보호나 기술격차 확대 등으로 고전하고 있다. 즉, Nut-Cracker 상황에 빠져 있는 것이다. 따라서 우리 경제와 기업들은 첨단기술과 신제품을 개발하고 시장 개척을 통해 시장을 선점해야 한다. 후발국들의 추격을 뿌리치기 위해서는 생산성을 향상시켜 브랜드가치나 제품의 품질 등과 같은 비가격부문의 경쟁력을 높여야 한다.

② R&D투자 추이

최근 우리나라 R&D투자는 외환위기로 인해 잠시 주춤하기도 했으나 매년 지속적으로 증가하고 있다. R&D투자 규모는 1980년에는 2,800억 원 수준에 불과했으나 1985년 1조 원, 1996년 10조 원, 2004년 20조 원을 넘어서더니 2005년에 들어서서는 24조1,554억 원을 기록하였다. 1980년 이후 지금까지 매년 약 20%의 높은 증가세를 보여왔다. 하지만 최근 들어 R&D투자의 증가율이 다소 둔화되고 있다. 한편, 국내총생산(GDP)에 대한 R&D투자 비중도 1980년대에는 1%대 수준에 불과하였으나 1993년에

그림 9 우리나라의 연구원 수 추이 (단위: 명, 만 명)

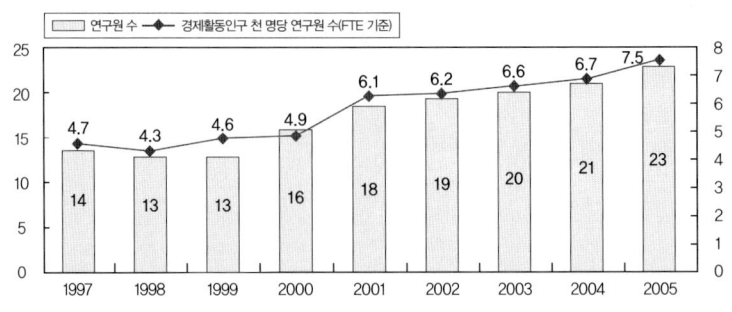

자료: 과학기술부(2006).

는 2% 수준을 넘어섰다. 2000년대 초 증가세가 잠시 주춤하였으나 지난 3년간 지속적으로 상승하면서 2005년에는 거의 3% 수준까지 상승했다.

우리나라의 총연구원 수는 외환위기로 인해 그 증가세가 다소 주춤하였다. 2000년대에 들어서는 빠른 증가세를 보여 2005년에는 전년 대비 11.8% 증가한 234,702명에 이르고 있다(〈그림 9〉 참조).

상근상당 연구원도 2005년에는 전년 대비 15.1%나 증가하여 179,812명으로 경제활동인구 천 명당 7.5명 수준이다.[18] 또한 2005년 총연구개발인력도 전년 대비 7.4% 증가한 335,428명을 기록하였다.[19] 한편, R&D 투자는 정부·공공부문과 민간부문이 각각 24:76으로 부담한다. 2005년의 R&D투자는 민간(기업체)이 전년 대비 9.1% 증가한 18.1조 원을, 정부 및 공공부문(사립대학 포함)이 7.9% 증가한 5.8조 원을 각각 부담하였다.

다음은 주체별 R&D투자 추이인데(〈그림 10〉 참조), 기업의 R&D투자 규

---

[18] 상근상당 연구원은 연구원 수를 단순히 합산한 총연구원 수와는 달리 FTE 기준으로 연구개발에 실제 참여한 비율을 반영하여 계산한 인력임.
[19] 총연구개발인력은 연구원에 연구보조기능원과 기타 지원업무종사자의 인력을 포함한 인력임.

표 27 부담주체별 R&D투자 추이
(단위 : 억 원, %)

구분	1999년	2000년	2001년	2002년	2003년	2004년	2005년
총 연구개발비	119,218	138,485	161,105	173,251	190,687	221,853	241,554
전년 대비 증가율	–	16.2	16.3	7.5	10.1	16.3	8.9
정부·공공부담	35,744	38,169	43,615	47,400	47,762	54,460	58,772
전년 대비 증가율	–	6.8	14.3	8.7	2.9	11.7	7.9
민간부담	83,400	100,234	116,733	125,088	141,136	166,309	181,068
전년 대비 증가율	–	20.2	16.5	7.2	12.8	17.8	9.1
외국부담	70	95	757	763	789	1,084	1,714
정부·공공 : 민간 부담비율	30 : 70	28 : 72	27 : 73	27 : 73	26 : 74	25 : 75	24 : 76

주 : 1999년부터는 사립대학을 정부·공공부문에 포함시킴(1998년까지는 민간에 포함).
자료 : 과학기술부(2006).

그림 10 연구개발주체별 R&D투자 추이
(단위 : 10억 원)

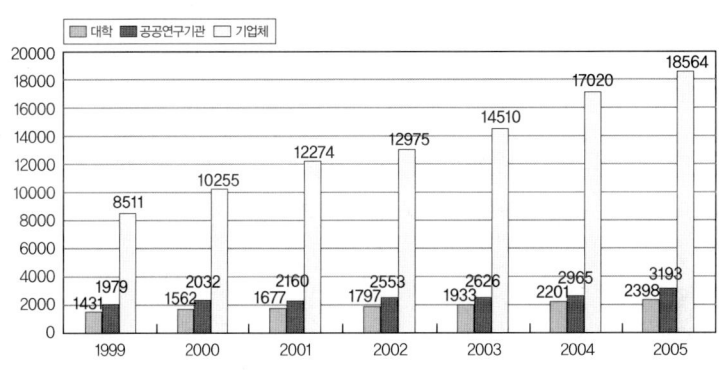

자료 : 과학기술부(2006).

모나 증가율은 공공연구기관[20]이나 대학에 비해 높다. 2005년 기업의 R&D투자는 전년 대비 9.1% 증가한 18조5천억 원이었다. 공공연구기관과 대학은 전년 대비 각각 7.7%, 9.0% 증가하여 3조2천억 원과 2조4천

---

[20] 공공연구기관은 정부출연연구기관, 국·공립시험연구기관, 기타 비영리민간연구기관을 포함한 것임.

2부 | 기업도시의 검토 배경 91

표 28 주요 산업의 R&D투자 추이

(단위: 10억 원, %)

산업구분	1999년	2000년	2001년	2002년	2003년	2004년	2005년
전체 (증감률)	8,511.2 (6.8)	10,254.7 (20.5)	12,273.6 (19.7)	12,975.4 (5.7)	14,509.7 (11.8)	17,019.8 (17.3)	18,564.2 (9.1)
농림·수산업	18.9	21.8	36.8	11.4	2.3	11.3	8.5
제조업	6,945.0	8,584.9	10,168.6	11,110.7	12,400.7	14,981.1	16,463.7
• 화합물 및 화학제품	521.5	615.8	856.8	911.9	973.7	1,164.7	1,352.4
• 전자장비	3,384.0	3,767.7	4,441.6	5,935.2	6,597.1	8,066.9	8,836.2
• 자동차	1,124.2	1,465.8	1,411.6	1,642.0	1,981.1	2,498.1	2,790.3
전기, 가스 및 수도사업	113.0	187.0	134.7	140.3	158.8	182.7	219.6
건설업	294.3	381.9	379.8	548.3	631.9	673.7	611.7
서비스부문	1,134.4	1,072.5	1,547.0	1,161.8	1,310.5	1,167.5	1,260.8

자료: 과학기술부(2006).

억 원에 불과한 수준이다. 따라서 2005년 주체별 R&D투자 비중은 기업이 76.9%, 공공연구기관이 13.2%, 대학이 9.9%를 각각 차지하였다.

한편, 기업부문의 R&D투자를 산업별 및 기업 규모별로 살펴보자. 2005년 제조업의 연구개발비는 16조5천억 원으로 기업부문의 전체 연구개발비 18조5천억 원의 88.7%를 차지하였다. 제조업 중에서 전자장비와 자동차가 전체 연구개발비의 47.6%와 15.0%인 8조8천억 원과 2조8천억 원을 각각 차지하였다. 이처럼 고기술산업에 R&D투자가 집중되어 있다. 반면에 서비스업은 전체 연구개발비의 6.8%에 불과하다.[21]

또한 우리나라의 연구개발투자는 상위기업에 집중되어 있다. 상위 20대기업이 기업의 연구개발비 18조5,642억 원의 55.6%, 기업체 연구원 154,406명의 39.7%, 박사연구원 57,942명의 52.2%를 각각 차지하고 있다. 이러한 기업의 연구개발 집중도는 상위 대기업으로 갈수록 심각하

---

[21] 재정경제부(2006a)에 따르면 소프트웨어자문, 컴퓨터관련 시비스 등 정보통신관련 서비스업을 제외하면 서비스업의 R&D투자 비중은 3% 미만이라고 지적하고 있다.

표 29 기업규모별 연구비 및 연구인력 집중도 비교 (단위 : %)

	연구비	총연구원	박사연구원
상위 5개사	42.0	30.6	38.1
상위 10개사	48.4	34.8	46.1
상위 20개사	55.6	39.7	52.2

자료 : 과학기술부(2006).

표 30 연구개발 단계별 R&D 추이 (단위 : 억 원, %)

연도	총연구개발투자	합계	기초연구	구성비	응용연구	구성비	개발연구	구성비
1991	41,584	100.0	6,170	14.9	12,780	30.7	22,635	54.4
1993	61,530	100.0	8,093	13.2	14,972	24.3	38,465	62.5
1995	94,406	100.0	11,768	12.5	23,621	25.0	59,017	62.5
1997	121,858	100.0	16,165	13.3	34,706	28.5	70,988	58.3
1999	119,218	100.0	16,255	13.6	30,652	25.7	72,311	60.7
2001	161,105	100.0	20,250	12.6	40,759	25.3	100,096	62.1
2003	190,687	100.0	27,586	14.5	39,740	20.8	123,361	64.7
2004	221,853	100.0	33,994	15.3	47,122	21.2	140,738	63.4
2005	241,554	100.0	37,068	15.3	50,341	20.8	154,144	63.8

자료 : 과학기술부(2006).

다. 상위 10대기업의 연구개발비는 48.4%, 연구원은 34.8%, 박사연구원은 46.1%를 각각 점유하고 있다. 여기에 상위 5대기업으로 범위를 좁혀도 집중도는 크게 줄어들지 않는다. 기업의 연구개발비의 42.0%, 연구원의 30.6%, 박사연구원의 38.1%를 상위 5대기업이 점유하고 있다.

다음으로 연구개발 단계별 R&D투자 규모이다. 2005년에는 전체 연구개발투자 24조1,554억 원의 63.8%가 개발연구, 20.8%가 응용연구, 15.3%가 기초연구로 구성되어 있었다. 개발연구의 비중은 1991년 54.4%에서 2005년 63.8%로 9.4%포인트 증가하여 크게 상승하였다. 반면에 응용연구의 비중은 1997년 28.5%를 정점으로 점차 하락하고 있다. 기초연구는 최근 빠르게 증가하였으나 전체 R&D투자에서 차지하는 비중은 15년 전 수준에 머물고 있다. 따라서 R&D투자의 대부분은 개발연구에 집중되어 있다.

한편 우리나라에 진출한 글로벌 R&D센터는 2005년에는 898개였다. 외환위기 이전인 1997년 373개에 비해 2.5배 가까이 증가했다.[22] 이는 1998년부터 외국자본에 의한 인수·합병(M&A)이 증가했고, 외국인투자 유치를 강화하는 정책효과 때문이다.

우리나라 R&D투자의 문제점

① R&D투자의 절대규모 부족

우리나라의 R&D투자가 국내총생산에서 차지하는 비율은 일본(3.12)을 제외하고는 미국(2.60), 독일(2.50), 프랑스(2.20) 등과 대등하거나 오히려 높은 수준이다. 하지만 R&D투자 지출의 절대규모는 선진국들에 비해 크게 낮다. 미국은 우리나라의 14.7배, 일본은 7.0배, 독일은 3.2배 수준이다. 우리나라 1인당 R&D투자 규모는 2004년에는 12.4만 달러로서 선진국들의 1980년대 수준으로 1979년 프랑스의 14.2만 달러에도 미치지 못한다.

또한 연구원도 외국에 비해 크게 부족한 상황으로 미국은 우리나라의 8.1배, 일본은 4.3배나 된다. 또한 우리나라의 연구원 1인당 연구비도 선진국과 비교해 최하위 수준이다.

---

[22] 과학기술부(2005b).

표 31 R&D투자 국제 비교

	한국	미국	일본	독일	프랑스	영국
R&D투자($)	19,381	284,584	135,280	61,296	38,511	33,991
명목GDP 비중(%)	2.85	2.60	3.12	2.50	2.20	1.88
한국=1	1.0	14.7	7.0	3.2	2.0	1.8
1인당 R&D투자 (천 달러)	124	129	132	124	142	130
(연도)	(2004)	(1984)	(1987)	(1983)	(1979)	(1988)

주 : 미국과 독일의 R&D투자는 2003년 기준이고, 일본, 프랑스, 영국은 2002년 기준임.
자료 : 한국산업기술진흥협회, 산업기술주요통계요람 각 연도.

표 32 R&D투자 규모 및 연구원 수의 국제 비교 (단위 : 한국 = 1.0)

국가 (기준연도)	한국 (2004)	미국 (1999)	일본 (2003)	독일 (2003)	프랑스 (2002)	영국 (1998)
연구원 수	1.0	8.1	4.3	1.7	1.2	1.0
연구원 1인당 연구비	1.0	1.6	1.6	1.9	1.4	1.3

자료 : 과학기술부(2005a).

② 정부 및 대학의 역할 미흡

R&D투자에 대한 민간부문의 부담비율은 외환위기 이후 지속적으로 높아졌다. 반면에, 정부·공공부문의 부담비율은 계속 낮아지고 있다. 선진국들은 정부·공공부문이 전체 R&D투자에서 부담하는 비율이 높아지고 있는 추세이다. 기초과학기술이나 첨단신기술 등과 같이 수익성이나 성공가능성이 낮은 분야에 대한 정부·공공부문의 역할이 강조되고 있기 때문이다. 하지만 우리나라는 정부 및 공공부문 R&D투자금액의 수준이나 증가율이 민간에 비해 크게 낮아 시간이 갈수록 정부·공공부문의 부담비율이 낮아지고 있다.

그 결과, 우리나라의 R&D투자에 대한 정부·공공부문의 부담비율은 2005년에는 24.3%로서 프랑스(40.9%), 영국(36.8%), 미국(36.3%) 등과 비교해서 매우 낮다. 따라서 R&D투자에 대한 정부·공공부문의 부담비율

표 33 연구개발주체별 R&D투자 구성비 국제 비교
(단위 : %)

	연도	기업체	공공기관	대학
한국	2005	76.9	13.2	9.9
일본	2003	75.0	11.4	13.7
미국	2003	68.9	14.4	16.8
독일	2003	69.8	13.4	16.8
프랑스	2003	62.3	18.5	19.3
영국	2003	65.7	12.8	21.4

자료 : 과학기술부(2005a, 2006).

을 높일 필요가 있다(〈표 27〉 참조).

우리와 일본의 기업체 R&D투자 비중은 여타 선진국들에 비해 상대적으로 높다(〈표 33〉 참조). 그러나 우리 대학의 투자비중은 가장 낮다. 공공연구기관의 구성비는 프랑스를 제외하면 대체로 일정한 수준이다. 우리 대학의 R&D투자를 확대해서 기초과학기술의 역량을 강화하고 산업·대학·정부 및 연구기관의 연계를 강화해야 한다.

③ R&D투자가 특정산업이나 기업에 편중

우리나라의 R&D투자는 특정산업이나 기업에 편중되어 있다. 미국, 일본 등 주요 선진국 기업과 비교하여 우리나라의 연구개발은 일부 대기업에 지나치게 집중되어 있다. 미국과 일본의 경우 기업부문 R&D투자에서 상위 10대기업이 22.8%와 34.9%를 각각 차지하고 있어 우리에 비해 크게 낮다. 더욱이 상위 5대기업을 비교하면 미국과 일본의 연구개발비 집중도가 보다 크게 줄어, 연구개발투자가 기업규모별로 보다 넓게 확산되어 있다.

그럼에도 우리 대표기업의 매출액 대비 R&D투자 비중은 3.2%로 세계 주요 기업 3.4%에 비해 다소 낮고 음식료, 화학, 자동차 등 산업에서

표 34 주요 선진국과의 기업규모별 R&D 집중도 비교
(단위 : %)

	한국(2005년)	미국(1998년)	일본(2000년)
상위 5개 사	42.0	15.4	21.3
상위 10개 사	48.4	22.8	34.9

자료 : 과학기술부(2006), 재정경제부(2006a).

표 35 2005년 대표기업 간 매출액 대비 R&D투자 비중 비교
(단위 : %)

	음식료	화학	철강	전기·전자	자동차	통신	평균
국내 대표기업	0.7	1.3	0.8	5.4	1.9	2.2	3.2
세계 주요 기업	1.0	3.6	0.8	5.9	4.1	1.2	3.4

자료 : 김태석(2006).

표 36 연구단계별 R&D구성비 국제 비교
(단위 : %)

	한국(2005년)	미국(2003년)	일본(2003년)
기초연구	15.3	19.1	15.0
응용연구	20.8	23.9	23.0
개발연구	63.8	57.1	62.0

자료 : 과학기술부(2005a, 2006).

의 국내기업의 업종별 매출액 대비 R&D투자 비중은 세계 주요 기업에 비해 크게 낮다. 그러나 철강, 전기·전자, 통신 등의 국내 대표기업은 세계 주요 기업과 매출액 대비 R&D투자 비중이 비슷하거나 다소 높다.

우리의 개발연구 비중(63.8%)은 미국(57.1%)과 일본(62.0%)에 비해 높다. 기초연구와 응용연구에선 미국이 일본이나 우리에 비해 높다. 이처럼 우리의 기초연구 비중이 낮은 원인은 미국의 정부 및 공공부문 R&D 투자 비중에 비해, 우리는 기업의 연구개발투자 비중이 크기 때문이다.

④ R&D투자의 효율성과 해외연계 부족

한편 R&D투자의 절대규모 증가도 중요하지만 R&D투자의 효율성을 높

표 37 특허기술의 사업화 비율

(단위 : %)

구분	사업화 비율[1] (A)	사업화 성공률[2] (B)	사업화 특허의 성공비율 (B/A)*100.0
전체	26.6	11.2	42.0
기업	26.8	11.2	42.0
개인	17.7	7.0	39.5

주 : 1) 등록된 특허가 제품으로 개발 및 판매, 2) 등록된 특허가 사업화에 성공한 비율.
자료 : 최원락(2006).

표 38 한·미·일의 OECD 혁신성과지표 순위 비교

	신지식 창출	산학연계 및 기술확산	산업혁신	종합(혁신성과)
한국	18	22	15	18
미국	15	7	4	5
일본	14	21	2	9

주 : 29개 국가 중 순위.
자료 : 최원락(2006).

여 경쟁력을 제고해야 한다. 이를 위해선 개발기술의 상업화를 제고해야 한다. 우리는 개발기술의 사업화 및 사업화 성공률이 낮아서 특허등록이 우리 경제의 생산성을 크게 향상시켜 주지 못하고 있다.

특허기술의 사업화 비율과 사업화 성공률이 각각 26.6%와 11.2%에 불과하다. 특허로 등록된 기술 중에서 제품으로 개발되고 매출로 연결되는 상업적 가치를 인정받는 특허기술이 절반에도 미치지 못하고 있다.

또한 R&D투자의 산학연계나 기술확산이 부족하고 산업혁신이 미흡하다. OECD 29개 국가 중 우리 혁신성과는 18위에 머물고 있다. 이는 기초·응용·개발연구 단계별 연계 그리고 평가시스템과 산·학·정·연 및 관련기업 사이의 연계가 미흡하기 때문에 R&D의 내부 및 외부효과가 강화되기 어렵기 때문이다. 이와같이 우리나라 R&D투자의 평가시스템이 취약하고 연계체계가 미흡하여 R&D투자의 성장기여도가 낮다.

그림 11 2003년 R&D의 외국재원 비중 (단위: %)

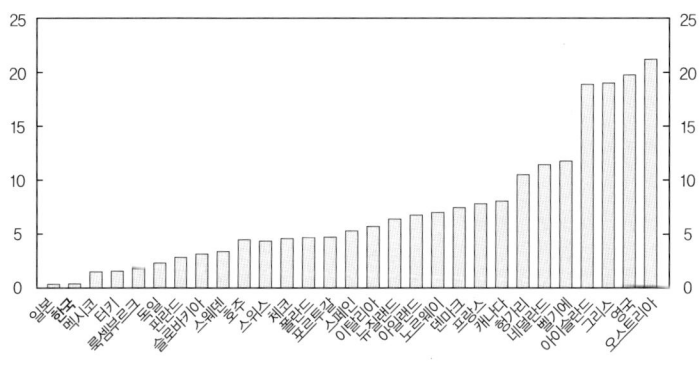

자료: OECD(2005b).

이에 더하여 우리나라는 해외 연구기관이나 기업과의 연계, 공동연구 그리고 전략적 제휴 등이 미흡하다. R&D의 0.4%만이 외국재원으로 이루어지고 있는데, 이는 OECD 국가 중 최하위 수준이다.

⑤ 글로벌 R&D센터 유치 부진

국내에 설립된 R&D센터의 숫자가 2000년 이후 감소하고 있다. R&D센터의 설립건수는 해마다 감소하고, 연구소의 폐쇄건수는 증가하고 있다. 그 결과 글로벌 R&D센터는 2000년 175건의 순증가에서 2004년에는 10건의 순감소를 기록했다.

이러한 추세를 반영하듯 대한상공회의소(2006)의 조사에 따르면, 외국계기업 중 매출액 상위 220개 사의 54.1%(119개 사)가 국내에 R&D센터를 두지 않고 있다. 또 R&D센터를 설치하지 않고 있는 기업 모두가 설립계획도 전혀 없다. R&D센터를 두고 있지 않는 이유로는 '본사의 R&D

표 39 글로벌 R&D센터의 설립·폐쇄 추이

	설립			폐쇄			순증가 (설립-폐쇄)
	단독	합작	계	단독	합작	계	
2000년	21	155	176	1	-	1	175
2001년	21	117	138	2	9	11	127
2002년	11	81	92	4	14	18	74
2003년	17	45	62	5	48	53	9
2004년	10	22	32	9	33	42	-10

자료 : 과학기술부(2005b), 국정감사자료.

센터만으로도 충분'(44.5%)하거나 '이미 다른 나라에 설치'(27.7%)하고 있기 때문이다. 심지어 '한국에서 기술적으로 배울 것이 없다'는 의견도 10.1%나 됐다. 또한 한국에 R&D센터를 두고 있는 101개 사도 어려움이 많다고 지적하고 있다. 88.1%가 R&D센터를 운영하는 데 애로사항을, 57.4%는 R&D센터를 설치하는 데 어려움을 겪었다고 호소했다.[23] R&D센터의 효율적인 운영을 위해서는 연구인력 양성 및 지원(38.5%), 세제혜택(22.8%), 운영자금 지원(14.9%), 마케팅활동 지원(12.9%) 등이 필요하다고 지적하고 있다. 따라서 최신 기술과 지식을 이전받기 위해서는 R&D센터를 대규모로 유치할 수 있는 보다 과감한 인력·세금·자금지원 등이 필히 요망된다.

R&D투자대책

선진국과 세계 주요 기업들은 생산성 향상과 기술격차 확대 등으로 우

---

[23] R&D센터 설립의 애로사항으로 다음과 같은 지적도 제기되고 있다. "외국기업들이 한국에 R&D센터를 짓는 것도 힘들다. 연구개발만을 위한 독립법인으로 R&D센터를 세우는 것을 한국의 법규정이 금지하고 있기 때문이다. 반드시 제조업 등 주식회사의 부설센터만 세울 수 있다. 연구인력만 있으면 되는데도, 주식회사 형태를 갖추어야 하니까 대표이사, 등기임원까지 둬야 한다는 것이다." 《조선일보》, 2007년 2월 1일 A2면.

리 경제의 추격을 뿌리치고 있고, 중국 등의 후발국들은 우리 기술을 흡수해 우리 경제와의 기술격차를 줄이고 있다. 이렇듯 글로벌 경쟁은 갈수록 심화되고 있다. 이러한 상황에서 기업과 정부의 과감한 연구개발 투자가 확대되고 R&D투자의 효율성을 높여야만 우리 경제는 생산성 향상을 통해 경제성장률을 높일 수 있다.

우선, 정부는 중·장기적 시각에서 R&D투자체계를 선진화하여 R&D투자의 효율성을 제고해야 한다. 기업이 나서기 힘든 공공성이 높은 기초연구 분야에 대한 정부의 역할을 보다 강조하고, 선진국 수준으로 R&D투자를 확대해야 한다. 또 사업성이나 상업성을 충분하게 고려하지 않고 있는 공공부문의 연구개발을 성과에 기초한 R&D 프로젝트 평가체제로 바꿔야 한다. 기업도 개발연구의 사업화와 사업화 성공률을 제고하기 위해 연구평가체제를 보다 체계화해야 한다. 우리 기업의 R&D투자는 양적으로는 확대되어 왔지만, R&D투자의 상업화는 효율적으로 이루어지지는 못했다. 우리나라의 R&D가 시장성이나 상업성을 크게 고려하지 않고 특허권 자체에 의미를 부여하는 경향이 컸기 때문이다. 따라서 2004년 특허권 중에는 61%가 사용되지 않고 있고 정부출연연구기관과 대학이 개발한 기술의 이전율도 18%에 불과했다.[24] 따라서 기업이 R&D투자효과를 높일 수 있도록 사업선정과 평가체계를 마련해야 한다.

그리고 산·학·연 연계체계가 원활하게 작동해야 한다. 기업은 개발연구에 치중하고 있고, 공공부문 연구소 및 교육기관 등은 기초 및 응용연구에 강하다. 민간부문과 공공부문의 상호보완성을 높일 수 있도록

---

24 재정경제부(2006c).

효율적인 역할분담과 파트너쉽을 강화해서 산·학·연 연계체계를 재정비해야 한다. 그리하여 R&D투자의 생산부문에 대한 파급효과를 최대화해야 한다. 특히 중소기업은 기술력은 있지만 자금조달이 원활하지 않으므로 R&D투자가 활발해질 수 있도록 금융기관의 기술평가 역량을 강화해야 한다.

또한 R&D투자의 양적 확대도 도모하여 우리 경제의 성장기반을 대규모로 늘려야 한다. 우리 R&D투자의 규모는 선진국 수준에 비해 크게 하락하고 있다. 이에 따라 R&D투자의 규모에 따른 효과가 적으므로 R&D투자의 증가율을 경제성장률보다 높게 유지할 수 있도록 R&D투자의 양을 지속적으로 늘려가야 한다.

아울러 R&D투자에 대한 인센티브를 확대해야 한다. 정부의 적극적인 R&D투자는 물론, 민간부문의 투자를 활성화하기 위해서이다. 미국, 일본, 영국 등 선진국은 물론 중국, 홍콩, 싱가포르 등의 후발국에서도 R&D투자의 세제지원에 대한 일몰규정을 폐지하거나 일몰제를 아예 적용하지 않고 있다. 따라서 R&D투자와 관련된 각종 조세감면을 확대하고 일몰제를 폐지해야 한다.

글로벌 경쟁체제에 부합하도록 규제완화를 보다 과감하게 추진해야 한다. R&D투자의 확대와 효율성을 제고하기 위해서이다. 시장규제는 R&D투자를 위축시키고 총요소생산성 증가에 부정적인 영향을 준다.[25] 따라서 기업의 규모나 지배구조 등의 기업규제는 지양하고 경쟁을 제고할 수 있는 방향으로 바뀌어야 한다. 그리고 교육개혁으로 창의력을 극대화할 수 있는 교육제도를 마련해야 하고, 대학교육의 경쟁력을 강화

---

[25] OECD, Labor MarKet, Product MarKet, Regulation and Innovation, OECD, 2002.

해야 한다. R&D 인력양성의 핵심적인 역할은 대학이 담당하기 때문이다. 이와같은 고급인적자원을 육성해야 글로벌 무한경쟁 시대에 기업들이 요구하는 수준을 충족시키고, 기업현장과 학교교육의 괴리감을 없앨 수 있다. 또한 대학·연구소·기업 간의 원활한 인적교류는 지식과 기술이전으로 그 파급효과를 증대시킬 수 있다. 이에 더하여 외국 연구기관이나 기업과의 공동연구, 전략적 제휴, 교차 라이센싱 등을 통해 새로운 기술을 신속히 확보해야 한다. 이와 함께 최신기술과 지식을 이전받기 위해 R&D센터를 대규모로 유치해야 한다. 이를 위해서는 규제완화와 제도개선이 필요하고, 이에 걸맞은 인력도 적극적으로 양성해야 한다.

04

경쟁력 있는 도시 건설로 국가경쟁력 확보

1. 세계화에 대응하기 위한 도시경쟁력 확보 필요

세계화의 진전에 따라 글로벌 스탠다드(global standard)는 확산되고 제한 없는 경쟁은 더욱 가속화될 것으로 보인다. 이에 따라 자본과 노동, 물자의 이동을 제한했던 국경의 의미는 이미 퇴색했다. 아직 노동의 국가 간의 이동은 완전하게 자유롭지 못하다. 노동의 이동이란 결국 이민이 자유자재로 이루어지는 것이다. 그러나 아직은 국가의 인구정책, 이민정책 등에 따라 개방 또는 폐쇄의 범위가 정해지고 있기 때문이다. 그러나 자본과 물자는 비교적 자유자재로 국가 간에 이동한다. 대부분의 국가들이 자본시장을 개방하여 외국인기업이나 외국인투자를 유치하고자 노력하고 있다. 선진국은 세계시장에서의 자본지배력을 강화하고자 투자유치와 자국기업의 해외투자 노력을 동시에 경주하고 있다.

    나라 간의 장벽이 허물어지면서 경쟁의 주체가 도시 또는 대도시권으로 바뀌었다. UN의 정의에 의하면 도시는 인구가 일정지역에 2만 명 이상이 거주하는 공간이다. 즉, 인구가 비교적 조밀하게 집중되어 있는 지역이다. 비도시지역에 비해 서비스가 다양하고, 거주하는 주민들이 생활하는 데 편리하며, 1차산업보다는 2차산업과 3차산업이 발달되어 있다.

도시는 가계, 기업 그리고 도시정부(공공)로 구성된다. 가계는 기업에 노동을 제공하고 기업의 산출물을 구매한다. 기업은 가계에 각종 생산물과 서비스를 공급하며 정부에 세금을 낸다. 도시정부는 공공서비스를 제공하고 각종 제도를 만들어 기업규제를 하기도 하지만 기업이 원활하게 활동할 수 있도록 인프라를 제공한다.

이제는 경쟁의 주체가 국가에서 도시로 전환됨에 따라 도시경쟁력을 높여야 한다. 도시의 경쟁력은 크게 두 가지이다. 첫째, 기업하기 좋은 도시로 기업의 입지환경과 성장동력, 인프라 등으로 경쟁력을 평가한다. 둘째, 시민이 살기 좋은 도시로 삶의 질이 높아야 한다. 생활환경, 주택, 복지, 의료, 안전, 교육, 생태환경 등을 중시한다. 그러나 도시는 다양하고 복잡하여 이 두 가지 관점을 분리하기는 어렵다. 경제적 경쟁력의 핵심 중의 하나가 우수한 인적자본의 확보이다. 그러나 우수인력을 확보하기 위해서는 교육제도가 좋아야 하고 의료서비스가 고급화되어야 한다. 즉, 삶의 질이 높아야 한다. 결국 도시경쟁력에 관한 두 가지 관점은 동전의 양면이다.

도시경쟁력의 개념은 국가경쟁력 개념의 연장이다. 국가경쟁력은 곧 생산성이다. 국가의 목표는 국민들에게 지속적으로 양질의 생활수준을 공급하는 것이다. 그리고 한 나라의 생활수준은 기업의 능력, 즉 높은 수준의 생산성과 생산성을 증가시키는 능력이 결정한다(Michael E. Porter). 이를 풀이한다면 국가경쟁력은 자국 국민의 생활수준 향상을 도모하면서 개방된 국제교역시장에서의 경쟁에 적합한 재화와 서비스를 생산할 수 있는 능력이다(미국의 산업경쟁력위원회). 스위스의 국가경쟁력 평가기관인 국제경영원(IMD)에 의하면 국제경쟁력은 노동, 자본 등 생산요소를 적절하게 조합시키는 기업의 내부 효율성과 기업경영에 영향을 미치는 제반 국내외의 환경에 대한 대응능력 등에 의해 종합적으로 만들어진다고 한다.

이와같이 국가경쟁력 또는 국제경쟁력의 개념이 도시와 지역 간의 경쟁으로 전개되고 있다. 공간적 단위가 국가에서 도시 및 지역으로 변화되었다. 한 나라에서 주요 대도시가 차지하는 비중이 크기 때문이다. Porter 또한 국가경쟁력의 원천은 지역경쟁력이며, 집적에 따른 클러스터의 효과라고 주장했다. 이 또한 도시 및 지역경쟁력에 대한 관심을 높였다.

도시경쟁력에 영향을 주는 요인들에 관한 연구는 많다. 먼저 경제적 경쟁력을 중심으로 한 연구이다. 국토연구원(2002)은 국제적 기능에 초점을 맞추고 있다. 경쟁력 있는 도시를 ① 국제기구 및 국제연합기관의 입지, 국제적인 영향력을 가진 도시, ② 다국적 기업은행의 본사와 국제적인 지역총괄본부가 집적된 도시, ③ 국제적 금융센터, 금융네트워크 구축 등 국제금융거래의 중추도시로 보고 있다. 이어서 ④ 국제적 통신사, 세계적 정보네트워크를 보유한 국제적 정보네트워크 중심 도시, ⑤ 국제항공네트워크 기능을 가진 수퍼허브도시 그리고 ⑥ 국제회의시설, 전시회장, 관광·문화시설 등 방문자 산업이 집적된 도시, ⑦ 문화자원 및 학술연구기관이 집적되어야 경쟁력이 확보된다. 서울시정개발연구원(1993)은 기업하기 좋은 환경을 도시경쟁력의 주요 요소로 보았다. 국제무역, 투자활동을 지원하는 도시의 여건, 현재 서울에서 활동하는 기업 및 산업의 국제경쟁력 그리고 국제무역협정상의 준수조건 등을 도시

경쟁력의 결정요인으로 보고 있다. 포춘지(Fortune)는 현지의 사업비용, 투자자에 대한 각국 정부 및 도시정부의 우호성, 정보집중도, 금융통신의 중심성, 예술성, 안전도 등 성장잠재력이 도시의 경쟁력을 결정한다고 보고 있다.

다음은 삶의 질을 도시경쟁력의 주요 요소로 보는 연구이다. 국제연합지표개발연구소는 영양, 주거, 건강, 교육, 여가, 안전, 환경을 경쟁력의 주요 요소로 보았다. Olsen and Merwin(1977)은 인구동태, 도시경제, 사회구조, 공공서비스, 사회복지 등 객관적 삶의 여건을 측정변수로 분석하였다. 김병국(1989)은 전국 55개 도시를 대상으로 자연인구환경, 주거환경, 보건사회, 교육문화, 경제, 공공안전 등 6개 분야에서 도시의 삶의 질을 분석하였다. 이들 6개 분야를 37개 지표로 구성하고 안전성, 건강성, 쾌적성, 편리성 등 4개 기준으로 나누어 평가하였다. 정규현(1994)은 삶의 질을 소득, 환경, 복지의 세 부문으로 구성하였다. 중앙일보(1995, 1997)에서는 74개 도시를 대상으로 건강한 생활, 안전한 생활, 교육복지, 경제생활, 편리한 생활, 문화생활 등 6개 분야 36개 지표를 분석하였다. 하혜수(1996)는 지방정부에서 제공하는 6개 부문의 서비스대상과 6개 분야로 규정한 서비스 수준을 결합하여 삶의 질 구성요소를 10개 부문, 34개 객관적 변수로 세분화하였다. 이를 기준하여 43개 도시의 삶의 질과 도시경쟁력 지수를 추정, 지방정부의 정책산출 수준을 평가하였다. 이현송(1997)은 보건, 교육, 노동, 문화정보, 형평 등 삶의 질 5개 요인을 추출하여 우리나라와 OECD 국가들을 비교하였다.

이상과 같이 도시경쟁력은 크게 두 가지 기준에 의존하고 있다. 먼저, 도시의 경제적 경쟁력이다. 도시의 국제적 기능이나 기업하기 좋은 환경 그리고 도시의 성장잠재력이 도시의 주요한 경쟁력 평가요소이다.

다른 하나는 삶의 질이 주요 지표가 된다. 주거, 교육, 건강, 여가는 물론 사회복지, 공공서비스 등이 주요 지표이다. 교육복지·건강한 생활, 문화생활 등은 반드시 포함된다. 그러나 이들 지표에도 소득이 전제된다. 때문에 도시경제를 살펴보지 않을 수 없다. 따라서 도시의 경쟁력은 경제와 삶을 모두 포함하여 평가해야 한다. 결국 도시는 기업하기 좋은 환경을 만들어 도시경제의 활성화와 일자리 창출로 소득 수준을 높여야 한다. 그리고 바람직한 교육·의료·문화가 공급되어 건강하고 편안하며 안전한 생활을 영위할 수 있어야 한다. 그래야만 도시의 경쟁력이 높아질 수 있다.

2. 기업도시 건설로 도시경쟁력 확보

기업도시는 첫째, 도시경쟁력을 높여준다. 기업도시는 도시의 경제적 경쟁력을 높여 총요소생산성을 증대시키고 쾌적하고 여유로운 삶의 질도 보장해준다. 기업도시를 만들고자 하는 모든 기업들은 경제성장과 삶의 질을 보장하여 국제경쟁력을 높일 수 있는 도시를 만든다. 무엇보다 기업도시는 기업하기 좋은 환경을 만든다. 기업은 도시경쟁력을 결정하는 핵심으로 투자하기 좋은 도시여야 기업이 몰려든다. 기업을 둘러싼 환경은 생활환경과 더불어 도시의 물리적·제도적 환경을 의미한다. 도시의 물리적 인프라는 기업이 입지를 고를 때 가장 먼저 고려하는 요소이다. 편리한 교통, 접근성, 가용용지, 지가 등이 물리적 인프라이다. 제도적 인프라도 기업의 입지에서 중요하다. 금융, 회계, 법률 등 사업서비스산업의 발달 정도, 풍부한 노동력, 저렴한 임금, 적정금리, 투자재원의 확보, 규제의 정도 등이 이에 해당된다. 기업도시 내에서는 기업의 투자를 어렵게 만드는 규제를 대폭 완화하고 세제와 금융지원을 확대한다. 평화로운 노사환경도 제도화한다. 이러한 환경에서 기업은 경제성장과 고용으로 풍요로운 도시를 만든다. 기업의 실적은 고용, 매출, 생산성, GDP 등으로 나타난다. 이처럼 기업도시는 기업하기 좋은 환경과 실적으로 도시경쟁력을 높여줄 것이다.

둘째, 기업도시는 기업이 만들기 때문에 도시개발수요에 맞는 공급으로 경쟁력이 보장된다. 기업도시는 기업이 주도가 되어 기업에게 필요한 환경을 직접 조성하므로 자신의 기업활동에 가장 적합한 환경을 조성한다. 때문에 기업도시는 그 어떤 도시들보다 기업유치에 있어 경쟁력이 매우 높을 수 있다. 지금까지 우리나라에서는 공공기관이 택지 및 기업에 필요한 산업단지를 조성하여 공급하였으므로 토지를 수용할 수 있다는 장점이 있었다. 반면에 공급용지에 대한 조성원가가 높아져 기업이 최종적으로 공급받을 때의 가격은 상승되기 때문에 기업의 경쟁력을 약화시켰다. 그러나 기업도시는 직접 개발하는 기업에게 토지수용권을 부여한다. 따라서 기업도시는 사업시행자의 수요에 맞게 공급되는 공공재가 되고 조성원가를 줄일 수 있다. 공공기관에 의한 택지 등의 개발은 토지이용계획도 면밀한 수요조사 없이 수립된다. 그러므로 주거, 상업, 업무, 산업용지의 배분이 기업의 수요와 적정하게 연결되지 않는다. 특정주체의 부담이 가중되기도 했다. 예를 들어, 산업단지 내에 녹지공급을 확대하는 것은 환경적 측면에서는 바람직하지만, 이에 따라 분양될 용지가 줄어들어, 결국 산업용지의 가격이 상승한다. 이는 공공기관이 기반시설 확충 등에 정부재원을 활용한다면 문제가 없다. 그러나 최근의 개발사업들은 개발사업시행자가 기반시설을 확보하고, 심지어 광역교통 확충계획 등 중앙정부가 담당해야 할 비용마저도 개발에서 나오는 이익으로 충당한다. 때문에 사업성이 나빠지기 쉽다. 그러나 기업도시는 사업시행자가 도시개발권을 갖고 토지이용계획을 수요자에 맞게끔 도시계획을 수립하고, 개발된 토지도 자율적으로 처분한다. 개발이익은 도시개발에 적정하게 쓰도록 배분한다. 이때에도 민간시행자의 도시개발에 따른 정상이윤은 보장되고 일정한 수준의 개발이익도 갖게 된다. 이처럼 기업도시는 개발이 수요와 공급을 일치하도록 하여 경쟁력이 높아진다.

셋째, 기업도시는 삶의 질을 보장해준다. 기업도시는 지자체와 연계하여 중앙정부에 사업신청을 한다. 때문에 입지선정이 공공성을 띠고 있다. 그리고 기업은 도시개발을 하면서 기업활동에 필요한 물리적 시설을 갖춘다. 또 기업에 종사하는 종업원들의 니즈에 맞는 주거와 상업, 교육, 문화, 레저시설들을 공급한다. 교육시장은 도시의 경쟁력을 높일 수 있는 인적자원을 공급하는 한편, 도시민의 교육수요에 부응한다. 의료시장도 경쟁을 도입하여 의료서비스를 최고의 수준으로 공급하므로 도시의 삶의 질이 보장된다. 따라서 기업도시 개발방식은 삶의 질에서도 수요에 부응한 공급이라는 측면에서 도시의 경쟁력을 높여주게 된다.

넷째, 기업도시는 지역경제 활성화로 지역의 경쟁력을 높인다. 이를 통해 지역균형발전에도 크게 기여한다. 기업이 지방자치단체와 공동으로 기업도시개발사업을 제안하여 기업이 바로 입주하는 것이다. 이미 확인된 지역의 특성을 살리면서 새로운 산업발전에 맞는 거점으로 지역을 육성한다. 따라서 성장거점도시가 된다. 이들 산업이 연구·교육기능을 함께 집적시키면 혁신 클러스터를 만들 수 있다. 따라서 지역혁신의 주체가 되어 기업도시는 지역발전의 중추가 될 수 있다. 이를 통해 국토의 균형발전을 도모할 수 있다.

3. 기업도시를 통한 클러스터 형성

기업도시는 클러스터를 만들어 도시의 경쟁력을 높인다. 클러스터는 혁신이 중요한 지식기반 시대에 지역과 산업의 경쟁력을 높이는 유효한 수단이다. 유사한 업종의 서로 다른 기능을 하는 관련기업, 기관, 연구소 등이 일정지역에 집적하여 클러스터(Cluster)를 형성한다. 연구개발은 대학 및 연구소가 담당하고 대기업과 중소기업은 제품을 생산하며, 벤처캐피탈(Venture Capital)과 컨설팅 회사 등은 금융이나 정보·지식을 지원한다. 산업클러스터는 이들 기관들이 수평적으로나 수직적으로 네트워크를 형성하여 협력하거나 경쟁한다. 수평적으로는 업종이 비슷한 기업들의 다양성에 따른 이점이 크다. 기업들의 관점, 태도, 통찰력이나 문제해결방법이 다양하다. 따라서 타인의 성공사례를 모방하고 이를 활용하여 혁신이 이루어진다. 공동의 가치와 관습이나 신념을 갖고 있다면 집단적인 학습은 더욱 용이하다. 다양성, 모니터링, 비교, 모방 등은 클러스터지역에서 기업 사이에 쉽게 이루어진다. 수직적인 차원에서는 공급자와 고객기업 간의 거래나 상호조정 그리고 의사소통을 쉽게 하여 조정비용을 줄인다. 정보의 비대칭문제도 없어져서 전문화의 촉진과 고도의 지식을 창조한다. 그리하여 서로 다른 기능을 갖고 있는 산업체들이 정보·지식을 공유하고 새로운 지식과 기술을 창출하므로 시너지

(Synergy)효과가 일어난다. 이렇듯 산업클러스터를 통해 일어나는 경쟁력이 바로 도시경쟁력이 된다. 따라서 지역경제는 성장하고 주민의 소득은 증대된다.

그러나 우리나라에서는 산업단지나 특정 전략산업이 있는 지역이 아직 역동적인 산업클러스터의 특성을 보이지 못하고 있다.

그 이유는 첫째, 공업단지가 유사업종으로 특화하지 못했다. 우리나라는 선진국에 비해 산업발전의 역사가 상대적으로 짧다. 때문에 아직 각 지역 특성에 맞는 산업발전지원제도가 마련되지 못하였다. 특히 지방의 산업집적은 대부분 관주도에 의한 공업단지 조성인데, 공업단지의 미분양을 해결하는 방안으로 업종제한을 완화했다. 따라서 유사업종이 특화되지 못했다. 이에 따라 지역 내에서 기업이 필요로 하는 인력이 충분하게 개발되거나 훈련되지 못했다. 오히려 지방공단의 경우는 고급인력과 기술을 외부지역에 의존하게 되어 산업클러스터로서의 기술혁신이나 거래비용을 줄이는 효과가 없었다. 그러므로 지역 내에 혁신적 기업정신, 기업환경, 협력과 경쟁의 조화 등이 자리잡지 못했다.

둘째, 산업집적지의 혁신이 이루어지지 못했다. 기존 산업집적지는 혁신을 위한 구조로 개편되지 못하여 산업클러스터의 경쟁력이 약해졌다. 예를 들어, 대구나 부산의 경우 섬유·신발산업 분야에서 지속적인 시장개척, 신제품·디자인 개발, 기술혁신 등에 소홀하여 혁신의 분위기가 없었다. 그 결과 초기에는 좋은 집적요건이 있었으나 이를 제대로 활용하지 못했다.

셋째, 지역 내에서 비전을 가진 지도자가 없었다. 세계적인 산업클러스터는 지역산업 발전을 위한 선도자나 혁신적 기업가가 선도하였다. 실리콘 밸리의 터만 교수, 소피아 앙티폴리스의 라피테, 리서치 트라이앵글 파크의 노스캐롤라이나 주지사 등이 그 예이다. 그러나 우리나라에서는 산업집적지 건설을 위한 선도자를 찾을 수 없다.

넷째, 하향식 개발방식 때문에 지역은 내생적 발전을 위한 네트워크, 상호협력과 선의의 경쟁을 위한 규범과 사회적 자본을 충분히 만들지 못했다. 지방은 산업집적을 통한 혁신을 이루기보다는 중앙의 지원만 바라보고 있었다. 많은 실권을 지방정부에 이양하지 못하는 중앙정부가 역시 문제이다. 이 직도 지방에서는 지방자치단체, 기업, 대학, 연구기관, 산업협회, 상의, 무역협회 등이 상호 네트워크를 만들어 산업발전의 효과를 크게 보지 못하고 있다. 특히 지방의 인재들이 그 지방의 발전을 위해서 헌신할 수 있는 기회와 여건이 없고, 지방정부나 중앙정부의 지나친 개입으로 기업활동도 원활히 할 수 없다. 지역산업에 적합한 제도가 없기 때문이다.

경쟁력을 제고하는 유효한 수단은 산업클러스터이다. 우리나라의 산업집적지를 효율적으로 만들기 위해서는 위에 언급된 문제점을 해결해야만 한다. 이를 위해 기업도시는 매우 적정한 대안이다. 기업도시는 전략산업을 중심으로 지방자치단체와 함께 산업·R&D·관광·레저 클러스터를 형성한다. 또한 효율적인 산·학·연 체제를 만들어 지역혁신 시스템을 마련한다. 전략산업관련 지방대학의 육성과 고급인력의 양성, 초·중·고 교육기관의 자율화로 우수한 교육환경으로 지방정착여건을 조성하여 산업클러스터의 효과를 극대화한다. 그 결과 도시와 국가 전체의 경쟁력을 높인다.

3부

기업도시개발특별법의 제정 건의

이상의 설명에서 살펴본 바와 같이 기업도시 건설은 우리 경제상 필수적인 과제이다. 그러나 현재 운용되고 있는 「도시개발법」이나 「산업입지 및 개발에 관한 법률」 등으로는 바람직한 기업도시를 건설하는 데 한계가 있다. 따라서 전국경제인연합회에서는 2004년 6월 15일 '바람직한 기업도시 건설방안'을 마련하여 기업도시 건설을 위한 정책포럼을 열고, 기업도시 건설에 관한 제도적 방안을 2004년 6월 30일까지 정부에 제출하였다.[1]

---

[1] 전국경제인연합회에서는 2004. 6. 15.기업도시 건설을 위한 정책포럼을 개최하였다. 이 포럼에는 재경부장관 겸 부총리, 열린우리당과 한나라당의 정책위의장, 강원도·전라북도·전라남도·경상북도·경상남도·제주도 등의 지방자치단체의장 등과 전문가와 관계인이 참석하였다. 이 부분은 동 포럼에서 전국경제인연합회가 발표한 "바람직한 기업도시 건설방안"(2006. 6. 15)과 그 이후 이를 보완한 "기업도시 건설을 통한 투자활성화 방안"(2004. 6. 15)을 참조하여 작성하였다.

검토 배경[2]

첫째, 기업도시는 투자를 촉진한다. 외환위기 이후 지속적인 투자 부진으로 성장잠재력은 하락하고 일자리가 감소되어 고용창출이 중요한 과제로 대두되었다. 따라서 고용창출을 위해 기업하기 좋은 환경을 만들어야 한다. 또 새로운 성장산업이나 전통산업의 IT화 등으로 투자대상이 있어야 한다. 기업도시의 건설은 기업의 투자에 대한 규제를 완화하여 제조업은 물론 관광·레저산업이나 교육 등 서비스업에 대한 투자를 촉진시킬 수 있다.

둘째, 산업클러스터의 조성으로 도시와 기업의 국제경쟁력을 높인다. 산업클러스터는 기업·정부·연구기관의 집적으로 시너지효과를 최대한 높인다. 경쟁 또는 협력하는 기업·하도급업체·용역업체와 교육기관·연구기관 그리고 지방자치단체·공적기관 등을 지리적으로 인접시켜 효율적인 네트워크가 이루어진다. 그리하여 기업가의 혁신을 촉진하

---

[2] 기업도시의 검토 배경에 대하여는 '제2부 기업도시의 검토 배경'에서 보다 세밀하게 분석하고 있다.

고 연구개발로 신기술을 발굴한다. 또 자본·토지·인적자원 등을 합한 총요소생산성을 높인다. 보다 적극적으로 현재의 주력품목의 기술력을 높이고 미래의 핵심산업과 품목을 개발한다. 이렇게 끊임없이 경쟁력을 높여야만 치열한 국제시장의 경쟁에서 이길 수 있다. 기업도시야말로 주요 산업의 클러스터를 형성하여 국제경쟁력을 높이는 지름길이다.

셋째, 개혁적인 규제 완화로 기업하기 좋고 살기 좋은 도시를 만든다. 기업도시는 투자를 제약하는 규제를 일괄적으로 해결해줄 수 있다. 기업도시에 투자하는 경우 출자총액제한제도의 철폐와 부채비율 준수의무를 배제하는 한편, 대폭적인 세제지원으로 기업이 장기적이고 전략적인 투자를 촉진할 수 있게 한다. 또 도시개발권과 토지수용을 보장하고, 조성된 토지는 자율적으로 원활하게 공급하도록 하여 도시건설이 쉽도록 지원한다.

또한 기업도시는 노동시장의 유연성을 높이고 근로자에 대한 주택, 의료 및 복지서비스를 제공하여 산업평화가 보장되고, 경쟁과 자율이 넘치는 교육제도로 고급 인력을 효율적으로 공급하는 살기 좋은 도시를 만든다.

넷째, 기업도시는 성장거점도시의 역할을 하게 되어 지역의 발전과 국토의 균형발전을 도모한다. 기업도시는 지자체 특성에 맞는 성장의 거점이 될 수 있다. 한편으로는 지자체의 지역특성을 살리고 새로운 산업발전에 부응하는 제품생산의 기지를 육성한다. 다른 면으로는 자녀교육, 의료 및 여가활동이 보장되는 자립형 도시가 된다. 그리하여 기업도시는 지자체의 경제 성장과 발전에 기여하여 수도권의 집중을 완화시킨다.

02 기업도시의 개념과 유형

1. 기업도시의 개념

기업도시는 기업이 주도적으로 건설한 도시이다. 기업도시는 가장 효율적인 경제활동과 높은 삶의 질을 보장한다. 기업도시는 생산시설을 중심으로 R&D센터, 유통시설 등 연관 산업시설과 주거·교육·의료·문화·체육 등 정주시설 그리고 관광·레저·업무시설을 종합적으로 건설한다.

　연관산업과 연구기관 등 지원시설을 지리적으로 집중시켜 산업의 경쟁력을 제고한다. 그리고 살기 좋은 성장거점도시이기도 하다. 기업의 근로자는 물론 입주자들의 자족과 정주에 필요한 복합기능을 고루 갖춘 도시이다. 기업도시는 하나의 기업이 건설할 수도 있고, 몇 개의 기업이 컨소시엄을 구성하여 연관산업 중심의 기업도시로 개발할 수도 있다. 또 공공부문과 민간부문이 합작할 수도 있다. 이 경우 지자체는 토지의 수용과 규제완화 그리고 지원제도를 담당하고, 기업은 도시개발과 시공·분양을 맡는다.

2. 기업도시의 유형

기업도시는 크게 네 가지 유형으로 나눌 수 있다.

첫째, 산업형 기업도시로 제조업과 교역 위주의 기업도시이다. 미개발지에 대규모 공장이 입지하여 도시가 개발되거나, 기존 도시에 대규모 기업이 입지하여 도시를 만든다. 전통산업으로 경쟁력이 확보된 산업이나 새로운 성장전략산업을 경영하는 기업이 관련 연관기업이나 연구기관 등을 집적하여 만드는 클러스터형 기업도시이다. 대상이 되는 산업은 IT산업이나 자동차, 철강, 조선 등 전통적 산업이나 미래유망산업 또는 지식기반서비스산업 등 차세대 전략산업이다. 미국의 보이쳐·어바인 랜치시, 일본의 도요타시·이즈미 파크타운, 중국의 소주공단, 한국의 포항시 등이 산업형 기업도시에 해당된다.

둘째, R&D형 기업도시로 연구개발이 중심이 되는 도시이다. 생산시설과 R&D센터, 학교와 연구소 그리고 벤처기업 등이 집적화된 도시이다. 생산시설에 기업의 R&D시설을 집중시킨 고부가가치형 기업도시로서 도시 내의 기업은 세계적으로 최고의 핵심역량을 유지하거나 선도한다. 미국의 실리콘 밸리·랄리와 오스틴, 영국의 캠브리지, 프랑스의 소피아 앙티폴리스, 스웨덴의 시스타, 핀란드의 울루 등이 지식기반형 기업도시이다.

셋째, 관광·레저형 기업도시로 관광·레저·문화 위주의 기업도시이다. 컨텐츠·문화·레저 등의 고용창출과 부가가치효과가 큰 서비스산업 중심의 도시이다. 미국의 할리우드·디즈니랜드·올랜도, 프랑스의 니스·랑그독 루시용, 영국의 브랙풀 등이 이와같은 유형의 기업도시에 해당된다.

　넷째, 물류형 기업도시로 동북아의 물류허브를 만들 수 있도록 국가의 물류망을 재구축하여 전국의 교통과 통신망이 관통하는 도시를 말한다. 다수의 기업이 컨소시엄을 통해 다양한 산업을 취급하는 물류단지와 그와같은 산업에 종사하는 근로자들의 정주형 도시이다. 중국의 선전, 네덜란드의 로테르담을 그 예로 들 수 있다. 입법 과정에서 물류형 기업도시는 혁신거점형 기업도시로 바뀌었다. 혁신거점형은 지방에 이전되는 공공기관을 수용하면서 지역혁신의 거점으로 개발하는 도시이다.

03 기업도시 건설의 경제적 효과

기업도시 건설로 투자는 활성화된다. 기업들은 생산시설을 새롭게 건설하고, 기업도시 내의 도로, 철도, 항만, 용수, 전력 등 사회간접자본시설도 확충한다. 이에 더하여 기업도시 내의 아파트, 스포츠센터, 공연장 등 문화시설과 교육시설의 건설효과도 매우 크다. 또 산업의 건설과 혁신클러스터의 조성으로 기업의 경쟁력을 높이고 핵심역량을 새로 발굴하여 경제성장기반을 확충한다. 따라서 생산이 확대되고 경제는 성장하고 일자리가 늘어난다.

도시기반시설을 확충하고 교육·문화시설들이 늘어나 생활여건은 개선된다. 성장거점도시가 늘어나게 되어 지역의 경제는 활성화되어 국토를 균형있게 발전시킬 수 있다. 특히 상대적인 낙후지역에 기업도시를 건설하면 국가균형발전은 더욱 촉진된다.

기업도시 건설로 GDP를 3년간 연 1~2% 늘릴 수 있고, 취업자 수도 3년간 연 1~2%가 늘어난다. 이와같은 추정은 5백만 평의 첨단도시를 3년 내에 건설하는 경우로서 투자규모는 44조 원이 예상된다. 산업시설

표 1 기업도시 개발에 따른 경제적 효과

	생산유발액	부가가치유발액	고용유발인원
산업시설투자효과	28조 원	12조 원	290,000명
산업지원시설과 생활시설개발효과	16조 원	6조 원	161,000명
경기부양효과	-	GDP 1~2% 증가	취업자 1~2% 증가
합계	44조 원	18조 원	451,000명

주: 1) 생산유발액은 중간재를 포함한 산업전반의 효과, 부가가치효과는 GDP개념의 효과, 고용유발인원은 〈인/10억 원〉 기준효과로 2000년 산업연관표를 이용하여 추정함.
2) 그 외 산업집적효과와 지역균형발전 그리고 주택가격안정효과도 있다.
자료: 전국경제인연합회, 《기업도시개발특별법에 관한 문답집》, 2004. 10, p. 10.

에 18조 원, 배후시설을 만드는 데 10조 원, 산업지원시설과 생활시설의 개발에 16조 원이 투자된다. 그리하여 부가가치는 18조 원이 생기고, 고용은 새롭게 45만1천 명이 늘어난다.

물론 기업도시의 규모는 1백만 평 미만부터 1천만 평 이상까지 도시의 성격에 따라 다양하다. 그 규모는 도시의 유형이나 생산시설과 생활시설의 성격에 따라 다르다. 스웨덴의 시스타 사이언스 시티는 1백만 평 내외의 지식기반형 도시로 소규모이다. 그러나 산업형 도시인 일본 도요타시는 무려 8천8백만 평에 달한다.

기업도시 건설방안

지금까지 논의된 기업도시를 원활하게 건설하기 위하여는 현행 도시개발제도가 갖고 있는 문제점부터 해결하여야 한다. 이를 위하여 전국경제인연합회에서는 2004년 6월 15일 개최된 기업도시 건설을 위한 정책포럼에서 구체적인 기업도시 건설방안을 제시하였다.

1. 도시개발과 토지공급

① 기업의 주도에 의한 도시개발계획 작성

지금까지는 도시의 수요자인 기업과 개발계획이 직접적으로 연결되지 않았다. 따라서 기업도시는 기업이 직접 도시의 개발계획을 수립하여 민간의 창의성과 효율성을 동시에 도입하여야 한다. 또 산업단지·문화·R&D 등과 배후도시기능을 효과적으로 연계되도록 해야 한다. 또한 엄격하게 제한된 민간시행자의 범위 확대와 제한도 폐지해야 한다. 기업도시는 컨소시움으로 도시를 개발하려고 하는 기업, 지방에 신규투자하는 기업, 문화·레저산업 또는 R&D 클러스터를 건설하려는 기업 등 모든 기업이 건설할 수 있어야 한다. 그리고 기업은 해당 지방자치단체와 협의하여 가칭 '기업도시특구'를 지정할 것을 제안할 수 있어야 한다. 또한 기업과 지방자치단체도 합동으로 기업도시를 건설할 수 있어야 한다.

② 토지수용권의 보장

기업도시는 산업·주거·문화·교육 등 다양한 기능을 담는 그릇이다. 따라서 이를 계획적으로 조성하면 투자가 촉진되고 지역을 균형적으로 발전시킨다. 기업도시는 산업용지와 주택을 대량으로 공급하여 생산을 늘리고 주거를 안정시킨다. 투자의 촉진이나 경제성장, 지역균형발전 그리고 주거안정 등 모두가 공익을 실현하는 것이다. 또 기업도시개발계획을 기업이 수립하지만, 정부가 이를 심사하고 관계기관과 협의하며 주민들의 의견을 수렴하기 때문에 지방자치단체가 수립하는 도시계획과 같이 공공성을 확보하고 있다. 이처럼 기업이 도시를 건설하더라도 공익이 실현되고 도시계획의 수립에도 공공성이 보장된다. 따라서 기업도시를 건설하는 민간시행자도 토지수용권을 갖도록 해야 한다.

토지수용은 「공익사업을 위한 토지 등의 취득 및 보상에 관한 법률」에 따라 정당한 절차에 의하여 객관적인 평가가격으로 보상해야 한다. 물론 지방자치단체가 기업을 대신하여 토지매입을 대행해주는 방안도 가능하다. 지자체와 민간기업이 합작으로 기업도시를 건설하는 경우이다. 이때 지자체가 토지수용권을 행사하여 토지를 매입하게 되면 기업은 도시를 원활하게 건설할 수 있다.

표 2 개발권과 토지수용의 허용

주요 의제	현행 및 문제점	개선안

1. 개발권 허용	• 지구지정·개발계획은 정부, 시행자·실시계획은 민간이 담당
	• 도시개발은 수도권에서 지방으로 이전하는 기업과 건설업자로 제한
	  – 기업 주도의 도시 건설이 불가능
	• 민간시행자는 개발대상 토지면적의 2/3 이상에 해당하는 토지소유자의 동의 필요
	  – 동의를 얻는 과정에서 지가상승으로 토지매입비용 증가
	• 개발계획을 수립할 수 없어 산업시설을 지원하는 배후단지 건설과 효과적으로 연계 미흡
		• 기업이 직접 개발계획을 수립하여 산업단지·문화·R&D 등과 배후도시기능을 효율적으로 연계할 수 있도록 조치
		• 민간시행자의 범위를 확대
		• 기업이 해당 지자체와 협의를 통해 가칭 '기업도시특구' 지정 허용

2. 토지수용권 보장	• 사업대상 토지면적의 2/3 이상에 해당하는 토지를 매입 • 토지소유자 총수의 2/3 이상의 동의를 얻도록 규정(「도시개발법」 제11조제6항) • 민간시행자가 토지면적의 2/3 이상에 해당하는 토지를 매입 • 토지소유자 및 건물소유자 총수의 각 1/2 이상의 동의를 얻도록 규정(「지역균형개발 및 지방중소기업 육성에 관한 법률」 제19조제1항)	• 산업단지와 같이 기업도시특구지역의 민간시행자도 제한 없이 토지수용권 허용 • 지자체가 토지를 매입하여 제공하는 방안도 가능
3. 조성토지의 자율적 처분	• 조성토지는 처분방법, 절차, 가격 등을 산업단지관리기관과 협의 • 가격평가는 감정평가업자가 평가한 금액으로 경쟁입찰(「도시개발법」) • 공공기관에만 수의계약에 의한 공급가능 (「지역균형개발 및 지방중소기업 육성에 관한 법률」) • 일류기업 유치나 의료기관 등 시장가격 유치가 어려운 경우에 저가유치 불가	• 사업시행자가 조성토지의 가격과 계약방법 등을 자율적으로 결정하도록 조치 • 공공 및 기반시설은 시장가격보다 낮게 공급

주 : 현행 및 문제점은 제1부 제2장. 기존 제도에 의한 기업도시 추진상의 한계 참조.
자료 : 전국경제인연합회, "기업도시 건설을 통한 투자활성화 방안", 2004. 6. 15, p. 16.

③ 조성토지의 자율적 처분 허용

기업이 도시 내에 조성한 토지에 대하여는 사업시행자가 개발계획에 따라 공급하여야 한다. 이때 토지의 매각가격이나 방법, 대상은 자율적으로 결정할 수 있어야 사업시행자의 투자를 유인할 수 있다. 이 경우에도 공공에 귀속되는 시설과 기반시설은 시장가격보다 낮게 공급하고, 학교·의료시설 등 복지시설도 낮은 가격으로 유치하여야 한다. 그러나 그 이외의 토지는 개발비용의 회수를 위하여 경쟁입찰로 분양할 수 있어야 한다.

④ 개발이익의 합리적 배분

기업도시의 건설에 따라 개발이익이 발생할 수 있다. 그 개발이익은 공공시설의 건설에 사용되어야 한다. 그러나 사업시행자는 도시 건설을 위하여 투자된 비용과 사업경영에 따른 정상적 이윤을 보장받아야 한다. 그리고 기업도시 건설에 따른 개발이익의 일부는 사업시행자에게도 분배되어야 한다. 따라서 개발이익을 효과적으로 환수하기 위한 방안으로 개발지역 내의 기반시설은 시행자가 부담하고, 개발지역의 밖은 지자체나 국가가 전액 부담하는 것이 바람직하다. 그러나 기업도시를 건설하려는 지역에 이미 기반시설이 많은 경우에는 개발이익을 적절히 환수할 수 있을 정도로 개발구역 밖의 시설도 사업시행자가 부담할 수 있다. 그리고 지가가 높은 수도권과 충청권의 경우에는 진입도로나 상하수도 등의 기반시설은 지자체와 기업이 공동으로 부담할 수도 있다.

⑤ 주택공급방식의 변경

건설교통부장관이 지정하는 지역에서 건설하는 주택이나 근로자주택

표 3 개발이익의 합리적 처분과 주택공급방식의 개선

주요 의제	현행 및 문제점	개선안
1. 개발이익의 합리적 배분	• 개발구역 밖의 기반시설 부담의 규정미비로 사업시행자가 부담 • 기반시설에 대한 정부지원 범위가 불분명하고 정부와 협의 곤란으로 부담 가중	• 개발지역 내는 시행자가 부담하고, 밖은 지자체와 정부가 전액 부담 • 입지여건상 기반시설이 많은 경우 적절한 개발이익 환수범위 내에서 시행자가 밖의 시설도 부담
2. 주택공급방식의 변경	• 건교부장관이 지정하는 지역의 건설주택이나 근로자주택 등은 공급방법을 별도로 지정 가능(기업도시에는 적용 불가) • 공장이전에 따른 근로자에게 필요한 주택으로 제한 • 일반 민영주택공급방식의 채택은 부동산 문제 야기 • 회사 사정상 이주하는 경우에도 1가구 2주택인 경우 양도소득세 부담	• 기업도시 내 주택공급은 「주택공급에 관한 규칙」의 예외조항 허용

자료 : 전국경제인연합회, 전게서, 2004. 6. 15, p. 17.

등 법령의 규정에 의하여 건설하는 주택에 대해서는 공급방법을 별도로 지정할 수 있다. 그러나 공장이전에 따라 이주하는 근로자에게 직접 필요한 주택을 공급하는 방법이 제한되어 있다. 또 회사 사정 때문에 이주하는 근로자도 1가구 2주택인 경우 양도소득세를 부담해야 한다. 그리고 민영주택을 공급하는 방식으로 분양하거나 공급하는 것은 실제 필요하지 않은 절차로서 이에 따른 비용을 발생시킨다. 따라서 기업도시 내의 주택은 「주택공급에 관한 규칙」의 예외조항을 적용하여 공급하여야 한다. 그리고 근로자주택과 같이 공급방식을 사업시행자가 스스로 결정할 수 있도록 해야 한다.

2. 수준 높은 교육서비스의 제공

초·중등 교육제도의 개선

수준 높은 교육을 공급해야 기업도시가 성공하고 지역균형발전을 도모할 수 있다. 수도권과 비수도권 간의 교육환경의 격차는 기업이나 근로자들이 지방근무를 꺼리는 가장 큰 이유이다. 따라서 산업시설의 이전과 동시에 자녀교육문제를 해결할 수 있는 교육제도가 확립되어야 한다. 높은 질의 교육을 보장하여 기업도시 주거민의 복리를 향상시켜야 한다. 기업도시 내에서는 학생과 학부모에게 학교선택권을 주고, 학교운영의 자율권을 보장하여야 한다. 그리하여 학교 간 경쟁이 촉진되고 다양하고 수준 높은 교육수요를 충족시켜야 한다.

첫째, 자립형 사립고제도를 보완해야 한다. 기업도시 내 근로자 자녀의 초·중등학교 문제가 해결되어야 기업도시의 정주와 도시기능이 안정될 수 있다. 그러나 초·중등학교의 설립이 엄격하게 제한되어 있다(「사립학교법」 제3조, 「고등학교 이하 각급 학교 설립·운영규정」 제15조, 「초·중등교육법」 제4조). 그리고 특수목적고, 자립형 사립고, 협약학교 등 특별학교의 설립에도 기업들이 참여하기에는 많은 제약이 따른다. 뿐만 아니라 초·중등학교 및 교육과정 운영도 제한되어 있다(「초·중등교육법」 제61조). 특히, 「초·중등교육법」은 학교운영과 관련한 많은 사항에 대하여 특별히 인정받도록 구체적으로 지정하고 있다. 교원의 자격(제21조), 수업 등(제24조), 학년제(제26조), 교과용 도서의 사용(제29조), 학교운영위원회의 설치(제31조), 초등학교·공민학교 수업연한(제39조), 중학교·고등공민학교 수업연한(제42조), 고등학교·고등기술학교 수업연한(제46조) 등은 학

표 4 자립형 사립고의 주요 특징

1. 자율적 학사운영	• 창의적인 학생선발 특성화 • 다양하고 유능한 교원 초빙 • 학년도, 학년제, 수업연한, 수업일수의 자율성 • 특색 있는 커리큘럼의 자율적 운영 및 교과서 사용 • 학급당 학생 수 : 30명 이내 권장
2. 재정관리	• 법인전입금 : 학생납입금 대비 법인전입금 비율 8:2 이상 부담, 시·도교육청에서 지원하는 재정결함 보조에서 제외 • 학생납입금 : 당해 지역 일반고교 기준의 300% 이내에서 자율책정 • 장학금 : 공립학교 상한기준인 학생 15% 이상 의무화 • 기숙사 : 학교실정에 적합한 학생기숙사 확보 권장
3. 학교운영의 투명성 확보	• 학교헌장의 제정 및 공개* • 학교재정 운영 및 학사행정의 공개 • 지역사회와의 연계 강화

주 :* 자립형 사립고 시범운영 안내(교육인적자원부, 2001)에서 제시하고 있는 학교헌장의 포함사항은 다음과 같음.
- 건학이념 및 특성화된 교육프로그램 제시
- 학교규모, 학급규모, 교사 대 학생 비율 등 학교 개요
- 학사운영계획 및 학생선발기준 및 전형방법
- 교사진의 구성과 인사행정
- 재정운용방안(등록금 수준, 내역고지 및 법인전입금 비율)
- 시설 및 설비확보계획
- 지역사회와의 연계 강화방안
- 학교 장기발전계획 등

자료 : 전국경제인연합회, 《기업도시개발특별법에 관한 문답집》, 2004. 10, p. 64.

교 및 교육과정의 특례를 받도록 명시하고 있어 초·중등학교의 자율적인 운영을 제한하고 있다.

그리고 자립형 사립고는 「초·중등교육법」 제61조의 특례에 따라 현재 6개 학교가 2002년부터 2005년까지 시범운영되었다. 자립형 사립고는 학생의 학교선택권, 학교운영의 자율성, 학사운영·학생선발·등록금책정 등 학교운영 전반을 자율적으로 할 수 있다.

그러나 자립형 사립학교 운영에도 많은 제약이 있다. 학생선발, 교원자격 및 보수, 학사운영, 교육과정, 교과서, 재정관리 등의 많은 제약으

표 5 **자립형 사립고 개선방안**

	시범운영기준(현재)	개선방안
학생선발	• 모집지역 : 전국·지역 단위 • 선발시기 : 전기학교 • 선발방법 : 국·영·수 지필고사 금지, 전형 방법의 다양화·특성화	• 모집지역, 선발시기, 선발방법 등에 제한을 두지 않고 학교 단위로 자율화
교원	• 교장 : 교장자격증 필요 • 교원 : 산학겸임교사 1/3 수준에서 허용 • 교원보수 : 현행 교육공무원 보수 지급 (현진별 차이는 있음)	• 교장 : 교원자격증 불필요 • 교원 : 학교별 자율적 결정 • 교원보수 : 수당지급을 통한 우대가 아닌 연봉제 등으로 자율화
학사운영	• 학년도 : 일반학교와 동일 • 학년제 : 일반학교와 동일 • 수업일수 : 198일 이상	• 학년도 및 학년제 : 학교 자율 • 수업일수 : 190일 이상 　(자율학교 수준으로 하향 조정)
교육과정	• 국민공통과정과목(56단위) • 교과별 최소이수단위 요구 • 교육인적자원부 지정 20% • 시·도교육청 지정 30%	• 국민공통과정과목(56단위) • 교과별 최소이수단위 규정 삭제 • 시·도교육청 지정 30% 규정 삭제
교과서	• 국민공통과정과목 외 자율	• 자율
재정관리	• 법인전입금 : 학생납입금 대비 20% 이상 • 학생납입금 : 일반고교 기준의 300% 이내 • 장학금 : 공립학교 상한기준의 15% 이상 지급 의무화	• 법인전입금 : 10% 이상으로 하향 조정 • 학생납입금 : 자율

자료 : 전국경제인연합회, "기업도시 건설을 통한 투자활성화 방안", 2004. 6. 15, p. 20.

로 자율적인 학교운영이 어렵다(〈표 4〉참조).

　대안으로는 초·중등학교의 운영이나 교육과정 운영에 자율성을 보장해주고, 자립형 사립고에 대한 자율성을 확대해야 한다. 자립형 사립고는 설립준칙주의를 도입하여 자격요건을 갖춘 사립고가 자립형 사립고를 신청하고 해당요건이 충족된다면 자동적으로 설립되어야 한다.

　자립형 사학의 재정에 대한 규제도 완화되어야 한다. 자립형 사학의

표 6 협약제공기관 및 협약학교 운영가능사업자

협약제공기관	협약학교 운영가능사업자
교육인적자원부	기존 사립고등학교
시·도교육청	교원단체(전교조, 교총 등)
과학기술부	학교관리자집단(장학사, 교장 등)
정보통신부	교육관련 영리기업
국립대학	비영리단체(학부모단체 등)
광역자치단체	종교단체

자료 : 전국경제인연합회, 전게서, 2004. 6. 15, p. 21.

법인전입금의 비율을 내리고, 학생납입금의 책정한도도 학교가 정하도록 해야 한다. 또한 다양한 수익사업도 허용하고 재정운영은 투명성을 강화해야 한다. 학생선발 전형기준이나 방법을 학교가 스스로 정하도록 하고, 교과별 최소이수단위 요구규정도 삭제하여 자립형 사학의 자율성을 넓혀 나가야 한다(〈표 5〉참조). 그리고 기업도시 내 학교설립에 관한 특례로 특수목적고 또는 자립형 사립고, 협약학교 등의 설립을 인정해야 한다(「지역특화발전특구에 대한 규제특례법」 제17조). 장기적으로는 자립형 사립고의 경우 학교설립 및 교육과정 운영은 「초·중등교육법」을 적용받지 않도록 해야 한다.

둘째, 협약학교제도를 도입해야 한다. 협약학교제도는 학교를 운영하고자 하는 사업자와 교육당국 간의 법적 계약을 통해 학교를 설립하는 것이다. 이 제도의 도입으로 학생과 학부모에게는 학교선택권이 보장된다. 또 개별학교는 자율적으로 학교를 운영하여 학교 간 경쟁이 촉진되어 학교의 질이 높아진다.

협약을 제공하는 기관을 다양화해야 한다. 그 결과 학교운영에 대한 포괄적인 권한이 보장된다. 협약제공기관은 협약학교 운영자의 교육철학과 구체적인 학교운영 방법 등에 대한 평가를 거쳐 협약제공 여부를

표 7 협약학교 운영에 관한 포괄적 권한(협약내용)

구분	내용
1. 학교의 학생선발	• 지원자가 많을 경우 학생을 선발 • 성적과 같은 차별적인 기준으로 선택해서는 안 됨 • 무작위추첨, 인근거주자 우선, 가족구성원 재학학생 우선 등 일정한 기준으로 선발
2. 교원채용 및 해고, 임금수준 자율결정	• 교원자격 없는 전문가 채용 허용 • 산학겸임교사 1/3까지 허용
3. 교육과정 자율편성·운영	• 국민공통기본교과목을 3년에 걸쳐 편성 • 그 외의 교과목에 대해서는 자율 허용
4. 교과서 자율선정	• 검정교과서 이외의 도서 활용 허용 • 자체 개발·사용의 허용 및 교과서 개발비용 보조
5. 수업일수, 수업시간 자체 조정 가능	• 방과 후 프로그램 개설 가능, 현장학습 등 탄력적 수업시간 운영 가능
6. 학년제와 수업연한규정 적용 여부 자율결정	• 학년제 대신 학기제(3학기제 포함) 도입 허용 • 조기졸업 허용, 무학년·무학급제 교육과정 편성운영 허용

자료 : 전국경제인연합회, 전게서, 2004. 6. 15, p. 22.

결정한다. 정부는 이들 학교경영에 필요한 대부분의 재정을 부담하고 등록금도 공립학교와 동일하게 유지해야 한다.

협약학교 운영자는 교육청의 일상적인 지도·감독 없이 학교운영에 관한 포괄적인 권한을 행사한다. 학생과 학부모는 기업도시 내 협약학교를 선택하여 지원할 수 있다. 더불어 협약학교 진학을 원하지 않는 학생은 일반 공·사립학교에 배정된다. 협약학교 운영자에 따라 설립이념과 운영방식이 다르다. 따라서 학생과 학부모는 이를 비교하여 적합한 학교를 선택할 수 있다. 교육당국과 협약학교 운영자 간의 협약내용은 학생선발, 교원, 교육과정, 교과서, 수업일시, 학사운영 등에 관한 것을 포함한다(〈표 7〉참조).

협약학교는 책무성을 평가받아야 한다. 그 평가는 협약학교 운영성과를 측정하고 협약의 종료 또는 연장 여부를 결정하는 근거가 된다. 평가에는 학생과 학부모의 학교수업 및 학사운영에 대한 만족도, 개별 협약학교의 지원자 수, 협약학교 운영자의 협약 준수 여부, 학업성취도 향상평가 등이 포함되어야 한다. 아울러 협약학교에 대하여 고려할 사항도 많다. 협약학교들이 입시 위주로 교육과정을 편성하거나 운영하지 않도록 대학입시 제도를 다양화하여야 한다. 개별학교들은 다양한 교육내용을 학생선발에 반영할 수 있도록 해야 한다. 또 지나친 학생 유치경쟁을 막아야 한다. 협약학교들의 학생선발권은 보장하되, 개별학교에 대한 정보는 교육당국이 제공해야 한다. 그리고 다양한 유형의 학교 간 전학으로 인한 혼란을 막기 위해 교육당국은 전학생의 교과목 중복수강을 조정해야 한다.

셋째, 우수한 교직자를 확보해야 한다. 교원은 좋은 학교를 만드는 데 가장 필수적인 조건이다. 그런데 현재는 교원 간 또는 외부학교 교원 간의 경쟁이 없고 교장·교감으로 승진할 수밖에 없는 일원화된 승진체계와 변화를 수용하고자 하는 교원에게 보상도 없어 교사는 자기계발을 하려고 하지 않는다. 또한 교원에 대한 평가제도도 없어 교원의 질은 낮아지고 전문성은 부족하다. 교원양성기관 졸업자에게도 자동적으로 교사자격증을 주고 있어 교사자격의 질적 통제가 어렵고 자질을 검증할 수도 없다. 그리고 고등학교 이하 학교에 대한 외국인 교원임용은 2004년 3월 시행된「지역특화발전특구에 대한 규제특례법」에만 규정되어 있다. 아울러 경제자유구역의 국제고등학교 교육과정 운영에 필요한 외국인 교원임용은 허용된다(「경제자유구역의 지정 및 운영에 관한 법률」제22조 제7항).

또한 교장초빙제도를 실시해야 한다. 교장은 전문성을 가지고 변화하는 시대에 걸맞게 학교를 재조직하고 창의적으로 운영하여야 한다. 교장에 대한 자격요건을 대폭 다양화하여 교직경력 15년 이상인 교사 중 소정의 전문적인 학교경영교육을 받은 자, 교육학을 전공하여 박사학위를 소지한 자는 교장이 될 수 있도록 해야 한다. 또 특성화학교는 해당 분야에서 객관적으로 능력과 권위가 인정되는 자를 교장으로 초빙하여야 한다. 교장에 대한 교육도 대폭 강화해야 한다. 그리고 교장에 대한 교육을 교육전문기관은 물론 기업체에서도 실시하여, 교장은 민간기업의 최고경영자(CEO)에 준하는 권한을 갖고 자율적으로 학교 혁신을 이끌어나가도록 해야 한다. 교장은 학교운영위원회의 신임을 받는 한 연임할 수 있고, 단위학교 교사들의 순환근무연한의 연장이나 교사들의 보직임명권을 갖도록 해야 한다. 다만, 교장초빙제도는 교원사회에 미칠 영향을 감안하여 단계적으로 실시해야 한다. 1단계에서는 사립학교와 공립학교 중에서도 특목고, 자율학교, 대안학교 등 학교선택권을 인정하는 학교를 대상으로 한다. 2단계는 의무교육이 아닌 공립고등학교가 대상이다. 3단계는 공립 초·중·고등학교까지 포함한 모든 학교를 대상으로 한다.

교감제는 수석교사제로 바뀌어야 한다. 그럼으로써 교원인사제도를 연공서열제에서 창의적 제도로 바꿀 수 있다. 수석교사는 학교 교직경력 15년 이상인 교사 중에서 교과관련연구, 근무성적, 수업능력, 연구능력 등을 평가하여 임명한다. 수석교사는 일정기간 모범적인 수업뿐 아니라 장학업무를 겸한다. 수석교사제가 도입되면 교사에 대한 감독업무를 주로 하는 교감은 폐지해야 한다.

국·공립학교의 교사순환보직제도를 개선해야 한다. 교사들이 10년 이상 같은 학교에서 근무할 수 있도록 하여, 학교에 대한 소속감과 주인

표 8 기업도시 내 초·중등 교육제도의 정비

주요 의제	현행 및 문제점	개선안
1. 자립형 사립고제도의 보완	• 기업도시 이주근로자 자녀의 초·중등 교육문제 해결없이는 정주와 도시기능 확보가 어려움 • 현행법에서는 자립형 사립고, 특수목적고, 협약학교 등 특별학교 설립 곤란 • 학교 및 교육과정 운영도 특례조치를 받지 않고는 금지 • 자립형 사립학교의 학생선발, 교원자격 및 보수, 학사운영, 교육과정, 교과서, 재정관리 등에서 제약	• 모호하게 규정된 자립형 사립고의 지정기준 및 재정관련 사항을 법제화 • 학교설립 및 교육과정 운영을 「초·중등교육법」의 예외로 인정
2. 협약학교제도 도입	• 학생과 학부모에게 학교선택권을 주고, 운영자율권을 주는 제도의 부재 • 사업자와 교육당국 간의 법적 계약을 통해 설립하는 학교제도	• 협약학교 운영자가 학교운영에 관한 포괄적 권한 행사 • 협약제공기관의 다양화 • 정부는 학교재정을 부담하고 등록금도 공립과 동일하게 유지
3. 우수한 교직자 확보	• 현 체제 내에서 교원 간·외부와의 경쟁 부재 • 일원화된 승진체계 등 인사제도의 한계 • 외국인 교원임용은 경제자유구역과 지역특화발전특구만 허용	• 교장이 전문성을 가지고 학교를 운영할 수 있도록 자격요건 개선 • 수석교사제 도입과 교감제도 폐지 • 외국인 교원임용을 기업도시 내에서 자율화 • 교원평가제도 도입

자료 : 전국경제인연합회, 전게서, 2004. 6. 15, p. 25.

의식을 갖고 교육에 임하도록 해야 한다. 5년 단위 순환보직제의 틀을 유지하면서 교사 본인이 원하는 동시에 교장이 학교운영위원회의 자문을 얻어서 승인할 경우에는 순환보직을 연기한다. 특히, 자율학교와 협약학교의 경우에는 순환보직제를 적용하지 않아야 한다.

교원임용제도도 탄력적으로 운영해야 한다. 사립학교, 자율학교 및 특성화학교의 교원임용은 원칙적으로 학교운영위원회의 초빙으로 한다. 다만, 국·공립학교의 교원임용은 교육감의 권한으로 한다. 그리고 국·공립학교의 경우에 기간제교사, 강사 혹은 특기적성교과를 담당할 수 있는 한시적 교사의 임용은 학교운영위원회에서 실시한다. 또한 기업도시에 설립된 학교도 외국인교원을 「지역특화발전특구에 대한 규제 특례법」과 같이 자율적으로 임용할 수 있도록 제도화해야 한다.

    교원의 평가제도를 확립하여 교원의 질을 관리해야 한다. 교원의 질은 직접적으로 학생 개개인에게 미치는 영향이 상당하다. 따라서 교원의 질은 교원 개인의 문제로 맡겨둘 것이 아니라 국가, 시·도교육청, 단위학교에서 관리해야 한다. 학교운영위원회나 교사의 상호평가에 근거한 새로운 교원평가제도의 도입이 그 방안 중의 하나이다.

교육시장의 개방

첫째, 해외 유명대학을 유치하거나 설립하여야 한다. 그렇게 되면 해외 대학의 경영방법과 지식이전으로 국내대학의 경쟁력을 강화하는 데 효과적이다. 국내교수들도 우리나라에 진출한 외국대학에 충원될 것이다. 따라서 교수사회에서도 경쟁이 일어나 교원의 질이 향상된다. 현재는 경제자유구역에 한해 외국인대학 설립이 허용되고 있지만 (「경제자유구역의 지정 및 운영에 관한 법률」 제22조), 앞으로 기업도시 내에도 세계 우수대학을 분교나 제휴형태로 유치하여 도시 내의 교육문제를 해결하고 산학연계를 강화하여야 한다. 이를 위하여 해외 유명대학 설립시 임대건물을 교사로 인정하고, 수익용 기본재산에 대한 요건을 보증보험으로 대체해야 한다. 그리고 외국인 이사 수에 대한 제한도 폐지해야 한다. 경제자유구역, 지역특화발전특구, 특정 지방자치단체에서 해외 우수대학을 유치하려고 할 경우에는 이들 지역부터 우선적으로 규제를 완화해야 한다. 또 국내대학이 해외 우수교수나 학생을 유치할 경우, 필요한 재정을 지원해주어야 한다. 외국의 학교와 대학에 대해서는 비영리법인만 허용하되, 장기적으로 영리법인 교육기관도 개방해야 한다. 그리고 비영리법인의 발생이윤은 자체 내에서도 이전될 수 있으나, 이익을 해외로 송금할 수 있도록 해야 한다. 외국대학에 우리 교육시장을 열기 위하여는 국내대학에 대한 규제를 과감하게 완화하고 학교운영도 자율화해주어야 한다. 그럼으로써 국내대학이 외국의 교육기관과 공정하게 경쟁할 수 있게 된다.

둘째, 영리법인도 사립(전문)대학을 설립할 수 있어야 한다. 현재 학교법인을 설립하고자 하는 자는 비영리법인으로 일정한 재산을 출연하고 교육인적자원부장관의 허가를 받아야 한다(「사립학교법」 제10조). 전문대학은 지금까지는 산업인력을 효율적으로 공급해왔다. 그러나 산업계에서 필요한 인력공급이 제대로 이루어지지 못하고 산학연계가 미흡하였다. 이와같은 산업수요와의 괴리와 열악한 교육환경 때문에 기술인력의 질적 수준을 저하시켰다. 따라서 전문대학을 영리법인으로 하여 대학간 경쟁을 촉진시켜야 한다. 그리고 인력이 직접 필요하고 그 수요를 잘 아는 산업계에도 인력양성의 기회를 주어야 한다. 그리하여 기업현장에서 필요한 실용학문 위주의 고급전문인력을 양성하여 산업계 인력의 수요와 공급이 균형을 이루도록 해야 한다.

이를 위해서는 「사립학교법」에서 대학설립주체를 비영리법인으로 제한하고 있는 요건을 폐지해야 한다(「사립학교법」 제2·3조,「고등교육법」 제4조). 일정요건을 만족하면 영리법인 전문대학을 설립할 수 있고, 책무성에 대한 평가는 5년 주기로 하여 교육의 질을 관리하여야 한다. 영리

표 9 영리법인 전문대학 관련제도 개선사항

구분	개선내용	관련법
1. 주식평가대상	• 영리법인 전문대학의 자산평가기준과 방법에 대해 별도로 규정(기본재산의 포함·여부 등)	「사립학교법」 제5조
2. 사업범위	• 현행 비영리법인 전문대학도 교육의 지장이 없는 범위 내에서 사립학교의 경영에 충당하기 위하여 수익사업 가능(수익사업회계) • 영리법인 전문대학은 교육사업 자체가 수익사업이므로 사업의 종류와 계획을 보고하되, 정관에 사업명, 종류 및 자본금 등을 공고하도록 명시 • 수익사업을 학교회계와 단일회계로 처리	「사립학교법」 제6조
3. 재산관리	• 학교법인이 기본재산의 매도, 증여, 교환 또는 용도변경, 담보제공, 의무부담이나 권리포기를 하고자 할 때에는, 회사법의 기재사항이므로 이사회의결을 거쳐, 이를 관할행정청에 신고 • 학교법인의 기본재산은 매도 또는 담보로 제공할 수 없으나 영리법인의 경우에는 관할행정청의 인가사항으로 변경	「사립학교법」 제28조, 「사립학교법 시행령」 제12조
4. 해산	• 영리법인 전문대학의 정관에서 정한 해산사유나 목적의 달성이 불가능한 때에는 이사 정원의 3분의 2 이상의 동의와 주주총회의 특별결의를 얻어서 관할행정청에 신고 • 다른 학교법인과 합병하거나 학교법인의 파산 또는 해산의 확정판결이 있을 때에는 관할행정청에 신고	「사립학교법」 제34조
5. 해산시 학교법인의 잔여재산	• 해산하는 학교법인의 잔여재산은 합병 및 파산의 경우를 제외하고, 원칙적으로 정관으로 정한 주주의 지분에 의한 비율에 따라 귀속 • 이에 의해서 처분되지 아니한 재산 중 대학교육기관을 설치·경영하는 학교법인의 재산은 국고에 귀속 • 기타 학교를 설치·경영하는 학교법인의 재산은 지방자치단체에 귀속 • 특히 국고 또는 지방자치단체에 귀속된 재산을 사립학교 교육의 지원을 위하여 다른 학교법인에 양여, 무상대부 또는 보조금으로 지급하거나 기타 학교사업에 사용할 수 있음	「사립학교법」 제35조
6. 합병	• 영리법인 전문대학이 다른 학교법인과 합병할 경우 주주총회의 특별결의와 교육부장관의 인가 필요 • 합병 후 존속하는 학교법인 또는 합병에 의하여 설립된 학교법인은 합병에 의하여 소멸된 학교법인의 권리·의무를 승계함	「사립학교법」 제36·40·41조

자료 : 전국경제인연합회, 전게서, 2004. 6. 15, p. 28.

법인은 정부의 지원이나 통제를 받지 않도록 사립전문대학에 대한 감독과 통제가 완화되어야 한다. 지금까지는 사립학교가 비영리법인이었기 때문에 재정지원을 할 수 있었고 그에 따라 감독기관의 통제를 받았다. 영리법인 전문대학이 허용되면 주식평가대상, 사업범위, 해산, 합병 등 관련규정의 개선도 필요하다(〈표 9〉참조). 특히 강조할 점은 영리법인이 대학이나 전문대학을 설립하여 운영하면 국내 모든 대학의 경영정보가 투명해지고 경영진에 대한 책임소재가 명확해질 것이다.

셋째, 대학의 재정자립으로 교육의 질을 높일 수 있도록 등록금은 자율화되어야 한다. 현재 등록금은 명목적으로만 자율화되어 있다. 물가관리 차원에서 간접적으로 등록금의 조정 폭이 제한된다. 기업도시 내 대학은 각 학교가 교육여건과 현실에 맞추어 등록금을 책정할 수 있어야 한다.

기부금도 활성화되어야 한다. 현재 등록금에 의존하는 상업적 비영리법인을 기부금 의존형으로 전환해서 교육의 질을 향상시켜야 한다. 일반시민이나 기업들이 대학에 기부금을 제공하는 환경을 조성하고 「고등교육법 시행령」 제29조의 규정을 확대해석하여 기여입학을 인정해야 한다. 기여입학의 구체적 예를 들자면, ① 기부입학은 적어도 3~5년간 지속적으로 해당 대학에 기여한 사람의 자손에게 인정되어야 한다. ② 그러나 기여자의 자손도 일정수준 이상의 성적이 되어야 하고, 심사 과정을 거쳐 입학시 소정의 가산점을 줄 수 있다. ③ 그리고 정원 외 2% 정도로 하여 일반학생에게 피해가 없어야 한다.

넷째, 대학의 구조조정이다. 정부가 대학을 평가하고 그 결과에 따라 재정을 지원하므로 대학은 평가항목에만 맞추는 노력으로 획일화되고, 대학의 자율은 훼손된다. 그러나 대학의 퇴출기제가 마련되어 있지 않아 구조조정이 어렵다. 따라서 대학에 대한 평가시장이 형성되어야 한

표 10 우수인력 확보방안과 산학협력체제 마련

주요 의제	현행 및 문제점	개선안
1. 해외 유명대학 유치기반 확보	• 경제자유구역을 제외하고 외국인 대학설립은 엄격하게 제한되어 있어 기업도시 내 세계 우수대학 유치 불가	• 대학설립시 임대건물을 교사로 인정하고, 수익용 기본재산에 대한 요건을 보증보험 가입으로 대체 • 외국인 이사 수에 대한 제한 철폐 • 기업도시특구 내 해외 우수대학 유치신청시 우선허용
2. 영리법인의 사립(전문)대학 허용	• 학교설립은 비영리법인만이 교육부장관의 허가를 거쳐 설립 가능 • 현재 우리나라의 대부분 공·사립(전문)대학은 산업계가 요구하는 인력을 공급하지 못하여 산학연계 미흡	• 기업도시 사업시행자에게도 대학설립을 허용 • 정부의 재정지원이 없을 경우 사립전문대학에 대한 감독과 통제 완화 • 영리법인의 전문대학 설립은 일정 요건에 충족하면 허용하고, 규정 준수 여부를 5년 단위로 심사
3. 등록금 자율화와 기여입학제 허용	• 명목상 등록금 자율화에도 실제적으로는 물가관리 차원의 제한 존재	• 기업도시 내 대학은 교육의 질 향상을 위해 교육여건과 현실에 맞추어 등록금 책정 허용 • 현행 「고등교육법 시행령」 제29조의 확대해석으로 기여입학 인정 • 기부금 활성화로 학교재정을 보완하여 교육의 질 향상 모색
4. 대학의 구조조정	• 수도권소재 대학설립·정원 제한 • 대학의 퇴출기제 미확보 • 대학의 평가제도 미흡	• 수도권대학 설립·정원자율화 • 대학의 퇴출기제 마련 • 대학의 합리적이고 객관적인 평가방법 도입

자료 : 전국경제인연합회, 전게서, 2004. 6. 15, p. 30.

다. 대학도 교육서비스 관련정보를 공개하도록 하여 책무성을 높여야 한다. 우선적으로 전문대학이 취업률을 공표할 수 있는 제도가 도입되어야 하고, 대학의 퇴출제도도 정비되어야 한다. 퇴출하고자 하는 학교법인에게 수익용 기본재산 중 일부를 분배해야 한다. 구조조정이 필요한 대학들은 재정 확충을 위해 잉여교육시설을 일부 매각할 수 있어야 한다. 대학의 인수·합병(M&A)시에도 교육시설의 부분적인 인수와 인수 후의 일부는 처분이 허용되어야 한다. 또 교육수요가 많은 수도권지역에는 대학설립이나 정원증원이 억제되고 있어 수도권 소재 대학의 경쟁을 제한하게 된다. 따라서 수도권지역의 대학설립이나 정원의 제한을 풀어야 한다. 그리하여 다양화 노력을 진작시켜 대학교육의 질을 높여야 한다.

3. 양질의 의료시설 확보

첫째, 가장 중요한 기업도시의 성공요인 가운데 하나는 기업도시 주민들에게 고급화된 양질의 의료서비스를 제공하는 것이다. 현행「의료법」상 의료기관은 의사, 국가 또는 지방자치단체, 의료법인, 비영리법인 등만 개설할 수 있다(「의료법」 제33조 제2항). 기업도시 사업시행자는 종합병원을 설립할 수 없다. 의료인이 아닌 민간인이 의료사업을 하기 위해서는 사회복지법인 혹은 재단법인 등 비영리법인 형태로만 가능하다. 또 비영리법인을 설립한 최초의 투자자는 법인 설립목적에 반하지 않는 범위 내의 수익행위만 허용되므로 투자에 따르는 이익이나 원금을 회수하기가 어렵다. 모든 수익은 법인에 귀속되므로 수익을 의료사업에 재투자하도록 강제하는 효과는 있다. 그러나 투자자의 수익이 보장되지 않기 때문에 의료산업에 대규모 투자를 유인하기가 어렵다. 그 결과 의료서비스산업에 대한 투자는 해외로 나간다. 2003년 8월 말 국내병원이 해외로 투자한 누적액은 1천 2백만 달러였다. 이중 중국에 투자한 액수

표 11 병원 종류별 소유형태 분포

소유형태별 구분		종합병원	병원	종합병원+병원
공공		21.0	7.4	11.3
민간	학교법인	22.8	1.4	7.4
	재단·사회복지법인	9.8	7.6	8.2
	의료법인	30.1	26.7	27.7
	개인	16.3	56.9	45.4
계(병원 수)		100.0(276)	100.0(699)	100.0(975)

자료 : 대한병원협회, 2002년 전국병원명부 ; 전국경제인연합회, 《기업도시개발특별법에 관한 문답집》, 2004. 10, p. 87.

는 2백만 달러로 16.2%를 차지한다.

의료행위의 강한 공공적 성격 때문에 비영리법인만 의료기관을 설립할 수 있다. 그러나 국민에게 충분한 의료서비스를 제공할 재정적 여력이 없어 공공병원은 11.3%에 불과하고 88.7%는 민간이 운영한다. 의료서비스 공급의 대부분을 민간이 전담하고 있는 셈이다. 그럼에도 불구하고 의료산업에 대한 규제는 많고(〈표 12〉참조), 개인병원·의원·클리닉 등을 제외하고는 영리가 금지된다. 그 결과 의료서비스의 형평성과 공공성이 모두 부실화되어 의료서비스의 질도 기대를 만족시키지 못하고 있다.

영리를 금지하고 원가에 못미치는 낮은 수가 때문에 병원경영은 악화되었다. 2001년 7월 의약분업 실시 이후 영리가 보장된 의원 개업이 늘면서 병원경영은 더욱 어려워져 도산율도 증가하고 있다. 대한병원협회에 따르면 1999년 병원 도산율은 6.5%였다. 그러나 2000년에는 7.4%, 2001년 8.9%, 2002년 9.5%로 계속 늘어났다. 이렇듯 병원 경영난으로 인건비 부담이 늘다보니 대부분의 병원이 법에 정한 의료인력도 충족시키지 못하고 있다.

표 12 의료기관 설립주체 제한 이외의 의료관련 각종 제한사항

〈영리제한〉
- 영리목적의 환자 소개, 알선 등 행위금지(「의료법」제27조제3항)
- 의료법인, 「민법」 또는 특별법에 의하여 설립된 비영리법인의 영리추구금지(의료법인의 사명)(「의료법」제33조제2항제4호, 「의료법 시행령」제18조)

〈엄격한 자격요건〉
- 외국의료면허 소지자가 의료법인에서 의료행위시 보건복지부장관의 승인필(「의료법」제27조제1항제1호, 「의료법 시행규칙」제20조)
- 원격의료는 의료인과 의료인 간에서만 가능(「의료법」제34조)
- 외국의료면허 소지자의 국내 의료면허시험 취득자격(외국의료교육기관 졸업 후 외국의료면허 소지자에 국한됨)(「의료법」제5조제3호)
- 약국개설등록조건(약사 또는 한약사 면허소지자만의 약국개설)(「약사법」제20조제1항)
- 외국 약학전공대학 졸업자의 국내면허자격요건(보건복지부장관이 인정하는 외국의 약학전공대학 졸업 후 해당 국가의 약사면허를 받은 자로서 국내 약사국가시험에 합격한 자)(「약사법」제3조제2항)

〈수량제한〉
- 의료인이 2개소 이상 의료기관 개설제한(1의료인 1의료기관 개소원칙)(「의료법」제33조제2항)
- 약국개설장소 제한(의약분업제도 실시 이후 의료기관 내 외래약국 개설금지)(「약사법」제20조제5항)
- 약사의 1약사 1약국 개설원칙 및 약국개설자만의 약국관리(약국의 관리의무)(「약사법」제21조제1·2항)

〈기타〉
- 요양기관 강제지정(「국민건강보험법」제40조제4항): 모든 의료기관은 의료보험환자를 의무적으로 받아야 함

자료: 전국경제인연합회, 《기업도시개발특별법에 관한 문답집》, 2004. 10, p. 82.

　　진료수가도 원가의 60~70% 수준으로 통제되고 있다. 1997년 기준 의료서비스 제공에 대한 원가보전율은 64.8%였다. 이는 의료보험진료비 증가 때문에 건강보험의 재정이 악화되는 것을 막기 위함이다. 그 결과 의료기관은 수익을 내기 위해 의료보험이 적용되지 않는 비급여 의료행위를 늘리고 비보험환자 진료에 주력하고 있다.

　　또 현행제도로는 대형병원을 유치하기 어렵다. 30만 명 규모의 기업도시에 맞는 병원은 750병상 규모이다. 그러나 100~300병상 병원은 초기에는 수익을 내기 어렵다. 의료인력이 중소지방병원을 기피하여 병원

표 13 우리나라 병원산업 현황

구분	병원		제조업* 2003년
	1980년대 초	2001년	
병상당 종업원 수	1.6~1.7명	0.9명	-
부채비율	50~100%	150~300%	116.1%
의료수익 순이익률	3~10%	-2~5%	7.1%**

주 : * 매출액 10억 원 이상 제조업체 대상, ** 영업이익률.
자료 : 대한병원협회, 산업은행 ; 전국경제인연합회, 전게서, 2004. 10, p. 83.

표 14 법인형태별 특징(미국)

	영리법인	비영리법인
투자·운영 목적	• 이윤 극대화 • 투자자의 부(富) 극대화	• 설립목적에 부응하는 임무 수행 (교육, 연구수행 등)
수익분배	• 이윤의 일정부분을 투자자에게 분배	• 이윤분배 불허
조세혜택	• 일반기업과 동일 (재산세, 소득세, 판매세 등 납부)	• 다양한 조세혜택
해산시 재산처분	• 자유로움	• 제약 있음
운영주체	• 주주이사회(Board of Directors) • 주주가 경영상의 통제권한 행사	• 주주 없음 • 기업형태와는 다른 이사회 구성

주 : 공공병원 : 정부 관련당국은 결과를 감독하고 이사회를 임명, 세금 없음. 급여 및 고용관행에 있어 민간비영리보다 자유롭지 못함, 환자치료 거부 못함(비영리는 가능).
자료 : 전국경제인연합회, 전게서, 2004. 10, p. 84.

경영이 곤란하기 때문이다. 그러므로 특정지역에 양질의 의료서비스를 제공하기 위하여는 선도 대형병원(Tertiary Hospitals)을 유치하여야 한다. 이를 위해서는 의사, 간호사 등에게도 좋은 생활환경을 보장해주어 질 높은 의료진을 확보해야 한다.

의료법인의 부대사업은 제한되어 있다. 의료업무 외에 의료인 및 의료관계자의 양성 또는 보수교육의 실시와 의료 또는 의학에 관한 조사연구만 허용된다(「의료법」 제49조). 의료기관들은 부대사업을 통해 병원 운영상의 적자를 보전하고 있다. 한국병원경영연구원이 22개 3차의료기관(대학병원 규모)을 대상으로 분석한 2002년 경영실적을 보면 진료활

표 15 　미국의 사례(1)

○ 영리법인 설립을 허용하면 의료기관들은 병원 경영여건 및 상황에 따라 병원 소유형태(영리, 비영리, 공공 등)를 자유롭게 변경할 수 있음
- 미국의 경우, 1990~1993년 기간동안 총 6,015개 병원 중 183개 병원의 소유형태가 변화
  - 변화형태 및 비율 : 비영리→영리 24.3%, 공공→비영리 34.2%, 비영리→공공 41.5%
  - 비영리에서 영리로 전환했다가 다시 비영리로 돌아선 사례도 많음

○ 미국의 의료기관들이 법인형태를 전환하는 이유는 법인형태별로 혜택이 다양하기 때문임
- 비영리법인이 영리병원으로 전환하는 이유
  - 주식발행을 통해 자본을 조달하면 비용이 상대적으로 적게 듦
  - 해산할 경우 잔여재산의 처분이 자유로움
  - 영리를 추구하므로 효율성이 제고될 수 있음
  - 미국의 영리법인은 비영리법인에 비해 규제를 덜 받음
  - 비영리법인으로는 더이상 병원 유지가 어려울 경우나 다른 영리병원과 합병하기 위함
- 영리병원이 비영리병원으로 전환하는 이유
  - 미국은 내국세법에서 비영리병원의 비영리성(공익성)을 엄격히 심사하고, 심사기준에 적합하면 각종 세제상의 혜택 부여 : 법인세, 재산세, 자본세, 소득세 등을 면세 또는 감세
  - 중앙 및 지방정부가 재정, 시설, 장비 등을 지원
  - 비영리병원 수입 중 기부금 비중이 1992년 기준 3.6%를 차지

자료 : 전국경제인연합회, 전게서, 2004. 10, p. 85.

동만으로는 평균 42억 원의 적자였다. 2001년의 적자 24억 원에 비해 69.4%나 증가된 것이다. 이들 의료기관들은 장례식장, 식당, 주차장 등 의료 외 부대사업 운영으로 평균 32억 원의 수익을 올리고 이를 통해 적자를 보전해왔다.

기업도시는 선진화된 의료서비스를 공급해야 성공한다. 이를 위하여는 기업도시 사업시행자가 종합병원을 개설할 수 있어야 한다(「의료법」 제33조에 반영). 따라서 의료기관을 설립할 수 있는 주체에 「상법」상의 영리법인을 허용해야 한다. 비영리법인만 의료기관을 설립할 수 있는 것은 '진입제한으로 인한 경쟁제한적 규제'이다(2004년 7월 국회 정무위원회 공

표 16 미국의 사례(2)

○ 영리병원을 허용해도 일반인이 우려하는 비영리병원의 위축은 발생하지 않음
- 미국의 경우, 1994년 기준 비연방 단기 일반병원(Nonfederal short-term general hospital) 중 12%가 영리, 60%가 비영리, 나머지 28%는 정부가 운영
- 영리병원을 도입한 프랑스, 독일, 스위스 등도 비영리병원 및 공공기관의 비중이 더 큼

주요국 영리/비영리병원 비율(1980~1990년대 초)

	공공시설	민간비영리시설	영리병원
프랑스	65	16	19
독일(병상 수 기준)	51	35	14
스위스	46	32	22

- 미국 내 전체 병원 병상 중 비영리민간병원 병상은 1970년 이후 70% 유지. 그러나 영리민간병원 병상은 1970년 6.2%에서 1995년에 12.1%로 증가. 영리병원당 평균 병상 수도 69개에서 141개로 증가

미국 병원형태별 병상 수 비율

		1970년	1980년	1985년	1990년	1995년
민간	비영리	70.0	70.0	71.0	71.0	70.0
	영리	6.2	8.8	10.4	10.9	12.1
공공(비연방)		23.8	21.2	18.6	18.1	17.9

자료 : 전국경제인연합회, 전게서, 2004. 10, p. 86.

점거래위원회 업무보고). 또 영리법인에 대해서는 영리추구금지(「의료법 시행령」 제18조)를 배제하거나 완화해야 한다. 영리추구가 가능해야 의료서비스산업이 발전된다. 투자자가 투자수익을 회수할 수 있어야 의료산업에 대한 투자를 확대할 수 있다. 또 의료기관 간 M&A가 활성화되어야 한다. 그래야만 규모의 경제가 이루어지고 최첨단 고가장비에 대한 투자가 늘어나 의료산업의 경쟁력을 높일 수 있다.

둘째, 의료산업에 경쟁이 도입되어야 한다. 병원부지를 저가로 공급

하여 선도 대형병원을 유치하고, 해외 유명 의료기관이 들어올 수 있도록 의료기관을 개방하여야 한다. 그렇게 되면 외국 선진 의료기관은 선진 의료시스템과 노하우를 국내에 전파할 것이며, 외국병원이 국내병원과 제휴할 경우, 자본조달이나 인력확보 등이 쉽고 병원운영도 선진화된다. 또 국내 의료기관이나 대기업 등도 기업도시에 진출한 외국 의료기관과 경쟁을 하게 된다. 그와같은 경쟁으로 의료산업의 효율성과 서비스의 질은 높아질 것이다. 참고로 UR 당시 의료업은 외국인 투자제한 업종에서 제외되었다. 그러나 각종 국내규제(〈표 12〉 참조) 때문에 외국인 투자실적은 없었다.

셋째, 의료법인도 목적사업 수행에 지장이 없는 범위 안에서 수익사업을 허용하고, 부대사업으로 생긴 수익은 의료기관 운영에만 사용하게 하여야 한다. 병원이 수익사업에만 치중하는 것을 막아야 하기 때문이다.

넷째, 의료시설에 대한 지원을 늘려야 한다. 병원부지는 저가로 공급하고 장기저리의 자금을 지원함이 바람직하다. 법인세도 인하해주고, 개인병원·치과·안과·한의원 등 일반클리닉의 유치를 위해 상업시설도 저렴한 가격으로 설치할 수 있어야 한다.

4. 관광·레저시설의 확충

관광산업은 산업구조의 고도화와 일자리 창출의 원천이 되는 산업이다. 관광·레저산업의 부가가치는 매우 높아 자동차산업의 2배이고, 일자리도 제조업의 2배를 창출한다. 특히 주5일제 근무가 본격적으로 시행되면서 건강·레저에 대한 수요가 증대하여 국민여가활동 총량의 20% 증가가 예상될 정도로 관광·레저산업이 발전할 수 있는 잠재력은 매우 크다. 따라서 중국을 비롯한 세계 각국의 관광객 수요에 맞는 시설을 공급하기 위해서는 관광·레저도시 건설에 대해서도 지원을 강화해야 한다.

첫째, 관광시설에 대한 규제를 완화해야 한다. 기업도시 개발구역이 해양수산부와 협의를 거쳐 지정된 경우에는 「국토의 계획 및 이용에 관한 법률」에 의한 수산자원보호구역이 해제되어야 한다. 또 환경부 등과 협의를 거쳐 실시계획이 승인되면 「관광진흥법」에 의한 관광지·관광단지 조성계획이나 「체육시설의 설치·이용에 관한 법률」에 의한 사업계획이 승인된 것으로 보아야 한다. 자연공원이 일부 포함된 경우에는 사전환경성 검토나 환경영향 평가 과정에서 공원위원회의 심의 등을 거쳐 일괄적으로 협의하여야 한다.

기업도시 내에 외국인전용 카지노장을 설치하는 것을 고려할 수 있다. 이와같은 카지노장은 관광·레저형 도시의 실시계획에 반영되어야 한다. 카지노업은 총사업비 5천억 원 이상을 투자하는 사업시행자가 신청하고, 신청내용이 실시계획에 부합되어야 하며, 「관광진흥법」에 규정된 카지노업에 필요한 시설과 인력 등을 확보해야 한다. 또 기업도시에는 경마·경륜·경정장 등이 설치될 수 있어야 한다. 그리고 관광·레저형 기업도시를 건설하는 시행자나 지방자치단체는 관광시설이나 이를 위한 기반시설 그리고 관광단지를 조성하는 것이기 때문에 관광진흥개발기금을 지원해야 한다.

둘째, 편리한 체육시설을 공급해야 한다. 체육시설을 설치하여 주민 건강을 보장해주어야 하고, 그러기 위하여는 먼저, 체육시설 설치에 대한 규제를 완화해야 한다. 골프장, 스키장, 요트장, 조정장, 카누장, 빙상

표 17 주요 체육시설에 대한 제한내용

구분		제한내용
설치금지	골프장	• 숙박시설 금지(18홀 이상, 5층 이하는 가능)
규모제한	골프장	• 클럽하우스의 연건축면적 최대기준규정
부지면적 제한사항	골프장	• 홀수마다 최대면적규정
	스키장	• 전체슬로프길이 × 50m × 4
	썰매장업	• 슬로프면적의 3배의 면적을 초과할 수 없음
	자동차경주장업	• (트랙면적 + 안전지대면적) × 6 이하

자료 : 전국경제인연합회, 전게서, 2004. 10, p. 48.

장, 자동차경주장, 승마장, 종합체육시설 등 등록체육시설은 각 종류별로 사업계획서를 작성하여 시·도지사의 승인을 얻은 후 설치해야 한다. 이와같은 등록체육시설은 기업도시 내에 꼭 필요하다. 따라서 기업도시계획의 승인이나 변경승인을 얻은 경우에는 「체육시설의 설치·이용에 관한 법률」에 의한 사업계획승인을 받은 것으로 의제처리해서 체육시설의 설치를 용이하게 해야 한다. 또 골프장·스키장·썰매장업·자동차경주장업에 대한 부지면적 등의 제한을 기업도시에서는 완화해주어야 한다. 현재는 사회간접자본시설의 범주에 '전문체육시설'이 포함되어 있지 않다(「사회기반시설에 대한 민간투자법」제2조). 따라서 민간자본투자를 유치하기 어렵다. 또 스포츠서비스업은 국민체육진흥기금 융자지원 대상이 아니어서(「국민체육진흥법」제2·17조) 영세한 스포츠산업은 활성화되기 어렵다.

체육시설의 개·보수에 대한 규제도 매우 엄격하여 수익성 확보가 어렵다. 국내 경기장이나 체육시설은 주로 개발제한구역 또는 도시공원(일부는 군사시설보호구역) 등에 설치한다. 그리고 시설의 효율적 관리·운영과 수익성을 확보하기 위하여 라커룸, 미팅룸 등 부대시설이 필요하다. 그러나 이들의 신·개축이나 증축이 금지되어 있다(「도시계획시설의 결

표 18 살기 좋은 체육·여가 관련시설의 구비

주요 의제	현행 및 문제점	개선안
1. 체육시설의 확보	• 사회간접자본시설에 '전문체육시설'이 포함되지 않아 민간자본 유치 곤란 • 스포츠서비스업이 국민체육기금 융자지원 대상에서 제외되어 영세 스포츠업으로 영업 곤란 • 체육시설 개·보수를 엄격히 규제 • 경기장 및 체육시설은 개발제한구역이나 도시공원에 설치토록 제한 • 기업명칭사용권제노 미비	• 사회간접자본시설에 '전문체육시설' 포함 • 국민체육진흥기금 융자를 스포츠서비스업체까지 확대 • 「도시공원 및 녹지 등에 관한 법률」과 「군사시설보호법」의 체육시설 관련규제를 기업도시특구 내에서의 완화 • 체육시설에 기업명칭 사용과 판매가 가능하도록 제도 마련(지방조례로 가능)
2. 여가시설의 확충	• 골프장 운영과 입장에 대한 높은 세금으로 일반인 이용에 어려움	• 골프장 내 숙박시설 제한규정을 완화하여 가족단위 숙박수요 창출 • 기업도시특구 등 특정지역 내 지방세와 특소세 경감·면제

자료 : 전국경제인연합회, "기업도시 건설을 통한 투자활성화 방안", 2004. 6. 15, p. 36.

정·구조 및 설치기준에 관한 규칙」제93조, 「도시공원 및 녹지 등에 관한 법률」제27조, 「군사시설보호법」제8조 등). 따라서 편리한 체육시설을 공급하기 위하여 관련법의 개정이 필요하다. 사회간접자본시설의 범주에 '전문체육시설'이 포함되어야 한다. 또 국민체육진흥기금은 체육용구업체와 체육시설업체는 물론 스포츠서비스업체도 지원하여 스포츠산업의 국제경쟁력을 높여야 한다. 체육시설 관련 부대시설의 증·개축도 허용하여야 한다. 아울러 지방자치단체의 지방조례로써 체육시설에 기업의 명칭을 사용하고 이를 판매할 수 있는 제도를 마련하여 체육시설의 유지·관리에 드는 비용을 감당할 수 있어야 한다(「국민체육진흥법」제13조, 「체육시설의 설치·이용에 관한 법률」제4조).

셋째, 단지 내 여가시설 확충을 지원해야 한다. 현재 국민체육진흥기금의 융자대상은 골프, 스키, 요트, 조정 등 등록체육시설에 국한되어 있다. 앞으로는 에어로빅센터, 당구장, 썰매장, 체육도장, 체력단련장 등

신고체육시설까지 늘려야 할 필요가 있다.

골프장 내 숙박시설의 부대시설면적도 제한되어 있다. 이를 폐지해야 가족 단위의 숙박객을 포함하여 새로운 관광수요에 대응할 수 있다(「체육시설의 설치·이용에 관한 법률 시행령」 제12조). 회원제 골프장에 대해서는 지방자치단체별로 지방세 중과 여부를 선택할 수 있어야 한다. 지방세를 중과세하지 않는다면 특별소비세도 경감하거나 면제해야 한다(「특별소비세법」 제1조제3항제4호). 지방세는 현재의 규정으로도 경감이 가능하다. 만약 지방자치단체가 경감세율을 적용한다면 특별한 사유가 없는 한 행정자치부가 이를 허가하면 된다.

5. 투자환경 개선

첫째, 출자총액제한제도가 개선되어야 한다.[3] 기업도시 건설에는 대규모 자금이 필요하다. 예를 들면 5백만 평의 기업도시를 만들 때, 산업시설에 18조 원, 배후시설에 10조 원 등 총 28조 원의 자금이 필요하다. 기업도시 건설에 필요한 자금은 프로젝트 파이낸싱(Project Financing)에 의하여 조달할 수 있지만 계열사 간 출자도 중요한 자금의 원천이다. 그리고 기업도시에 대한 기업의 투자방식은 회사 내 사업부를 신설하지 않고 신규법인을 설립해서 추진할 수도 있다. 이때 자본투자로써 출자를 규제

---

[3] 2004. 12. 「기업도시개발특별법」이 처음으로 시행될 때에는 기업도시개발계획상 「국토의 계획 및 이용에 관한 법률」 제2조제6호의 규정에 의한 개발시설과 개발구역 밖에 설치하는 기반시설만 출자총액제한 제외대상이었다. 그러나 2007. 8. 3. 기업도시에 대한 투자는 출자총액제한제도의 적용을 받지 않도록 「기업도시개발특별법」의 일부가 개정되었다.

표 19 주요 투자 관련규제 완화방안

현행	관련내용	개선안
1. 대기업은 출자총액제한제도 때문에 투자에 제약받음	• 자산총액 5조 원 이상에 속하는 회사는 순자산액의 40%를 초과하여 다른 국내회사의 주식을 취득 또는 소유하지 못함(「독점규제 및 공정거래에 관한 법률」 제10조)	• 기업의 전략적 투자활동을 저해하므로 폐지 • 기업도시 투자에 대하여는 예외 인정
2. 동일인·동일계열 신용공여한도 때문에 금융권 차입도 제약받음	• 동일인·동일계열 신용공여한도를 25%로 제약(「은행법」 제35조제1항)	• 신용공여한도를 40%로 상향 조정 • 한도 예외 인정
3. 주거래은행과 재무구조개선 약정에 따라 부채비율을 200% 이하로 관리받음	• 일률적 부채비율 200% 규정으로 공격적 투자 제약(재무구조개선재 약정, 1998. 3. 24)	• 재무구조가 건전할 경우 융통성 있게 운영

자료 : 전국경제인연합회, 전게서, 2004. 6. 15, p. 39. 출자총액제에 대하여는 주 3) 참조.

하면 기업의 신규투자와 신성장산업에 대한 진출을 저해할 수 있다. 뿐만 아니라 이미 시행한 투자도 철수해야 하는 경우도 있을 수 있다.

출자총액제한제도는 자산 5조 원 이상의 기업집단에 속하는 계열사가 대상이다. 이와같은 회사는 당해 회사의 순자산의 40%를 초과하여 다른 국내회사의 주식을 보유하거나 취득하지 못한다. 따라서 출자총액제한제도 때문에 기업의 성격이 전혀 다른 사업에 진출하거나 동종업종이 아닌 경우 투자를 할 수 없게 한다. 기업도시도 출자총액제한 대상이 되어 사업을 운영할 수 없게 된다. 따라서 출자총액제한제도를 폐지하여야 한다. 기업도시투자에 대하여는 2007년 8월 3일 「기업도시개발특별법」 제32조가 개정되어 출자총액제에 대한 예외가 인정되었다.

둘째, 사업시행자에 대하여 「은행법」상 신용공여한도의 예외를 인정해야 한다. 동일인이나 동일계열에 대한 신용공여한도는 당해 금융기관 자기자본의 25% 수준이다(「은행법」 제35조제1항). 따라서 민간사업시행자가 기업도시 건설에 필요한 자금을 은행권으로부터 조달하기 어려울 수 있다. 또 금융기관이 기업도시 건설에 프로젝트 파이낸싱을 통해서 적극적으로 참여하고자 하는 경우 신용공여한도는 기업도시에 대한 다양한 자금 조달 경로를 막는 결과가 된다.

따라서 기업도시 건설에 투자하는 금액에 대하여는 신용공여한도를 자기자본의 40%까지 늘리거나, 신용공여한도에 대한 예외를 인정하는 방안이 필요하다. 실제로 산업발전이나 국민생활 안정을 위해 불가피하다면 신용공여한도를 초과할 수 있다. 또한 부채비율을 200% 이하로 관리하는 방안도 재무적으로 건전성이 보장된다면 신축적으로 운영할 필요가 있다.

6. 세제지원

첫째, 사업시행자에 대하여 세금을 감면해주어야 한다. 일반적으로 기업이 투자를 꺼리는 이유 중의 하나는 조세공과금에 대한 부담이 경쟁국보다 높아 비용이 크기 때문이다. 특히 기업도시 건설은 10~20년에 걸친 장기간의 사업이다. 투자의 규모도 크고 위험도도 매우 높다. 이런 점을 감안하면 사업시행자가 이윤을 낼 수 있도록 지원할 필요가 있다. 특히, 기업도시는 투자활성화와 지역 간 균형개발을 도모하므로 세제지원을 해주어야 한다. 시행자에게 법인세·소득세·관세·취득세·등록세·재산세 및 종합토지세 등의 조세를 감면해주어 투자 유인을 제공해야 한다. 또 수도권에서 지방으로 이전하는 기업에 대한 지원 이상으로 세금을 줄여주어야 한다. 예를 들면 법인세는 5년간 면제되고, 그 이후 2년간은

표 20 사업별 조세지원제도 비교

사업별 분류		지원내용		
		법인세	지방세	
			취득세 등록세	재산세 종합토지세
수도권→ 지방이전 기업	→농공단지	4년 50%	–	–
	→과밀억제권역 외	5년 면제, 2년 50%	–	–
	→수도권 외	5년 면제, 2년 50%	면제	면제
경제 자유구역	사업시행자, 입주 기업(외투기업)	3년 면제, 2년 50%	면제	5년 면제 2년 50%
제주국제 자유도시	사업시행자 (외투기업)	3년 면제, 2년 50%	면제	5년 면제 2년 50%
	첨단과학기술단지 입주기업	3년 면제, 2년 50%	면제	5년 50%
	투자진흥지구·자유 무역지역 입주기업	3년 면제, 2년 50%	면제	3년 면제 2년 50%

주 : 경제자유구역과 제주국제자유도시의 경우, 국세면제는 최초소득발생일 기준이며, 5년간 소득이 발생하지 않을 경우에는
5년째부터 3년간 면제됨.
자료 : 전국경제인연합회, 《기업도시개발특별법에 관한 문답집》, 2004. 10, p. 42.

표 21 부담금 감면사례와 개선의견

종류	감면 예	기업도시
개발부담금(「개발이익환 수에 관한 법률」)	• 중소기업을 위한 공업단지조성사업(50%) • 산업단지(100%), 국민주택용 택지개발(50%)	100% 면제
농지조성비(「농지법」)	• 산업단지(100%), 관광지·관광단지(50%) • 제주투자진흥지구 골프장 사업용지(50%)	100% 면제
대체초지조성비 (「초지법」)	• 중요산업시설을 위한 전용(100%) • 세주투자진흥지구를 위한 전용 등(100%)	100% 면제
교통유발부담금 (「도시교통정비촉진법」)	• 경제자유구역, 「산업집적활성화 및 공장설립에 관한 법률」에 의한 공장 • 「특정연구기관육성법」상의 특정연구기관 등	100% 면제
공유수면점·사용료 (「공유수면관리법」)	• 「산업입지 및 개발에 관한 법률」에 의한 산업단지(100%) • 공익목적의 비영리사업을 위한 경우 등 (100%)	100% 면제
대체산림자원조성비 (「산림자원의 조성 및 관리에 관한 법률」)	• 농어촌정비사업시설(보전·준보전 100%) • 「산업입지 및 개발에 관한 법률」에 의한 산업단지 (준보전 100%) • 벤처기업집적시설(보전·준보전 100%)	100% 면제

자료 : 전국경제인연합회, 전게서, 2004. 10, p. 43.

50% 이상이 감면되면 바람직하고, 취득세·등록세·재산세·종합토지세 등 지방세는 면제되어야 한다.

둘째, 사업시행자에 대하여 부담금도 감면해주는 것이 바람직하다. 사업시행에 따른 각종 부담금으로 기업도시에 대한 투자가 위축될 수 있기 때문이다. 기업도시 건설은 농지나 초지가 사용되는데, 이를 사용할 때 부담금을 내야 한다. 또 개발이익 발생에 따라 징수되는 개발부담금 등 각종 부담금이 부과된다. 그러나 기업도시 건설은 장기간의 대규모 투자로 불확실성이 높기 때문에 수용하여야 할 위험 수준이 예상이윤보다 클 수 있다. 그리고 기업도시는 투자활성화·지역 간 균형개발 등 공공성이 매우 크다. 따라서 각종 부담금이 면제되어야 한다. 개발부담금, 농지조성비, 대체초지조성비, 교통유발부담금, 공유수면점·사용료, 대체산림자원 조성비, 생태계보전협력금, 환경개선부담금 등이 이에 해당된다. 참고로 경제자유구역 개발업자는 조세와 부담금의 감면을 받고 있다(「경제자유구역의 지정 및 운영에 관한 법률」 제15조).

셋째, 기업도시 내로 이주하는 기업에 대하여 세제는 물론 자금을 지원할 필요가 있다. 기업도시 내로 이주하는 근로자(가족 포함)들에 대해서도 동일한 지원이 바람직하다. 참고로 경제자유구역에 투자하는 외국인기업에게는 세제 및 자금지원을 하고 있다(「경제자유구역의 지정 및 운영에 관한 법률」 제16조제1항).

넷째, 투자세액공제도 늘려야 한다. 기업도시 내로 진출하는 기업의 투자는 생산성 향상시설투자나 특정설비투자 혹은 임시투자세액공제제도에 준한 세제 혜택을 줄 필요가 있다. 기업도시 내 기업의 투자를 활성화하기 위함이다.

다섯째, 사업시행자에 대하여 자금지원을 할 수 있다. 정부는 기업도시 내에서 기반시설을 개발하거나 확충할 때 필요한 재원의 일부를 국가균형발전특별회계에서 지방자치단체에 지원할 수 있다. 또 문화관광부장관은 개발구역에서 관광사업의 발전을 위한 기반시설을 건설할 때 지방자치단체 또는 시행자에게 관광진흥개발기금을 보조하거나 대여할 수 있다. 국가 및 지방자치단체는 「국유재산법」· 「지방재정법」 그 밖의 다른 법령규정에 불구하고 입주기업에 대하여 국·공유재산의 임대료를 감면할 수 있다 「기업도시개발특별법」에서 개발구역 안에 있는 국가 또는 지방자치단체 소유의 재산으로서 개발사업에 필요한 경우 「국유재산법」 및 「지방재정법」의 규정에 불구하고 시행자에게 수의계약의 방법으로 처분할 수 있어야 한다. 또한 개발구역 안에 있는 국유재산 또는 공유재산을 시행자에게 매도 또는 임대할 경우 개발여건을 임대료나 매각대금을 장기분할 납부하는 등 지급조건을 완화해주어야 한다.

7. 노동시장의 유연성 제고

첫째, 기업이 구조조정을 도모할 경우 고용조정이 매우 어려우므로 경영상 해고요건을 완화해야 한다. 경영상 해고는 ① 긴박한 경영상의 필요, ② 사용자의 해고 회피 노력, ③ 해고대상자 선정의 합리적이고 공정한 기준, ④ 노조에 50일 전에 사전통보 및 협의 등의 요건을 갖추어야 한다. 「근로기준법」에는 경영악화 방지를 위한 사업의 양도·인수·합병 등 기업변동의 경우에는 긴박한 경영상의 필요가 있는 것으로 본다고 규정하고 있다. 하지만 이 요건은 충족하기 어려워 정리해고제가 그 요건과 절차상의 규제 때문에 제대로 기능하지 못하는 실정이다. 노동조합과의 사전협의를 위한 통보기간 50일도 급박한 구조조정이 필요한 경우에는 너무 길다. 현실적으로 인수·합병이나 사업양도 등의 경우에도 근로자의 요구와 정부의 실업최소화정책에 따라 대부분 고용이 승계된다. 심지어 자산매각 때에도 고용승계를 요구하여 모든 요건들이 구조조정이나 외자유치를 어렵게 한다. 따라서 정리해고의 요건을 완화해야 한다. 경영상 이유에 의한 해고의 요건을 '긴박한 경영상의 필요'에서 '경영상 객관적 합리성이 인정되는 경우'로 완화할 필요가 있다. 또 정리해고시 노조에 대한 통보기한을 노동부 신고기한과 같이 '30일 전'으로 줄이고, 영업양도나 자산매각의 경우에는 고용승계의무가 없어야 한다. 그리고 도산절차 중인 기업에 대하여는 정리해고요건을 적용하지 않아야 된다.

둘째, 파견근로제도도 개선되어야 한다. 현행 파견근로자제도는 파견대상업무를 26개 업종으로 엄격히 제한하고 있다. 이는 파견근로자의 활용을 자유롭게 허용하는 세계적인 추세(negative system)에 역행한다. 따라서 파견근로의 대상을 네거티브 시스템으로 바꾸고, 항만운송, 건설, 경비업무 등 관련법의 적용을 받는 직종만 제외하여야 한다.

또한 파견근로자 파견기간을 최장 2년(연장 1년 포함)으로 제한하고, 파견기간 2년이 경과한 후에는 사용기업의 근로자로 간주한다. 이에 대하여는 파견근로 상한기간제한(최장 2년, 1회한 연장기간 1년 포함)을 폐지하거나, 최소 4년 이상으로 연장하여야 한다. 또 파견기간을 초과한 때 정규직으로 전환하는 규정은 계약자유의 원칙을 훼손한다. 파견근로자를 계속 사용할 수 없도록 하면 파견시장을 위축시켜 기업과 근로자 모두에게 피해를 준다. 따라서 사용자와 노동자의 자율적인 계약에 맡겨야 한다.

셋째, 대체근로자제도도 개선되어야 한다. 현행「노동조합 및 노동관계조정법」은 쟁의행위기간 중 쟁의행위로 중단된 업무는 당해 사업 내의 근로자에 의한 대체근로만으로 수행할 수 있다. 당해 사업과 관계없는 자의 신규채용이나 대체근로는 물론 쟁의행위로 중단된 업무의 도급이나 하도급도 금지된다. 외부근로자의 대체가 허용되는 국제적 규범과는 상치된다. 그러나 쟁의행위기간 중 대체근로 문제는 노동조합의 쟁의권도 보호하고, 사용자의 영업(조업)의 자유도 함께 고려되어야 한다. 현재 노동조합은 파업기간 중의 임금도 위로금, 타결장려금, 노사화합장려금 등의 각종 명목으로 사실상 보전받고 있다. 그러나 기업은 최소한의 수단인 대체근로자의 투입마저 금지되고 있다. 기업은 쟁의행위로 인하여 조업중단·대체근로 불가·무노동유임금 지급의 삼중고(三重苦)를 겪고 있다.

따라서 쟁의행위기간 중 대체근로자 활용을 허용하게 하여 노사관계의 공정성을 확립하는 한편 기업활동을 지속할 수 있게 하여야 한다. 파업시 공익사업은 물론 일반사업장에도 당해 사업과 관계없는 대체근로자를 허용하여야 한다.

기업도시개발특별법의
제정과 과제

　기업도시 건설은 투자활성화와 기업경쟁력의 강화, 국가균형개발을 위하여 반드시 필요하다. 기업도시를 효율적으로 건설하기 위하여는, ① 기업도시특구를 지정하여 투자에 대한 전면적 규제개혁이 이루어지고, ② 도시개발 계획단계에서 기업이 직접 참여하여 도시를 종합적이고 체계적으로 건설하도록 해야 한다. ③ 기업도시 내 토지수용권을 부여하고 조성토지의 처분과 주택공급의 자율화를 인정하며, ④ 개방되고 자율화된 교육으로 우수인력 확보와 질 높은 자녀교육을 보장해주어야 한다. ⑤ 선진화된 의료서비스를 제공하도록 의료시장에 경쟁이 도입되어야 하며, ⑥ 제도와 법에 의한 노사관계 정립으로 기업가와 근로자가 경쟁력과 복지를 보장하는 상생(相生)관계를 정립하여야 한다.

　그러나 현행「도시개발법」등의 체제로는 제약이 많아 기업이 주도하는 도시건설이 어렵다. 따라서 전국경제인연합회는 2004년 6월 기업도시 건설에 관한 특별법을 건의하였다. 이에 정부는 특별법을 제정하여 지원하기로 하고, 2004년 6월 법안을 마련하여 관계기관·전문가·시민단체 등과 협의하였고, 국회는 2004년 12월 9일 이 법을 통과시켰다.

그 이후 2004년 12월 31일 「기업도시개발특별법」이 제정·공포되고, 동법 시행령은 2005년 4월 30일, 동법 시행규칙은 2005년 5월 3일에 각각 공포됨으로써 기업도시 개발에 관한 제도는 마련되었다.

그러나 앞으로 보완해야 할 과제가 적지 않다. 교육과 의료시장에서 시장경제에 철저한 경쟁이나 개방이 입법에 충분히 반영되지 못하였고, 노동시장의 유연성 문제도 입법 초기단계부터 논의의 대상이 되지 못하였다. 물론 교육·의료산업이나 노동시장은 기업도시와 관계없이 별도로 토론되어 개선되는 것이 가장 바람직하다. 그러나 전국적인 차원에서 담론으로 삼아 이들 산업의 경쟁력을 강화하기는 쉽지 않다. 그럼에도 이들 산업이 다른 산업에 미치는 영향은 지식·정보산업 시대에 특히 지대하고 막중하다. 따라서 기업도시의 효용성을 극대화하고 경쟁력을 높이는 한편, 이들 산업의 고급선진화를 위하여 기업도시 내에서 교육·의료산업이나 노동시장의 개혁을 이루는 것은 현실적이고 합리적인 방안이 될 수 있다. 기업도시 내에 선진화된 교육·의료산업이 직접 정착되지 않는다면 주변 도시의 고급화된 교육·의료시설이 기업도시와 연계될 수 있는 방안도 바람직하다. 그와 같은 이유 때문에 기업도시의 입법 과정에서 논의되었던 주요 쟁점을 제5부에서 다루고자 한다. 민간시행자에게 토지수용권이나 도시개발권을 부여할 수 있는지가 첫 번째 쟁점이다. 두 번째로, 교육시장과 의료산업에 경쟁을 확대하는 방안을 논의한다. 기업도시에 자율이 보장된 교육·의료시장이 형성되어 기업도시만이라도 세계적으로 품질이 인정된 의료서비스와 학습이 이루어지길 기대한다.

CORPORATECITY

---- 4부

외국의 기업도시와
시사점

* '제4부 외국의 기업도시와 시사점'은 삼성경제연구소 복득규·박용규 수석연구원이 작성하였다. 이하의 내용은 복득규(2005)를 수정·보완한 것이다.

주요 기업도시

1. 일본의 도요타시

일본 제조업의 자존심 도요타시

도요타시(豊田市)는 일본 열도 중앙에 위치한 아이치현(愛知縣)에 속해 있는 기업도시로, 현청 소재지인 나고야시로부터 동쪽으로 약 30km 정도 떨어져 있다. 도요타시에는 도요타자동차 본사와 7개의 조립공장 및 도요타중앙연구소가 자리하고 있으며, 1981년에 설립한 도요타공업대학이 나고야시에 인접해 있다. 이전에는 고로모시로 불리던 이곳은 도요타 중심의 기업도시가 형성되면서 1959년부터 도요타시로 개명하였다.

  도요타시가 속한 아이치현에는 도요타자동차 이외에도 미쓰비시자동차의 조립공장과 연구소가 있고, 경차업체인 스즈끼가 인접한 시즈오카현(靜岡縣)에 위치하고 있어, 일본 중부의 자동차산업 집적지를 형성하고 있다.[1]

도요타시에는 완성차업체인 도요타자동차 이외에 자동차부품업체, 기계와 철강 등 1,200여 사가 넘는 자동차 관련업체들이 집적해 있다. 이 가운데 '도요타그룹'이라 불리는 12개의 계열부품회사가 주요 기능부품을, 200사가 넘는 주요 부품업체들이 관련부품을 도요타자동차에 공급하고 있다. 아울러 설비와 물류를 담당하는 업체와 일반기계, 철강, 화학, 플라스틱 등 다양한 자동차 관련기업들이 집적해 있다.

도요타시를 실질적으로 선도하고 있는 도요타자동차는 일본의 장기 불황 속에서도 꾸준히 매출과 이익 증가를 이어가 '일본 제조업의 자존심'이라 불리고 있다. 2003년부터는 그동안 세계 판매대수에서 부동의 2위였던 포드를 제치고 그 자리를 차지하였다. 2007년에는 세계 1위인 GM을 제치고 자동차생산 세계 1위가 될 것으로 전망되고 있다. 이미 매출과 수익에서 GM을 제친 도요타는 2007년 판매대수를 934만 대로 제시하고 있는 데에 비해, 경영난을 겪고 있는 GM은 공장 폐쇄와 인원 감축으로 920만 대를 밑돌 것이 확실시되고 있다. 2007년 3월에 마감한 도요타의 2006년 영업이익은 2조2,386억 엔으로, 일본 기업 사상 최초로 영업이익 2조 엔 시대를 여는 기업이 되었다.

기업도시의 핵심 구성주체인 기업의 성과가 높아짐에 따라 도요타시의 성과가 높아지는 것은 당연한 귀결이다. 2003년 도요타시의 제품출하액은 9조4,000억 엔으로, 일본의 시 가운데 전국 1위를 기록하였다. 그에 따라 도요타시의 재정수입은 재정수요의 1.82배에 달하는 실적을 올려 전국 1위를 기록했다. 2005년 4월 1일에는 니시카모군(西加茂郡) 후지

---

1 미쓰비시의 경우에는 전국 8개 공장 가운데 3개 공장(名古屋製作所, 大江工場, 大江버스工場)이 아이치현에 입지하고 있고, 1909년 鈴本式織機製作所로 시작한 스즈끼자동차는 아이치현에 인접한 시즈오카에 본사와 공장을 두고 있다.

오카초(藤岡町), 오바라무라(小原村) 등을 편입함에 따라 인구는 411,441명 (2005년 11월 1일), 면적은 918.47km²로 늘어났다.

섬유산지에서 자동차 집적지로 발전

명치시대부터 전후에 이르는 장기간 동안 아이치현의 주요 산업은 섬유산업이었으나, 1920년대부터 공작기계, 항공기 등의 기업이 입지하여 중화학공업이 발전하기 시작하였다.

도요타시에 자동차산업이 집적하기 시작한 것은 1938년 도요타자동차가 당시 고로모시로 불리던 도요타시에 본사 공장을 건설하면서부터이다. 도요타자동차는 대량생산이 가능한 넓은 부지를 물색하던 중, 풍부한 노동력과 바다에서 멀리 떨어져 있어 소금바람의 피해를 막을 수 있으며 교통이 편리한 고로모시를 선택했다(Osamu Nariai, 2001).[2] 이후 도요타는 도요타시에 7개의 공장을 집중적으로 건설했다. 그 결과 1966년 이후 자동차산업을 포함한 수송기계산업의 비중이 그동안 가장 높은 비중을 차지하던 섬유산업을 추월하여 자동차산업 집적지로 전환되었다.

현재 14개 도요타공장 가운데 규수(九州)와 홋카이도(北海道) 공장을 제외한 12개 공장이 모두 아이치현에 위치하고 있다. 1992년 규수공장이 설립되기 이전까지는 본사에서 가장 멀리 떨어진 공장은 1979년에 설립된 타하라공장이었다. 그러나 본사로부터 타하라공장까지의 거리는 자동차로 1시간 40분에 불과해, 도요타의 공장들이 얼마나 밀집해 있는지를 짐작할 수 있다(김태진 외, 2004).

---

[2] 냉시네는 세일기슨이 수주이 높지 않아 소금의 피해를 막는 것은 중요한 일이었다.

그림 1 도요타시에 밀집된 도요타자동차의 공장

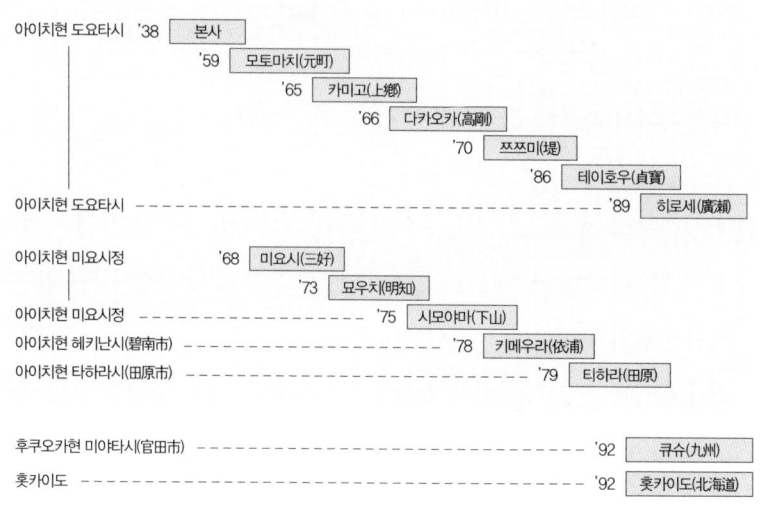

주 : 공장이름 앞의 숫자는 설립연도.
자료 : 名城鐵夫(1999).

　도요타의 공장이 들어서자 관련 부품업체들이 도요타시에 모여들었다. 당시 도요타는 자본 부족으로 많은 부품을 외부 부품업체들로부터 구매하였는데 사업기회가 생긴 부품업체들이 도요타시에 모여든 것이다.
　부품업체들이 도요타의 공장과 가까운 거리에 입지하게 된 데에는 '適期部品調達(JIT, Just in Time)' 시스템의 역할도 컸다(Matsushima, 2001). 1960년대부터 확립되기 시작한 도요타생산방식은 낭비를 최대한 억제하기 위하여 JIT시스템을 도입하였다. 도요타는 재고를 획기적으로 줄이는 JIT시스템을 통해 부품업체들로부터 '필요한 때에 필요한 양의' 부품만을 조달받았다. 그에 따라 부품업체들은 적은 양의 부품을 자주 공급해야 할 필요성이 높아짐으로써 조립업체의 공장 근처로 입지하게 되었다. 부품조달이 늦어져 공장라인이 멈추면 가동중단에 따른 손해액을 부품업체가 책임져야 하기 때문이었다(김태진 외, 2004). 현재 도요타자동차에 부품을 공급하는 주요 부품업체의 80%가 아이치현에 본사를 두고 있고, 그 가운데 50% 정도가 도요타시에 위치하고 있다(Tsuji, 2003). 동일한 이유로 도요타와 거래하는 1차 부품업체에게 부품을 공급하는 2차 부품업체들도 가까운 거리에 위치하고 있고, 2차 부품업체에게 부품을 공급하는 3차 부품업체도 마찬가지로, 이러한 일련의 집적이 7차 부품업체까지 이어시고 있이 지동차산업의 집적이 더욱 촉진되었다.[3]

도요타 중심의 협력네트워크 형성

도요타시가 기업도시로서 성공한 데에는 도요타시의 유치지원정책이 큰 힘으로 작용했다. 도요타시의 지원정책은 무엇보다 먼저, 도요타자동차의 본사 공장을 유치하는 데에 결정적인 역할을 했다. 도요타자동차가 입지를 물색할 당시, 도요타는 평당 20전 엔의 가격으로 100만 평의 부지를 요구하였다. 그러나 토지 주인은 평당 30전 엔을 주장하여 협상이 결렬될 위기에 처했다. 이에 고로모시가 차액분인 10전을 보전해 주기로 결정하여 도요타자동차가 고로모시에 입지하게 된 것이다. 그 당시 고로모시가 보전해준 금액은 시 예산의 절반에 해당하는 금액이었다고 한다.

　도요타시가 자동차산업을 중심으로 하는 공업도시로서 비약적인 발전을 하게 된 계기는 1965년 도요타시가 '공장유치장려조례'를 시행하면서부터이다(豊田市 産業部 産業勞政課, 2003). 공장유치장려조례의 골자는

---

[3] 예를 들어, 도요타의 1차 부품업체인 덴소는 84개의 주요 2차 부품업체들로부터 부품을 공급받고 있는데, 79.7%에 해당하는 67개의 부품업체들이 아이치현에 위치하고 있다(Tsuji, 2003).

도요타시에 입지하는 공장에 대해 고정자산세와 시민세의 상당액을 사업개시일로부터 3년간 장려교부금으로 되돌려준다는 것이었다. 도요타시가 제정한 공장유치장려조례는 다른 시와 달리 외지로부터 들어오는 공장뿐만 아니라 지역 내에 있는 기존 공장의 증설과 이전에 대해서도 자금과 세제지원을 제공하였다. 공장유치장려조례의 적용을 받아 도요타시에 입지한 자동차 관련기업은 아이싱정기, 소계제작소, 도요타自工上鄕 등 46개 사업소의 57개 공장에 달했고, 장려금 교부총액은 19억 3천만 엔에 달하였다.

공장유치장려조례와 함께 도요타시의 집적에 커다란 역할을 수행한 것은 공장집단화사업이었다(豊田市 産業部 産業勞政課, 2003). 중소기업기본법에 기초한 중소기업고도화자금교부제도가 1974년부터 시행되어 도요타시에서는 풍전시철공단지협동조합과 동해전자공업공장단지협동조합 등 집단화사업이 전개되었다.

또한 지역적 근접성을 바탕으로 한 기업 간 협력도 중요한 성공요인으로 작용하였다. 기업 간 협력을 통해 세계적인 경쟁력을 확보함으로써 기업도시의 성장이 가능했기 때문이다. 도요타는 2000년 7월부터 'CCC21(Construction of Cost Competitiveness 21)'이라는 비용절감운동을 전개하고 있다. 차체와 엔진 등 주요 부품의 생산비용을 30%씩 줄여 총 10조 엔을 절감하자는 운동이다. 여기에는 도요타의 생산부서뿐만 아니라 연구소와 부품업체들도 참가하여 생산과 연구개발, 부품업체가 '3위일체'가 되어 처음부터 서로 모여 마른 수건도 다시 '함께' 짜는 것이다. 이러한 활동 전개가 가능한 데에는 지역적 근접성이 중요한 역할을 했다. 기업도시 내에 공장과 연구소, 부품업체들이 지리적으로 인접해 있어 정보와 지식교류가 용이했기 때문이다.

표 1 조립업체-부품업체 간 거리와 재고량

	도요타	닛산	GM
거리(mile)	50	100	410
재고/매출(%)	0.02	0.05	0.85

자료 : Dyer(1994).

그림 2 도요타 클러스터의 네트워크

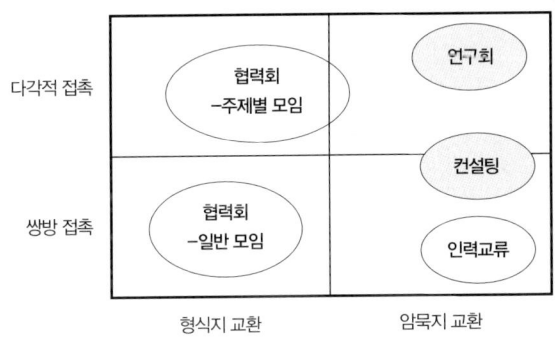

자료 : Dyer and Nobeoka(2000).

또한 조립업체와 부품업체 간의 거리가 가까울수록 조립업체의 재고 보유량이 적은 것으로 나타났다. 이는 인접한 거리를 이용한 적기공급체계(JIT, Just In Time)로 필요부품을 수시로 공급함에 따라 적은 재고를 보유해도 자동차 생산이 가능하기 때문이었다.

마지막으로 다양한 지식교류 네트워크의 형성도 중요한 성공요인이었다. 도요타자동차는 장기간에 걸쳐 ① 협력회, ② 생산조사부의 컨설팅, ③ 연구회, ④ 인력교류 등의 지식교류 네트워크를 구축해왔다. 이들 네트워크는 개별 네트워크로 기능하는 것은 물론 상호 보완관계를 형성하여 전체로서 하나의 시스템을 구성하였다.

도요타의 다층 네트워크는 접촉하는 상대방의 수(쌍방 혹은 다각적 접촉)

표 2 도요타의 협력회 현황(2004년 3월)

조직명	설립연도	회원사	비고
協豊會	1943년 12월	206개 사	부품공급업체
榮豊會	1983년 4월	123개 사	설비·물류공급업체
합계	-	329개 사	중복가입을 제외하면 317개 사

자료 : トヨタ會社槪況(2004).

와 교환되는 지식의 종류(형식지 혹은 암묵지)에 따라 〈그림 2〉와 같이 구분할 수 있다.

　네트워크의 운영실태를 살펴보면, 우선 도요타는 協豊會와 榮豊會라는 두 개의 협력회 조직을 운영하고 있다. 협풍회는 도요타가 1943년에 도요타에 자동차부품을 공급하는 주요 기업들을 대상으로 상호 우의와 정보교류를 목적으로 결성한 조직이다. 2004년 3월 현재 206개 사의 회원사를 두고 있고, 1983년에 결성된 영풍회는 협풍회와 달리 설비와 물류서비스를 제공하는 업체들의 모임이다. 2004년 3월 시점에서 123개 사의 회원으로 구성되어 있다. 두 개의 협력회에 동시에 가입하고 있는 부품업체를 제외하면 총 317개 사의 기업들이 도요타의 협력회원으로 활동하고 있다.

　도요타는 도요타생산방식을 도요타 내외에 보급할 목적으로 1970년 생산관리부 내에 생산조사실을 설치하였다. 생산조사실은 1991년 생산조사부로 명칭을 변경하였는데, 1997년 생산조사부의 구성을 보면 부장 1명, 주사 5명, 각 주사 밑에 6~7명의 인원이 배치되었다(眞鍋誠司·延岡健太郞, 2002).

　경력자들로 구성된 생산조사부는 도요타생산방식의 시점에서 생산성 향상, 재고 줄이기, 품질 개선 등을 위해 팀 단위로 부품업체의 공장에 일정기간(하루부터 여러 달) 상주하면서 문제 해결을 지원한다. 컨설팅은 무료로 시행되며 부품업체는 평균 4회(연간)의 방문과 3일 정도의 방문기간을 갖는다(Dyer and Nobeoka, 2000). 생산조사부는 실제 현장에 나가 얼굴을 맞대고 지도하기 때문에 주로 암묵지의 교환이 이루어진다.

한편 도요타는 1977년부터 주요 부품업체들을 한데 모아 생산성과 품질개선을 함께 학습하는 자주연구회를 조직하였다. 연구회는 ① 인접성, ② 경쟁관계(직접적인 경쟁업체들은 배제), ③ 도요타와의 거래경험 등을 고려하여 5~8개의 관련 부품업체들로 구성된다. 구성원의 다양성을 높여야 새로운 지식 창조가 촉진되므로 도요타는 3~5년마다 구성원을 재배치하며, 부품업체에서는 부문장과 담당 등 5~8명의 인원이 참가한다. 연구과정은 ① 예비적 검사, ② 진단과 실험, ③ 발표, ④ 추적조사와 평가로 구성된다.

연구회는 부품업체들에게 공동으로 문제를 해결하는 장(場)을 제공한다. 연구회의 부품업체들은 도요타의 생산조사부와 함께 그해의 프로젝트 주제를 정한다. 주제가 정해지면 연구회에 참가하는 기업들이 차례로 참가기업의 공장을 방문하고, 그 과정에서 나타난 문제점에 대해 해결책을 검토한다. 참가기업들은 문제점에 대해 2~3개월 동안 철저하게 논의한다.

마지막으로 도요타와 부품업체 긴 인력교류도 지식교류에 도움을 주고 있다. 도요타는 인력교류를 통하여 자신의 지식을 부품업체에게 이전시키고 부품업체의 문제를 이해하는 동시에 부품업체의 전문지식을 활용하고 있다.

2. 스웨덴의 시스타 사이언스 시티[4]

세계적인 무선통신 밸리

시스타 사이언스 시티(Kista Science City)는 약 30여 년의 역사를 지닌 스웨덴 정보통신산업의 메카로 총면적은 200만 m^2(66만 평)이며, 현재 30만 m^2의 확장작업이 진행 중이다. 시스타는 스웨덴의 수도 스톡홀름의 북서쪽 20km 지역에 자리잡고 있으며, 공항으로부터 자동차로 20분 이내의 거리이다.

컴퓨터 분야로 특화되어 있는 실리콘 밸리와는 달리 시스타는 무선이동통신(Wireless Communication)과 무선인터넷 분야에서 강점을 지니고 있다. 이 때문에 시스타 사이언스 파크는 무선통신 밸리, 와이어리스 밸리(Wireless Valley) 혹은 모바일 밸리(Mobile Valley)로 불리고 있다. 시스타에는 IBM, 텔리아, HP, 모토롤라, 노키아, 시스코, 오라클, 컴팩, 지멘스 등 무선이동통신과 무선인터넷 분야의 세계적인 기업들이 대거 진출해 있다. 첨단기술력은 물론 소비시장(스톡홀름)과의 인접성, 교통 편리성 등은 대기업들이 시스타를 선택하게 된 이유이다.

또한 시스타에는 기업뿐만 아니라 컴퓨터공학연구소(SICS), 에크레오 연구소(Acreo AB), IT연구소(SITI) 등 다수의 국책연구소들이 활동하고 있다. 이들 연구소 역시 무선네트워크와 무선인터넷 분야의 세계적인 기술 수준을 보유하고 있다. 이들 연구소에 근무하는 전체 연구인력은 약 1,000명에 이르며, 대부분 에릭슨, 텔리아, IBM 등 민간기업이 발주하는

---

[4] 복득규 외(2003)의 내용을 보완한 것이다.

연구프로젝트를 수행하고 있다.[5]

1990년대 중반 이후부터 스웨덴왕립공대와 IT대학, 에릭슨으로부터 배출되는 풍부한 인재와 벤처자금의 유입, 정부의 적극적인 지원책에 힘입어 많은 벤처기업들이 탄생하였다. 벤처기업들은 특정 제품이나 서비스 개발에 주력하여 에릭슨 등 대기업과 상호보완관계를 형성하고 있다.

군사훈련장에서 사이언스 시티로 발전

시스타지역은 1970년대 초까지만 하더라도 군사훈련장이었는데, 스톡홀름시의 확장으로 훈련장이 다른 곳으로 이전하면서 기업도시로 개발되었다. 시스타의 개발계획에 에릭슨이 참여하게 되면서 주거시설뿐만 아니라 기업이 입주할 수 있는 환경이 조성되었다(박상철, 2005). 그에 따라 1976년 스웨덴의 최대 정보통신기업인 에릭슨이 시스타에 입주하였다. 당시 무선통신 관련 사업본부와 연구소의 부지를 물색하던 에릭슨은 스톡홀름 및 국제공항과의 인접성과 대규모 부지조성이 가능한 점을 고려하여 시스타에 입주하였다. 그해에 IBM이 진출함으로써 시스타는 정보통신산업의 메카로서 발전하기 시작하였다.

1970년대 말부터 에릭슨 및 IBM과 사업관계를 유지해오던 기업들이 시스타에 속속 진출하였다. 그중에는 스웨덴 기업도 있지만 HP, 모토롤라, 노키아, 시스코, 오라클, 컴팩 등 무선이동통신 분야의 글로벌 기업

---

[5] 컴퓨터공학연구소는 수년 전부터 미국의 휴렛패커드와 합작으로 인터넷연구소(IRI)를 설립하여 무선인터넷을 개발하고 있다. 또 다른 국책연구소인 IT연구소의 경우도 에릭슨과 텔리아가 정회원으로 자금을 지원하고 운영에 깊이 간여하고 있다. 벤처기업으로는 버추텍(Virtutech), 테크톤(Tacton), 다이나크(Dynarc), 에프넷(Effnet) 등이 유명하다. 에크레오연구소는 VIA Technologies 등 민간기업들과 공농으로 차세대 기술인 SocWare 프로젝트를 추진 중에 있다.

들이 대거 진출하였다. 에릭슨의 첨단기술력과 관련 수요가 수많은 정보통신업체들을 끌어들이는 원동력으로 작용한 것이다. 이때부터 1980년대 중반까지 시스타는 산업도시(Industrial City)의 성격이 짙었다(Anttiroiko, 2005). 대학과 연구기관보다는 대기업을 중심으로 거래관계가 있는 기업들이 집적하였기 때문이다.

시스타가 연구기능을 갖춘 사이언스 파크(Science Park)로서 발전하기 시작한 것은 1985년 네트워크 중개기관인 일렉트룸(Electrum Foundation)이 설립되면서부터이다. 대학과 연구기관을 유치하려는 아이디어는 일찍부터 있었지만, 실제로 추진된 것은 일렉트룸의 설립 이후부터이다. 1987년 스웨덴왕립대학의 Microwave연구소가 일렉트룸의 건물에 입주한 이후 시스타에는 IT대학이 운영되고, 지역 내에서 벤처기업들이 탄생하면서 완벽한 사이언스 파크를 형성하게 된다.

1990년대 말부터 시스타는 사이언스 시티(Science City)를 지향하는 새로운 발전전략을 추진하고 있었다(Anttiroiko, 2005). 사이언스 시티가 사이언스 파크와 다른 점은 기업과 산업 및 연구기능뿐만 아니라 주거기능과 문화 및 레저시설까지 갖춘 첨단도시를 지향한다는 점이다. 이를 위해 시스타 사이언스 시티는 주거시설을 확충하고 랜드마크 빌딩인 시스타 타워를 건설하였으며, 타워의 지하에 각종 쇼핑과 문화시설을 갖춘 시스타 갤러리아를 운영하고 있다.

에릭슨 중심의 클러스터 형성

시스타가 세계적인 무선통신 밸리로 변모하게 된 요인은 에릭슨의 진출과 유럽표준이 된 GSM방식의 이동통신 기술개발, 클러스터(cluster)의 형성, 스웨덴 정부와 스톡홀름시의 지원 그리고 살기 좋은 생활환경의 조성으로 요약된다.

에릭슨은 실질적으로 시스타지역을 선도하는 기업이다. 스웨덴 총수출액의 20%를 차지하고 있는 에릭슨이 진출하면서 시스타의 본격적인 개발이 시작되었고, 정보통신 관련기업들이 에릭슨과의 사업관계 때문에 시스타지역에 진출한 것이다. 시스타의 에릭슨은 한국 울산의 현대자동차나 포항의 포스코와 같은 기업인 것이다.

그러나 에릭슨의 진출 자체만으로 시스타의 성공이 보장된 것은 아니었다. 2000년대 초반 세계적인 IT 버블붕괴로 에릭슨의 경영실적이 악화되자 투자와 창업이 격감하여 시스타의 지역경제가 크게 흔들린 바 있다. 에릭슨이 진출과 함께 세계 최고 수준의 기술을 개발했기 때문에 시스타가 성공한 것이다. 만약 에릭슨이 유럽표준의 무선통신기술을 개발하지 못하였다면 관련기업과 인재들이 시스타에 모일 이유가 없었을 것이다. 이처럼 지역의 기업들이 시장에서 통하는 기술과 제품을 개발해야 지역이 번성하는 것이다.

세계 최고 수준의 기술개발에는 클러스터(cluster)의 형성이 큰 배경으로 작용하였다.[6] 시스타에는 에릭슨을 중심으로 관련기업과 기관들이 모여 신기술 개발과 사업기회를 촉진하는 무선통신 클러스터가 형성되어 있다. 클러스터에서는 관련기업 및 기관들이 네트워크를 통해 정보와 지식을 교류함으로써 기술개발의 가능성과 속도를 높이고 위험을 분담한다. 근거리 무선통신기술로 널리 사용되는 블루투스(Bluetooth)기술은 시스타 클러스터가 만들어낸 대표적인 기술 가운데 하나이다.

---

[6] 클러스터란 특정 분야에 관련된 기업과 연구기관이 일정지역에 모여 새로운 기술과 사업기회를 모색하는 그룹(group)을 의미한다(Porter, 1998).

그림 3 **블루투스기술을 채용한 휴대폰의 개발 및 상용화**

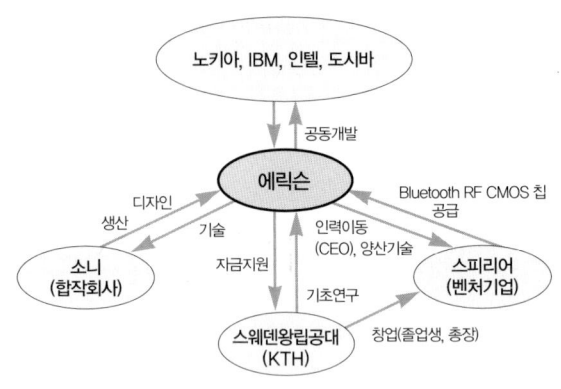

　에릭슨은 블루투스 기술개발 과정에서 시스타에 진출한 노키아, IBM, 인텔 등과 협력하였고 스웨덴왕립공대(KTH)의 기초연구와 인재를 적극 활용하였다. 합작회사인 소니-에릭슨을 통해 휴대폰을 출시할 때에는 벤처기업인 스피리어(Spirea)와 협력하였다. 클러스터에 모인 다양한 구성주체들과 협력함으로써 기술개발의 속도를 높이고 위험을 분산한 것이다.
　스웨덴 정부와 스톡홀름시의 지원도 중요한 성공요인 가운데 하나이다. 스웨덴 정부는 1970년대부터 정보통신산업을 국가전략산업으로 육성하였다. 스웨덴 정부는 에릭슨과 텔리아가 공동개발한 스웨덴의 통신기술이 '북구→유럽→세계표준'이 되도록 국제표준화에 심혈을 기울였다. 이를 위해 스웨덴 정부는 기술개발에 국력을 집중하여 GDP의 3.7%를 R&D 분야에 투자하고 있다. 이는 OECD국가 중 가장 높은 비율이다.[7]
　스톡홀름시와 에릭슨, 스웨덴정부가 1988년에 설립한 일렉트룸

(Electrum)은 협력지원센터로 산학 협동의 매개체 역할을 하고 있다. 일렉트룸은 산하에 2개의 자회사를 두고 있는데, 하나는 시스타지역의 관리와 네트워킹 및 마케팅을 담당하는 'Kista Science City'이고, 다른 하나는 벤처기업의 창업을 지원해주는 'Kista Innovation & Growth(KIG)'이다. 이들은 네트워킹과 창업을 촉진함으로써 시스타지역의 지속적인 발전 및 협력을 도모하고 있다.

마지막으로 시스타지역의 생활환경 개선도 주요 성공요인이다. 시스타지역을 관리하는 유한회사인 시스타 사이언스 시티의 원래 명칭은 시스타 사이언스 파크(park)였다. 2001년 그 명칭이 파크에서 시티(city)로 바뀐 것이다. 언뜻 보기에 별다른 차이점이 없는 것 같지만 명칭변화에는 중요한 의미가 담겨 있다. 공원(park)은 지역의 구성원들이 일하다가 잠시 쉬러 오는 곳이다. 이에 비해 도시(city)는 24시간 일하고 생활하는 공간이다. 지역을 관리하는 기업의 명칭을 park에서 city로 바꾼 데에는 관리회사의 임무가 24시간 일하고 생활하는 공간을 관리하겠다는 의도를 담고 있다. 실제로 시스타 사이언스 시티는 시스타지역의 랜드마크 빌딩인 '시스타 타워'를 건립하고, 그 지하에는 여가와 쇼핑공간을 새로 만들었다. 시스타 갤러리아라고 불리는 편의공간에는 164개의 상점과 식당, 11개의 스크린이 있는 최신 극장이 들어서 있다. 2003년 갤러리아를 이용한 고객 수는 무려 102만 명에 달하는 것으로 집계되었다.

스톡홀름시와 시스타지역위원회(Kista District Council)는 2000년부터 시스타를 세계 최고의 사이언스 시티(Science City)로 만든다는 야심찬 계획을 추진하고 있다. 이를 위해 스톡홀름시와 부동산 개발업체들은 무려

---

7 그러나 GDP 대비 높은 R&D투자가 국민소득과 생산성 향상으로 곧바로 이어지지 않는 문제가 발생하기도 하였다. 이를 '스웨덴의 역설'이라 한다.

180억 크로나(약 18억 달러)를 시스타 확장에 투자하고 있다. 중·장기 발전계획에 따르면, 시스타는 오는 2010년경 단순한 IT클러스터에서 벗어나 통신-인터넷-미디어-엔터테인먼트(TIME)로 구성된 복합클러스터로 발전하게 될 것이다.

3. 핀란드의 울루시

북유럽 최초의 사이언스 파크

핀란드의 울루지역은 울루대학과 울루 테크노폴리스를 중심으로 형성된 북유럽지역의 대표적인 혁신 클러스터이다. 수도인 헬싱키에서 북서쪽으로 500km 지점에 위치하고 있으며 울루시와 10개의 자치구로 구성되어 있다. 지역 전체의 인구는 약 20만 명이고, 울루시는 12만 명 정도이지만, 핀란드 북부지역의 교육 및 산업거점으로서 그 기능이나 역할이 중요한 지역이다. 울루지역은 1958년에 울루대학 설립과 1973년 노키아가 이 지역으로 진출하면서 기술혁신 클러스터로 도약할 수 있는 계기를 마련했고, 1974년에 국책연구기관인 핀란드기술연구센터(VTT)가 진출하면서 그 성장이 가속화되었다.

현재 울루시의 인구는 약 12만 명에 불과하나 핀란드 국내 총생산의 4%, 전체 R&D투자의 약 30%, 국가수출액의 약 20%를 점유하고 있다. 울루 테크노폴리스에는 핵심기업인 노키아 이동전화연구소를 포함하여 노키아, HP, SUN, 엘코텍 등 250개 이상의 IT기업이 집적되어 있으

그림 4 울루지역 클러스터의 작동구조

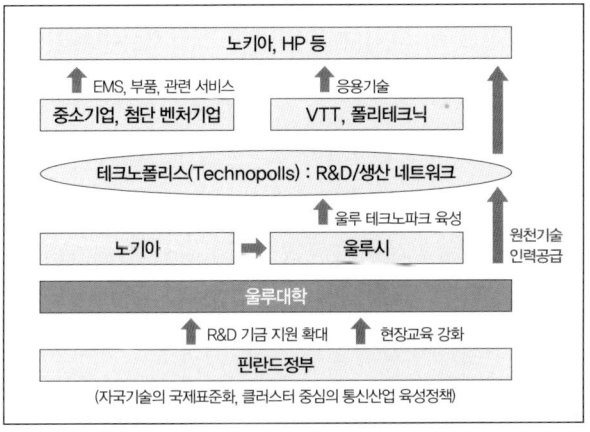

며, 입주기업과 대학의 긴밀한 협력을 바탕으로 성공적인 클러스터 모델을 만들어가고 있다.

울루 테크노폴리스는 울루 시내에 조성된 산·학·연 혁신 클러스터로서 13만 평의 규모에 핵심기업인 노키아의 연구개발센터와 제조공장을 중심으로 250개 이상의 중소벤처기업, 핀란드기술개발센터(VTT : Technical Research Center of Finland), IT 분야의 첨단 다국적기업 연구센터가 입지하고 있다. 울루 테크노폴리스는 그 자체가 주식시장에 상장되어 거래될 만큼 철저한 비즈니스 원칙에 입각하여 산·학·연 혁신 클러스터로 운영되고 있다. 울루대학은 테크노폴리스에 고급인력 및 R&D를 제공하는 비전 제시자 역할을 담당하고 있다. 지역 발전을 주도하는 클러스터 중심대학으로서 위상이 확고하다.

17세기의 울루지역은 자유무역항으로서 발전하기 시작하여 19세기에는 핀란드에서 가장 큰 도시로 성장했다. 당시 울루시의 가장 중요한 수출품은 모피와 연어, 타르(tar)[8] 등이었는데 20세기로 접어들면서 산업이 쇠퇴하기 시작했다. 그러나 1950년대 지역거점대학인 울루대학이 설립되고, 이어서 핀란드의 대표기업인 노키아와 국책연구기관인 VTT가 개설되면서 IT 분야의 집적지로 탈바꿈하게 되었다. 북구의 양대 혁신 클러스터 중의 하나인 스웨덴의 시스타 사이언스 시티가 1970년대 후반부터 활성화된 점을 감안하면 울루지역이 IT 클러스터의 선두주자라고 할 수 있다. 이를 가능하게 한 원동력은 다름 아닌 울루대학과 노키아를 비롯한 이 지역에 진출한 핵심기업들이다.

울루 클러스터의 비전 제시자인 울루대학

울루대학은 1958년에 설립된 IT 분야의 교육중심대학이다. 핀란드에서 두 번째로 큰 대학으로서 핀란드 북부지역의 인력 양성 및 산학 연구를 담당하고 있다. 수도인 헬싱키에서 북서쪽으로 500km 지점에 위치하고 있으며 IT 클러스터로 유명한 울루 테크노폴리스의 거점대학이다. 취업자 중에서 울루를 비롯한 인근지역으로의 진출비율이 약 80%를 차지할 만큼 지역과의 연계가 긴밀하다.

    울루대학은 스스로를 '첨단 연구와 일류 전문가를 양성하는 국제적인 과학공동체(International Science Community)'로 정의하고 있다. 글로벌 연구역량을 바탕으로 우수인재를 양성하겠다는 전략이다. 연구 분야도 IT, BT 분야 등 신산업 2개 분야와 핀란드 북부지역의 이슈 및 환경문제

---

[8] 당시 타르는 목선의 부식방지를 위해 전세계적으로 널리 사용되었고, 현재도 울루는 이 분야에서 우수한 경쟁 우위를 유지하고 있다.

등 3개 분야에 집중하고 있다. 국가 핵심기업인 노키아가 주축이 된 IT 산업에 BT 분야의 결합을 통해 신산업창출을 촉진하고 지역거점대학으로서의 미션 달성을 위해 지역관련 이슈 및 환경문제 또한 중요 연구 분야로 설정한 것이다. 특히 공학 분야는 지역사회 및 지역기업의 발전에 구체적으로 기여한 것으로 평가받고 있다.

울루대학의 전략 방향은 지역산업 분야에 특화된 교육중심대학으로서 대학원 및 연구역량도 우수하지만 석·박사보다는 엔지니어 인력을 다수 배출하고 있다. 울루 클러스터의 주력 업종인 IT 분야에 특화되어 있는 지역산업 연계형 교육특성화대학이다.

울루대학은 현장적응력이 매우 높은 졸업생 배출이 경쟁력의 핵심이라고 평가받고 있다. 커리큘럼의 업데이트가 신속하게 이루어지기 때문에 졸업생이 현장에 투입되어 도태되는 경우가 거의 없다고 한다. 이는 시뮬레이션 강의나 실습기기 산업현장에서 사용하는 기술과 유사한 환경에서 이루어진 결과이다. 실제로 전자정보공학과의 경우 120과목 중 80과목이 실습 위주로 편성되어 있다.

연구에 있어서는 전략적 연구 분야의 선정과 울루 테크노폴리스 기업과의 산학연계형 R&D가 핵심경쟁력이다. 연구시스템의 기본은 3개의 핵심연구 분야를 담당하는 연구조정그룹(Research Coordinate Units)이며, 각각 해당 분야의 대학원 과정을 운영하고 있다. 그중에서도 'Infotech Oulu'가 대표적인데, 여기에는 8개의 연구그룹과 3개의 연구팀이 구성되어 있다. 나머지 두 개의 연구그룹은 전략적 연구 분야 중 BT 분야의 'Biocenter Oulu', 지역이슈 분야의 'Thule Institute'이다.

'Infotech Oulu'는 IT 분야의 장기연구, 연구원 교육, 국제협력 등을 선도하기 위한 연구그룹의 활성화 환경조성을 위해 설립되었다. 연구그

그림 5 울루대학의 산·학·연 협력체계

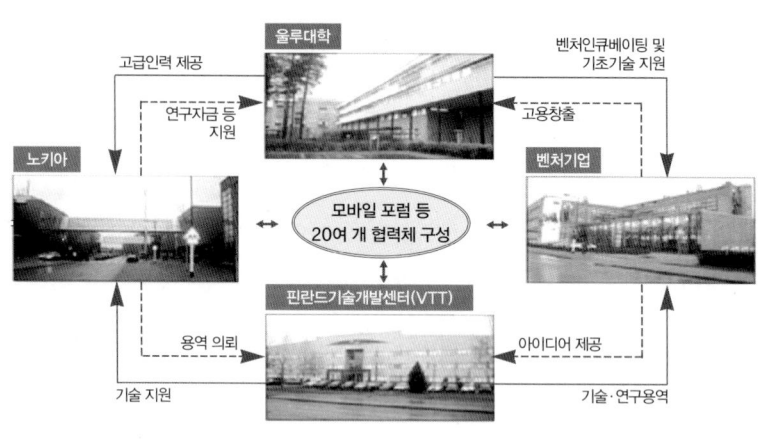

　룹은 산업체와의 연계가 활발하고 연구결과의 상업화가 성공적이라는 평가를 받고 있으며, 대학원 교육프로그램이 가장 효율적이라고 평가받고 있다. 울루대학 및 헬싱키 공대, 노키아 리서치센터, Noptel 등 기업체, Technopolis Plc., Tekes 등 공공기관에서 총 16명이 'Infotech Oulu'의 자문위원으로 참가하고 있다.

　울루대학은 울루 테크노폴리스 중심대학으로서 혁신 클러스터 내 기업체와의 긴밀한 산학연계망을 구축하고 있다. 울루 테크노폴리스는 울루 시내에 조성된 산·학·연 혁신 클러스터로서 그 자체가 주식시장에 상장되어 거래되고 있을 만큼 철저한 비즈니스 원칙에 입각하여 클러스터를 운영하고 있다.

　북유럽은 전통적으로 대학이 지역발전의 중심 역할을 하고 있으며, 울루지역도 헬싱키에서 북쪽으로 500km 떨어진 시방이라는 입지적 불리조건을 물리치고 대학이 중심이 되어 지역 활성화를 추구하고 있다.

울루대학은 지역산업체의 요구를 적극 수용하여 연구주제를 선정한다. 대학의 연구주제에 대해 2개 이상의 기업이 관심을 보이면 연구비의 최대 80%를 정부(TEKES)에서 지원하며, 나머지 20%는 기업이 부담한다. 기업은 적은 연구투자비로 기술을 사업화할 수 있고, 대학은 프로젝트 수행 후 일부특허권을 취득하는 윈-윈(win-win) 전략이다.

그밖에 1994년에 설립된 '울루 전문기술센터(Oulu Center of Expertise)'가 전략연구 분야의 핵심 연구센터이다. 현재 핀란드 내에 18개 센터가 설립되어 있으며, 이 가운데 하나인 울루센터는 IT, Biotechnology가 특화 분야인 점도 대학의 전략연구 분야와 일치한다. 울루전문기술센터는 울루대학을 포함, 산·학·연이 모두 참여하는 지역거점 연구센터로서 광범위한 학문적 교류를 통한 협력관계 구축을 목적으로 한다. 4G를 포함, 특화 분야인 IT와 바이오 분야의 대형 연구과제를 수행 중이며 구성주체 간의 활발한 포럼 활동도 전개하고 있다.

이러한 연계구조는 'Infotech Oulu'의 경우도 마찬가지이다. 'Infotech Oulu'에는 자문위원회(Advisory Board), 운영위원회(Governing Board), 대학원위원회(Graduate School Board) 등 3개의 위원회가 있다. 운영위원회와 대학원위원회에는 VTT Electronics의 연구교수가 참여하여 산업체의 니즈를 반영하고 있다. 더욱이 자문위원회에는 광범위하게 기업 및 타 대학의 전문인력을 참여시키고 있다.

클러스터의 네트워크 구조

울루에는 R&D와 생산, 지원업무 등을 담당하는 각각의 구성주체들이 직절하게 존재하며, 이들 간의 강력하면서도 유연한 연계구조가 클러스

그림 6 울루지역의 테크노폴리스 전경

터의 강점이다. 앞서 언급한 울루대학과 공공연구기관 및 기업연구소가 울루지역 특화 분야인 IT 및 BT 분야의 기술개발 방향 및 트렌드를 제시하고 있다. 1982년에 설립된 울루 테크노폴리스(Technopolis Plc.)[9]는 울루지역 입주기업을 지원하기 위한 민관 파트너쉽으로 구성된 조직으로서 입주고객을 위한 보다 나은 운용조건을 제공하는 것이 주목적이다. 울루 테크노폴리스는 산학연계를 통한 기술개발 및 생산연계, 지원서비스 및 기업체 입주공간 제공과 단지의 운영·관리 등 전반적인 클러스터의 지원업무를 담당하면서, 동시에 철저한 비즈니스 중심의 경영으로 헬싱

---

[9] 테크노폴리스 그룹은 모기업인 Technopolis Plc.를 비롯하여, 자회사인 Medipolis Oy(55.7% 지분소유), Technopolis Hitech Oy(100% 지분소유)로 구성되어 있다. 울루대학 캠퍼스 내의 Linnanmaa site, 울루시 중심가의 Kontinkangas site, Kempele 지역의 Lentokentantie site 등 울루지역에서만 3개의 사업장을 운영하고 있다.

키 주식시장에 상장되어 있다.

  국책연구기관인 핀란드기술개발센터(VTT)는 다양한 형태의 프로젝트를 수행하면서 기술개발 및 생산 네트워크를 구축하고 있다. 일반기업뿐만 아니라 연구소 및 울루대학, 공공부문을 대상으로 광범위한 기초 및 응용연구에 관한 서비스를 제공한다. VTT의 연구활동은 일반기업으로부터 직접 위탁을 받거나 기업이나 벤처 캐피털, 타 연구조직과 공농으로 joint venture를 구성해서 수행하는 공동연구, 향후 기술개발 트렌드를 예측해서 수행하는 자체연구로 구성된다. 기술개발 이후 상용화에 성공한 프로젝트에 대해서는 스핀오프도 활발하다. VTT에서 스핀오프된 기업으로는 Provisec Oy, Sofnetix Oy, Detection Technology, Specim 등이 있다.

  앞서 살펴본 것처럼 울루대학이 이 지역의 인력과 기술을 공급하는 핵심주체이지만, 중소기업에 대한 지원은 울루 폴리텍(Oulu Polytech)이 담당하고 있다. 울루 폴리텍은 다양한 분야의 전문인력을 양성하고, 주로 중소기업에 타겟팅을 함으로써 울루대학과 기술개발 및 인력양성에 있어서 적절한 역할분담체계를 형성하고 있다.

  울루 테크노폴리스는 공공 주도로 형성된 네트워크조직이지만 그 중심에는 노키아라는 스타기업이 자리하고 있다. 핀란드 국민기업인 노키아의 울루에 대한 영향력은 막대하며, 노키아가 존재했기 때문에 성공적인 혁신 클러스터로 성장할 수 있었다. 네트워크의 활성화로 대기업에 내부화되어 있던 개발 및 생산부문의 분리가 가속화되면서 전문생산 및 서비스 공급자의 성장을 촉진하게 되었다. 노키아도 제품수명주기가 짧은 분야의 개발 및 설계, 생산을 아웃소싱하게 되면서 인근의 EMS (Electronic Management System)부문의 성장을 촉진했다. 노키아와 생산부문에서 연계된 EMS 전문기업들은 생산규모를 지속적으로 확장하고 있다. 즉, 노키아는 전형적인 네트워크기업으로서 전체 클러스터의 원활한 운영을 위한 시스템 통합기능이 핵심업무이다.

클러스터의 시스템 통합자인 노키아는 생산 프로세스의 대부분은 아웃소싱하고, 제품 디자인이나 R&D, 브랜드 관리와 같은 분야에 핵심역량을 집중한다. 따라서 노키아의 핵심전략은 다양한 기술을 보유한 기업과 대학, 연구기관과 공동으로 R&D 활동을 수행하는 것이다.

4. 프랑스의 소피아 앙티폴리스

유럽의 선도적 과학연구단지

소피아 앙티폴리스는 창의성과 혁신성이 풍부한 유럽의 선도적인 글로벌 과학산업단지를 목표로 하고 있다. 신생기업과 연구소, 대학 및 대·중소기업들이 집적되어 지속적인 진화를 통해 경제발전에 기여하는 테크노폴(technopole)을 지향하고 있다. 1969년에 시작되어 현재 약 1,300여 개 기업에 27,000명이 고용되어 있으며 기업은 70개 국적에 달한다. 소피아 앙티폴리스는 프랑스 지중해 연안의 온난한 기후와 자연경관이 우수한 칸과 니스 사이의 Cote d'Azur지역 외곽에 자리하고 있다.

소피아 앙티폴리스의 고용분포를 보면 IT 분야가 절반 정도이고, 생명공학 분야가 10% 정도를 차지하고 있으며, 나머지는 교육기관과 비즈니스 서비스 분야로 구성되어 있다. 전체 입주자 27,000명 중에서 연구

표 3 소피아 앙티폴리스의 고용 및 기업 분포

(단위 : %)

분야	고용 비중	회사(기관) 비중
IT, 정보통신	43	23
비즈니스 서비스	30	54
고등교육, 연구, 교육훈련	12	5
보건, 생명공학	9	4
환경, 지구, 우주과학	1	1

자료 : SYMISA(Syndicat Mixte Sophia Antipolis), 2004.

개발형 기술기업 종사자가 18,000명으로 가장 많고, 서비스 분야 9,000명, 학생 5,000명, 순수연구 분야 4,000명의 순이다.

소피아 앙티폴리스는 전통적인 관광수입이 주경제 수단인 Cote d'Azur 지역에 다양한 경제활동을 부여할 목적으로 조성되었다. 이 지역은 전통적으로 양호한 어메니티를 바탕으로 외부인을 환대하는 문화와 지중해의 수려한 자연경관을 자랑하고 있다. 따라서 소피아 앙티폴리스는 새로운 고도의 근무환경과 천혜의 건강한 라이프 스타일이 결합된 최초의 기업도시이다. 이러한 환경 덕분에 단조로운 도심의 오피스와 연구실로부터 자유롭기를 원하는 현대의 연구개발자, 엔지니어, 기업체 임원들이 이 지역으로 눈을 돌리고 있다. 지난 40년 간 Cote d'Azur에서 이루어진 지적 활동들은 현재의 Cote d'Azur가 유럽의 하이테크 발전소로서 거듭날 수 있도록 공헌했다.

소피아 앙티폴리스는 프랑스 남부의 다소 외진 곳에 위치하고 있지만 글로벌 역량은 뛰어나다. 약 70개 국적의 150여 개 외국인 회사에 전체 종업원의 28%가 종사하고 있다. 정보기술과 보건 및 환경공학 분야에 약 4,000명의 연구자와 CNRS[10], CNRT TELIUS[11], INRA[12], INSERM[13] 등의 공공연구기관이 R&D의 근간을 이루고 있다. 총 27,000명 중에서 엔지니어 분야의 14,000명 정도가 고급기술자로 평가된다. 다양한 기관에서 산업의 니즈에 기초한 질 높은 교육프로그램에 의해 양성된 풍부한 고급인력이 지속적으로 공급되고 있다.

주력분야인 정보기술(Information Technologies) 분야[14]는 전자, 컴퓨터, 통신 및 네트워크, 멀티미디어, 인터넷, 전자상거래 등으로 구성되어 있다. 여기에는 Amadeus, AT&T, Cisco, France Telecom, Hitachi, Honeywell International, HP, Misys, Nortel Networks, Phillips, Siemens VDO Automotive, STMicroelectionics 등의 세계적 명성의 다국적기업과 ARM, Ask, Cambridge Silicon Radio, Castify Networks, Europe Technologies, Inforterra, Quescom, RealViz, Right Vision ALCATEL 등 빠른 성장을 보이는 중소기업도 포함된다. 이곳에는 유럽정보통신 표준기구인 ETSI와 인터넷 컨소시엄인 W3C가 자리하고 있어 세계적인 수준에서의 기업들의 협력과 시너지를 창출할 수 있는 검증된 중심지로서의 역할을 증명한다.

최근에는 클러스터의 경쟁력을 높이기 위한 작업이 한창 진행 중이다. 경쟁력 있는 클러스터 조성을 위해 프랑스 정부에서는 최근 3년간 150만 유로를 투자해서 산업계나 첨단기업에 의해 선별된 프로젝트를 수행하기 위한 다국적 R&D팀을 구성했다. 이러한 유형의 파트너쉽은 Cote d'Azur지방의 오랜 전통으로서 대-중소기업 간, 연구팀 간의 상호

---

[10] CNRS(National Scientific Research Center)
[11] CNRT TELIUS(National Telecommunications Center)
[12] INRA(National Institute for Agronomic Research)
[13] INSERM(National Institute for Health and Medical Research)
[14] 정보기술 다음으로 많은 비중을 차지하는 분야가 보건 및 생명공학이다. 여기에는 약학, 생물공학, 의료영상기술 등으로 구성되는데 ALlergan, Bayer Cropscience, Dow Agrosciences, Elaiapharm, Galdermn R&D, Rohm & Haas 등의 나국석회사와 NiCox, Equilibre Attitude, Vincience 등의 빠르게 성장하는 중소기업 능이 포함되어 있다.

교류를 통한 혁신창출에 기여하고 있다. 또한 프랑스 정부는 최근 총 67개 중에서 7개의 경쟁력이 높은 클러스터[15]를 선정했는데 이들은 직접적으로 소피아 앙티폴리스의 기업 또는 연구소와 관련되어 있다. 이러한 클러스터 내의 R&D 프로젝트에 참여하는 회사들은 세금공제, 고용자에 대한 사회부담금 축소, 보조금 형식의 R&D 지원금 등의 혜택을 받고 있다.

지중해 관광지에서 유럽의 혁신거점으로 성장

과거의 프랑스는 '파리와 그 외의 사막'으로 일컬어질 정도로 수도권과 지방의 발전 격차가 극심한 국가였다. 따라서 파리의 과도한 집중을 해소하고 지방의 발전을 위한 다양한 정책이 시행되었는데 소피아 앙티폴리스도 그중의 하나이다. 프랑스 남부 지중해에 인접한 이 지역은 농업에는 적당치 않으나 온화한 기후와 수려한 자연경관 덕분에 휴양지로서 각광받는 지역이었다. 따라서 산업이나 교육, 연구개발기반이 취약하여 조성 초기에는 많은 어려움을 겪어야 했다.

소피아 앙티폴리스는 1960년 국립파리공과대학의 라피트(Pierre Laffitte) 학장이 과학과 문화, 지혜가 어우러진 도시의 조성을 주장하면서 시작됐다. 그의 아이디어를 코트다쥐르(Cote d'Azur)지역의 Alpes Maritimes 데빠르뜨망(道) 정부에서 받아들여 개발하기로 결정한 것이다. 특히 1972년에 수립된 초기 개발계획에서 전체부지의 1/3만 혁신기술과 주거 및 생

---

15 프랑스 정부에 의해 선정된 7개 경쟁력 클러스터는 다음과 같다. ① Secured Communicating Solution(SCS), ② Marin Sciences & Technologies, ③ Photonics &Optoelectronics, ④ Risk Management and land Vulnerability, ⑤ Perfumes, flavors, taste, Smell(PASS) ⑥ Non-greenhouse gas emitting Energies, ⑦ Emerging pathologies and Orphan diseases(ORPHEME).

활공간으로 개발하고, 나머지는 그린벨트로 보존하기로 결정하여 휴양지로서의 지역적 장점을 최대한 확보했다. 이 시기에 파리공과대학의 분교가 소피아 앙티폴리스에 최초로 입주했다.

그러나 초기단계의 개발속도는 매우 더딘 편이었다. 중앙정부 중에서도 국토계획 및 지역개발을 담당하던 DATAR만이 호의적이었고, 나머지 부처들은 유보적인 태도를 취하였다. 그에 따라 소피아 앙티폴리스 조성에 대한 실질적인 지원은 미진했고, 인프라 건설에 필요한 재원 확보에 어려움이 많았다. 그 결과 1973년에 단지가 준공됐으나 기업 입주나 연구개발기능 유치 등에 있어서 만족스럽지 못했다. 이런 와중에 1975년에서야 인근 5개 꼬뮨과 상공회의소 연합조직인 SYMIVAL이 설립되고 공공기관 입주가 본격화되면서 단지가 활성화되기 시작했다. 특히 SYMIVAL과 지방정부의 외국인 투자유치 노력이 주효했다. 지방정부가 국제 마케팅전략을 적극적으로 펼친 결과 IBM의 유럽연수원, TI 등을 유치하게 됐고, 에어프랑스사의 컴퓨터센터 등 대기업이 입주하면서 서서히 효과가 나타나기 시작했다. 1982년 미테랑 프랑스 정부의 행정개혁으로 지방정부의 권한이 강화되자 소피아 앙티폴리스에 대한 투자와 그에 따른 성과는 더욱 향상되었다.

1982~1989년 동안 소피아 앙티폴리스에 대한 투자는 7배 증가했으며, 이때부터 첨단산업단지로서의 국제적 명성을 얻게 되었다. 1988년에는 입주업체의 활동을 지원하는 SAEM이라는 단지운영사가 설립되어 기술혁신을 촉진하는 역할을 담당했다. 1989년까지 총 737개의 기업이 이곳에 입주했으며 1만4,300명의 고용을 창출했다. 산업구조에 있어서도 초기의 에너지와 환경기술 분야에서 정보 인프라에 대한 투자확대와 프랑스 텔레콤의 입주를 계기로 IT 분야로 전환되었다.[16]

그림 7 소피아 앙티폴리스의 기업 및 고용 증가추세   (단위 : 개, 명)

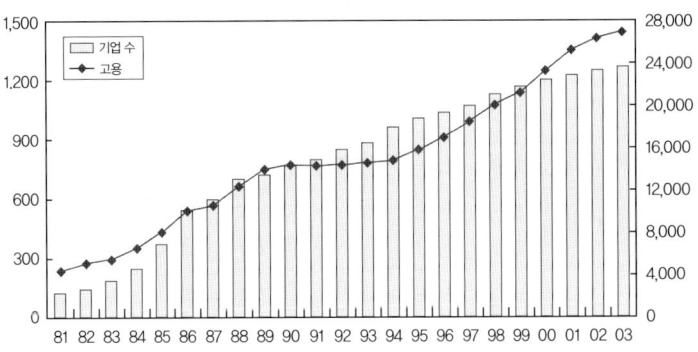

자료 : SYMISA(Syndicat Mixte Sophia Antipolis), 2004.

그러나 1980년대까지의 이러한 양적인 발전과 첨단산업단지라는 이미지 형성에도 불구하고, 단지 내부의 시너지 창출이나 스핀오프, 체계적인 기술개발전략은 미흡한 편이었다. 특히 1980년대 후반 이 지역의 대기업이 대규모 구조조정을 단행하면서 소피아 앙티폴리스는 최대 위기를 맞게 됐다. 이는 단지 외부의 대기업 유치에 주력한 나머지 지역 내부의 내생적 혁신 역량이 축적되지 못한 결과로서 외부의 환경변화에 매우 민감하게 반응할 수밖에 없는 클러스터의 취약한 구조 때문이었다. 위기에 대한 반응은 시장에서 서서히 그러나 지속적으로 나타났다. 대기업들은 대규모 투자보다는 소규모 단위로 입주했고, 구조조정의 지속과 세계적인 아웃소싱의 활성화 트렌드에 따라 스핀오프기업이 증가했다. 이는 소피아 앙티폴리스를 대기업 중심의 폐쇄적 네트워크에서 중소기업이 참여하는 유연하고 개방적인 클러스터로 변화시키는 전환

---

16 박재룡·박용규·송영필, "IMF시대의 지방첨단산업단지 개발효율화 방안", 삼성경제연구소, 1999, pp. 124~134.

점이 되었다. 1996년에 SYMISA로 명칭을 변경한 SYMIVAL은 외부 기업의 유치뿐만 아니라 지역 내부의 자생적인 경쟁력을 확보하는 데 주력했다. 1980년대 후반에서 1990년대 중반까지의 위기가 오히려 클러스터전략의 방향성을 점검하고 재설정하는 데 좋은 기회가 된 것이다. 그 결과 1990년대 들어서 고용은 정체상태를 유지했지만, 위기를 극복한 1990년대 후반부터 다시 증가추세를 보이고 있다.[17]

쾌적한 거주환경을 바탕으로 외자유치 성공

소피아 앙티폴리스 개발의 가장 큰 특징은 세계적 인재를 유치하고 창조성과 생산성을 향상시키기 위해 양호한 기후 및 자연환경을 바탕으로 삶의 질(quality of life)이 높은 근무환경을 조성하는 것이었다. 이를 위해 전체면적의 3분의 2 정도인 1,500ha(약 450만 평)를 그린벨트 및 공원 등 녹지대로 보존했고, 건물의 경우도 단지 주변의 구릉지 등 자연지형보다 높게 지을 수 없도록 규제하여 우수한 외부 경관을 창출하였다. 소피아 앙티폴리스에 근무하는 사람들은 대부분 차량으로 30분 거리인 12마일 이내에 살고 있다. 단지 내에는 테니스코트와 골프코스 등 다양한 스포츠 시설이 제공되고, 호텔과 레스토랑, 컨벤션 등 비즈니스 활동에 필요한 지원시설이 우수하게 구비되어 있다.

소피아 앙티폴리스의 개발 및 운영주체는 지방정부와 상공회의소의 대표자들로 구성된 SYMISA(Sophia Antipolis Joint Management Board)이다. SAEM Sophia Antipolis Cote d'Azur는 SYMISA의 공식조직으로서 실제

---

[17] 권오혁(편),《신산업지구》, 한울아카데미, 2000, pp. 175~179.

관리를 담당하고 있다. SAEM은 지방정부와 상공회의소 등 참여주체들의 협력하에 운영되고 있으며, 기업들은 SAEM 단일기관을 통해서 단지와 관련된 모든 업무를 처리할 수 있다. 단지 내 모든 부지는 SYMISA 소유로 개발비용은 대부분 토지매각대금을 통해 충당되고 있어 지방정부의 부담은 적은 편이다. 기업들도 다른 대도시지역에 비해 매우 저렴한 비용으로 오피스 공간을 사용할 수 있다. 실제로 소피아 앙티폴리스지역의 임대료 수준은 런던의 20%, 파리의 30% 정도에 불과하다.[18]

입주기업이나 전문가 간의 커뮤니티 활동도 주요한 성공요인 중의 하나이다. 이는 클러스터의 이점에서 비공식 교류를 통한 암묵지의 획득이 매우 중요하다는 점을 반영하고 있다. 현재도 새로운 아이디어나 프로젝트를 발굴하기 위한 다양한 클럽활동이나 모임이 활발하게 전개되고 있다.[19] 이러한 활동들은 성공적인 기업도시나 클러스터에서 공통적으로 볼 수 있는 모습이다. 또한 글로벌 수준의 교육훈련기관과 국제학교가 인력양성 및 기술개발의 토대를 제공한다. 소피아 앙티폴리스를 포함한 Cote d'Azur지역에는 파리 다음으로 국제교육기관이 많이 집적되어 있으며[20] 과학기술의 엔지니어 분야뿐만 아니라 비즈니스 및 경영관리 분야를 포괄한다.

클러스터의 문화적 측면도 성공요인 중의 하나이다. 산업환경의 변화나 외부에 대해 개방적이고 유연한 문화적 특성이 클러스터의 네트워

---

[18] 오피스 임대료(prime office rent)는 소피아 앙티폴리스가 226프랑/㎡으로서 바르셀로나 308, 브뤼셀 364, 파리 677, 런던 1,185에 비해 매우 낮은 수준이다.
[19] Hi tech, CARMA, Data Base Forum, EDEN, PERSAN Sophia biotech, Telecom Valley 등이 대표적이다.
[20] 소피아 앙티폴리스에는 Nice-Sophia Antipolis대학을 포함하여 CREAM(Management and Technology School), EAI Tech(Euro-American Institute of Technology), EDHEC(Business and management studies), ENSMP(Engineering school), ESSI Theseus Institute(Computer Science and Engineering School), Eurecom Institute(European Center of Excellence in Communication Systems), Theseus Institute(MBA programs in English) 등의 교육기관이 있다.

크 형성을 촉진하고 새로운 자원의 유입을 원활하게 한다. 소피아 앙티폴리스는 관광지라는 지역적 특성과 장점을 살려 외국인 커뮤니티 활동이 활발하다. 다양한 서비스시설과 외국어 지원, 광범위한 사회활동 프로그램의 제공과 인접한 니스와 칸지역을 포함하여 박물관, 예술 갤러리, 무용공연, 재즈축제, 오페라, 클래식 뮤직 등 다양한 문화시설이나 행사를 접할 수 있다. 또한 지중해에서의 수영·보트·수상스키와 알프스 산맥에서의 스키와 등산 등의 스포츠를 손쉽게 즐길 수 있는 점 등 양호한 거주환경이 우수인력 유치에 큰 도움이 된다.

5. 미국의 랠리 Research Triangle Park(RTP)

대학 중심의 R&D 클러스터

리서치 트라이앵글 파크(RTP : Research Triangle Park)는 노스캐롤라이나 주립대학교(NCSU, 랠리)와 노스캐롤라이나대학교(UNC, 채플힐), 듀크대학교(Duke, 더럼) 등 3개 대학의 중간에 자리잡고 있는 과학연구단지이다. RTP는 삼각형 모양을 형성하고 있는 3개 대학교의 중간에 위치하고 있기 때문에 붙여진 이름이다. 또한 대학과 지방정부, 산업체 등 3개 주체 간의 삼각연대를 강조한다는 의미도 담고 있다.

RTP는 길이 13km에 폭 3km로서 약 860만 평에 달한다. 현재 단지 내에는 145개의 기관이 자리잡고 있으며 이중 119개는 연구개발 관련기업 또는 기관이다. 단지 내 종업원은 3만9천 명이며 이중에서 97.3%는

그림 8 RTP의 위치

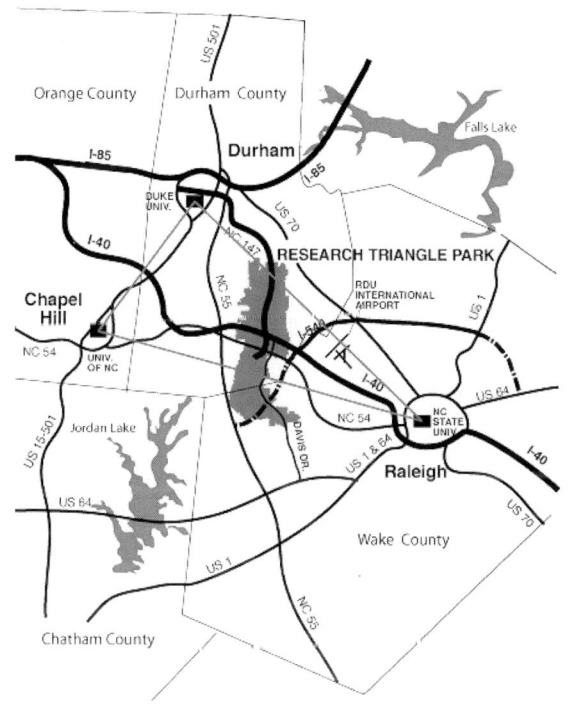

R&D 관련기관에 종사하고 있으며, 82% 정도는 다국적기업에 근무하고 있다. 대표적인 기업은 1만800명이 근무하는 IBM이며 글락소, 시스코, 노텔 등에도 3,000명 이상의 종업원이 R&D를 수행하고 있다. 디오신스 바이오텍, 소니에릭슨, 바이엘, 바이오젠, 바스프 등도 단지 내 랭킹 10위 내에 드는 기업들이다. 지난 40년 동안 매년 2.5개 업체, 입주면적 1만 평, 종업원 1,030명을 창출해내고 있다.

  지역경제 파급효과도 괄목할 만하다. 연구단지는 랠리, 더럼, 채플힐 등 3개 도시의 한가운데 위치하고 있는데, 이중 랠리는 미국 동부지역에

그림 9 RTP

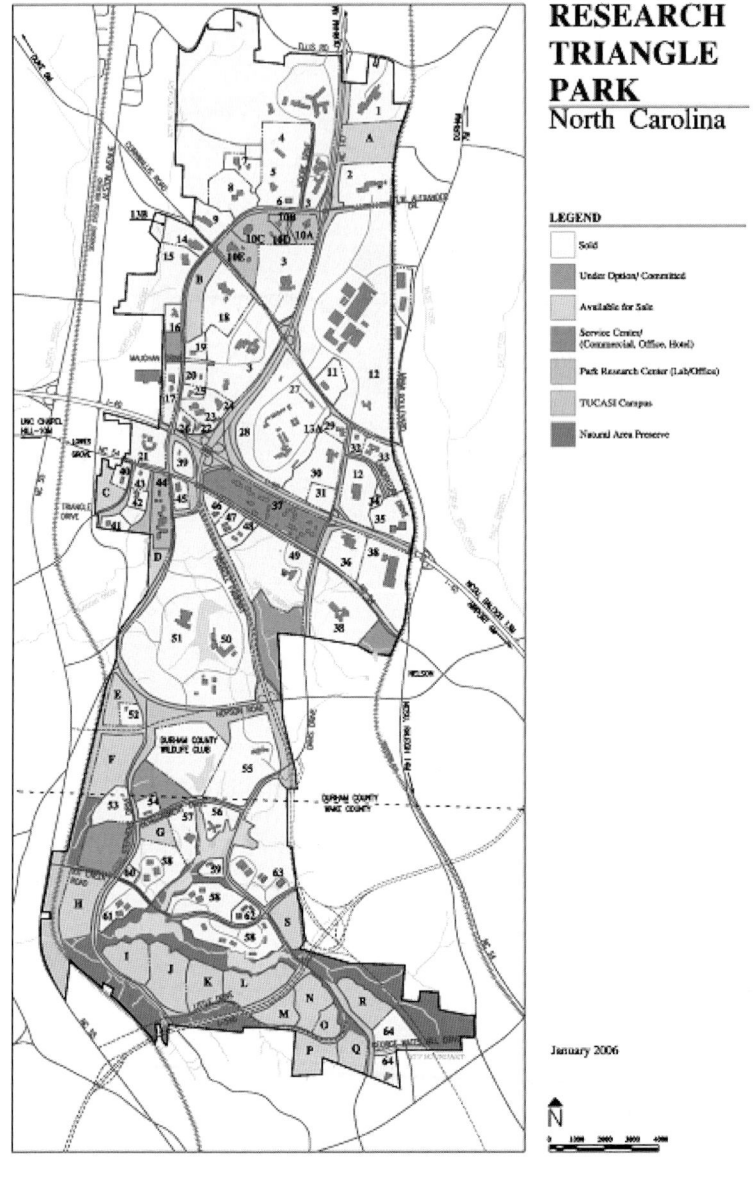

서 가장 빨리 성장하고 있는 지역 중의 하나이다. 1990년에서 1999년 사이에 랠리의 인구는 30% 이상 증가했으며, 1980년대부터 과거의 경제 침체에서 벗어나 1인당 평균소득도 전국 수준을 상회하고 있다. 미국의 경제평가기관인 폴리콤(Policom)은 1995년부터 1998년 간의 랠리, 더럼, 채플힐 광역도시통계지역(MSA)의 성장률이 미국에서 가장 높다고 평가했다. 또한 이 지역의 실업률은 1997년 이후 2% 미만을 유지하고 있으며, RTP지역의 실업률은 1.6%에 불과하다.

RTP는 노스캐롤라이나의 산업구조를 개편하는 데에도 결정적인 역할을 했다. RTP가 조성되기 이전에는 경제활동인구의 절반 정도는 농업, 섬유, 가구업에 종사했으며 고부가가치 생산 분야는 거의 없었다. RTP가 조성된 1950년대 중반에 이 지역의 신산업이 차지하는 비중은 15%였으나 1995년에는 47.3%로 3배 이상 성장했다. 동 기간 동안 미국 전체적으로는 25.5%에서 40.0%로 성장한 점을 볼 때 RTP지역의 신산업 성장률은 괄목할 만하다.

2005년에 리서치 트라이앵글 재단은 다음 50년을 준비하는 트라이앵글 혁신 프로젝트를 발표했다. 재단이 수립한 비전 2020전략에서는 2020년까지 RTP가 혁신과 기술상업화, 일자리 창출에 있어서 세계 최고가 되겠다는 목표를 제시하고 있다. 덧붙여서 RTP의 강점과 포지션, 차세대 기술에 대한 대비 등도 포함하고 있다.

이러한 성과를 바탕으로 RTP는 미국 내에서도 우수한 평가를 받고 있다. 예를 들어 2006년 포브스지 평가에서 기업하기 좋은 도시 3위에 랭크됐으며, 살기 좋은 도시 4위, 비즈니스와 경력관리에 적합한 도시 2위, 바이오기술 분야에서의 상위 3개 주에 포함되기도 했다.

그림 10 RTP의 기업 및 고용 성장추세 (단위 : 명, 개)

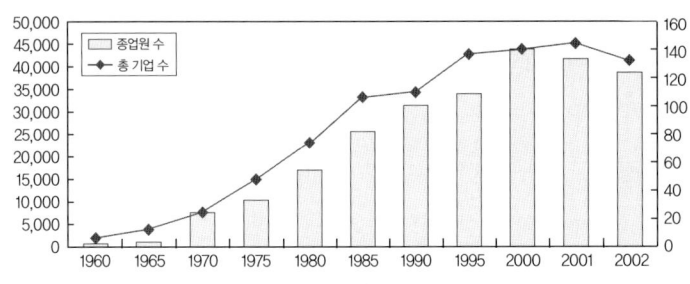

자료 : http://www.rtp.org, 2006. 12.

지역경제 활성화를 위한 계획형 연구단지로 조성

1950년대 초반에 노스캐롤라이나는 경제적으로 매우 침체된 지역이었다. 경제력은 당시 전체 48개 주 가운데 47위였다. 노동자의 대부분이 사양산업인 가구, 섬유, 담배산업에서 일하는 저기술, 저임금 노동자로 구성되어 있었다. 반면에 이 지역 3개 대학의 연구개발 수준은 상당한 수준에 도달했으나 지역경제기반이 취약해서 졸업생들은 다른 지역으로 유출하는 현상이 지속되고 있었다. 이러한 지역경제 위기의식이 RTP를 개발하게 된 원동력이었다.

1959년에 지방정부는 대학과 산업체, 기업체 대표 등과 협력하여 RTP를 계획적으로 조성하기 시작했다. 연구단지 개발의 목적은 세계 수준의 연구개발을 담당하는 기업을 단지 내로 유치하여 산학협력을 촉진하고 지역경제를 활성화하는 것이었으며, 결과적으로 외부로 떠나가는 유능한 이 지역 대학 졸업생을 붙잡아두고자 하는 것이었다.

초기 연구단지 개발을 선도한 사람은 노스캐롤라이나대학의 하워드

오듐 교수와 개발업자인 로메오 게스트 그리고 주지사인 루터 하지였다. 우수인력의 외부 유출에 따른 지역경제 침체의 악순환을 우려한 주정부와 연구기관과 산업과의 연계 프로그램 개발을 통해 졸업생의 진로를 개척할 필요가 있었던 지역대학, 당시 MIT대학 주도로 보스턴 루트 128지역의 산학연계를 통한 지역발전을 경험한 개발업자 등 3자의 이해가 결합된 것이었다.

1958년에 비영리 연구재단인 RTI(Research Triangle Institute)와 단지 개발을 위한 재단(RTF)이 설립되었다. RTI는 RTP에 입주한 최초의 연구기관이었으며 이후 RTP의 성장에 핵심적인 역할을 하였다. 현재 RTI는 미국에서 두 번째로 큰 비영리 연구조직으로 성장했으며 지식의 상업화를 촉진하는 연구개발활동을 활발히 전개하고 있다. 이 연구소는 기초연구보다는 응용연구 중심의 산·학·연 연구활동을 중점적으로 수행하고 있다. 리서치 트라이앵글 재단은 입주를 희망하는 기업에게 저렴하게 부지를 제공하고 대학과의 연계활동 프로그램을 개발하여 기업이나 연구기관의 입주를 촉진하는 역할을 담당하고 있다. 1960년대 초반까지는 큰 성과가 없었으나 1965년에 IBM과 국립환경보건연구원이 입주하면서 RTP는 활성화되기 시작했다. 1969년까지 21개 기업이 입주했으며 1970년대에 17개, 1980년대에 28개, 1990년대에는 42개의 새로운 기업이 RTP에 둥지를 틀었디. 연구단지 종사자가 1만 명으로 성장하기까지 20년 정도가 소요된 셈이다.

우수대학과 기업의 결합이 핵심 성공요인

RTP의 성공요인으로는 3개의 우수한 연구중심 대학 보유, RTI와 다국적

기업연구소 등 세계적 수준의 연구기관의 존재, 지방정부의 기업육성 및 지원제도, 클러스터의 기업가적 리더쉽 등을 들 수 있다.

첫째, RTP는 그 명칭에서도 알 수 있듯이 2개의 노스캐롤라이나 주립대학과 듀크대학이 연구단지의 성공에 결정적인 기여를 하고 있다. RTP에서 UNC는 자동차로 15분, 듀크대학은 10분, NC주립대학은 20분이면 도달할 수 있을 정도로 지리적 접근성이 양호하다. RTP의 주요 연구 분야는 바이오, 컴퓨터, 환경, IT, 신소재 등이다. 이곳에서는 수많은 기업들이 대학과 연계해서 연구결과를 산출하고 있다. 즉, RTP는 대학 주도의 연구개발 클러스터의 성공모델이다. 이와 유사한 사례로는 실리콘밸리의 초기 성장동력이었던 스탠포드 리서치 파크나 영국의 캠브리지 사이언스 파크를 들 수 있다. 연구단지 내 3개 대학은 연구소와 기업과 긴밀한 관계를 유지하고 있다. 3개 대학 간의 상호 공동연구뿐만 아니라 기업과의 협력 파트너쉽이 강점이다. 공동연구의 수행, 연구 및 실험장비의 공동이용, 기업체 전문가를 대학의 교원으로 활용하는 산학 간의 원활한 인력의 유동성 등이 돋보인다. 이처럼 연구단지에서의 대학은 우수인력과 지식을 끊임없이 공급하고 산업체로부터의 피드백을 받아서 교육 커리큘럼이나 교육방법을 유연하게 수정할 수 있는 장점을 가진다. 즉, 수요지향적 인력양성과 지식공급체계를 갖추고 산업계와의 상호작용을 통해 산업계 니즈를 즉시적으로 파악함으로써 대학교육 및 연구와 산업계 비즈니스 활동 간의 갭(gap)과 미스매치(mismatch)를 줄일 수 있게 된다. 이러한 점이 연구단지에서 핵심역할을 하는 대학의 강점이다.

둘째, 연구단지의 R&D와 산학협력을 선도하는 클러스터 비전제시자로서의 역할을 담당하는 RTI와 다국적 연구개발형 기업의 존재가 RTP의 강점이다. 실제로 노스캐롤라이나 교육연구네트워크(NCREN)는 민간기구로서 지역소재 대학 및 연구소를 연결시켜주는 중개조직이다. 특히 RTI는 대학과의 공조를 통해서 RTP의 연구개발을 선도하는 핵심조직이다. 비영리조직인 RTI는 핵심적 지식기반으로서 3개 대학과의 연계체계를 구축하고 있다. RTI의 연구자들은 3개 대학의 초빙교수, 교환교수, 대우교수로서의 자격과 역할을 가지고 있으며 직접 강의를 담당하기도 하고 대학의 실험실을 공동으로 사용함으로써 대학교수 및 연구원과의 공동연구를 수행할 수 있다.

셋째, 노스캐롤라이나 주정부와 시정부의 기업육성 및 지원제도도 RTP가 성공하는 데 촉진제 역할을 담당하고 있다. 연방연구소와 민간기업 유치를 위한 주정부의 강력한 지역마케팅, 연구 인프라 확충을 위한 공공투자, 입주기업에 대한 각종 조세 및 보조금 지급, 직업교육 강화 및 교육기반시설 확충 등이 대표적인 사례이다. RTP는 지역산업구조의 낙후와 인력의 외부 유출 등 지역경제 위기에 대응하기 위해 고안된 지역 중심의 활성화 방안이었다. 따라서 조성 초기부터 지방정부의 지원 아래 대학과 산업체가 협력적 파트너쉽 관계를 형성하여 역량을 결집했다. 이러한 기반을 바탕으로 국책연구기관과 대기업 연구소가 유치되면서 성장의 발판을 마련하게 된 것이다. 실제로 주정부에서는 RTP 접근도로를 우선적으로 개설했고, 연방기관인 국립환경연구원을 유치하는 데 핵심적인 역할을 담당했다.

연구단지는 공원과 같은 쾌적한 환경을 유지하고 있으며, 이러한 조건은 일류기업과 유능한 연구개발인력의 유치에 매우 좋은 마케팅 포인트로 작용한다. 단지 내에는 10마일의 조깅코스와 다양한 체육시설 및 의료·문화시설이 제공되며, 신규건축물 설계는 더럼시와 웨이크 카운티에서 선출된 전문가들이 심의하여 미적 감각을 살리는 등 세심한 배려를 하고 있다. 기업유치를 위한 조세감면 및 보조금 정책도 효과를 발휘하고 있다. 일자리 창출 및 R&D투자에 기여하는 제조업체에 대한 조세감면, 주지사 재량기금, 카운티 및 시정부에서의 산업수익채권 및 인프라 구축보조금 등이 여기에 해당한다.

마지막으로 연구단지의 기업가적 리더쉽도 중요한 성공요인 중의 하나이다. 1974년 초반에 재단(RTF) 이사장이었던 데이비스는 RTP의 궁극적인 성장을 위해 3개 대학을 설득해서 약 15만 평의 캠퍼스 부지를 기부받게 된다. 이 부지는 대학교수와 연구단지 연구원이 협력할 수 있는 장소를 제공하기 위한 것이었다. '연구단지 속의 연구단지'라 할 수 있는 이러한 대학-기업체 협력공간이 외부의 기업이나 연구기관을 유치하는 데 큰 역할을 하였다. 이러한 데이비스의 아이디어는 단순히 RTP가 영리기업이 아니라 공공의 이익을 위한 비영리기관이어야 한다는 점을 중시하고 있다. 결과적으로 데이비스는 단 30일 내에 연구단지와 지역발전을 위해 당시 150만 달러를 모금하는 성과를 올리게 된다. 결국 RTP는 특정 기업이 아니라 공익을 위한 시설과 연구개발 인프라를 구축함으로써 지속적인 발전이 가능하게 된 것이다. 결과적으로 이러한 공익적 인프라를 활용하기 위해 기업과 연구기관이 더 많이 입주하게 되는 성과를 올리게 되었다.

02 시사점

1. 다양한 경로를 통한 기업도시 형성

사례에서 살펴본 기업도시들은 다양한 경로를 통해 형성되었다. 도요타시와 시스타의 경우 민간기업이 진출하여 기업도시가 형성되었고, 울루와 소피아 앙티폴리스, 미국의 랠리 RTP의 경우 지자체가 중심이 되어 기업을 유치함으로써 기업도시가 형성되었다.

기업도시의 형성요인도 사례마다 다르다. 도요타의 경우 넓은 부지와 도요타시의 지원이 중요했고, 시스타의 경우 본사와 공항이 가까운 시리석 이섬이 중요했으며, 울루와 RTP의 경우 대학의 인재와 연구능력이 중요한 형성요인으로 작용했다. 소피아 앙티폴리스의 경우 국제적인 휴양도시로서 인접한 공항과 교통이 발달되어 있는 점이 중요했다.

기업도시를 구성하는 구성주체의 집적 과정도 사례마다 다른 양상을 보였다. 도요타시와 시스타의 경우 대기업이 먼저 진출한 다음, 관련 기업과 연구소, 대학 등이 뒤따라 진출하였다. 이에 비해 울루와 RTP의 경우에는 대학과 연구소가 먼저 입지한 다음, 관련기업과 기관이 진출하였다. 소피아 앙티폴리스의 경우 국책연구소가 이전한 다음, 이로부터 벤처가 창업되는 과정을 거쳐 기업도시가 형성되었다.

마지막으로 지역 내 창업활동에서도 사례마다 차이가 있다. 도요타 시의 경우 벤처의 창업보다 기존 기업과의 장기적인 거래가 지속되는 경우가 많지만, 다른 사례에서는 지역 내 벤처와 중소기업의 창업이 활발했다. 이러한 차이는 산업의 특성과 지역문화의 차이에서 비롯하는 것으로 보인다.

2. 클러스터의 형성과 기업의 주도적 참여

해외사례에서 살펴본 기업도시의 형성경로는 다양하지만, 기업도시 형성의 기본전략으로서 클러스터(cluster)를 지향하는 공통점을 가지고 있다. 기업도시들이 클러스터를 지향하는 까닭은 클러스터에는 관련기업과 연구기관들이 근거리에 집적하고 있어 거래비용을 줄일 수 있고, 잦은 만남을 통해 새로운 지식과 기술개발에 유리하기 때문이다. 클러스터에 모인 다양한 구성주체들이 새로운 아이디어와 사업기회를 발굴하고 개발속도와 위험을 분담할 수 있는 점도 클러스터의 장점이다.

클러스터의 형성에 기업이 개발주체로서 참여하였다는 점도 공통적이다. 공공부문인 지자체나 정부가 개발계획을 작성하고 그 이후에 민간기업들이 입주하는 것이 아니라, 개발 초기부터 민간기업이 참여하여 함께 계획을 수립하고 조정하고 있다. 이를 위해 기업과 지자체 및 정부

가 공동으로 개발기관을 설립하여 기업도시의 개발과 관리 및 마케팅을 담당하도록 하고 있다.[21]

3. 확실한 경쟁 우위의 확보

기업이 개발에 참여하여 클러스터를 형성한다고 해서 경쟁력 있는 기업도시가 만들어지는 것은 아니다. 사례의 도시에서 보듯이 지역의 차별적인 경쟁우위가 있어야 한다. 지리적 위치, 인재, 문화 등 유·무형의 지역자원 가운데 세계적인 수준에 도달하였거나 도달할 가능성이 있는 경쟁우위 분야를 중심으로 클러스터를 형성하는 것이 중요하다. 기업도시가 성공하려면 무엇보다 먼저, 지역에 모인 기업들이 매출과 수익을 내야 하고 그러기 위해서는 다른 지역에서 얻을 수 없는 차별적인 경쟁우위가 있어야 하기 때문이다. 지역의 차별적인 경쟁우위를 발굴하고 이것을 기업의 경쟁력과 부합하도록 해야 성공적인 기업도시 형성이 가능한 것이다.

---

[21] 시스타 사이언스 시티(시스타), 테크노폴리스(울루), SAEM(소피아 앙티폴리스), RTF(랠리 RTP) 등이 공동으로 설립한 지역개발기관이다. 도요타시의 경우 별도의 개발기관이 없지만 도요타와 도요타시와의 밀접한 정보교환을 통해 도요타시의 개발계획을 수립하고 있다.

4. 탁월한 교육 및 생활환경 구비

기업도시라고 해서 산업환경만 중요한 것이 아니다. 도시개발, 기업의 진·출입, 투자규제가 없어야 하고 기업하기 좋은 환경이 중요하다. 이에 더하여 지역의 주요 산업과 담당기능의 세계적인 경쟁력과 기업의 종업원과 그의 가족들이 불편 없이 살 수 있는 교육·생활환경을 갖추는 것이 필요하다. 기업에서 일하는 인재와 가족들이 살고 싶어하는 환경을 만들어야 필요한 인재들이 지역에 모여들고, 인재가 모여들어야 기업이 발전하며, 기업이 발전해야 기업도시가 성장할 수 있기 때문이다.

이를 위하여 특히 교육제도가 정비되어야 한다. 기업도시 내의 대학에서 우수인력을 끌어들이고 이들을 훈련시켜 양질의 인력을 공급하고 연구능력이 향상되어야 유기적인 산학연계가 형성되어 R&D체제가 확립된다. 그 결과 글로벌 경쟁력이 있는 핵심역량을 지속할 수 있고 기술선점과 시장 확보가 가능하다. 세계의 주요 기업도시에서는 학교의 설립과 운영의 자율성이 보장되고, 병원의 운영이나 체육·여가시설의 설치에도 제약이 없다.

앞서 살펴본 스웨덴의 시스타지역을 관리하는 유한회사인 시스타 사이언스 파크는 2001년 회사이름을 시스타 사이언스 시티로 바꾸었다. 언뜻 보기에 별다른 뜻이 없는 것 같지만 사실은 중요한 의미를 담고 있다. 공원(park)은 잠시 쉬러 오는 곳이지만 도시(city)는 24시간 일하고 생활하는 공간이다. 관리회사의 이름을 Park에서 City로 바꾼 데에는 관리회사의 임무가 단순히 Park에 모인 기업에게 필요한 서비스를 제공하는 것에 그치지 않고 그곳에서 일하는 사람과 가족들이 불편 없이 생활을 영위하는 공간을 관리한다는 의미를 담고 있다. 기업도시도 마찬가지이다. '기업'하기 좋은 여건뿐만 아니라 '도시'로서 쾌적한 생활을 영위할 수 있도록 제반 여건을 갖추는 것이 필요하다.

5. 장기·지속적인 추진과 다른 지역과의 연계

사례에서 본 해외 기업도시들은 어느날 갑자기 형성된 것이 아니다. 대부분 15년 이상의 기간을 거쳐 현재의 기업도시가 형성되었다. 한국에서도 성공적인 기업도시를 형성하려면 장기·지속적인 추진체계를 만들고 이를 법적·제도적으로 뒷받침하는 노력이 필요하다. 그런데 기업도시의 형성과 관련하여 자주 발생하는 오해가 있다. 그것은 기업도시 내에 기업은 물론 금융기관, 대학, 연구소 등 기업활동에 필요한 모든 것을 갖춘 자급자족적인 기업도시를 형성하려는 시도이다. 그러나 기업도시와 자급자족과는 전혀 다른 개념이다. 기업도시 내에 모든 것을 완비하려는 시도는 지역우위의 강화에 도움이 되지 않을 뿐만 아니라 경영환경이 변화하면 지역 전체가 어려움에 빠질 위험성이 커진다. 따라서 지역의 경쟁우위를 중심으로 기업도시를 형성하고, 나머지는 인근지역과 국내 및 해외의 다른 지역들과 연계하는 전략도 필요하다.

CORPORATE CITY

5부

기업도시의 주요과제

기업도시와 도시개발권

1. 기업도시 개발의 개념

개발의 개념은 다양한 분야에서 사용되고 있는데, 부동산 개발이 기업도시와 가장 밀접하다. 부동산 개발의 개념은 강학상[1]이나 현행 법제상 여러 가지로 나뉘어 사용되고 있다.[2,3] 일반적으로 개발의 개념은 유형적 행위와 무형적 행위를 포함한다. 전자는 '건축물의 건축, 공작물의

---

1 부동산 개발의 개념에 대하여 '인간에게 보다 양호한 생활공간을 제공하기 위하여 토지 및 주택 등을 개량하는 활동'(이원순, 《부동산학원론》, 박영사, 2000, p. 319), '택지나 공장부지 등을 조성하고 도로나 상하수도와 같은 기본적인 시설을 설치하는 등의 건축활동과 토지와 개량물을 결합하여 실제로 운영할 수 있는 부동산을 생산하는 것'(안정근, 《현대부동산학》, 법문사, 2000, p. 320), '지상, 지표, 지하에서의 건축공사, 토목공사 기타 작업의 수행 등 유형적 행위와 건축, 토목공사 등 물리적 작업뿐만 아니라 본질적인 용도의 변경을 포함'(이창석, 《부동산학개론》, 형설출판사, 2001, p. 437), '개발주체가 부동산의 유용성을 획득하기 위해 토지조성이나 건물창조에 들이는 총체노력'(방경식, 《부동산개론》, 범론사, 2002, p. 569) 등으로 정의하고 있다.

2 현행 주요 법률상 부동산 개발의 개념을 살펴보면 '건축물의 건축 및 공작물의 설치, 토지의 형질변경, 토석의 채취, 토지의 분할, 물건의 적치 등은 개발허가를 받아야 하는 행위'(「국토의 계획 및 이용에 관한 법률」 제56조제1항), '국가 또는 지방자치단체로부터 인가·허가·면허 등을 받아 시행하는 택지개발사업·공업단지조성사업 등 열거된 사업'(「개발이익환수에 관한 법률」 제2조제2호), '토지를 택지·공장용지 등으로 개발하거나 건축물 그 밖의 공작물을 신축 또는 재축하는 사업'(「부동산투자회사법」 제2조제4호, 「간접투자자산 운용업법」 제88조제1항제4호가목, 「신탁업법」 제10조제4항) 등으로 정의하고 있다.

설치, 토목공사, 기타 각종 개발사업 등'을 의미하고, 후자는 '상당한 정도의 토지 및 건축물의 용도변경 등'을 뜻한다. 한편, 도시개발사업은 '도시개발구역 안에서 주거·상업·산업·유통·정보통신·생태·문화·보건 및 복지 등의 기능을 가지는 단지 또는 시가지를 조성하기 위하여 시행하는 사업'이다(「도시개발법」 제2조제1항제2호). 기업도시개발사업은 '산업입지와 경제활동을 위하여 민간기업이 산업·연구·관광·레저·업무 등의 주된 기능과 주거·교육·의료·문화 등의 자족적 복합기능을 고루 갖추도록 개발하는 도시를 조성하기 위하여 시행하는 사업'이다(「기업도시개발특별법」 제2조제1·3호).

  기업도시 개발은 기업을 위한 도시개발과 기업에 의한 도시개발로 구분할 수 있다. 전자의 도시개발은 개발목적에 의하여 분류된다. 「택지개발촉진법」에 의한 택지개발사업, 「도시개발법」에 의한 도시개발사업, 「지역균형개발 및 지방중소기업 육성에 관한 법률」에 의한 개발촉진지구개발사업과 특정지역개발사업 그리고 민자유치대상사업, 「제주특별자치도 설치 및 국제자유도시 조성을 위한 특별법」에 의한 국제자유도시개발사업, 「산업입지 및 개발에 관한 법률」에 의한 산업단지개발사업, 「경제자유구역의 지정 및 운영에 관한 법률」에 의한 경제자유구역개발사업 등이 이에 해당한다. 후자의 도시개발은 개발주체에 의하여 분류된다. 일반적으로 공공(제1사업섹터), 민간(제2섹터), 공공+민간(제3섹터)으로 구분되는 유형 중 민간과 공공+민간합동 개발이 기업에 의한 개

---

3 영국의 도시농촌계획법(Town and Country Planning Act 1990)에서는 '토지의 지표 또는 지하에서의 건축공사, 토목공사, 채광행위 기타 공사시행과 건축물 및 토지용도의 중대한 변경'을 개발(동법 제55조제1항)로 정의하고 있다(Town and Country Planning Act 1990, London : HMSO, p. 35 ; J. Barry Cullingworth and Vincent Nadin, Town and Country Planning in Britain, London and New York : Routledge, 1994, pp. 80~81). 일본의 도시계획법은 '건축물의 건축 또는 특정공작물의 건설에 제공할 목적으로 행해지는 토지의 구획, 형질의 변경 등'을 개발행위(동법 제4조제12항)로 규정하고 있다.

표 1 개발주체와 사업내용

구분	사업주체	사업내용
공공개발사업 (제1섹터)	정부, 지방자치단체, 공공법인, 특수법인, 정부투자법인 등	SOC사업, 택지개발사업, 간척사업, 시가지조성사업, 도시개발사업, 도시재개발사업 등
민간개발사업 (제2섹터)	일반법인, 개인, 단체 등	주택, 상가, 오피스텔, 민간수익사업 등
민관합동개발사업 (제3섹터)	민간 + 공공법인	관광단지, 휴양단지, 산업단지 등
주민조합공공개발 (제4섹터)	주민조합 + 공공법인	시가지 조성, 도심 및 부도심 개발 등
주민조합민간개발 (제5섹터)	주민조합 + 민간법인	리조트, 대형 쇼핑몰 등
합동개발	주민조합 + 공공법인 + 민간법인	도시개발, 대규모 역세권 개발 등

자료 : 이종규, 《부동산개발사업의 이해》, 부연사, 2003, p. 140.

발에 해당한다.

기업도시는 민간기업에 의한 도시개발이다. 시행주체는 민간(제2섹터)이거나 공공+민간합동(제3섹터)이 된다. 민간기업은 일정비율 이상의 자기자본과 투자자금을 확보하여야 한다. 그러므로 일반법인, 개인과 단체는 해당되지 않는다. 또 기업도시개발구역 지정은 민간기업과 지방자치단체가 공동으로 제안하는 것을 원칙으로 하고 있으므로(「기업도시개발특별법」 제4조제1항) 공공과 민간의 합동에 의한 도시개발이다.

제3섹터방식은 공공과 민간이 공동으로 출자하고 사업을 시행하는 민간참여형태이다.[4] 이를 금융조달(Project Financing; PF)방식으로 구분하면 민자우선방식(Private Finance Initiative; PFI)과 공공+민간협력방식(Public-Private Partnerships; PPP)으로 나눌 수 있다.[5,6]

---

[4] 이우종, "우리나라 도시거버넌스의 현황과 발전방안", 대한국토·도시계획학회·대한주택공사 공동발간 '도시성장관리와 도시개발', 《도시정보》, 2005. 6, 《주택도시》, 2005. 6, p. 90.
[5] 심영, "PF사업 활성화를 위한 사업구조 개선방안", 《토지연구》, 2006. 1, pp. 45~46.

민자우선방식은 종래 공공부문에서 행해지고 있던 공공서비스를 민간기업에 위탁하여 민간자금이나 노하우를 활용함으로써 서비스를 효율적으로 제공하고자 한다.[7] 보통의 민자우선방식은 공공부문이 기본적인 계획을 세우고, 민간부문은 설계·시공·금융·운영을 담당한다. 이 경우 민간사업자는 단순한 하청회사가 아니다. 오히려 민간사업자는 설계와 건설 그리고 운영과 유지·관리를 일관되게 담당한다.

공공+민간협력방식은 국가 또는 지방자치단체가 수행하는 급부행정의 전부 또는 일부를 민영화하거나 민간부문의 책임과 주도하에 두고, 공공부문은 공익적 관점에서 최소한의 관리와 규제만을 행한다.[8] 이 방식은「사회기반시설에 대한 민간투자법」등을 중심으로 모색되고 발전되었다.[9]

세계화된 환경에서 민간부문이 담당하는 국민경제의 비중은 급증하고 있다. 또한 민간기업의 창의와 효율이 국가경쟁력을 좌우한다. 따라서 공공서비스의 질을 높이고 경쟁을 확보하고자 공공+민간협력방식은 민자우선원칙으로 확대·발전되고 있다. 궁극적으로는 민간의 경영마인드나 생산성과 혁신이 모든 분야에 최대로 도입되어야 한다.「기업도시개발특별법」은 이러한 시대적 흐름과 환경변화에 따라 만들어졌다.

---

[6] 참여대상물에 따라 기술참여, 자본참여, 기술과 자본의 동시참여로 나눌 수 있고, 참여방법에 따라 직접참여, 합동참여(정부+기업, 정부+시민, 기업+시민), 위탁참여(공공→민간, 민간→공공), 간접참여(지방공사형 제3섹터, 주식회사형 제3섹터) 등으로 구분된다. 또한 참여단계의 구성에 따라 BOT(build-operate-transfer), BTO(build-transfer-operate), BOO(build-own-operate) 등의 다양한 방법이 존재한다(계기석, "도시개발사업의 민간부문 참여가능성과 한계",《국토》, 국토연구원, 1999. 8, p. 8). 최근 참여단계의 구성방식으로 BTL(build-transfer-lease)방식이 도입되어 활용되고 있다(권혁진, "BTL",《국토》, 국토연구원, 2005. 4, p. 49).

[7] PFI의 목적은 공공시설을 건설하고 자금을 조달하는 데 민간부문이 책임을 지도록 하여 재정부담을 늘리지 않고 인프라를 확충하기 위한 것이다(박훤일, "민간투자법상 행정청 재량의 범위",《토지공법연구》제26집, 2005. 6, p. 340).

[8] 김남철(1), "기업도시에서의 사인을 위한 토지수용의 법적 문제",《토지공법연구》제24집, 2004. 12, p. 575.

[9] 김성수,《행정법 I》, 법문사, 2000, p. 416.

따라서 '민간기업이 자발적인 투자계획을 가지고 산업·연구·관광·레저 분야 등 기업활동에 필요한 지역에 직접 도시를 개발·운영하는 데 필요한 사항을 규정하여 국토의 계획적인 개발과 21세기 전략산업에 대한 민간기업의 투자를 유도하고, 이를 통하여 지역개발과 지방경제의 발전을 도모함으로써 공공복리를 증진하고 국민경제와 국가균형발전에 기여하게 하려는 것'이「기업도시개발특별법」을 만든 이유이다.[10]

2. 민간기업과 도시개발권

도시개발권의 개념

개발권(Development Right)은 전통적인 토지소유권 관념하에서 토지소유권에 내재하는 권능이며, 토지소유권 자체에서 도출된 권리이다. 개발권은 독립한 권리로서 사회에 의해서 창조되고 특정토지에 분배된 권리이다.[11] 개발권은 토지의 이용상태를 변경할 수 있는 권리로 무형적인 토지의 용도지정, 변경 또는 물리적·유형적인 변형권이다.[12,13]

---

[10] 「기업도시개발특별법」(제정 2004. 12. 31, 법률 7310호). 법의 명칭은 국회 법안 심의시 도시개발의 주체가 민간기업인 점을 쉽게 인식할 수 있고 도시의 특성에 보다 부합하도록 당초 발의된 법안명칭인「민간투자활성화를 위한 복합도시개발특별법」을「기업도시개발특별법」으로 명명하였다(건설교통부 복합도시기획단, 기업도시 개발정책의 이해, 2005. 8. 8, p. 5)
[11] 곽윤직(외),《민법주해(V)》, 박영사, 2002, p. 55.
[12] 김상용, 정우형,《토지법》, 법원사, 2004, p. 222.
[13] 개발권은「기업도시개발특별법」제정 당시, 민간기업에의 토지수용권 보장, 민간기업의 개발이익 환수와 함께 쟁점이 되었던 것으로(변창흠, "기업도시 건설논의의 쟁점과 과제", 대안연대회의·민주노총 주최 '기업도시와 경제정의토론회', 2004 7 30, 민주노총 회의실, p. 21) 민간기업에게 도시개발권이 부여는 기능한가? 지방자치단체의 계획고권을 침해하는 것은 아닌가? 등이 문제되었다.

한편, 도시개발권은 도시계획을 수립하고 계획에 따라 개발사업을 실행하는 일련의 과정에 관한 권한이다.[14] 전통적으로 도시계획의 수립과 도시개발사업의 시행은 지방자치단체가 담당하였다. 도시계획의 주요 내용인 용도지역지구제는 토지이용을 사적인 자율에 맡기지 않고 공권력에 의하여 유도하고 규제하며, 토지이용계획은 공공복리의 증진을 위하여 공권력에 의해 토지를 용도에 따라 구분하고, 이에 부합되는 토지이용을 강제한다. 그러므로 국가나 지방자치단체의 고유한 기능 가운데 하나이다.

기존 도시기반시설의 개발주체는 공영개발, 민간개발, 합동개발, 위탁개발로 분류할 수 있는데, 이중 공영개발이 원칙이었다. 「택지개발촉진법」, 「도시개발법」, 「지역균형개발 및 지방중소기업 육성에 관한 법률」, 「산업입지 및 개발에 관한 법률」 등 현행 도시개발법제는 국가·지방자치단체가 도시기반시설을 직접 개발하거나 지방공기업(공사 또는 지방공기업)이 국가 등을 대행하여 개발해왔다. 국가 등이 개발계획을 수립하고 토지를 수용한 후 이를 개발하여 도시기반시설을 계획적으로 공급하고 개발이익을 환수하였다.

그러나 최근에는 도시개발계획의 수립 과정에서 민간의 창의와 자본을 도입하고 지역주민의 의견을 적극 수렴하고 있다. 도시 외곽지역의 개발에 민간의 제안을 수용하는 계획단위개발제(Planned Unit Development ; PUD)[15]가 시행되고, 토지이용계획의 기본적인 사항과 구체적인 사항을

---

14 전국경제인연합회(1), 《기업도시개발특별법에 관한 문답집》, 2004. 10, pp. 33~34.
15 미국의 도시개발은 민간개발업자가 주도하며, 민간개발업자들은 용도지역지구제(zoning)하에서 주로 계획단위개발(PUD)을 한다. 지방공공단체는 도시계획을 수립하고 민간개발업자가 뉴타운 건설, 재개발사업 등을 수행한다. 개발수법은 PUD조례에 따르고 민간개발업자가 마스터플랜을 작성하여 지방정부의 승인을 얻어 추진한다. 사업주체는 민간이 중심이 되기 때문에 정부간섭은 최소화된다(방경식, "외국의 도시개발제도와 민간의 역할", 《국토》, 국토연구원, 1999. 8, p. 39)

구분해 일정범위에서 민간의 자율을 인정하는 유연용도지역지구제 (Flexible Zoning)가 확대되고 있다. 또한 민간이 도시개발을 제안하고 민간에게 개발권을 부여하는 사례가 증가하고 있다. 현재 민간이 제안할 수 있는 사업으로는 산업단지(「산업입지 및 개발에 관한 법률」 제11조), 도시개발사업(「도시개발법」 제11조) 등이 있다. 도시개발사업에는 이미 토지소유자, 조합, 민간법인, 민관합동법인 등 다양한 형태의 사업주체를 인정하고 있다. 도시기반시설에도 민자를 유치하여 개발비용을 시설운영자에게 부담하게 하는 대신 이용료를 징수하게 하고, 개발계획의 수립권한을 부여하고 있다. 이에 따라 도로, 철도, 공항 등의 사회기반시설 시설계획을 민간이 수립하여 제안하고 개발사업을 집행한다(「사회기반시설에 대한 민간투자법」 제13조 내지 제15조). 그밖에도 국·공유지는 신탁개발이 제도화되어 있으며(「국유재산법」 제45조의2 내지 제45조의5, 「공유재산 및 물품관리법」 제42·43조), 민간과 공공이 공동으로 법인을 설립하여 개발하는 제3섹터방식도 이미 시행 중에 있다(「택지개발촉진법」 제7조, 「도시개발법」 제11조).

도시개발권 부여의 필요성

① 현행제도와 문제점

1960년대 후반부터 지방공업도시나 신도시개발은 '공영개발방식'으로 추진되었다. 계획에서 관리에 이르는 모든 과정은 공공부문이 담당하고, 민간부문은 공공부문의 사업을 수행하는 데 불과하였다.[16]

택지개발사업도 동일하다. 지구지정과 개발계획은 공공부문이 담당

---

[16] 이우종, 선세논문, p. 89.

하고, 민간부문은 건설 과정과 입주 과정에만 참여하였다.

그러다보니 민간은 택지를 종합적이고 전체적인 관점에서 개발할 수 있는 계획을 세우기 어려웠다. 또 공공부문이 미리 용도에 맞추어 택지를 공급한 후에 해당 부지의 개발자나 입주기업을 모집하기 때문에 기업이 스스로의 용도에 맞는 개발이 어려웠다. 그리고 사업시행자의 지속적인 도시관리가 불가능했다.[17] 주로 토지공사나 주택공사 등에서 택지를 건설하여 완공한 후 지방자치단체에 인계하기 때문이다.

이러한 한계를 극복하고자 민간기업의 개발권을 확대해왔다. 민간이 개발계획을 수립하고 개발사업을 시행하는 것이다. 택지개발의 경우, 면적이 330만㎡ 이상이고 복합적이고 입체적인 개발이 필요한 구역에 대해서는 세부개발계획에 대한 공모에서 선정된 자가 수의계약으로 토지공급을 할 수 있도록 하였다(「택지개발촉진법 시행령」 제13조의2제5항제5호의3). 그 결과 다양한 형태의 도시개발이 가능하다. 배후도시 건설에 대하여는 지방으로 이전하는 기업이 도시개발사업구역 지정제안권과 사업시행자로서의 자격을 갖는다(「도시개발법」 제11조제5항, 동법 시행령 제19조).[18] 산업단지에 대하여는 기업이전과는 무관하게 공공주체 외에도 산업단지개발계획에 적합한 시설의 직접개발자를 시행자로 할 수 있다(「산업입지 및 개발에 관한 법률」 제16조, 동법 시행령 제19·20·40조).

그럼에도 민간기업이 도시를 개발하기에는 아직도 제약이 많다.

---

[17] 변창흠, 전게논문, p. 11.
[18] 「도시개발법」에 의한 관민파트너쉽에 의한 도시개발사업인 대덕테크노밸리사업은 그동안 우리나라 제3섹터기업이 주된 사업영역이었던 지방자치단체의 소규모 개발사업 및 위탁사업의 범위를 탈피하여 대규모 토지개발사업분야에서 공동개발방식을 활용한 전환기적 사업이라고 할 수 있다. 대덕테크노밸리사업은 128만 평 부지를 단계별 개발방식을 채택하여 2001년부터 2007년까지 6년에 걸쳐 벤처기업을 위한 생산 및 연구개발, 주거, 상업, 유통, 레저, 문화시설 등 첨단복합도시로 개발하는 계획으로 한화그룹(325억 원), 대전광역시(100억 원), 한국산업은행(75억 원)이 출자하여 공동참여하고 있는 사업이다(이윤상, "관민파트너쉽에 의한 도시개발사업추진방안 연구", 대한국토·도시계획학회 2004 정기학술대회, pp.194~195).

먼저, 민간기업에게 도시개발계획의 수립권이 없다. 도시개발과 산업단지개발사업의 경우 개발단계에서 지구지정·개발계획은 정부가 담당하고(「도시개발법」제3조 내지 제10조, 「산업입지 및 개발에 관한 법률」제6조 내지 제8조), 시행자와 실시계획 작성만 민간에게 허용하고 있다(「도시개발법」제11·17조, 「산업입지 및 개발에 관한 법률」제11조, 제16조 내지 제19조의2). 산업단지개발사업의 경우도 사업시행자 지정단계에서만 참여가 가능하다(「산업입지 및 개발에 관한 법률」제11조). 이렇듯 민간기업이 도시개발계획을 수립할 수 없기 때문에 산업시설과 이를 지원하는 배후도시가 효과적으로 연계되지 않는다. 또한 도시개발사업의 경우 민간시행자의 자격요건도 제한되어 있다. 도시개발은 수도권에서 지방으로 이전하는 기업과 건설업자로 국한하고, 민간시행자는 개발대상 토지면적의 2/3 이상에 해당하는 토지소유자의 동의가 필요하다(「도시개발법」제11조).

이와같이 민간시행자의 참여조건이나 내용을 제한하여 기업을 위한 기업 주도의 도시개발이 불가능하여 경쟁력 확보가 어렵다. 따라서 지방에 신규로 투자하려는 기업이나 문화·레저산업 또는 R&D 클러스터를 종합적으로 개발하려는 기업들의 참여가 원천적으로 봉쇄된다.

이와같은 문제점을 개선하기 위하여 전국경제인연합회는 2004년 6월 23일 기업도시 건설을 위하여 민간기업에게 개발권을 부여할 수 있는 「기업도시개발특별법」의 제정을 건의하였다.[19] 그 주요 내용은 다음과 같다. 첫째, 기업이 직접 개발계획을 수립하여 산업단지·문화·R&D 등과 배후도시기능을 효율적으로 연계할 수 있도록 한다. 둘째, 엄격하게 제한된 민간시행자 범위를 컨소시움형 개발기업, 지방에 신규투자하는

---

[19] 전국경제인연합회(2), "기업도시 건설을 통한 투자활성화 방안", 기업도시 건설을 위한 정책건의자료, 2004. 6. 23, pp. 10~16.

표 2 도시개발사업과 산업단지개발사업의 문제점과 개선방안

현행 및 문제점	개선방안
〈 현행제도 〉 • 지구지정·개발계획은 정부가 담당하고, 시행자·실시계획만 민간에게 허용 • 도시개발은 수도권에서 지방으로 이전하는 기업과 건설업자로 제한 • 민간시행자는 개발대상 토지면적의 3분의 2 이상에 해당하는 토지소유자의 동의 필요 〈 주요 문제점 〉 • 개발계획을 수립할 수 없어 산업시설을 지원하는 배후단지 건설과 효과적으로 연계 미흡 • 민간시행자의 참여를 제한하여 기업 주도의 도시개발이 불가능 • 민간시행자가 토지소유자의 동의를 얻는 과정에서 지가상승으로 토지매입비용 증가	• 기업이 직접 개발계획을 수립하여 산업단지·문화·R&D 등과 배후도시기능을 효율적으로 연계 • 민간시행자의 범위 확대 • 기업이 해당 지자체와 협의를 통해 가칭 '기업도시특구' 지정 허용

자료 : 전국경제인연합회(2), 전게서, p. 15.

기업, 문화·레저산업 또는 R&D 클러스터를 건설하려는 기업 등으로 늘린다. 셋째, 기업이 해당 지자체와의 협의를 통해 가칭 '기업도시특구' 지정을 제안하도록 한다. 넷째, 지자체가 사전에 주민들의 동의를 얻은 후에 기업도시를 건설하도록 한다(〈표 2〉 참조).

② 긍정적 견해

민간기업에게 도시개발권을 주어야 한다는 긍정적 견해에 대하여는 특별법 제정 여부와 도시개발과 기업경쟁력 간의 관계로 나누어 살펴볼 수 있다. 특별법 제정은 꼭 필요하다. 「도시개발법」에 따른 일반적인 도시개발로서는 투자촉진과 지역균형개발을 위하여 절차·세제·금융상의 특례를 지원하기 어렵기 때문이다.[20]

---

[20] 건설교통부(1), "민간복합도시개발 제도화방안", 2004. 10, p. 7.

그러나 후자의 경우, 장기간에 걸친 도시개발의 공익성과 단기적으로 기업이 추구하는 이윤과 어떻게 조화할 것인가의 문제가 제기되었다. 아울러 수십 년이 소요되는 도시개발사업을 통해 기업의 경쟁력 제고를 확보하는 데는 한계가 있다는 지적[21]도 있었다.

이에 대하여는 첫째, 기업도시의 공공성은 제도적으로 확보할 수 있다. 기업도시개발계획은 민간이 수립하고, 정부가 이를 승인하는 과정을 통해 도시의 성격을 충분히 심사할 수 있다. 또 기업도시개발계획은 관계기관의 협의와 의견수렴을 거쳐 확정된다. 따라서 기업도시를 민간이 주도하더라도 지자체가 수립하는 도시계획과 같은 정도의 공공성이 확보된다.[22] 실제로 2004년 11월 4일 국회의 지역혁신·기업도시 정책포럼이 주최한 '민간투자 활성화를 위한 복합도시개발특별법안 공청회'에서는 공공성 확보방안이 많이 제시되었다. 기업도시 구역지정을 시장·군수와 공동으로 제안함을 원칙으로 하고, 불가피한 경우는 기업 단독으로 하는 방안, 또 노(道)가 사업에 참여하는 경우에는 도지사와 공동으로 제안하는 방안, 아울러 도시계획기준을 제정·운용하는 방안 등도 논의되었다.[23]

둘째, 기업도시 건설로 기업의 경쟁력을 확보할 수 있다. 기업이 건실해야 국가경쟁력이 보장된다. 기업은 사업구조를 계속 바꿔나가야 하고, 기존의 전통적 산업은 신기술개발로 경쟁력을 높여야 된다. 또 새롭게 성장하는 산업도 개발해야 한다. R&D기능의 강화와 고도의 인적자원의 공급이 필요하다. 이를 위하여 교육·연구·행정의 집적화가 요구

---

[21] 변창흠, 전게논문, p. 11.
[22] 전국경제인연합회(1), 전게서, pp. 35~37.
[23] 이강래, "민간복합도시특별법 제정방향", 국회 지역혁신·기업도시 정책포럼 주최, '민간투자 활성화를 위한 복합도시개발특별법안 공청회', 2004. 11. 3, pp. 7~8.

된다. 이를 담아주고 키워주는 그릇이 도시이다. 따라서 도시는 산업·시설과 더불어 교육·연구는 물론 의료·문화시설 등 복지기능이 복합적으로 어우러져야 한다. 이를 기업이 주도하여 건설하는 경우 기업의 경쟁요소를 더욱 강화할 수 있다.

③ 부정적 견해

그러나 민간기업에 대한 개발권 부여에 대하여 부정적인 견해도 있다. 도시계획의 권한을 민간기업에게 넘기는 것은 도시계획의 기본원칙을 폐기하는 결과[24]가 될 것이라는 비판이다. 기업도시는 이윤 추구를 목적으로 하는 기업의 가치와 국가발전·지역개발의 공익적 가치를 동일하게 보고 있다고 본다. 또한, 기업도시개발사업자는 개발구역 내의 토지 수용·사용에 관한 권한, 사업자와 택지 등의 조성 및 처분권한은 물론, 도시기반시설들과 각종 문화, 교육, 관광시설 등을 건설하여 관리하는 도시조성과 관리권도 갖는다. 또 그 사업의 추진에 요구되는 행위에 관한 각종 법률상의 인·허가와 승인을 의제받는다. 따라서 매우 포괄적인 특혜를 누릴 수 있다. 그리하여 특정기업이 거대한 자금력을 바탕으로 준국가적 지위를 갖게 된다. 그와같은 추세가 보편화되면 기업에 의한 국민의 공적 이익이 광범위하게 훼손되는 결과가 초래될 우려가 뒤따른다[25] 라는 비판도 있다. 세계화가 진전될수록 국제자본에 의한 국내기업의 지배가 심화되면 이러한 우려는 더욱 심각해진다. 또한 민간기업에 대한 포괄적 사업시행권 부여가 '자칫 그 시행 과정에 주민과의 이해관

---

[24] 김태현, "기업도시의 문제점과 비판", 대안연대회의·민주노총 주최 '기업도시와 경제정의토론회', 2004. 7. 30, 민주노총 회의실, p. 60.
[25] 이러한 우려는 이미 사회 일각에서 심각히 제기된 바 있다. "기업도시법 '규제완화-기업특혜' 평행선," 《한겨레신문》, 2004. 9. 29.

계의 극한적인 대립과 기업에 대한 특혜시비 등의 논란이 제기된다면 오히려 기업도시 개발을 활성화하기 위한 입법취지가 무색화되는 사정이 발생할 수도 있다'는 지적도 있다.[26]

④ 민간기업에의 도시개발권 부여
민간기업에의 개발권 부여의 필요성은 ① 토지의 공공적 이용확보 여부, ② 기업도시개발계획의 수립에 민간기업의 참여가 필요한지 여부, ③ 민간기업에게 포괄적 사업시행권 부여 여부 등으로 나누어 검토할 수 있다.

첫째, 민간기업에 개발권을 주어야 토지의 공공적 이용과 기업도시 개발계획을 효율적으로 연결시킬 수 있다. 지금까지 공공부문이 수행해 온 택지개발사업은 택지개발사업 지구단위계획이 지역의 장기발전과 적절히 연결되지 못하였다. 그리하여 최근 토지공사도 택지개발사업을 지역의 장기발전과 연결시키고자 지역종합개발사업을 추진하고 있다. 그러나 민간기업이 주도하는 도시개발사업은 도시 전체의 공익성이나 기존 도시의 연계성보다는 기업도시 내의 효율성에 치중할 가능성이 높다[27]는 지적이 있다. 그러나 「기업도시개발특별법」에서는 공공성을 확보하기 위한 장치가 많다. 개발구역의 지정제안을 원칙적으로 관할 광역시장·시장 또는 군수와 공동으로 하도록 하고 있다(동법 제4조). 지정제안시 중앙도시계획위원회와 기업도시위원회의 심의를 받도록 하고(동법 제5조), 기업도시개발계획은 건설교통부장관의 승인을 받도록 하고 있다(동법 제11조). 따라서 기업에 의한 도시개발이 도시 전체의 공익성을

---
[26] 김해룡(1), 전게논문, pp. 84~85.
[27] 변창흠, 전게논문, p. 11.

보장하고 기존 도시와 조화될 수밖에 없다.

둘째, 기업도시의 건설로 기업경쟁력을 키워줄 수 있다. 또 민간기업에 의한 기업도시 개발은 민간의 창의와 자율을 최대한 발휘하고 민간자본의 유치를 촉진한다. 동시에 민간투자를 촉진하고 재정사업에 의한 기반시설부담을 완화한다. 또한 기업도시는 개발시행자와 최종수요자가 동일하므로 개발 당시부터 수요자의 요구에 맞는 계획을 수립할 수 있다.[28] 이러한 점에서 「도시개발법」 등 다른 개발관련 법제와는 근본적으로 다르다. 「도시개발법」은 복합적인 기능을 가진 도시를 개발하고자 도시개발사업에 민간참여를 확대하였다. 그리하여 개발경험이 풍부한 민간의 자본과 창의력을 도시개발에 활용하는 점에서 「기업도시개발특별법」과 유사하다.[29] 그러나 「도시개발법」은 국가나 지방자치단체가 지정한 민간사업자에게 도시개발사업구역 안에서만 개발계획을 수립할 수 있는 권한을 부여한 것에 지나지 않는다.

셋째, 포괄적 사업시행권을 부여하는 포괄적인 특혜는 아니다. 기업도시를 건설하는 민간기업은 토지수용·사용에 관한 권한을 행사하기 위하여 개발구역 토지면적 50% 이상의 토지를 확보해야 하고(동법 제14조제3항), 일정비율 이상의 토지도 직접 사용하여 조성 및 처분권한이 제한되고(동법 제16조), 조성토지도 처분이 제한된다(동법 제22조). 아울러 도시기반시설도 설치해야 한다(동법 제8·19·20·24조). 이에 대하여 개발구역 안에서의 토지수용 및 사용, 민간기업이 직접 사용할 토지 이외의 토지에 대한 처분권, 도시기반시설의 설치 및 운영 등에 관한 업무는 공공

---

28 전국경제인연합회(1), 전게서, p. 34.
29 김병수, "도시개발제도와 민간참여의 활성화-도시개발법안에 포함된 내용을 중심으로-", 《국토》, 국토연구원, 1999. 8, pp. 24~25.

행정기관이 수행하고, 민간기업이 제안한 개발사업계획(개발구역의 지정, 제안까지 포함하여)을 당해 지역의 도시계획에 최대한 반영하며, 개별적인 개발사업의 시행을 위해 선별적으로 사업시행자의 지위를 인정하는 방식[30]을 주장하는 견해도 있다.

그러나 이미 민간사업자에게 주민의 이해관계를 조절하고 공익을 보호할 수 있는 수준의 제한이 제도화되어 있다. 효율적으로 기업도시를 추진하여 경쟁력을 확보하기 위하여는 오히려 그 제한을 조정해야 한다.

3. 지방자치단체의 계획고권의 문제

계획고권의 개념

계획고권(Planungshoheit)은 지방자치단체가 자기지역에서 토지이용을 계획하고 규율하는 「헌법」상 보장된 지방자치단체의 권한이다.[31·32] 계획고권은 독일의 건설법전(BauGB) 제2조제1항에서 명문으로 인정하고 있고, 또한 독일헌법상으로도 지방자치제 보장(독일기본법 제28조제2항)의 본질적 요소의 하나로서 인정되고 있다.[33·34] 판례에 있어서도 계획고권은 '국가의 기획에 엄격하게 구속되지 않고 자기의 정치적·행정적 형성

---

30 김해룡(1), 전게논문, pp. 84~85.
31 신봉기(1), "계획고권 재론", 《토지공법연구》 제17집, 2003. 2, p. 255.
32 종래 우리나라 교과서에서는 지방자치권을 자치입법권, 자치행정권, 자치재정권, 자치조직권 등으로 나누어 왔으나, 1991년 지방자치가 부활된 이후에는 독일식으로 고권(高權)이라는 용어를 사용하기 시작했다(이주희, "지방자치단체의 도시계획권 강화에 관한 연구 : 도시관리계획을 중심으로", 《한국지방자치학회보》 제16권 제4호 통권 제48호, 2004. 12, p. 117).

및 결정여지에 근거하여, 지방자치단체지역의 토지의 건축 또는 다른 사용·이용에 대하여 자유로이 처분하고, 또한 자기책임에 의하여 행하는 행정적 가능성의 실현을 위하여 필요한 계획자의 기본노선을 명령적인 국가의 간섭을 받지 아니하고 전개하는 권한'[35]이라고 한다.[36]

지방자치단체의 계획고권은 「헌법」상 자치권의 핵심영역이다. 도시계획은 도시의 구성에 통일성을 부여하고 도로, 광장 등 공공시설을 정비함과 동시에 토지의 공공적 이용을 합리적으로 하기 위한 일종의 행정행위이다. 도시계획권한은 어떠한 경우에도 지방자치단체에게 주어져야 하며, 다른 상위의 계획주체에게 이양될 수 없다. 또 도시계획권한을 제한하는 경우에도 지방자치단체가 계획상의 형성의 여지를 전혀 가지지 못하고 단지 상위의 국가계획을 집행하는 데 그친다면, 이것은 계획권한의 핵심적인 영역을 침해하는 것이어서 헌법상의 자치권의 보장에 반한다.[37]

우리 「헌법」 제117조는 계획고권을 보장하고 있다. 따라서 「국토의 계획 및 이용에 관한 법률」 등 일반법률에서 계획고권을 구체적으로 규정하고 있지 않더라도 계획고권은 '「헌법」상 보장된 지방자치행정권에서 당연히 나오는 본질적인 것'이라고 보아야 한다.[38] 일반적으로 「국토의 계획 및 이용에 관한 법률」에서 도시기본계획의 결정권이 건설교통부장관에게 부여되고 있을 뿐, 그 입안권은 광역시장, 도지사 또는 시장·군

---

33 Hoppe, "Kommunale Selbstverwaltung und Planung", 1983, 564ff(김해룡(1), "「기업도시개발특별법」에 대한 평가",《토지보상법연구》제6집, 한국보상법학회, 2006. 2, pp. 83~84).
34 계획고권에 대한 선행연구의 구체적인 검토는 이주희, 전게논문, pp. 118~119 참조.
35 BVerGE 34, 301ff. (304).
36 강의중, "국토계획과 지방자치",《법학논총》14, 한양대학교 법학연구소, 1997. 10, p. 167.
37 김남철(2), "독일에서의 지방자치단체의 계획고권의 헌법상의 보장",《사법행정》446, 한국사법행정학회, 1998. 2, p. 15.
38 신봉기(1), 전게논문, p. 267.

수에게 주어져 있다. 그리고 보다 구체적이고 행정처분적 효력이 인정되는 도시관리계획의 수립권은 광역시장, 도지사 및 시장·군수에게, 그리고 그 결정권이 광역지방자치단체에게 주어져 있다(동법 제18조 내지 제30조). 따라서 지방자치단체의 지역계획고권이 인정되고 있다.[39·40]

계획고권을 근거로 지방자치단체는 자치행정권의 본질적 내용을 형해화·공동화시키는 일반 법률규정으로부터 보호받는다. 또 자기에게 영향을 주는 다른 지방자치단체의 계획에 참여할 수 있다. 자기의 계획고권을 침해하는 위법한 계획과 건축허가 등에 대하여 방어권을 가짐으로써 행정쟁송의 당사자가 될 수 있다. 또한 계획고권은 다툼 있는 각종 계획법상의 규정에 대한 해석원리로서도 기능한다.[41]

지방자치단체 계획고권의 보장

그동안 계획고권의 인정 여부와 관련된 논의[42]에서 대립의 양당사자는 중앙정부와 지방자치단체였다. 한편 「기업도시개발특별법」에서는 개발구역 지정제안권자인 민간기업에게 개발사업의 시행을 맡기고 있다(동법 제10조제1항). 건설교통부장관이 개발계획을 승인하는 절차를 거치

---

39 김해룡(1), 전게논문, p. 83~84.
40 계획의 입안권만 부여하고 결정권은 인정하지 않는 제도 등은 과거 지방자치를 시행하지 않았던 관치행정시대의 유물이며, 지방자치를 보장하고 있는 「헌법」의 취지와 합치하지 않는다는 견해도 있다(신보성(1), "지방자치단체의 계획고권에 관한 고찰",《법조》제513호, 1999. 6, pp. 54~55). 중앙권한을 지방이양추진위원회가 주도하여 도시계획고권의 강화에 대한 관심을 가지고 관계권한을 부분적으로 지방에 이양을 도모하던 차에 2003년 도시계획에 대한 중앙의 권한이 재분배되어 오늘날과 같은 도시계획체제가 구축되었다(이주희, 전게논문, p. 116).
41 신봉기, "계획고권 논쟁의 종식과 우리의 과제",《법률신문》제3075호, 2002. 5. 16.
42 계획고권의 인정 여부와 관련된 선행연구를 구체적으로 검토한 자료는 손상락, 이시화, "지방분권시대의 도시계획권 강화방안에 관한 연구 : 공간계획체계 정비와 도시계획권 강화를 중심으로",《지방행정연구》제10권 제1호 통권56호, 한국지방행정연구원, 2004. 3, pp. 165~187 참조.

도록 규정하고 있고(동법 제11조), 또한 건설교통부장관이 관할 광역시장, 도지사의 의견을 듣고 중앙행정기관의 장과의 협의를 거쳐, 중앙도시계획위원회와 기업도시위원회의 심의를 거치도록 하고 있다(동법 제5조제1항). 그리고「국토의 계획 및 이용에 관한 법률」에 의한 도시기본계획과 도시관리계획의 효력이 의제된다. 이와같은 절차로 기업도시개발계획을 승인하여 확정하는 것은 중앙정부가 지방자치단체의 도시기본계획과 도시관리계획 등 지역계획 입안권을 매우 제약한다[43·44]는 비판도 있다. 즉, 기업도시개발계획의 승인단계에서 관련 지방자치단체장의 의견을 듣는 것만으로는「헌법」상 보장된 지방자치단체의 지역계획고권의 제한된 행사까지도 거의 배제하는 결과를 가져오기 때문이다.[45]

이와 관련하여 두 가지 경우로 나누어 검토한다.

먼저, 민간기업이 관할 광역시장·시장·군수가 아닌 도와 공동으로 기업도시개발계획을 제안·작성하는 경우이다. 이와같은 경우는 시장 또는 군수와 공동제안 협의를 착수한 후 6월이 경과되었거나, 사업대상지가 2 이상의 시·군에 걸쳐 있을 때 시·군 간 협의가 어려운 경우, 그 밖에 시장 또는 군수와 공동제안이 어려운 사유가 있는 경우 등에 가능하다(「기업도시개발특별법」제4조, 동법 시행령 제2조). 이때 앞의 두 경우는 당해 지역에 있어서 시장·군수[46]의 계획고권은 인정되었다.

그러나 시장 또는 군수와 공동제안이 어려운 사유가 있는 경우에는 지방자치단체의 지역계획을 박탈하는 자치행정권에 대한 중대한 침해

---

43 김태현, 전게논문, p. 60.
44 「국토의 계획 및 이용에 관한 법률」의 도시기본계획 및 도시관리계획에 대한 국가의 계획권한은 지방자치단체를 국토계획의 단순한 집행자에 머물게 함으로써 지방자치단체의 계획고권을 현저히 제한하고 있다는 비판이 있다(김남철(3), "지방자치단체의 계획고권과 국가의 공간계획",《토지공법연구》6, 1998. 9, p.315).
45 김혜룡(1), 전게논문, p 83.
46 김남철(3), 전게논문, p. 316.

로 보는 견해도 있다.[47] 또한 지방자치단체의 본질적 부분에 해당하는 토지가 전문계획[48] 의 광역적 계획하에 법적으로 다른 지방자치단체의 계획에 넘어가게 되는 경우에, 이러한 본질적 토지부분을 요구하는 것은 곧 책무박탈과 계획고권의 침해를 의미한다.[49] 국가계획의 원활한 조정을 위하여 지방자치단체의 참가권을 법적으로 보장하고 강화하는 것은 입법상의 문제이다.[50] 지역적 한계를 넘는 광범위한 종합적인 성격을 갖는 계획도 지방자치단체가 그 결정 과정에 참여하거나 의견을 진술하여 당해 지방자치단체의 이해관계가 반영될 수 있는 방안을 확충해야 한다.[51]

다음으로, 실질적으로 지방자치단체가 원하지 않거나 배제된 상태에서 민간기업이 기업도시개발계획을 제안·작성하는 경우인데, 이와같은 경우는 「기업도시개발특별법」에서 직접 규정하고 있지 않다. 기업도시는 '민간기업이 산업·연구·관광·레저 분야 등에 걸쳐 계획적·주도적으로 자족적인 도시를 개발·운영'하는 것이다(동법 제1조). 따라서 개발구역의 지정제안과 개발계획의 수립은 민간기업이 중심이 될 수밖에 없다. 「국토의 계획 및 이용에 관한 법률」상 특별시장·광역시장·시장·군수가 갖는 계획수립 및 입안권 등 일반적인 계획법의 체계에 어긋날 우려도 있다.[52] 이 경우 지방자치단체가 기업도시를 원하는 경우에는 문제가 되지 않으나, 반대의 경우에는 자치권 침해가 되어 위헌논란이 일어

---

[47] 신봉기(1), 전계논문, p. 263.
[48] 전문계획(Fachplanung)이라 함은 종합계획과는 달리 예컨대 도로, 철도, 공항, 항만 등의 건설과 같은 특정한 전문분야의 관점에서 공간을 형성하는 계획을 말한다(김남철(3), 전계논문, p. 312).
[49] 신봉기(1), 전계논문, pp. 263~264.
[50] 강의중, 전계논문, p. 180.
[51] 김성호·박신, "국토계획에 있어서 지방자치단체의 계획고권의 적용에 관한 연구", 《지방행정연구》 46, 한국지방행정연구원, 1999. 6, p. 139 ; 이주희, 전계논문, p. 126.
[52] 성소미, "기업도시 건설의 법적 쟁점", 국회사무처 법제실, 2004. 12, p. 19.

날 가능성이 있다.[53] 그러나 지역경제 성장과 지역주민의 복지증진이 지방자치단체의 주요 목적이다. 따라서 기업도시 설립을 지방자치단체가 반대하는 경우는 거의 없을 것으로 예상된다. 또한 기업도시 개발에 소극적인 지방자치단체가 표면적으로는 공동제안 또는 공동작성하더라도 실질적으로 민간기업에게 위임하는 경우에는 검토가 필요하다. 사인(私人)에 대한 행정권한위임, 즉 공무위탁받은 사인이 건축, 사업 등을 하고자 하는 경우 사전에 행정청의 승인(허가, 특허, 인가 등)을 받는 제도와는 전혀 다르다. 전자는 공무위탁을 통해 사인이 행정주체 또는 행정청이 되는 데 반하여, 후자는 사인의 '사인으로서의 신분'에 아무런 변화가 없다.[54] 행정실무상으로는 사인이 행정청의 보조자로서 활용하는 경우가 많은데[55], 기업도시개발계획의 경우에 민간기업은 '자기의 이름으로 행정권을 행사할 수 있는 공무수탁사인'에 해당될 것이다. 만일 위임에 해당된다면 민간기업에의 공공행정의 위임이 영구히 또는 계속적으로 이루어지고 그에 대한 통제가 전혀 이루어지지 않는다면 그것은 「헌법」 제66조제4항의 '행정권은 대통령을 수반으로 하는 정부에 속한다'는 규정의 취지에 반할 수 있다.[56] 기업에 대해 일개 도시를 건설하고 관리할 수 있는 자율권을 허용하는 것은 해당 지방자치단체의 계획고권을 침해하거나 포기를 의미[57·58] 하는 것이다.

계획고권은 이를 형해화시키는 입법이나 지방자치단체가 계획고권을 행사하기 어렵게 하는 각종의 조치에 대한 '통제'의 문제가 중요하다.[59]

---

[53] 김남철(1), 전게논문, p. 20.
[54] 신보성(2), "사인에의 행정권한위임의 법적 고찰",《법조》제526호, 2000. 7, p. 82.
[55] 상게논문, p. 83.
[56] 상게논문, p. 89.
[57] 조명래, "외국사례에 비추어 본 기업도시와 경제정의", 대안연대회의·민주노총 주최 '기업도시와 경제정의 토론회', 2004. 7. 30, 민주노총 회의실, p. 53.
[58] 신봉기(1), 전게논문, p. 257.

입법권자가 지방자치단체의 계획고권을 침해하는 경우에 입법권자의 '입법목적'과 그 규율에 따른 지방자치단체에 대한 '제한' 사이에 과잉금지원칙에 따른 검토가 필요하다.[60] 또한 「헌법」상 일반원칙인 공익의 원칙과 비례의 원칙 그리고 제도적 보장이론상의 핵심영역침해금지의 원칙에 따른 검토도 필요하다. 핵심영역침해금지의 원칙으로 계획고권을 침해하는 법률은 공익이나 비례원칙에 반하지 않는 한 허용될 수 있지만, 어떠한 경우에도 지방자치권의 본질적 내용을 침해해서는 안 된다.[61]

이러한 의미에 비추어보면, 「기업도시개발특별법」에서 기업도시개발계획의 입안권을 민간기업 또는 건설교통부장관에게 주지 않고 원칙적으로 공동입안을 하도록 하고 있는 것은 타당하다. 다만, 내부적으로 개발계획의 수립을 민간기업에게 완전히 위임 또는 대행시키는 경우에는 계획고권의 침해가 아닌 포기에 해당되므로 문제가 될 것으로 생각된다. 따라서 지방자치단체는 지방분권화정책에 의해 강화된 권한과 지위를 활용하여 그 나름대로의 경영마인드를 제고하여 민간참여의 한계를 극복하는 노력을 병행해야 할 것이다.[62]

또한 개발구역의 지정제안과 개발계획의 작성 과정에서 민간기업과 진정한 의미에서의 공동제안·작성이 이루어지도록 충분하게 협의하고 적정하게 역할을 분담해야 한다. 실질적으로는 민간기업이 도시를 건설하고자 하는 경우 토지의 매수는 물론 개발계획 실시계획입안, 도로·학교, 인프라 건설 등 모든 영역에서 지방자치단체와 상호 협조 없이는 도시의 입안과 건설에 따른 일련의 과정이 원활히 이루어질 수 없다. 따라

---

[59] 상게논문, p. 269 ; 신봉기, "계획고권 논쟁의 종식과 우리의 과제", 《법률신문》 제3075호, 2002. 5. 16.
[60] 상게논문, p. 265.
[61] 김남철(2), 전게논문, p. 10 ; 김남철(3), 전게논문, pp. 299~301.
[62] 계기석, 전게논문, p. 13.

서 민간기업은 지방자치단체와 충분히 협의하고 역할을 분담하지 않을 수 없다. 그러므로 지방자치단체의 계획고권이 침해될 가능성은 거의 없다고 볼 수 있다.

4. 현행제도

기업도시개발사업의 주체

「기업도시개발특별법」에서는 건설교통부장관은 개발구역의 지정을 제안한 민간기업 등을 개발사업의 시행자로 지정하도록 하고(동법 제10조제1항), 민간기업 또는 국가기관, 지방자치단체, 정부투자기관, 지방공기업, 제주국제자유도시개발센터가 개발사업의 시행자로 지정된 민간기업과 협의하여 개발사업을 공동으로 시행하고자 신청이 있는 경우에는 이를 공동시행자로 지정할 수 있도록 하고 있다(동법 제10조제2항).

이를 유형별로 살펴보면, 단일 민간기업 또는 다수 민간기업 컨소시움의 유형과 민간기업과 공공(국가, 지자체, 정부투자기관, 지방공사 등)이 결합된 유형으로 구분할 수 있다.[63] 민간부문과 공공부문의 공동시행은 민간지분 우위를 원칙으로 하고, 예외로 혁신거점형(공공기관 지방이전) 등 특히 필요한 경우는 공공부문의 모든 시행자 지분비율의 합이 70%까지

---

[63] 김정렬, "민간복합도시개발특별법(안)", 대한국토·도시계획학회 주최 '민간복합도시(기업도시) 개발방향과 특별법 제정(안)에 관한 공청회(이하 '기업도시공청회'라고 함)' 2004. 9. 22, p. 60 ; 건설교통부(1), 전게서, p. 20.

완화가 가능하다(동법 제10조제5항, 동법 시행령 제14조제5항).

시행자는 최소자기자본비율과 재무건전성을 충족하고 개발토지를 직접 사용하여야 한다. 개발사업의 시행자로 지정받고자 하는 자는 그 지정 전에 토지매입비 및 부지조성공사비와 설계비 등 도시조성비의 10% 이상[64]의 자기자본 및 투자자금(50% 범위 안에서 금융기관이 대출확약을 한 자금을 포함)을 확보하여야 한다(동법 제10조제4항, 동법 시행령 제14조제2항 내지 제4항). 이 경우 자본금에 토지를 현물로 출자한 때에는「부동산가격공시 및 감정평가에 관한 법률」의 규정에 의한 당해 토지의 최근 연도 공시지가에 2분의 1을 곱한 금액만을 당해 토지에 대한 자본금으로 산정하며, 도시조성비의 20% 이상의 비율의 2분의 1을 초과할 수 없다(동법 시행령 제14조제3항).

재무건전성은 민간기업의 경우 신용등급 BBB 이상인 요건 충족을 전제로 시행령상의 5개 기준 중 3가지 이상을 충족해야 하고, 별도의 전담기업을 설립한 경우 신용등급 BBB 이상을 충족해야 한다(동법 제10조제3항, 동법 시행령 제14조제1항).

시행자 또는 출자 모기업은 가용토지 중 일정비율 이상 등을 사용해야 한다(동법 제16조제1항, 동법 시행령 제30조제1항). 이 경우 산업교역형은 산업·업무용지의 30% 이상, 관광·레저형은 관광·레저용지의 50% 이상, 지식기반형·혁신거점형은 산업·업무용지의 20% 이상이 되어야 한다.

또한 시행자를 취소하거나 대체지정할 수 있다. 건설교통부장관은 시행자가 직접 사용하도록 계획된 토지에 개발사업을 착수하지 아니하거나, 개발사업 진행의 정도가 사업추진계획에 비추어 현저히 부진한

---

[64] 기업도시공청회에서 소개된 특별법(안)에서는 최소자기자본비율은 총사업비(보상비+토지조성비)의 25% 이상이었다(상계논문, p.60 ; 건설교통부(1), 전게서, p. 20).

표 3 산업용지 조성 비율과 산업용지 중 시행자의 직접사용 비율
(단위 : %)

구분	산업교역형	지식기반형	관광·레저형	혁신거점형
가용지 중 산업용지 비율	40	30	50	30
산업용지 중 직접사용 비율	30	20	50	30

주 : 도시개발시 가용지는 통상 50% 수준(나머지는 도로·공원 등 공공용지).
자료 : 건설교통부, "기업도시개발제도", 2005. 5, p. 49.

경우, 시행자가 시장·군수와 체결한 협약내용을 약정기한 이내에 이행하지 아니하거나 이행할 의사가 없는 경우, 시행자가 명령이나 처분을 위반한 경우로서 공익을 위하여 시행자 지정의 취소가 요청되는 경우, 시행자가 부정한 방법으로 허가·지정 또는 승인 등을 받은 경우에는 시행자 지정을 취소할 수 있도록 하고 있다(동법 제48조제1항). 건설교통부장관은 시행자의 지정을 취소한 경우에는 민간기업, 국가기관 또는 지방자치단체, 「공공기관의 운영에 관한 법률」에 의한 정부투자기관, 「지방공기업법」에 의한 지방공기업을 시행자로 대체하여 지정할 수 있다(동법 제48조제2항).[65]

기업도시개발구역의 지정제안

「기업도시개발특별법」에서는 기업도시의 공공성 확보를 위해 건설교통부·문화관광부의 승인을 받아 이행하고, 지속가능한 기업도시 계획기준을 수립·운용하여 개발계획의 가이드라인을 제시하여야 한다.[66]

---

[65] 기업도시공청회에서 소개된 특별법(안)에서는 시행자 변경 등에 대하여 사업이 상당 수준 진척되어 구역지정 취소시 큰 피해가 예상되는 경우 등에 지정권자 승인으로 시행자를 추가하거나 축소하는 등 변경에 제한을 가하고, 시행자 도산 등 사업시행이 불가능하거나, 시행자가 사업계획에 따른 사업체의 이전 등을 이행하지 않는 경우 등에는 시장·군수가 사업을 대리시행하거나 대체시행자를 지정하도록 하였다(김정렬, 전게논문, p. 60 ; 건설교통부(1), 전게서, p. 20).

[66] 건설교통부(2), 기업도시개발제도 설명자료, 2005. 5. p. 10.

원칙적으로 민간기업이 필요로 하는 지역에 민간기업과 국가기관 또는 지방자치단체, 정부투자기관, 지방공기업, 제주국제자유도시개발센터가 공동으로 지정을 신청하거나 관할 광역시장·시장 또는 군수와 공동으로 건설교통부장관에게 개발구역의 지정을 제안할 수 있다(동법 제4조 제1항 본문). 다만, 공동제안을 위한 협의가 현저히 지연될 우려가 있거나 도와 공동으로 사업을 시행하고자 하는 경우에는 도지사와 공동으로 제안할 수 있다(동법 제4조제1항 단서).[67] 민간기업은 지정제안 신청시에 개발구역의 명칭·위치 및 면적, 기업도시의 기본성격 및 개발의 기본방향, 기업도시의 개발계획에 관한 사항, 재무구조·대출확약 등 제안자의 재무상태에 관한 사항, 조성된 토지의 직접사용에 관한 사항, 사업성 분석자료(총사업비 산정자료, 연차별 투자계획, 연차별 자금회수계획, 수익성 분석자료 등)를 첨부하여 제출하여야 한다(동법 동조제2항). 또한 관할 광역시장·시장 또는 군수와 협의한 협약안을 제출하여야 하며, 협약안에는 개발사업의 시행에 관한 사항, 기업도시의 관리·운영(개발사업의 완료 전후를 모두 포함)에 관한 사항, 기반시설의 설치 및 비용 부담에 관한 사항 등이 포함되어야 한다(동법 동조제2항제7호, 동법 시행령 제2조제3항).

건설교통부장관이 기업도시개발구역을 지정하고자 할 때에는 개발사업은 다음의 요건을 갖추어야 한다(동법 제6조제1항, 동법 시행령 제8조). ① 개발사업이 낙후지역의 개발이나 지역경제 활성화 등 국가균형발전에 기여함으로써 공익성을 갖출 것, ② 개발사업이 지속가능한 발전에 부합할 것, ③ 개발사업이 당해 지역의 특성 및 여건에 부합할 것, ④ 개발사

---

[67] 기업도시공청회에서는 민간복합도시가 반드시 필요한 지역이지만, 민선 지자체장의 비협조·주민의 무리한 요구 등으로 인해 추진이 어려운 경우에는 예외적으로 제안자 단독신청도 가능하도록 하였다(김정렬, 전게논문, p. 54 ; 건설교통부(1), 전게서, p. 14).

업의 투자계획 등이 실현가능할 것, ⑤ 그 밖에 입지지정요건에 부합할 것 등이다. 기업도시개발구역의 최소개발규모는 산업교역형의 경우 500만㎡(예외로 330만㎡ 이상 가능), 지식기반형의 경우 330만㎡, 관광·레저형 660만㎡, 혁신거점형 330만㎡(예외로 165만㎡ 이상 가능)로 한다(동법 제6조 제2항, 동법 시행령 제9조). 기업도시개발사업은 개발구역의 지정을 제안한 민간기업 등을 건설교통부장관이 개발사업의 시행자로 지정함으로써 시행한다(동법 제10조제1항). 공동시행자를 개발사업의 시행자로 지정하는 경우에는 민간기업의 지분비율의 합을 초과할 수 없다(동법 동조제4항). 건설교통부장관은 다음과 같은 경우 기업도시위원회의 심의를 거쳐 기업도시 지정을 해제할 수 있다(동법 제7조, 동법 시행령 제11조). ① 기업도시 개발계획이 승인·고시된 날부터 3년 이내에 실시계획의 승인을 신청하지 아니한 경우, ② 실시계획이 승인·고시된 날부터 2년 이내에 토지면적의 30% 이상의 토지를 매수하지 아니한 경우, ③ 그 밖에 개발사업의 추진상황으로 보아 개발구역의 지정목적을 달성할 수 없다고 인정되는 경우에 해당하는 때 등이다.

기업도시개발사업과 기반시설 부담

기업도시는 민간부문이 주도적으로 개발계획을 수립하여 민간부문의 창의와 민간자본의 유치를 촉진하고 재정에 의한 기반시설 부담을 완화한다. 또한 기업도시 개발로 얻어진 개발이익의 일부를 도시기반시설에 투자하여 기업도시개발계획의 공공성을 늘리고 특정기업의 특혜 등에 대한 논란을 제거하고 있다.[68] 「기업도시개발특별법」에서는 개발사업의 시행자 지정기준을 정하고 있으며(동법 제10조, 동법 시행령 제14조), 사업시행자의 기반시설 투자비용[69·70]에 대해 출자총액의 예외를 인정한다 (동법 제32조, 동법 시행령 제40조).

각종 개발사업 시행시 사업시행자와 인·허가 행정관청이 해결해야 할 과제 중의 하나는 도시기반시설의 설치범위에 관한 것이다. 「도시개발법」에서는 사업의 수익성을 고려하여 개발사업구역 안에서의 개발사업계획 수립권을 사업시행자에게 주고 있으므로 개발사업구역 안에서의 주요 기반시설인 도로·상하수도의 설치는 사업시행자가 부담하고 있고, 대부분의 도시개발사업도 유사한 방법으로 도시기반시설의 설치문제를 해결하고 있다(동법 제54조). 그러나 개발사업구역 밖에 있는 구역경계까지의 연결도로 등 주요 도시기반시설은 그 설치종류 및 범위를 개발계획구역 지정권자와 협의하여 처리하도록 하고 있다(동법 제57조). 즉, 개발계획 수립시 개발구역 지정권자와 협의하여 개발계획의 내용에 포함하도록 하고, 또한 실시계획 인가 후에는 협의된 범위 외의 추가조건은 부과할 수 없도록 명문화함으로써 추후 사업시행시 기반시설의 설치와 관련된 시비를 없애고 이에 따라 사업추진이 원활히 될 수 있도록 하였다.[71] 「산업입지 및 개발에 관한 법률」에서는 도로, 공원, 광장, 하천, 녹지, 수도, 하수도, 유수지시설 등의 공공시설을 사업시행자가 설치하는 경우에는 무상으로 귀속(동법 제26조, 동법 시행령 제24조의4)되도록 하

---

68 전국경제인연합회(1), 전게서, p. 34.
69 기반시설은 「국토의 계획 및 이용에 관한 법률」 제2조제6호의 규정에 의한 기반시설을 의미한다. 즉, ① 도로·철도 등 교통시설, ② 광장·공원·녹지 등 공간시설, ③ 유통업무설비, 수도·전기 등 유통공급시설, ④ 학교·공공청사 등 공공시설, 공공·문화체육시설, ⑤ 하천·유수지·방화설비 등 방재시설, ⑥ 화장장·납골시설 등 보건위생시설, ⑦ 하수도·폐기물처리시설 등 환경기초시설 등이다.
70 기반시설 투자비의 규모는 도시조성비의 30~70% 수준이고, 이는 사업시행자가 확보하여야 하는 최소자기자본비율(도시조성비의 20%)의 2~4배 수준에 달할 것으로 예상하고 있다. 동탄신도시의 경우 총사업비는 28,602억 원이고, 기반시설비는 20,020억 원(기업도시라면 최소자기자본은 5,720억 원)으로 기반시설 투자비용은 최소자본금액의 4배 이상, 총사업비의 70% 수준이다(건설교통부(2), 전게서, p. 49).
71 김병수, 전게논문, p. 26.

그림 1 기업도시의 추진절차 및 내용

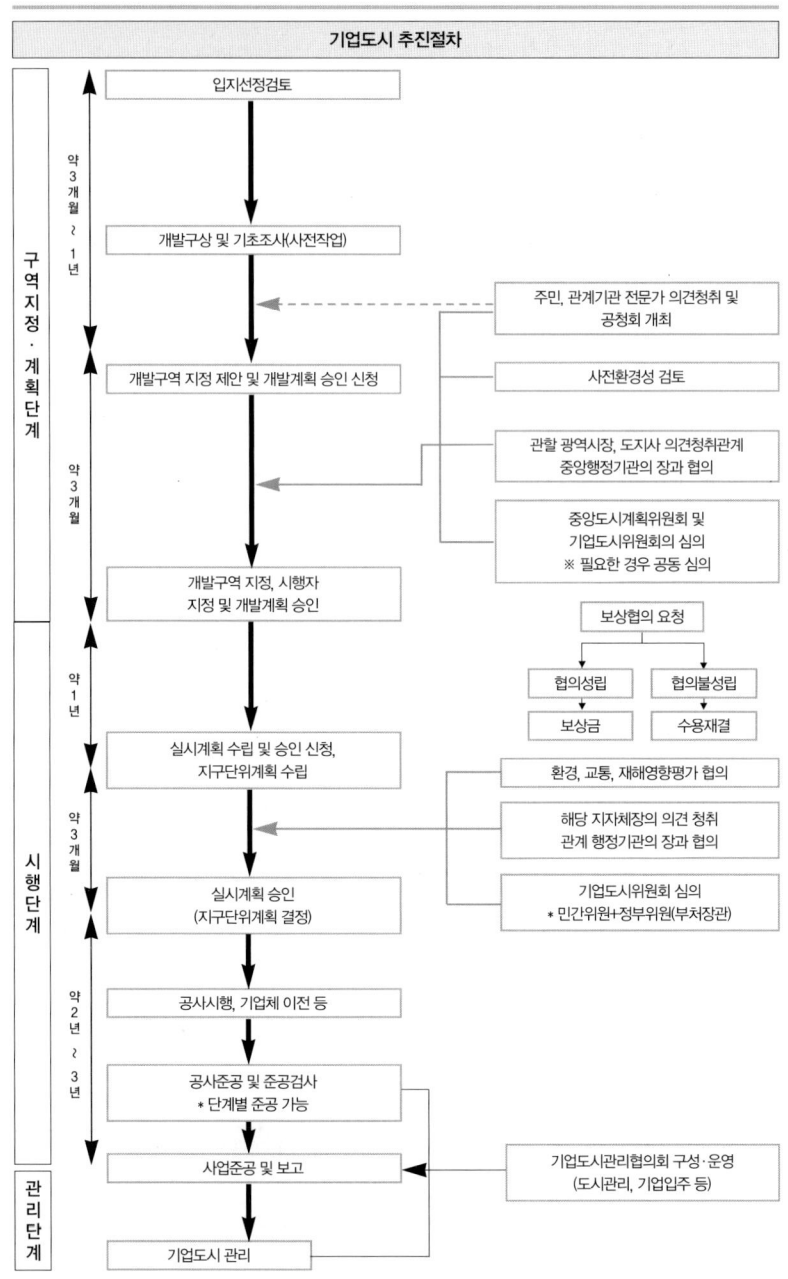

자료 : 건설교통부(2), 전게서, p.14.

기업도시 관련내용

- **중점 고려사항**
  - 우선배려 : 낙후지역, 지역경제활성화에 기여하는 지역
  - 제외지역 : 수도권, 광역시(군지역 제외)
    대규모 사업이 집중된 지역 및 그 인근지역(기업도시위원회의 심의 후 건교부장관이 고시하는 지역)

- **필요시 지자체와 민간기업 간 기본합의서 체결**

- **협약안 주요 내용** – 사업의 범위와 규모, 시행자, 사업비 및 재원조달, 시행자의 기업이전 및 사업장 설치, 지역경제 및 지역사회 와의 조화·협력, 토지취득 및 보상, 지자체 지원사항, 기반시설의 설치범위, 설치시기와 주체, 투자지연시 대책에 관한 사항

- **지정 제안자** – 시행사 + 시장·군수 공동 제안

- **최소개발규모**
  - 산업교역형 500만㎡, 지식기반형 330만㎡
    관광·레저형 660만㎡, 혁신거점형 330만㎡
  - 산업교역형인 경우 330만㎡ 이상
    혁신거점형인 경우 165만㎡ 이상
    예외로 가능(기업도시위 심의)

- **시장요건**
  - 낙후지역의 개발 및 지역경제 활성화 등 국가균형발전 기여
  - 지속가능한 발전가능성
  - 당해 지역의 특성 및 여건부합
  - 투자계획 등의 실현가능성

- **시행자**
  - 민간단독개발(단일 민간기업, 민간기업+민간기업)
    - 기존 기업이 직접 개발하는 방식, 별도의 프로젝트회사 설립개발방식
      * 개발구역최소면적, 시행자 직접사용 등 의무화에 단독시행의 어려움 → 제조업체(설비)+건설업체(개발사업)의 컨소 시엄 구성, 참여가 바람직
  - 민+관 합동개발(민간+공기업, 민간+지방공사, 민간+지자체)
    - 단일기업과 공공주체, 다수 민간기업과 공공주체 합동개발 모두 가능(민간지분은 50% 이상, 공공주체 최소지분제한은 없음)

- **시행자 자격요건**
  - 기존 기업 : 자기자본비율 + 재무건전성 세부요건 충족
  - 프로젝트 회사 : 자기자본비율 충족 * 자기자본비율 : 도시조성비의 20% 이상, 그중 50%는 금융기관 대출확약 가능

- **시행자 직접사용의무 비율**
  - 가용지 중 산업용지 비율 : 산업 40%, 지식 30%, 관광 50%, 혁신 30%
  - 산업용지 중 직접사용 비율 : 산업 30%, 지식 20%, 관광 50%, 혁신 30%
  - 공공주체가 대체시행자 지정시 면제 : 혁신거점형은 위원회 심의로 20%까지 완화 가능

- **토지수용** – 조건 : 민간기업 단독시행시 토지면적의 50% 이상 확보 후 수용재결 신청
  - 재결신청기간 : 개발계획 승인 후 2년 내, 부득이한 경우 1년 연장 가능

- **지자체와 민간기업 간 협약서 체결 → 실시계획 승인을 위한 필요서류**

- **실시계획 승인신청기한** – 개발계획 승인 이후 3년 이내 (미이행시 개발구역 지정 취소)

- **인·허가의제** – 실시계획 승인 → 41개 법률의 88개 인·허가 의제처리

- **조성토지 처분 및 주택 공급상의 자율권 부여**
  - 다만, 토지거래허가구역, 투기과열지구 등 투기우려지역은 자율권 제한

- **국세(법인세, 소득세) 감면**
  - 외국인투자기업 : 사업시행자, 입주기업 → 3년간 100%, 이후 2년간 50% 감면
  - 입주기업 : 3년간 100%, 이후 2년간 50% 감면
  - 사업시행자 : 3년간 50%, 2년간 25%
  - 수도권 → 지방이전기업 : 5년 면제, 2년 50%(현행법)
  - 지방세 : 15년 범위 내 지방자치단체가 감면기간, 감면비율 등 자율 결정

- **지방세(취득세, 등록세, 재산세, 종토세)**
  - 15년 범위 내에서 지자체가 감면기간, 감면비율 조례로 자율 결정

는 한편, 산업단지의 원활한 조성을 위하여 필요한 항만·도로·용수시설·철도·통신·전기시설 등 기반시설은 국가 또는 지방자치단체 및 당해 시설을 공급하는 자가 우선적으로 지원하도록 하고 있다(동법 제29조, 동법 시행령 제27조, 제27조의2). 그리고 사업시행자에 대한 시설부담으로 실시계획승인권자는 사업시행자에게 산업단지의 진입도로 및 간선도로, 산업단지 안에 보존할 녹지 및 공원, 용수공급시설·하수도시설·전기통신시설·폐수종말처리시설 및 폐기물처리시설, 국가 또는 지방자치단체에 무상으로 귀속되는 공공시설을 설치하게 하거나 녹지를 보존하게 할 수 있도록 하고 있다(동법 제33조, 동법 시행령 제31조). 「주택법」에서는 간선시설을 도로·상하수도·전기시설·가스시설·통신시설 및 지역난방시설 등 주택단지 안의 기간시설을 당해 주택단지 밖에 있는 동종의 기간시설에 연결시키는 시설(가스시설·통신시설 및 지역난방시설의 경우에는 주택단지 안의 기간시설을 포함)로 규정하고(동법 제2조제8호), 사업주체가 주택건설사업 또는 대지조성사업을 시행하는 경우에 도로 및 상하수도시설은 지방자치단체가 설치 또는 비용을 부담하도록 하고, 전기시설·통신시설·가스시설 또는 지역난방시설은 당해 지역에 전기·통신·가스 또는 난방을 공급하는 자가 설치 또는 비용을 부담하도록 하고 있다(동법 제23조).

「기업도시개발특별법」에서는 개발구역 지정을 제안할 때 기반시설의 설치 및 비용부담에 관한 사항에 대해 관할 시장·군수와 협의한 사업 추진 등에 관한 협약안을 제출하도록 하고 있다(동법 제4조). 사업성 분석 결과 적정한 개발이익을 초과한 경우에는 일정한 기간 이내에 그 초과이익의 범위 안에서 시행자에게 개발구역 밖의 간선시설과 개발구역 안의 도서관·문화회관·운동장 등 공공편익시설을 설치하도록 하고 있다(동법 제8조). 또한 개발계획에는 도로, 상·하수도 등 주요 기반시설의 설치계획(비용부담계획을 포함), 개발구역 밖의 지역에 설치하는 간선시설·개발구역 안의 공공편익시설 비용의 부담계획이 포함되도록 하고 있다(동법 제11조). 개발사업에 필요한 비용은 시행자가 부담하도록 하고(동법 제19조제1항), 개발구역 내에서 도로 및 상·하수도시설의 설치는 지방자치단체, 전기시설·가스공급시설 또는 지역난방시설의 설치는 당해 지역에 전기·가스 또는 난방을 공급하는 자, 통신시설의 설치는 당해 지역에 통신서비스를 제공하는 자가 설치하도록 하는 원칙을 규정하고 있다(동법 제19조제2항, 동법 시행령 제31조). 한편 비용부담의 사후조정(동법 제20조)과 국가균형발전특별회계의 지원(동법 제34조)을 통해 기반시설의 건설 및 확충을 원활히 하도록 하고 있다.

5. 향후의 과제

기존 도시계획과의 연계성과 주민참여

「기업도시개발특별법」은 건설교통부장관이 지정제안을 받은 경우에는 관할 광역시장·도지사의 의견청취, 관계 중앙행정기관장과의 협의, 중앙도시계획위원회와 기업도시위원회의 심의, 공청회 등의 절차를 거쳐 개발구역을 지정하도록 하고 있다(동법 제5조). 이와 함께 개발구역의 지정을 제안하는 자는 기업도시개발계획의 승인과 실시계획의 승인을 동시에 얻도록 하고 있다(동법 제11·12조). 기업도시개발계획의 승인을 얻은 경우에는 「국토의 계획 및 이용에 관한 법률」에 의한 도시기본계획은 물론 도시관리계획이 결정된 것으로 의제되고(동법 제11조제5항제1·2호), 실시계획의 승인을 얻은 경우에는 41개 법률에 의한 88개의 인·허가사항이 의제되고 있다(동법 제13조).

기업도시개발사업은 민간기업의 발안과 그 추진력으로 수행된다. 따라서 민간기업이 기업도시개발구역을 지정해줄 것을 제안하는 단계에서 이미 그 추진계획사항이 구체적이고 실현가능성이 있는 것이어야 한다. 그러나 하나의 자족적 복합도시를 건설하는 일이라는 점에서 초기 단계에서 매우 비현실적이고 구체성이 덜한 자료를 바탕으로 개발계획을 작성하고 승인되며, 매우 광범위하고 중대한 법적 효과가 수반되는 행정결정(개발구역의 지정, 사업시행자 지정 및 개발계획의 승인 등)이 행해지게 되는 점은 큰 문제점[72]이라는 의견이 있다. 그러므로 사업시행자는 충분한 연구와 검토를 거쳐 기업도시개발계획의 내용이 구체적이고 실현가능하도록 하여 개발구역 지정을 제안해야 한다. 또 기존 도시계획과의 내용적 연계성이 매우 취약해질 우려[73]를 불식시키고 기업도시개발계획은 이미 수립된 도시계획에 적합하도록 하여야 한다.[74] 그리고 지방자치단체와 계획단계에서 면밀하고 충분한 협의를 거쳐 지방자치단체의 계획고권을 충분히 보장해주어야 한다.

또 인·허가의제는 의제조항에 따라 행정절차를 줄여 행정의 효율성·신속성·경제성을 도모할 수 있으나 타행정청과 이해관계인의 권리보호가 경시될 수도 있다. 특히 의제조항을 통해서 타행정청과의 협의

---

[72] 기업도시개발사업은 그 추진 과정에서 많은 주민들의 재산권침해가 야기되고 기업도시개발구역의 지정과 동시에 개발사업자가 지정되고 개발계획이 승인되어, 사업시행자에게 매우 광범위한 법적·제도적 특례와 각종의 지원이 이루어진다는 점에서 그러하다(김해룡(1), 전게논문, pp. 81~82).
[73] 김해룡(1), 전게논문, p. 82.
[74] 김남철(1), 전게논문, p. 593 ; 건설교통부(3), 기업도시 개발에 따른 토지수용권에 관한 최종보고서, 2004. 12, p.5.; 김해룡(1), 전게논문, pp. 82~83.

나 이해관계인의 참여가 생략되는 것이 문제라고 할 수 있다.[75] 따라서 개발구역의 지정단계는 물론 도시기본계획의 수립이 의제되는 기업도시개발계획과 실시계획의 승인단계에서 주민 및 이해관계인의 의견청취를 거쳐 기업도시 개발을 투명하고 원활하게 하여야 한다.

기업도시개발사업 후의 도시관리

「기업도시개발특별법」은 개발구역의 지정시 기업도시 관리·운영(개발사업의 완료 전후를 모두 포함)에 관한 사항에 관하여 민간기업과 관할 광역시장·시장 또는 군수와 협의한 협약안을 제출하도록 하고(동법 제4조제2항제7호, 동법 시행령 제2조제3항), 기업도시의 효율적 관리를 위해 기업도시관리협의회를 설립하도록 하고 있다(동법 제40조, 동법 시행령 제45조). 한편, 개발토지 직접사용의무(가용토지 중 일정비율 이상 등)를 규정하여 시행자 또는 출자 모기업이 토지사용의무를 이행하도록 한다(동법 제16조제1항, 동법 시행령 제30조제1항). 또한 조성토지 및 공동주택의 공급·처분에 관하여는 개발계획과 실시계획에서 승인받도록 하고(동법 제11·12조), 일정한 경우에는 조성토지 및 공동주택의 공급·처분을 제한하고 있다(동법 제16조제2항, 제22조). 이러한 규정에 비추어보면, 기업도시개발사업 이후의 도시관리는 협약안에 의해서만 정해질 뿐 다른 제도적인 장치는 보이지 않는다. 따라서 민간기업 등이 기업도시를 개발한 후에 의무적 사용부분만을 사용하고 나머지는 처분하는 경우와 개발부분 전체를 사용하는 경우로 나누어서 검토할 수 있다.

---

[75] 건설교통부(3), 전게서, p. 5, pp. 19~21, pp. 46~47.

전자의 경우, 기업도시의 관리는 지방자치단체의 부담이 된다. 민간부문의 계속적인 공익사업 수행을 담보하기 위하여 행정행위의 부관이나 사업자의 구체적 행위에 대한 신고 및 인·허가권의 유보, 공법상의 계약 등 보다 효과적인 보장수단[76]이 필요하다.

후자의 경우, 민간기업의 수익성과 사회의 공익성이 조화를 이루어야 한다. 민간부문은 본질적으로 수익성의 추구를 목표로 사업에 참여하기 때문에 사업의 공공성이 훼손될 우려가 있다. 사실, 도시개발사업에 대한 민간참여는 시장경제원리에 따라 도시기반시설의 효율적인 확충을 도모할 수 있으나, 공공재에 속하는 인프라의 생산을 과연 민간이 적절한 수준으로 유지할 수 있는가 하는 부정적인 측면도 있다.[77] 기업도시개발을 맡은 민간기업의 운영이 부실할 경우 지역주민들에게 공급하는 서비스의 질이 저하될 우려가 있다. 이에 더하여 기업이 도산하거나 노사분규가 발생할 경우 서비스 공급이 중단될 우려마저 있다.[78] 지금까지 공사협력과 관련해서 사기업에 의한 기업도시를 개발함에 있어서는 민간부문의 자본·기술·효율성, 사업의 공공성, 주민의 기본권 등의 가치가 서로 조화를 이루어야 하는 것[79]이 강조되었다. 이러한 점들은 도시관리에 있어서도 중요한 가치로 다루어져야 할 것이다. 기업도시의 관리에 있어서 시민들이 가지는 각종 기본권이나 공법상의 일반원리와 같은 공법적인 규율이 일반적으로 타당하여야 한다. 또한 민간기업과 지방자치단체는 협약안을 발전시켜서 기업도시의 관리에 관한 사

---

[76] 김성수, 전게서, p. 647 ; 정연주(1), "공용침해허용요건으로서의 공공필요", 《연세법학연구》 제1권 제1호, 1990. 2, p. 164 ; 제정부, "민간사업자에 의한 토지수용법제", 《법제》 통권 제507호(2003. 3), p. 21 ; 건설교통부(3), 전게서, p. 5, p. 45.
[77] 계기석, 전게논문, p. 9.
[78] 상게논문, p. 9.
[79] 김남철(1), p. 575.

무를 구분하여 수행하여야 한다. 일본 도요타시는 총 211개의 자치구로 구성되어 있는데, 자치구의 기능과 역할 중에서 가장 중요한 특색은 막대한 행정위탁사무를 담당하고 있다는 점이다. 자치구가 수행하는 행정위탁사무를 구체적으로 열거하면 다음과 같다. ① 공공용지 등 매수시 협력사무 12항목, ② 공공사업에 대한 협력사무 8항목, ③ 공공역원의 추천에 관한 협력사무 6항목, ④ 현지측량 및 조사시 협력사무 7항목, ⑤ 기타 도시행정에 관한 일반적 협력사무 7항목, ⑥ 수익자 신청에 의한 사무 21항목, ⑦ 기타 도시행정에 관한 일반적인 협력사무와 외곽단체에 대한 협력사무 9항목 등이다. 이상과 같이 총 7종 70항목에 달하는 상당량의 행정위탁사무의 존재는 확실히 자치구가 행정말단기관으로서의 역할을 담당해왔음을 보여준다. 특히 도요타시가 자동차공업도시로 변모되는 과정에서 자치구가 토지매수를 비롯하여 공업화·도시화에 있어 중요한 업무를 수행해왔다는 점이 중요하다.[80] 도요타시의 '기업사회'와 '지역시민사회'의 중층구조는 새로운 국면을 맞고 있다.[81] 일반적으로 기업도시에서의 지역자치의 발전과 성숙은 기업과 지역주민에 의한 지역공동관리 여부가 관건이라고 한다면, 지역주민의 공동관리의 역량이 '기업사회'의 지역정책과 조화를 이루면서 축적되어가야 한다.

기업도시개발사업의 위험부담

기업도시개발사업이 상당 수준 진척되었으나 시행자가 도산하거나 계

---

[80] 박재욱, "대기업 울산시와 도요타시(豊田市)의 기업권력과 지방정치 : 한·일 간 자동차생산도시의 비교연구", 《한국과 국제정치》 30, 경남대학교 극동문제연구소, 1999. 6, pp. 118~119.
[81] 상게논문, p. 125.

속 사업을 추진하는 경우 큰 피해가 예상되는 경우 위험부담에 대한 제도적 장치가 필요하다. 「기업도시개발특별법」은 시행자가 실시계획승인을 신청하지 아니하거나, 사업추진을 위한 토지를 매수하지 아니하거나, 개발사업의 추진상황으로 보아 개발구역의 지정목적을 달성할 수 없다고 인정되는 경우에는 기업도시개발구역의 지정을 해제할 수 있도록 하고 있다(동법 제7조, 동법 시행령 제11조). 또한 시행자가 개발사업을 추진하지 않는 경우 시행자 지정을 취소하고 민간기업, 국가기관 또는 지방자치단체, 정부투자기관, 지방공기업을 시행자로 대체지정하고, 시행자의 지위를 승계하고 매수할 수 있도록 하고 있다(동법 제48조). 그리고 시행자가 직접사용토지에 사업체 이전 등을 시행하지 않는 경우에는 조성토지처분권과 주택공급권을 환수하도록 하고 있다(동법 제16조제2항). 이러한 규정에 비추어보면, 기업도시개발사업은 이익을 전제로 하는 시행자의 책임에 초점이 맞추어져 있다. 또한 공공부문과 민간부문의 위험부담에 관한 내용은 구체적인 협약안에 의해서만 정해질 뿐 다른 제도적인 장치는 보이지 않는다.

    기업도시개발사업에서의 공사협력은 공공부문과 민간부문이 협력하여 함께 개발주체로 나서는 것이다. 이와같은 협력은 계획 및 설계단계에서부터 건설시공단계 그리고 시공 후의 관리·운영까지를 포함한다. 경험과 기술, 재원과 인력 등을 상호 보완해야 한다. 여기에는 상호 협정에 따른 공정한 수익부담은 물론이고 위험부담(risk-sharing)도 포함된다.[82] 공사협력에서의 공공부문과 민간부문의 불평등관계로 기업도시 개발의 물리적·사회경제적인 불평등의 문제는 남기 때문이다. 따라

---

[82] 서충원, "도시개발주체로서 관민파트너쉽", 《국토》, 국토연구원, 1999. 8, p. 15.

서 「사회기반시설에 대한 민간투자법」상의 재정지원(동법 제53조), 매수청구권(동법 제59조) 등과 같이 기업도시개발사업에 있어서 공공부문과 민간부문의 위험부담에 관한 최소한의 제도적 장치가 필요하다.

02 기업도시와 토지수용권

1. 이론으로 살펴본 쟁점

토지수용의 요건

「헌법」 제23조제3항은 '공공필요에 의한 재산권의 수용·사용 또는 제한 및 그에 대한 보상은 법률로써 하되, 정당한 보상을 지급하여야 한다'고 규정하고 있다. 독일기본법 제14조제3항제1문은 '수용은 단지 공공의 복리(Wohl der Allgemeinheit)를 위해서만 허용된다'고 규정하고 있다. 수용 등의 목적은 공공필요, 공공복리 혹은 공익에 있다. 이 경우의 '공공필요', '공공복리', '공익'[83]이 무엇인지, 그리고 어떤 상황이 이러한 공익 등에 부합되는지가 문제된다.[84] 공공복리는 국가공동체의 근본가

---

[83] 공공복리 내지 공익에 대한 구체적인 개념은 이기철, "공공복리 내지 공익의 개념", 《토지공법연구》 제18집, 2003. 6, pp. 147~189 참조.
[84] 정훈, "수용요건으로서의 공익", 《토지공법연구》 제20집, 2003. 12, p. 569.

치를 지향하는 전체이익이고, 공익은 국가공동체의 근본가치를 실현하기 위하여 입법자에게 맡겨진 전체이익이다.[85] 공공복리(넓은 의미의 공익)는 수용의 목적을 말한다. 공공의 필요성은 공익사업을 하기 위해 수용이라는 수단을 사용해야 할 필요성 여부로 당해 사업의 공익성을 판단하기 위한 비례성 심사를 통해 결정되나, 공익과 공공복리를 엄격하게 구별할 필요는 없다.[86]

현행 「공익사업을 위한 토지 등의 취득 및 보상에 관한 법률」(이하 '토지수용법'이라 한다) 제2조제2호는 '공익사업'을 '제4조 각호의 1에 해당하는 사업'이라고 규정하고 있다. 제4조의 제1호 내지 제7호에서 토지 등을 취득할 수 있는 사업을 열거하고 있고, 제8호는 '그밖에 다른 법률에 의하여 토지 등을 수용 또는 사용할 수 있는 사업'으로 규정하고 있다. 즉, 동법은 공익사업을 언급하고는 있으나 공익의 개념에 대해서는 명확하게 정의하지 않고, '공익적 사업'만 열거하고 있다.[87] 이와같이 「토지수용법」은 법률에 의한 사업만을 인정하고, 행정청에 의한 공익성 판단은 고려하고 있지 않다. 따라서 입법자에게만 공익성 판단은 맡겨두고 있어 「토지수용법」 제4조 각호에서 열거하는 사업의 종류를 살펴봄으로써 공익의 개념을 귀납적으로 추론할 수 있다.[88]

「헌법」상 공용침해가 가능하기 위해서는 「헌법」 제23조제3항에 규정된 '공공필요'가 인정되어야 한다. 여기에서의 공공필요 적합성이 인정되기 위해서는 재산권의 양보를 요구할 수 있을 정도의 '고양된 공익

---

[85] 이기철, 전게논문, p. 188.
[86] 헌법재판소는 공익과 공공복리를 동일하게 보고 있다. 즉, "「헌법」 제119조는… 국가가 경제정책을 통하여 달성하여야 할 공익을 구체화하고, 동시에 「헌법」 제37조제2항의 기본권제한을 위한 일반 법률유보에서의 공공복리를 구체화하고 있다(헌재 1996. 12. 26, 96헌가18)(정훈, 전게논문, p. 570).
[87] 상게논문, p. 573.
[88] 상게논문, p. 574.

(qualifiziertes öffentliches Interesse)'이 있어야 한다.[89] 그리고 그와같은 공익사업은 항구적으로 또는 적어도 상당한 기간 동안 반드시 수행되어야 한다. 만약 공익사업의 수행이 담보되지 않는다면 공용침해행위는 '공공필요'가 결여되어 「헌법」에 적합하기 어려울 것이기 때문이다.[90] 더 나아가 공익이라는 불확정개념을 해석·적용함에 있어서는 객관적으로 판단되어야 하고 특유한 「헌법」상의 정당화요건을 반드시 충족시켜야 한다.[91]

여기에서 '공공의 필요'란 반드시 국가에 의한 배타적인 공익의 달성만을 의미하지는 않는다. 이는 보다 광범위한 개념이며 사인이 공공의 필요에 의하여 공익사업을 시행하는 것도 포함한다. 또한 현재 다수의 법률에서도 민간을 개발사업의 시행자로 규정하고 있다.[92] 산업단지 개발, 도시개발사업, 유통단지 개발 등에서 민간사업의 시행자에게 수용권을 허용하여 소위 '공공적 사용·수용'을 제도화하고 있다.[93] 결국 민간에 의한 기업도시 건설이나 도시개발사업 등이 공공필요에 해당하는 것인가 쟁점이다.[94] 「기업도시개발특별법」 등의 개별법률로 수용대상이 되는 사업을 정하더라도 당해 사업은 공공의 필요성이 인정되는 공익사업이어야 한다. 공익사업 시행자가 수행하는 국가적으로 유익한 사업이나 행정주체가 시행하는 모든 계획에 대하여 항상 공용침해를 정당화하는 우월한 공익이 존재하는 것은 아니기 때문이다.[95]

---

[89] 건설교통부(3), 전게서, p. 3.
[90] 김성수, 전게서, p. 645.
[91] 백승주, "수용조건으로서 공공필요 및 보상에 관한 연구 - 유럽연합 및 미국의 법체계상 논의를 중심으로 -", 《토지공법연구》 제27집, 2005. 9, p. 111.
[92] 성소미, 전게서, p. 22.
[93] 전국경제인연합회(1), 전게서, p. 35.
[94] 정하명(1), "수용요건인 공적사용에 관한 미국연방대법원의 재해석", 《토지수용법연구》 제6집, 2006. 2, p. 214.

「기업도시개발특별법」에서 공공필요의 여부는 기업도시를 통하여 궁극적으로 추구하는 바가 무엇이며, 무엇이 실현되는가에 의하여 판단된다. 특히 기업도시는 특정시설의 설치나 한정된 일정구역에서의 개발이 아니라, 하나의 도시 전체를 대규모로 지역개발하는 것이어서 공익성에 대한 판단이 더 어렵다. 따라서 기업도시에서 사인을 위한 수용행위가 정당화되려면, 기업도시 개발의 공익적 측면이 보다 명확하게 부각되어야 하며[96], 구체적인 공익실현 목적들이 보다 상세하게 언급될 필요가 있다.[97] 수용은 이를 통해 이루고자 하는 공적인 사안이 소유자의 사적인 이익을 능가하고 공공복리를 이루기 위한 최후의 수단[98,99]으로서만 허용되기 때문이다.

기업도시 내에 공공성이 떨어지는 시설의 설치가 「헌법」상의 '공공필요'가 있는 경우에 해당하는지의 의문이 있을 수 있다. 이러한 시설의 설치로 단순히 일자리가 증가한다고 해서 곧바로 공공필요성이 인정되기는 어렵다. 따라서 이러한 시설의 설치를 위하여 토지수용권을 부여하는 것은 이 시설이 가지는 공공성의 정도에 따라 제한적이어야 한다.[100] 또한 기업도시 내에 '비교적 공공성이 큰 사업'이 포함되어 있지

---

95 건설교통부(3), 전계서, pp. 9~10, p. 27.
96 김남철(1), 전계논문, p. 589.
97 건설교통부(3), 전계서, p. 4.
98 강현호(1), "독일연방건설법상의 토지수용제도에 대하여", 《토지공법연구》 제5집, 1998. 2, pp. 8~9.
99 공공복리라는 이 막연한 추상적 일반개념은 그의 구체적 실현과정에 있어서 이에 대한 제동장치가 없을 때에는 많은 위험성을 내포하고 있음을 지난 역사는 말해주고 있다. 왜냐하면 '전체의 이익을 위하여'라는 반문을 허용치 않는 자기정당화의 근거를 그 자체가 가지고 있기 때문이다(조규창, "토지공개념의 모호성-「민법」 제211조를 중심으로-", 《월간고시》, 1985. 1, p. 78). 한편, '공공복리 우선'이라는 말은 바로 과거 전체주의체제를 굳히고자 했던 '나치스'의 슬로건이었으며, 이를 목적으로 하는 것은 매우 위험한 것이다. 우리나라도 1950년대 초기에 소수인들이 사리를 도모하려고 할 때에 으레껏 국가와 민족의 이름을 빌렸던 것을 우리는 기억하고 있다(김증한, "사소유권의 보장은 기본권 중의 기본권이다-전체주의사상을 경계하며-", 한국사법행정학회, 1979. 12, p. 3).
100 건설교통부(3), 전계서, p. 4.

만, '상대적으로 공공성이 적은 경우'도 있다. 이처럼 비교적 공공성이 떨어지는 사업을 허용하고, 또 이를 위하여 사인에게 토지수용권이 허용된다면, 이 경우 「헌법」이 요구하는 '공공필요'라는 요건이 충족되었다고 볼 수 있겠는가 하는 것이 문제가 될 수 있다.[101] 따라서 수용의 합법성을 갖기 위해서는 기업도시개발사업에 있어서 공익적 측면을 보다 강화하고 상대적으로 기업에 대한 특례 또는 특혜 시비의 소지가 있는 부분을 보다 줄여야 할 것이다.

토지수용의 주체

토지수용의 주체는 국가 또는 지방자치단체 등의 공공단체이다. 그러나 「토지수용법」에서는 공익사업을 시행하는 자를 사업시행자[102]로 규정하고 있고(동법 제2조제3호), 공공사업 목적의 개별법률에서는 국가나 지방자치단체가 주로 사업의 시행자로서 토지수용의 주체가 되고 있다.

독일에 있어서는 다수 국민의 공공복리를 증진시키기 위한 사업을 추진하는 경우에는 수용주체가 사인(私人)이어도 무방하다.[103] 연방헌법재판소는 철도, 도로, 공항, 전기, 가스, 상·하수도 등의 설치를 위하여 사인 내지 사적인 기업자가 수용을 하는 경우는 물론이고, 일차적으로는 사인의 이익을 추구하지만 부수적으로는 공익을 추구하는 사기업의 경우에도 수용을 할 수 있다고 한다.[104] 미국의 연방헌법은 수용권의 주

---

101 상게서, p. 11.
102 2002년 「공공용지의 취득 및 손실보상에 관한 특례법」과 「토지수용법」이 통합제정되기 이전까지는 '기업자'라는 용어로 쓰여졌다.
103 정연주(1), 전게논문, pp. 159~164.
104 강현호(2), "독일에 있어서 도시개발을 위한 토지확보와 보상", 《토지공법연구》 제30집, 2006. 3, p. 204, p. 217.

체에 대해서는 언급하지 않고 있다. 다만, 공공의 필요에 의한 경우라도 정당한 보상을 하여야만 가능하도록 하고 있다.[105] 우리나라 「토지수용법」상 사업시행자가 사인인 경우 수용권자가 누구인가에 대하여 논란이 있다. 이는 「토지수용법」이 사업시행자를 수용자로 규정하면서도 공용수용의 효과를 야기할 수 있는 자, 즉 수용재결을 할 수 있는 자는 국가로만 하고 있기 때문에 빚어진 결과이다.[106] 이 경우 이러한 사업시행자가 구체적으로 누구를 의미하는지에 대하여 국가수용설[107], 사업시행자수용설[108], 국가위탁설[109] 등 다양한 학설이 존재하고 있으나, 현재 사업시행자수용설에 따라 사업시행자를 수용권의 주체로 보는 견해가 통설적인 지위를 차지하고 있다.[110·111]

공공복리를 실현하는 과제는 반드시 국가가 독점하는 것은 아니다. 「헌법」에 의하여 국가에 부여된 과제는 본래적으로 국가영역에 속하는 것은 아니며 사회경제적 여건 등에 따라 법률 또는 특정제도를 통하여 구체적으로 결정된다. 「헌법」 제23조제3항에 의하면 수용권이 국가 등 공권력주체에 의해서만 행사되어야 한다는 것은 아니며, 또한 공공필요의 원칙은 국가 등의 공권력주체만 공익사업의 주체가 될 수 있음을 의미하는 것도 아니다. 이렇게 볼 때 민간부문도 공익사업을 담당할 수 있

---

105 연방수정헌법 제5조는 "정당한 보상 없이는 사유재산을 공공필요를 이유로 수용할 수 없다"고 규정한다(이동수, "기업도시 개발과 정당보상 – 미국의 사례를 중심으로 –", 《토지공법연구》 제29집, 2005. 12, p. 29).
106 정훈, 전게논문, p. 576.
107 공익사업의 주체는 원칙적으로 국가만이 배타적으로 시행할 수 있으며, 사업시행자는 수용청구권을 가지고 있음에 불과하다는 견해이다.
108 공용수용권을 수용의 효과를 향유할 수 있는 능력이라고 보아, 공용수용의 주체는 그 효과를 향유할 수 있는 사업시행자라고 보아야 한다는 견해이다.
109 국가 이외의 자들은 원시적으로 토지수용의 주체가 되는 것은 아니며, 국가로부터 위탁되어 전래된 토지수용권을 행사하는 자에 불과하다는 견해이다.
110 정훈, 전게논문, p. 576.
111 토지수용권의 주체에 대한 선행연구의 구체적인 검토는 박원영, "토지수용권의 주체", 《공법연구》 제8집, 1980. 7, pp. 67~78 참조.

고, 사업의 수행에 불가피하게 요구되는 경우에는 수용권이 허용될 수도 있다.[112] 오늘날 사회가 급속하게 발전함에 따라 여러 개별법률에서 특정 공익사업을 시행함에 있어서 민간을 사업시행주체의 하나로 규정하고 있는 사례도 늘고 있다.[113·114] 즉, 토지수용의 엄격한 기준과 조건이 된 공공성이 사회발전에 따라 점차 범위가 확대되고 있다.[115]

그렇지만 사인이 사업시행자가 되어 특수한 행정목적을 달성하기 위하여 수용을 하는 것은 공용수용이 그 주체에 의해서 인정되는 것이 아니고, 공익성에 의하여 인정 여부가 결정되는 것임을 전제로 하고 있다.[116] 사인에 의하여 시행되는 사업이 공공필요라는 「헌법」상의 요건을 충족하는 경우에는 사인에게 토지수용을 인정하고 있다. 그러나 생존배려형 사기업과 달리, 경제적 사기업은 일차적으로는 기업의 이윤을 추구하는 것이기 때문에 이들을 위한 수용권한의 부여는 예외적으로 엄격한 요건하에서만 허용될 수 있다.[117]

공공필요라는 요건을 충족하지 못하는 경우에는 사인에게 수용권을 인정하지 않는다. 「토지수용법」은 토지 등을 취득 또는 사용할 수 있는 사업을 '그밖에 다른 법률에 의하여 토지 등을 수용 또는 사용할 수 있는 사업'으로 규정하고 있다(동법 제4조제8호). 이 규정에 의할 경우 「사회기반시설에 대한 민간투자법」 등에 의한 사인의 공용침해행위는 일단 법률상으로는 문제가 없다. 그러나 사업시행자가 민간투자사업을 시행

---

112 건설교통부(3), 전게서, p. 11.
113 김남철(1), 전게논문, p. 581.
114 사인을 위한 수용권을 인정하고 있는 입법례에 대하여는 제정부, "민간사업자에 의한 토지수용법제", 《법제》통권 제507호(2003. 3), p. 15, p. 18 이하 참조.
115 전국경제인연합회(1), 전게서, p. 35.
116 강현호(2), 전게논문, p. 204.
117 건설교통부(3), 전게서, p. 3.

함에 있어서 당해 사회간접자본시설의 투자비 보전 또는 정상적인 운영을 도모하기 위하여 필요하다고 인정하는 경우에는 부대사업을 시행할 수 있다(동법 제21조제1항). 이들 부대사업 가운데에는 비교적 공공성이 큰 사업도 포함되어 있는 반면, 관광숙박업·관광객이용시설업 및 관광지·관광단지의 개발사업이나 대규모점포, 도매배송업 또는 공동집배송단지와 같이 상대적으로 공공성이 적은 경우도 있다. 문제는 사회간접자본시설의 투자비 보전과 같은 목적으로 비교적 공공성이 떨어지는 부대사업을 허용하고 또 이를 위하여 사인에게 토지수용이 허용된다면, 이 경우 「헌법」이 요구하는 공공필요라는 요건이 충족되었다고 볼 수 있겠는가 하는 것이다.[118] 「관광진흥법」에 의한 관광단지조성사업에 있어서 민간을 사업시행자로 참여시키고는 있으나 토지수용권은 이를 인정하지 않고 있고(동법 제52조), 「주택법」에 의한 주택건설사업과 대지조성사업에 있어서 등록업체인 일정규모 이상의 대형건설업체에 대하여 사업시행자로서의 참여는 허용하고 있으나 토지수용권은 이를 인정하지 않고 있다(동법 제16·18조). 「자연공원법」(동법 제22조)에서도 동일한 취지로 규정하고 있다.[119] 「유통산업발전법」에 의한 공동집배송단지조성사업에 있어서 민간에게 토지수용권을 인정하는 유통산업발전법안을 1996년 당시 통상산업부가 법제처에 제출하였으나, 1996년 11월 법제처 심사시 공동집배송단지는 유통사업자 또는 제조업자가 자기의 사업상 필요에 따라 조성하는 것에 지나지 않으므로 이를 공공필요에 의한 것으로 볼 수 없는 것으로 판단하여 심의 과정에서 이를 삭제한 예가 있다. 또한 「제주도개발특별법」 제정시 민간인 농어민단체도 개발사업시

---

[118] 김성수, 전게서, p. 642.
[119] 제정부, 전게논문, pp. 14~15.

행자가 될 수 있도록 토지수용권을 인정하는 법안을 국회에 제출하였으나, 국회 심의 과정에서 토지수용에 따른 지역주민과의 마찰 등을 이유로 토지수용권의 인정조항을 삭제한 바 있다.[120]

「기업도시개발특별법」의 경우에도 도시개발에 있어서 사기업에 토지수용권을 부여하고 있고, 기업도시의 개발사업에는 비교적 공공성이 적은 사업도 포함될 것이기 때문에 위와 같은 「사회기반시설에 대한 민간투자법」상의 문제가 제기될 수 있다.[121] 따라서 기업도시 개발에 있어서 공익사업의 계속적 수행과 공공복리의 실현이라는 목적을 담보하기 위하여 토지수용권의 인정비율은 탄력적으로 적용한다 하더라도, 행정행위의 부관이나 사업자의 구체적인 행위에 대한 신고 및 인·허가권의 유보를 통하여 세심하고 개별적인 공공성 통제장치가 요구된다.[122] 이러한 공공성 보장수단의 엄격성과 강도는 공용침해의 수익자인 민간기업이 기업도시개발사업의 수행을 해태하거나 포기할 가능성의 정도와 비례해야 할 것이다.

토지수용권 부여와 사적수용이론

「기업도시개발특별법」 제정 당시, 토지수용권 부여는 매우 민감한 과제였다. 이와 관련하여 독일과 미국의 이론과 판례가 소개되었다.

독일에서는 사인을 위한 수용은 원칙적으로 가능하다.[123] 공공복리

---

120 상게논문, pp. 15~16.
121 김남철(1), 전게논문, pp. 581~582.
122 만약 공용침해의 수익자로서 사기업이 아무런 법적 통제도 받지 않는다면 이는 공공필요개념에 부합되지 못하며 위헌의 문제를 발생시킬 것이다. 결국 경제적 사기업을 위한 공용침해의 경우 이러한 법적 장치 없이는 「헌법」상의 공용침해규정은 그 존재의의를 상실하게 될 것이며, 공용침해제도는 사인으로부터 다른 사인에게로 재산권이전을 용이하게 하는 부당한 헌법제도로 전락하게 될 것이다(김성수, 전게서, p. 647).

상 수용이 요구되는 경우라면 일반사기업을 위해서도 수용이 허용된다. 결국 수용권을 행사하는 '주체'가 행정주체인가 또는 민간인가 하는 문제보다는, 수용행위가 추구하는 '목적'인 공공복리 실현 여부를 결정적 기준으로 본다. 이러한 의미에서 입법권자는 법률에서 수용의 허용요건과 더불어 수용의 목적을 명확하게 규정해야 한다고 보고 있다.[124]

독일의 학설도 개인이나 사기업이라 하더라도 개인적인 이윤추구와 더불어 공익을 실현하는 데 기여한다는 사실이 명확한 경우라면 사인을 위한 수용이 가능하다고 보고 있다. 결국 사인에 의하여 시행되는 사업이 '공공의 필요'에 의한 것인가 하는 것이 보다 중요하다. 그에 관하여 사기업의 성질에 따라 구분된다.[125] 전기, 가스, 상·하수도와 철도, 도로, 항만 등 이른바 공익사업을 수행하는 '생존배려형 사기업'(Daseinvorsorge unternehmen, 또는 사영특허기업)[126]과 공공성보다는 이윤추구를 우선적인 목적으로 하는 '경제적 사기업'(private Wirtschaftsunternehmen, 또는 일반사기업)으로 구분되어 그 결과가 달라지게 된다. 전자의 경우에는 당초 공공 행정기관이 공적목적을 위해 설치하는 공공시설물의 건설사업에 소요되는 토지에 대하여만 사업의 공공성이 인정되다가[127] 그 후 확대되어 인정된 것이다. 후자의 경우에 사인을 위한 수용권이 특히 문제된다. 경

---

123 정훈, 전게논문, p. 575.
124 Mauerer, Allgemeines Verwaltungsrech, 11. Aufl., München 1997, S. 689 ; Wolf-Bachof-Stober, Verwaltungsrecht, Bd. 2, 6. Aufl.,11. München 2000, S.605 ; Peine, Allgemeine Verwaltungsrecht, 7. Aufl., Heidelberg 2004, S. 283(건설교통부(3), 전게서, p. 30).
125 김성수, 전게서, p. 643 ; 정연주(1), 전게논문, p. 159 ; 건설교통부(3), 전게서, p. 30.
126 이들 기업은 국가나 지방자치단체를 대신해서 사기업의 형태로 국민의 생존배려라고 하는 국가적 과제를 수행하는 것이며, 따라서 이를 위하여 불가피한 재산권에 대한 공용침해는 원칙적으로 허용되는 것으로 보고 있다(김남철(1), 전게논문, p. 582). 생존배려형 사기업 또는 사영특허기업은 우리나라의 경우 공공목적을 수행하는 정부투자기관에 해당된다고 생각된다.
127 BVerfGE, DVBl., 1987, S. 466(469), F. Ossenbuehl, Staatshaftungsrecht, 1988, S. 152 f.(김해룡(1), 전게논문, p. 94).

제적 사기업은 처음부터 전적으로 영리추구를 목적으로 하는 순수한 사경제기업이다. 그러나 이러한 사경제행위의 결과 지역을 발전시키고 고용기회를 증대하는 등과 같은 부수적인 효과를 이유로 이들을 위한 공용침해 허용 여부가 문제이다. 이들의 목표가 「헌법」상 공용침해의 요건인 공공필요라는 관점에서 출발하는 것이 아니기 때문에 이들을 위한 수용권한의 부여는 예외적으로 엄격한 요건하에서만 허용될 수 있다고 보고 있다.[128] 또 공익에 대한 광범위한 제한적 해석을 통해 순전히 사인의 이익을 위한 수용과 국가의 재정상태 개선을 위한 수용을 금지하고 있다.[129]

독일 연방최고법원(Bundesgerichtshof)은 수용에 있어서 공공복리요건의 충족 여부는 수용을 필요로 하는 공익의 측면만이 아니라 토지를 수용당하는 재산권자의 이해 간의 이익형량을 통해서 결정해야 한다고 판시하였으며, 이것은 많은 학자들의 지지를 받아왔다.[130] 그 후에는 사기업이 행하는 순수한 기업목적의 시설물의 건설 내지 조성사업에 대해서도 그 사업이 지역사회의 경제발전 내지 고용창출의 효과가 인정되는 경우에는 그 필요한 토지에 대한 공용수용을 위한 공익성을 인정한 바 있다.[131] 이때 그 공익성은 동 사업이 지역경제를 활성화하고 많은 일자리를 창출할 수 있는 데서 찾고 있다.[132] 독일 다임러-벤츠자동차회사가 독일남부 Boxberg지역에 자동차 시험주행로를 건설하기 위한 사업의 공공성을 인정하여 공용수용의 요건으로 인정한 것이 그 대표적인 사례

---

128 김성수, 전게서, p. 643 ; 김남철(1), 전게논문, pp. 581~582 ; 건설교통부(3), 전게서, pp. 12~13.
129 Mauerer, Allgemeines Verwaltungsrech, 3. Aufl., München 1983, S. 549 ; 정훈, 전게논문, pp. 578~580.
130 BGHZ, 68, 100, 102-NJW 1977, S. 955 ; BGH. DVBl., 1984, S. 337(김남진, "사인을 위한 공용수용",《고대법학논집》제24집, 1986. 12, p. 10).
131 김성수, 전게서, p. 645 ; 김해룡(1), 전게논문, pp. 93~94.
132 김남진, 전게논문, p. 10.

이다.¹³³ 이에 대하여 연방행정법원은 1987년에 개정된 연방건축법전의 전신인 연방건축법(Bundesbaugesetz) 제87조제1항의 규정을 근거로 지역에서의 고용창출과 지역경제의 활성화를 위하여 사기업인 벤츠사를 위한 수용이 가능하다고 보았다.¹³⁴ 반면에, 1987년 3월 24일 연방헌법재판소는 Boxberg결정에서 사인을 위한 수용요건이 법률에 의해 충분히 확정되어야 하고, 특히 법률과 행정행위 또는 계약을 통해 행해지는 수용에 대한 공익의 실현을 보장해야 한다(순전히 사적인 이익은 수용을 정당화하지 못한다)는 실질적인 기준을 제시하였다.¹³⁵

구체적으로 독일 연방헌법재판소는 연방건축법 제87조제1항의 '공공의 복리'는 독일기본법 제14조제3항제1문의 공공의 복리와 동일한 개념으로서 '지역경제의 활성화'라는 목적은 연방건축법에 이를 명시하여 공용침해를 허용하는 규정이 없는 한 공공복리의 개념에 합치하는 것으로 확대해석할 수 없는 것으로 보고 있다.¹³⁶ 즉, 경제적 사기업의 경우에도 영리를 추구하는 기업활동의 부수적 결과로써 공공복리가 실현된다면, 이로써 사인을 위한 수용이 허용될 수 있다고 본다. 그러나 이 경우에도 "① 사인에게 수용권을 부여하는 법률은 간접적으로나마 실현되는 수용목적을 명백히 기술하여야 하고, ② 기본적인 수용요건과 이를 심사하기 위한 절차를 확정하여야 하고, ③ 추구하는 공공복리 목적을 보장하기 위한 대비책을 규정하여야 한다"¹³⁷고 판시하였다.

미국 연방수정헌법 제5조는 '누구도 사적 재산권을 정당한 보상 없

---

133 BVerfGE 74, 264ff〔김해룡(1), 전게논문, p. 94〕.
134 BVerwGE 71, 108(김성수, 전게서, p. 645).
135 정훈, 전게논문, p. 576.
136 BVerwGE 74, 264(김성수, 전게서, p. 645).
137 상게서, p. 647 ; 김남철(1), 전게논문, p. 585 ; 건설교통부(5), 전게서, p. 3, pp. 13~14, p. 34.

이 공적 사용을 목적으로 수용하지 못한다'[138]라고 규정하고 있다. 이 규정에 대하여 미국 연방대법원은 공익과 개인의 부담을 형량하는 수단으로 해석하고 있고, 정부가 공평과 정의에서 모든 국민이 전체적으로 부담하여야 할 부담을 몇몇 국민들에게만 강제하는 것을 방지하는 데 이 규정의 목적이 있다고 한다.[139] 이 헌법규정을 통하여 미국 연방대법원은 재산권과 규제권의 비교·형량을 시도해왔고, 최소한의 공적 사용(public use)[140]을 위해서만 수용할 수 있다는 것은 사유재산에 대한 정부의 수용권에 엄격한 제한을 가한 것이다.[141] 미국 연방대법원은 1897년의 판결을 통하여 이 수용조항은 연방수정헌법 제14조의 적법절차의 규정을 통하여 모든 주(States)에도 적용된다고 판시하였다.[142·143]

미국에서는 연방수정헌법 제5조와 제14조의 통합을 통하여 정부가 공적 사용을 위해 사적 재산을 수용할 수 있는 묵시적인 권한과 정당보상지급의무를 결합하여 수용권이라고 할 수 있다.[144] 연방정부나 주정

---

[138] U.S. Cons. the 5th Amendment : "…Nor shall private be taken for public use, without just compensation."
[139] Armstrong v. United States, 364 U.S. 40, 48-49(1960). "forcing some people alone to baer public burdens which, in all fairness and justice, should be borne by the public as a whole."(정하명(2), "미국에서의 민간에 의한 도시재개발과 공적 사용-",《토지공법연구》제27집, 2005. 9, p. 222 ; 정하명(1), 전게논문, p. 216).
[140] 공적사용(pubic use)의 개념은 첫째, 정부가 특정의 사인토지를 공소유의 목적으로 수용하는 최협의개념인 공소유(public ownership), 둘째, 공용수용 후 당해 토지의 소유권이 누구에게 있는가라는 광의의 개념인 공중에 의한 사용(use-by-the-public), 셋째, 공공의 목적 또는 이익(public purpose or benefit)이라는 최광의 개념으로 유형화할 수 있는데, 현재는 셋째의 개념유형이 보편적으로 쓰이고 있다(김민호, "사인에 대한 공용수용권특허의 위헌성 검토 : 미국의 사례를 중심으로",《토지공법연구》제26집, 2005. 6, pp. 202~203).
[141] Richard A. Epstein, Takings ; Private Property and the power of eminent domain 162(1985)(정하명(2), 전게논문, p. 222 ; 정하명(1), 전게논문, p. 216).
[142] Chi., Burligton & Quincy R.R. Co. v. City of Chicago, 166 U.S. 226(1897)(정하명(2), 전게논문, p. 223 ; 정하명(1), 전게논문, p. 217).
[143] 대표적인 몇몇 주의 헌법규정에 대하여는 김민호, "사인에 대한 공용수용권특허의 위헌성 검토 : 미국의 사례를 중심으로",《토지공법연구》제26집, 2005. 6, pp.200~202 참조. 하와이 주와 플로리다 주의 공용수용절차에 대하여는 김춘환, "미국에 있어서 공용수용절차와 수용소송",《토지공법연구》제27집, 2005. 9, pp. 94~99 참조.
[144] 보상과 관련한 주요 판례에 대하여는 이동수, 전게논문, pp. 33~38 참조. 수용권과 관련한 주요 판례에 대하여는 정하명(2), 전게논문, pp. 221~229 참조. 플로리다 주의 공공의 필요에 관한 판례에 대하여는 김춘환, 전게논문, pp. 100~106 참조.

부는 이러한 수용권을 통하여 개인의 사적 재산을 공적 사용을 위해서만 수용할 수 있고, 사적 사용(private use)을 위해서는 수용할 수 없는 엄격한 제한이 있다. 연방헌법상 수용조항의 목적은 정부가 전체국민에 의해서 부담해야 할 부담을 개인에게 강요하는 것을 방지하여 국민의 재산권을 보호하기 위한 것이다.[145]

1980년 제너럴모터스사는 디트로이트시에 대해 공장 설립에 필요한 약 1.8㎢에 달하는 토지를 수용하여 대집행해줄 것을 신청했다. 시는 이것을 승낙했으며, 이 문제가 된 소송사건에서 미시간주 대법원은 시의 입장을 지지했다. 공장의 설립을 통해 고용이 증가되면 그에 의해 공익에 이바지한다고 하는 것이 시당국의 주장이었다. 그리고 그러한 시의 판단이 시의회의 의결을 통해 확정된 이상 공익에 적합함이 입증된 것이며, 따라서 법원은 그의 당부에 관해 심사할 권한을 가지지 않는다고 판시하였다.[146] 이에 대하여 학설은 수정헌법 제5조의 정당한 법의 절차를 보다 중시하여 피수용자의 의견이나 이해가 관계기관에 충분히 반영되지 않는다는 것 등을 이유로 공용수용의 적법성에 대한 사법심사를 긍정하려는 경향이 상당히 강력한 것으로 보인다.[147]

2004년 7월 30일 미시간주 대법원은 County of Wayne v. Hathcock 판결을 통하여 토지소유자의 권리를 보호하는 중요한 판결을 내렸다.[148] 동 판결에서 '공적 사용이란 공소유, 공공의 접근, 공익적 목적 등을 종합적으로 고려하여야 하며, 특히 공익적 목적의 범위는 매우 엄격하게 해석하여야 한다'고 하고, '공익적 목적의 범위는 황폐지역과 같이 당해

---
145 정하명(2), 전게논문, p. 223 ; 정하명(1), 전게논문, p. 218.
146 Poletown Neighborhood Council v. City of Detroit, 304 N.W. 2d 455(1981)(김남진, 전게논문, p. 4).
147 김남진, 전게논문, pp. 4~5.
148 http://writ.corporate.find;aw.com.

토지의 부정적 측면을 제거하는 것을 의미하며, 당해 토지 자체와 관련이 없는 경기활성화, 조세의 증가 등과 같은 긍정적 측면의 확장을 의미하는 것은 아니다'라는 이른바 'multi-part public use test'라는 개념을 제시하면서 공적 사용을 매우 엄격하게 해석하였다. 이 판결은 다른 법원들과 학계에 매우 커다란 반향을 일으켰으나, 도시의 슬럼화 또는 스프롤현상을 막기 위하여 전국적으로 광범위하게 실시되고 있는 지역재개발정책을 사실상 불가능하게 할 우려가 있다는 비판을 제기하면서 이 판결에서 나타난 기준을 채택하지 않는 경향을 보이고 있다.[149]

미국 연방대법원은 2005년 6월 23일 Kelo v. City of New London 판결에서 민간에 의한 도시재개발도 미국 연방수정헌법 제5조의 공적 사용에 해당한다고 판시하여 재개발정책을 추진하는 당국의 손을 들어주고 기존 토지소유자에게 불리한 판결을 하였다.[150·151] 이 판결 이후 미국의 여러 주에서는 법률로써 혹은 주헌법을 개정하여 개인의 재산권을 보다 보호하고 사적 개발을 위한 수용을 불허하는 법제화를 추진하고 있는 것으로 알려져 있다. John D. Echeverria는 Kelo판결에 대하여 "수용권은 ① 광범위한 공공협의와 해당지역 안에서의 높은 승인을 바탕으로 하는 지역재개발을 위한 종합계획을 이행하고, ② 지역공동체가 공공재개발의 목적의 이행을 담보할 수 있는 계약의무들을 가지고 있는 상황들 속에서만 발동할 수 있다는 것으로 제시한다"[152]고 하였다. 이는

---

[149] 김민호, "사인에 대한 공용수용권특허의 위헌성 검토 : 미국의 사례를 중심으로", 《토지공법연구》 제26집, 2005. 6, pp. 203~204, p. 208.
[150] 정하명(2), 전게논문, p. 221 ; 정하명(1), 전게논문, p. 214.
[151] 미국에서는 이 사건의 발단이 되었던 코네티컷 주를 비롯한 7개의 주에서는 사적 사업개발을 위한 수용이 인정되지만, 일리노이주를 비롯한 8개의 주에서는 이러한 관행을 금지하고 있다고 한다(정하명(2), 전게논문, p. 229 ; 정하명(1), 전게논문, p. 228).
[152] U.S. Supreme Court Hands Down Three New Cases Bearings a Preservation-Related Issues, SL014 ALI-ABA 605, 608(2005)(정하명(1), 전게논문, p. 228).

결국 미국에서의 수용권은 최후의 수단이라는 점, 지역사회의 협의에 의한 종합개발계획의 필요성 그리고 지역재개발사업의 목적이행수단의 확보의 필요성 등이라고 할 수 있다.[153]

이상에서 살펴본 바와 같이 사적 수용과 관련한 독일과 미국의 이론과 판례는 '공공복리' 내지 '공적 사용'에 초점을 둔 것이었다. 독일의 법리에 의해 「토지수용법」 제4조의 공익사업규정과 제22조의 사업인정을 받을 수 있는 대상사업으로, 「기업도시개발특별법」에서 민간기업이 사업장을 조성하면서 그 배후지역에 기업도시를 개발하는 기업도시개발사업시행자에 대하여 토지, 물건 또는 권리를 수용 또는 사용할 수 있는 권리를 부여한 것(동법 제14조제1항)으로 평가할 수 있다.[154] 다만, 동법 제14조의 규정은 사기업이 이용할 토지취득과 그 배후도시의 개발사업에 대하여 공공성을 인정한 입법이라 할 것이고, 이를 전적으로 사기업에 토지수용권을 부여한 규정은 아니라는 주장도 있다. 이와같은 취지에서 워커힐 건설을 위한 토지수용사건에서 우리나라 대법원은 워커힐이 '문화시설'에 해당함을 이유로 수용권을 인정하였지만[155], 이는 워커힐 건설이 「토지수용법」상의 '공익사업'에 해당된다는 것이지 사기업에 토지수용권을 부여한 것은 아니라고 생각된다. 개별국가마다 주어진 환경이나 여건이 다르기 때문에 우리 「헌법」상의 공공필요나 미국 헌법상의 '공적 사용(public use)'이라는 불확정개념을 수평적으로 비교할 수

---

153 상게논문, p. 228.
154 김해룡(1), 전게논문, pp. 94~95.
155 정부방침 아래 교통부장관이 (구)「토지수용법」 제3조 소정의 문화시설에 해당하는 공익사업으로 인정하고 스스로 기업자가 되어 토지수용의 재결신청에 의하여 한 수용재결을 적법유효한 것이라고 한 사례(대판 1971. 10. 22, 71다1716). 워커힐은 1963년 4월 8일 국제관광공사에 의해 국내 최대 규모의 관광호텔로 세워졌으며, 1973년 1월 30일 민영화계획에 따라 선경개발에 매각되어 1977년 세계적인 호텔 그룹 쉐라톤과의 경영협약을 체결하여 오늘에 이르고 있다(손정목, "동부서울 개발을 선도한 워커힐 신설", 《국토정보》 1996. 12, pp. 114~129).

는 없겠지만 민간기업에게 수용권을 부여한다는 사실만으로 당해 법률이 위헌이라고 단정할 수는 없을 것이고[156], 사전의 광범위한 공공협의나 해당 사업의 목적이행에 대한 담보제도 등 통제장치의 확보에 초점을 맞추어야 한다.[157] 특히 공익사업을 직접적 목적으로 하지 않고 지역개발이나 고용의 증진 등 간접적 부수적 결과로써 공공복리가 실현된다고 볼 수 있는 일정한 사기업의 경우에는 공용침해 이후에도 항구적으로 또는 상황에 부합되는 일정기간 동안 사업이 원활히 계속해서 수행되도록 하는 법적 보장장치가 있어야 공공필요의 요건이 충족될 수 있다고 할 것이다.

2. 토지수용권 부여에 대한 논의

「기업도시개발특별법」은 '시행자는…토지·물건 또는 권리를 수용 또는 사용할 수 있다'(동법 제14조제1항)고 규정함으로써 민간기업에게 토지수용권을 부여하였다.[158·159] 이 규정은 「기업도시개발특별법」 제정 과정에서 위헌문제까지 거론된 가장 논란이 많았던 부분이다. 전국경제인연합회와 민간기업 및 지방자치단체 등은 기업에 대하여 전면적인 토지

---

[156] 김민호, 전게논문, p. 209.
[157] 박윤흔, 《행정법강의(상)》, 박영사, 2002, p. 761 ; 정하명(1), 전게논문, p. 230.
[158] 김남철(1), 전게논문, p. 589 ; 건설교통부(1), 전게서, p. 596.
[159] 「기업도시개발특별법」 제14조의 규정이 곧 민간기업에 대하여 토지수용권을 부여한 것으로 해석할 수는 없다는 견해도 있다. 이 견해에 의하면 개발계획의 승인·고시가 「토지수용법」에 의한 사업인정(건설교통부장관의 권한)이 있는 것으로 의제되는 것일 뿐이고, 민간기업인 사업시행자가 개발계획의 승인·고시일 이후 2년 이내에 중앙토지수용위원회에 수용재결을 신청하고, 동 위원회의 수용재결을 받아야만 토지수용 등의 법적 효과를 얻을 수 있기 때문이라고 한다(김해룡, 전게논문, p. 95).

수용권을 부여하자고 주장한 반면, 일부 시민단체들은 민간에게 토지수용권을 부여할 수 없다는 입장으로 대립되었다. 건설교통부는 동법의 입법취지서에서 이러한 주장들을 조화시키는 입장에서 민간기업인 사업시행자가 개발구역 내의 토지를 50% 확보하는 경우에 수용재결을 신청할 수 있게 하여 사업시행자에게 제한적 수용권을 주고, 실제 수용행위가 가시적으로 집행되는 보상업무는 지방자치단체가 대행하거나 또는 보상전문기관에게 재위임할 수 있도록 하는 규정을 두고자 하였다.[160]

전경련의 정책건의와 입법화 논의 과정

전국경제인연합회는 2004년 6월 23일 '기업도시 건설을 통한 투자활성화 방안-기업도시 건설을 위한 정책건의'에서 민간기업에게 토지수용권을 보장해줄 것을 건의하였다.[161] 공공시행자는 「토지수용법」에 따른 토지수용권을 보장받고 있다. 또 산업단지는 민간시행자도 토지수용권 행사에 대한 제한을 받지 않는다. 그러나 민간시행자는 수용을 할 경우 사업대상 토지면적의 2/3 이상을 매입하고 토지소유자 총수의 2/3 이상의 동의를 얻도록 하고 있다(「도시개발법」 제21조). 때문에 부동산 투기 등으로 지가가 상승하여 민간시행자는 토지수용이 거의 불가능하다. 기업도시는 지역경제 활성화와 일자리 창출로 공공성이 강하다. 그러나 토지수용의 경우 면적과 소유자에 대한 제한으로 기업의 토지매입 소요기간이 길어 지가가 상승되어 생산원가와 주택가격이 높게 되므로 기업의 경쟁력 확보와 기업도시의 사업집행이 어렵다. 이를 해결하기 위한 방

---

160 김해룡, "「기업도시개발특별법」에 대한 평가소견", 한국보상법학회, 2005 춘계발표회, p. 10.
161 전국경제인연합회(2), 전게서, p. 12.

표 4 기업도시 관련 현행 토지수용제도

현행제도	건의내용
• 사업대상 토지면적의 2/3 이상에 해당하는 토지를 매입 • 토지소유자 총수의 2/3 이상의 동의를 얻도록 규정 (「도시개발법」 제11조제6항) • 민간시행자가 토지면적의 2/3 이상에 해당하는 토지를 매입 • 토지소유자 및 건물소유자 총수의 각 1/2 이상의 동의를 얻도록 규정(「지역균형개발 및 지방중소기업 육성에 관한 법률」 제19조제1항)	• 산업단지와 같이 기업도시 특구지역의 민간시행자도 토지수용권 허용 • 지자체가 토지를 매입하여 제공

자료 : 전국경제인연합회(2), 전게서, p. 15를 재구성.

안으로 전경련은 기업도시의 공익성을 감안하여 산업단지와 같이 '기업도시특구'의 민간시행자도 토지수용시 제한 없이 토지수용권을 보장하고, 이 경우 「토지수용법」을 준용하며, 토지수용시 정당한 절차에 의하여 객관적인 평가가격으로 보상할 것을 제시하였다. 또한 효율적인 사업추진을 위하여 지자체가 기업을 대신하여 토지매입을 대행해주는 방안도 도입할 것을 제시하였다.

전국경제인연합회가 기업에게도 수용권을 부여해야 한다고 제시한 의견은 다음과 같다.[162] 첫째, 민간에게도 수용권을 줄 수 있다. '공공의 필요'에 의해 '공익사업'에 한정적으로 부여해온 수용권을 민간기업에게 줄 수 없다는 논리는 수용권 확대추세와 어긋난다. 경제발전에 따라 토지수용권을 민간에게도 인정하는 것이 세계적인 추세이며, 토지개발 기술의 다양화, 토지자원의 양적인 한계 등 사회·경제적인 여건의 변화에 따라 수용이 가능한 대상사업의 범위가 확대되고 있다. 둘째, 개별사업이 특정한 공공목적을 가지는 경우 기업에게도 수용권 부여가 필요하다. 각종 공익시설을 종합적으로 배치하는 일단의 개발사업을 수행하기

---

[162] 전국경제인연합회(1), 전게서, pp. 35~37.

위해서는 광범위한 토지가 필요하다. 이에 적합한 토지를 일괄하여 미리 취득하는 경우를 허용하여야만 개발이 가능하고 국토를 효율적으로 이용할 수 있다. 셋째, 제한적으로 토지수용권을 주는 경우에는 사업목적을 달성하기 어렵다. 기존 「도시개발법」이나 유통단지사업에서는 사전적으로 토지를 취득한 후 잔여토지에 대하여만 수용권을 부여하므로 사업목적 달성에 어려움이 크다. 토지매수 과정에서 지가가 상승되고 투기가 발생하여 사업추진이 불가능하기 때문이다. 넷째, 사업목적이 공익목적과 배치되지 않는 경우에는 수용권의 부여가 가능하다. 기업도시는 산업·주거·문화·교육 등 다양한 기능을 담는 그릇으로 이를 계획적으로 조성하여 지역균형개발과 투자촉진에 기여하는 한편, 주택·산업용지를 대량으로 공급하여 주거안정과 생산증대로 공익실현에 기여한다. 특히 기업도시는 국토의 효율적인 이용에 기여하므로 일관된 절차에 따라 단계적인 개발이 가능하도록 토지수용권의 부여가 필요하다. 다섯째, 기업도시 내에 건설하는 산업용지, 택지조성, 기반시설 설치 등은 「토지보상법」에 열거된 공익사업의 범주에 해당한다.

2004년 9월 22일 대한국토도시계획학회가 주최한 '민간복합도시(기업도시) 개발방향과 특별법 제정(안)에 관한 공청회'에서는 민간시행자에 대한 토지수용권 부여방안이 발표되었다.[163·164] 이 방안은 그동안 민간에 대한 토지수용권 부여에 대하여 전경련을 중심으로 한 기업 측이 요구해온 전면적인 토지수용권 부여와 시민단체가 사유재산권 침해를 우려하여 반대해온 것을 절충한 것이다. 민간시행자에게 토지수용권을 부

---

[163] 김정렬, 전게논문, p. 50 ; 건설교통부(1), 전게서, p. 11.
[164] 이 방안은 2004년 11월 4일 국회 지역혁신·기업도시 정책포럼이 주최한 민간투자 활성화를 위한 복합도시 개발특별법안 공청회에서도 그대로 수용되었다(이강래, 전게서, p. 7, p. 9).

여하되 지자체가 대행[165]하는 것을 원칙으로 하고, 민간 단독시행은 토지의 50%를 협의매수한 후 수용재결로 제한한다. 다만, 공공과 민간시행자가 공동으로 시행하는 경우에는 제한 없이 수용권을 부여한다. 공청회에서 소개된 특별법(안)[166]은 제한적인 토지수용권을 부여하는 방안이다. 시행자는 지자체에게 토지수용업무를 수탁요청할 수 있고, 시장·군수는 특별한 사유가 없는 한 이에 응하여야 한다. 민간시행자가 재결을 신청하기 위해서는 대상토지의 50% 이상의 협의매수가 필요하다. 수용재결기간은 개발계획 승인일로부터 2년 이내로 제한하고, 부득이한 경우에 한하여 1년 연장할 수 있도록 한다. 택지개발사업 등은 실시계획에서 규정한 사업기간으로 규정하고 있으나, 기업도시는 민간에게 공공성을 부여하고 수용권을 인정하고 있으므로, 수용재결기간을 타사업보다 엄격히 적용하여 주민재산권을 보장하도록 한다. 이와같이 토지수용권을 부여하는 근거는 다음과 같다. 첫째, 기업도시는 산업용지, 택지조성, 기반시설 설치 등 「토지수용법」에 열거된 공익사업(도로, 철도, 공항, 항만, 상·하수도, 전기통신 등, 국가·지자체가 설치하는 청사, 공장, 공원, 광장, 시장 등, 국가·지자체 또는 국가 등이 지정한 자의 주택·택지조성 등, 기타 개별법에 의한 토지수용 등)을 할 수 있는 사업의 범주에 해당한다. 둘째, 산업, 주거, 문화, 교육 등 다양한 기능이 혼합된 복합도시 개발은 사회적인 공공성이 인정된다. 셋째, 현재 시행되고 있는 유사법제에서도 민간에게 수용권을 인정한 예가 있다.

---

[165] 2004년 9월 22일 입법공청회에서 논의되었던 토지수용에 대하여 건설교통부는 '토지수용권의 실제 행사는 지자체가 대행하도록 하고, 가급적 지자체와 공공사업을 유도한다'는 조치계획을 밝혔다(건설교통부(1), 전게서, p. 39).
[166] 김정렬, 전게논문, p. 66 ; 건설교통부(1), 전게서, p. 26.

표 5 토지수용권을 인정하고 있는 유사법제 사례

구분	토지수용요건
경제자유구역	민간시행자가 제한 없이 토지수용 가능
산업단지	실수요 산업시설용지는 민간기업도 제한 없이 토지수용 가능
도시개발구역	사업지면적 2/3 매입, 소유자 2/3 동의 후 가능
관광단지	사유지면적의 2/3 이상 매입 후 가능
민간투자사업	민간시행자가 제한 없이 토지수용 가능

자료 : 건설교통부(1), 전게서, p. 26을 재구성.

토지수용권 부여에 대한 찬반 논의

① 찬성론

민간기업에게의 토지수용권 부여를 찬성하는 입장으로, 국가균형발전과 일자리 창출로 공공성이 보장되고 정부에 의한 개발허가(특허)를 근거로 하고 있다. 그리고 50% 협의매수를 조건으로 하는 제한적인 토지수용권 부여는 기업의 부담과 지가상승 등으로 기업도시 건설목적을 달성하기 어렵다는 주장이다. 첫째, 기업의 사업내용이 공공성을 갖고 있다. '기업도시의 경우 상대적으로 낙후된 지역에 기업도시를 건설하여 지역개발이나 일자리 창출과 같은 부수적인 공익실현을 기대할 수 있고, 나아가 지역개발을 통하여 국가균형발전을 도모할 수 있다. 이러한 공공성이 입증되는 한, 필요한 한도 내에서 민간기업에게 토지수용권을 부여할 수 있다.'[167] 「기업도시개발특별법」은 그 근거법규의 목적 및 당해 법규 전체의 규정사항에 비추어볼 때 공공의 필요성을 광범위하게 그리고 적극적으로 제시하고 있으므로 위헌이 될 수 없다'[168]고 한다.

---

[167] 건설교통부(3), 전게서, p. 4.

둘째, 정부에 의한 개발허가(특허)가 근거가 된다. '현실적으로 도시개발은 민간기업 등이 주도적으로 시행해왔고, 또한 도시개발 자체가 국토의 균형발전 등 공공적 목적으로 이루어지기 때문에 정부 등의 개발허가(특허)를 받은 민간기업은 공공기관과 마찬가지로 직접 공용수용권을 가진다.'[169] 이는 미국의 법리를 원용한 것으로 보인다. 한편, 민간기업에게 전면적인 토지수용권을 부여해야 하는 이유를 '개발구역의 토지를 50% 이상 협의매수하는 경우에 한정하고, 나머지 토지에 대한 수용권을 행사할 수 있도록 한다면 토지를 확보하는 데 엄청난 시간은 물론 조 단위 이상의 돈이 들어가고 현재 이와같은 규모의 출혈을 감당할 수 있는 국내기업은 거의 없으며'[170], '땅값이 크게 올라 수용의 의미가 반감된다'[171]고 주장하는 견해도 적지 않다.

② 반대론

민간기업에게 토지수용권을 줄 수 없다는 입장으로 공익사업을 위한 토지수용제도원칙과의 불부합, 공익개념의 불필요한 확대, 필요한 최소한의 범위 초과, 다른 나라에는 그러한 사례가 없다는 것 등이 그 근거이다. 이들은 특히 민간기업에 대한 토지수용권 부여가 위헌의 소지가 있으므로 삭제하거나, 또는 토지수용권 행사요건을 보다 엄격히 규정할

---

168 상게서, p. 11
169 Adelphia Cablevision Associates of Radnor L.P. v. Univ. City Housing Co., 755A. 2d 703(정당한 보상이라는 「헌법」상 요건을 갖춘 제정법(Tenants' Right to Cable Television Act)에 의한 민간기업의 수용권 부여는 합헌이다(이동수, 전계논문, p. 29).
170 《동아일보》, "재계, '기업 없는 기업도시' 우려", 2004. 11. 12.
171 《조선일보》, 2004. 9. 18. ; 《한겨레신문》, 2004. 9. 30. 도시개발제도 개선과 관련한 연구에서 도시개발사업의 문제점으로 민간사업자가 토지를 수용할 수 있는 조건을 만족하는 경우 토지에 대한 수용권을 보장하고 있지만 실제로는 민원 등을 우려한 지자체의 반대, 수용가 급등 등의 이유로 민간사업자가 잔여토지를 수용하기가 매우 힘든 실정임을 지적한 바 있다(박은관·안용진, "도시개발제도 개선방안 연구", 국토연구원, 2005, p. 72).

필요가 있다고 주장한다. 또한 50% 협의매수를 조건으로 하는 제한적인 토지수용권도 「도시개발법」과 비교하면 지나친 특혜라고 주장한다.

첫째, 공익사업을 위한 토지수용제도원칙과 부합하지 않는다는 주장이다. '민간기업에 의한 토지수용의 문제는 사적소유제의 부정'[172]이며, '사적이익을 추구하는 민간기업에게 대단위지역(개별 단위사업의 범위를 넘어 공익적 요소를 광범위하게 포함하는 지역)에 대한 일괄적인 토지수용권을 부여하는 것은 공익사업을 위한 토지수용제도의 원칙과 부합하지 않고, 본질적으로 영리를 추구하는 민간기업에게 수용권을 부여하는 것은 위헌소지가 있다.'[173] 또한 '산업단지 개발에 있어서 개발을 행하는 민간기업에게 토지수용권을 허용함은 토지사용의 목적이 협소하게 특정되어 투자액을 초과하는 불로소득적인 개발이익이 기대되지 않기 때문인데, 이를 도시개발에 있어서까지 민간기업에게 확대하는 것은 위헌적인 소지가 크다. 현재 공익사업을 위한 공용수용제도에 대하여 경제계 스스로 위헌성을 제기해오다가 갑자기 자신들의 경제적 이익을 위해서 스스로 수용주체로 나서는 모순된 태도이며, 나아가 시세차익 등 개발이익의 독자적인 취득을 목적으로 하는 것'[174]으로 우려를 표명하고 있다.

둘째, 공익개념의 불필요한 확대이다. '국회입법 혹은 행정입법이 그 일반적인 규정의 표현에도 불구하고, 단지 그런 입법이 소수의 개인들에게 이익을 주는 것을 목적으로 하고 있다면, 그런 입법은 위법한 것으

---

[172] 조명래, 전게논문, p. 52.
[173] 류하백, 현행 토지수용제도상 기본권 침해성에 관한 고찰, 《토지공법연구》 제10집, 2000. 8, p. 442 ; 김태현, 전게논문, p. 60 ; 조명래, 전게논문, p. 52 ; 김남철(1), 전게논문, p.583 ; 건설교통부, 기업도시 개발에 따른 토지수용권에 관한 최종보고서, 2004. 12, p. 22 ; '토지수용권 등 국가의 권능까지 재벌한테 부여하는 재벌공화국 설계도'라는 비판도 있다(조계완, "아예 재벌공화국을 세워달라, 최근 기업도시안 들고 나온 전경련", 《한겨레21》 통권 516호, 2004. 7. 8, p. 71).
[174] 김태현, 전게논문, p. 60.

로 인정되어야 한다. 그런데 어떤 경우에는 그럼에도 불구하고 공익을 위한 수용을 정당화시키는 합리적인 이유로 인정하고 있다. 예컨대, 재무구조가 건전한 대규모 회사를 편들기 위하여 다른 한 회사를 비난하는 것은 새로운 직업의 창출, 세수증대 등과 같은 합리적인 이유를 만들어낼 수 있다고 한다.[175] 그러나 이러한 사례에까지 공익개념을 확대·적용하는 것은 문제가 있다.'[176] 또한 '현재「토지수용법」에서 공익사업은 분양사업의 경우에는 적용되지 않고 있으며, 토지소유자를 비롯한 주민의 강력한 저항이 우려되며, 자칫 개인소유권 침해가능성'[177]을 근거로 들고 있다.

셋째, 필요한 최소한의 범위를 넘고 있다. '현행 법률에 의해서도 민간에게 수용권을 주는 경우는 기간시설 설치 등 개별사업에 필요한 용지를 필요로 하는 경우의 일부분에 한하여 인정하는 것이지, 특별법에서처럼 수백만 평에서 천만 평에 이르는 도시 규모의 토지 전체에 대해 수용권을 부여하는 것과는 본질적으로 다르다. 또한 수용한 토지는 공익목적으로 사용하거나 임대하는 경우에 활용되는데, 민간기업이 기업도시[178]를 건설하면서 이를 분양 등 영리목적으로 활용하는 경우에는 일반적인 공공시설 건립을 위한 토지수용과는 성격을 달리할 수 있다.'[179]

넷째, 성공적인 기업도시로 예를 들고 있는 다른 나라에서는 토지수

---

[175] 미국 당국이 거대기업을 위하여 토지수용권을 어떻게 사용하고 있는가를 알기 위해서는 Timmons, D. and Womack, L. "Eminent Domain or Domination?" (2000) 24 Real Estate Issues 44. 참조(백승주, 전게논문, p. 130).
[176] Coban Ali Riza, 《Protection of Property Rights within the European Convention on Human Rights》, 2004, p. 101.
[177] 변창흠, 전게논문, p. 22.
[178] 계기석·전영옥의 보고서("자족적 도시개발을 위한 기업의 참여방안 연구", 국토연구원, 2004)에서는 '기업도시'와 같은 의미로 '자족적 신도시'라는 용어를 쓰고 있으나, 본서에서는 기업도시로 바꾸어 쓰고자 한다.
[179] 계기석·전영옥, 상게서, p. 99.

용권 부여사례가 존재하지 않는다.[180] 한편, 민간기업에게 개발구역의 토지를 50% 이상 협의매수하는 경우에 한정하여 나머지 토지에 대한 수용권을 행사할 수 있도록 한 조치도 '현행「도시개발법」이 사업면적 3분의 2 이상 매입과 소유자 3분의 2 이상 동의라는 엄격한 조건을 달아 수용권을 부여하고 있다는 점을 들어「기업도시개발특별법」은 지나친 특혜'[181]라고 주장한다.

③ 절충론

민간기업에게도 토지수용권을 제한적으로 허용해야 한다는 입장으로 공공필요 적합성, 최소한의 범위, 공익적 성격의 명확한 부각, 주민참여 등의 조건을 갖추었을 때 등이 해당된다.

첫째, 공공필요 적합성의 조건을 갖추면 당연히 허용되어야 한다. '국가 또는 공공단체의 특정한 공익시설의 설치 외에 공공성이 큰 사인의 시설을 설치하기 위해서도 사인의 공용침해가 허용될 수 있는가, 즉「헌법」상 공공필요의 관점에서 어느 정도의 범위 내에서 사인을 위한 공용침해(Enteignung zugunsten Privater)가 허용될 수 있는가 하는 것이 문제된다. 오늘날 사회가 급속하게 발전함에 따라 필요한 공공시설도 점차 증가하게 된 결과, 일반사인의 경우에도 공익사업의 시행자로 참여할 수 있는 기회가 점차 확대되었고, 이에 따라 여러 단행법률에서 특정 공

---

[180] 조명래, 전게논문, pp. 42~44. 인도 철강도시 잠셋푸르는 정부소유토지를 철강회사 타타스틸에 반영구적으로 임대한 경우이다(최준석, "시청 없는 도시 철강회사 '타타스틸'이 100년 전에 만든 기업도시",《주간조선》통권 1905호, 2006. 5. 22). 미국 피츠버그의 유에스스틸의 부지는 알레게니카 카운티 정부가 수용해 재개발을 시도한 경우이다(염미경, "철강대기업의 재구조화전략과 지역사회의 대응—일본 키타 규슈와 미국 피츠버그의 비교",《한국사회학》제38집 1호, 2004, p. 151). 미국 노스캐롤라이나 주의 지식기반형 기업도시인 랠리(Raleigh)시의 경우 노스캐롤라이나 도시재개발법에 의해 랠리시가 토지수용을 담당하였다(이동수, 전게논문, p. 40).
[181]《조선일보》, 2004. 9. 18. ,《한겨레신문》, 2004. 9. 30.

익사업의 시행에 있어 민간을 사업시행주체의 하나로 규정하고 있는 입법례도 증가하고 있다. 그러나 사인에게 토지의 수용권 등을 인정하는 것은 이들에 의하여 시행되는 사업이 공공필요라는 요건을 충족하는 경우에 한하여만 가능하다.'[182]

둘째, 비례원칙하에서 최소한의 범위 안에서만 허용된다. '공익개념을 제한 없이 넓게 정의한다면 그에 반비례하여 사익은 제한될 수밖에 없을 것이다. 따라서 행정법의 일반원칙인 비례원칙은 이러한 공익의 개념을 정의하는 데 사익보호를 위한 중요한 지침이 된다.'[183] '수용은 당해 공익사업을 위한 최후의 수단이 되어야 한다. 즉, 특정 재산권에 대한 수용만이 그 공익사업을 달성하는 데 적합한 수단이라고 판단되는 경우에만 인정되어야 한다. 나아가 이러한 적합성이 충족되는 경우에도 당해 공익사업을 시행하는 데 필요한 최소한의 수용만이 공공필요를 위한 수용을 정당화할 수 있고, 마지막으로 당해 재산권의 수용으로 인해 침해되는 재산권 소유자 등의 이익과 당해 사업으로 인해 달성되는 공익 간에 상당성이 존재해야 할 것이다.'[184] '나아가 비례원칙의 관점에서도 경제적 사기업을 위한 공용침해는 최후의 보충적인 수단으로만 고려되어야 하고, 이 경우 개인의 재산권에 대한 침해는 목적 실현을 위한 최소한도에 그칠 수 있도록 노력하여야 할 것'[185]이라고 한다.

셋째, 기업도시개발사업의 공익성이 명확하여야 한다. '기업도시 안에서 설치되는 산업·주거·상업시설과 교육·의료·체육시설이 기업의 영리를 추구하기 위한 것이라면, 이러한 사업의 공공성이 인정된다고

---

[182] 건설교통부(3), 전게서, p. 10.
[183] 정연주(1), 전게논문, p. 165 ; 정훈, 전게논문, p. 581.
[184] 정훈, 전게논문, p. 581.
[185] 김남철(1), 전게논문, p. 594.

할 수 있겠는가 하는 의문이 제기되기도 한다. 이러한 시설의 설치로 인하여 단순히 일자리가 증가한다고 해서 바로 공용침해행위의 허용요건인 공공필요성이 인정되겠는가 하는 문제도 역시 쉽게 긍정하기는 어려울 것으로 생각된다. 이러한 의미에서 기업도시에서 사인을 위한 수용행위가 정당화되려면, 무엇보다도 실질적으로 기업도시 개발의 공익적 측면을 보다 명확하게 부각시킬 필요가 있다고 생각한다. 특히 「헌법」상의 공공필요요건에 적합하기 위해서는 사업의 공익적 측면을 지금보다 더 많이 확보하고, 상대적으로 기업에 대한 특례 또는 특혜 시비의 소지가 있는 부분에 대하여 다소간의 손질이 필요하다.'[186]

넷째, 주민참여의 제도적 보완을 통해서 기업도시의 개발이 가능하다. '기업도시의 개발은 애초에 기업하기 좋은 환경을 조성하는 데 초점이 맞추어져 있는 것이고, 공공복리의 실현은 이러한 기업활동의 부수적 결과로서 기대할 수 있을 뿐이기 때문이다. 따라서 공공성이 다소 취약하다는 문제점은 도시개발의 각 단계에서 주민의 참여를 통하여 보완될 필요가 있다. 주민참여를 통하여 범지역적인 합의를 도출해내고 이를 바탕으로 기업도시의 개발을 시행하도록 한다면, 이는 기업이나 국가차원에서의 경제적 이익을 주장하고 일방적으로 추진하는 것에 비하여 「헌법」상 훨씬 조화적인 것만큼은 틀림이 없을 것'[187]이라고 한다.

요약 및 결론

민간기업에게 토지수용권을 부여하는 문제에 대해서는 ① 민간기업의

---

[186] 건설교통부(3), 전게서, p. 39.
[187] 김남철(1), 전게논문, p. 595.

사업에 대한 공공성 인정 여부, ② 민간기업이 토지수용권 부여를 원하는 이유, ③ 민간기업에게 토지수용권을 부여하는 경우의 합리적인 기준 등으로 나누어볼 수 있다.

첫째, 민간기업에게도 공공성을 인정할 수 있는가의 여부이다. 오늘날 공익사업에 관한 종래의 관념이 점차 완화·확대되고 있다. 종래에는 주로 도로·철도 등과 같은 개개 공공시설의 건설·유지와 관련하여 정립된 것으로 그 특정성이나 공익성이 엄격히 해석·운용되어왔다. 그러나 민간의 창의와 자본을 활용하기 위하여 민간을 사업시행자로 인정하기 시작한 이후에는 공익사업의 범위는 사회간접자본이라고 통칭되는 모든 사업 분야로까지 확대되고 있다. 그리고 공익성이 강한 민간 분야에도 끊임없이 확장되고 있다. 그러나 이것은 공공필요라는 이론하에 무한하게 확대될 수 있는 것은 아니다.[188] 민간기업에 대한 토지수용권 부여와 관련하여 공익사업의 판단기준이 되는 공공필요의 해석은 공익성의 정도, 시대의 요청, 비교·형량, 과잉금지의 원칙에 따라 판단되어야 할 것이다. 일반적인 공공시설 확충과는 달리 기업도시개발사업은 토지수용에 있어서는 공공성을 강조하고, 토지의 활용에 있어서는 민간의 자율성을 강조하고 있다. 그러나 기업도시는 산업·주거·문화·교육 등 다양한 기능을 담는다. 지역균형개발은 물론 투자촉진에 기여하고, 주택의 공급으로 주거 안정을 도모하며, 산업용지 조성으로 경제성장과 공익실현에 기여하므로 공공성이 매우 강하다. 그리고 기업도시 내에 건설되는 산업용지·택지조성·기반시설 설치 등은 「토지수용법」에 열거된 공익사업이다.

---

[188] 제정부, 전게논문, p. 23.

둘째, 민간기업이 토지수용권 부여를 원하는 이유이다. 민간기업은 원래 사적 영리를 추구하기 때문에 해당 공익사업이 기업에 경제적 이익이 될 때에는 토지수용권 등이 보장되는 사업시행자가 되기를 원할 것이다. 특히 우리나라의 경우 토지의 실제거래가격보다 보상액의 기준이 되는 공시지가 낮고[189], 「토지수용법」에서 보상액의 산정시 당해 공익사업으로 인하여 토지 등의 가격에 변동이 있는 때에는 이를 고려하지 않도록 함(동법 제67조제2항)으로써 토지수용으로 인한 개발이익의 차이가 발생되므로, 민간기업이 토지수용권을 발동할 수 있는 공익사업의 범위확대를 요구하는 경향이 강하다[190·191]는 주장이 있다. 물론 토지소유자의 사적 소유권을 제약함으로써 수용한 토지를 민간기업이 개발이익 향유를 목적으로 활용하는 경우 사회적 정의에 위배될 수 있다.[192] 그러나 기업도시 개발에 따른 개발이익은 경제적 활동에 따른 정상이익을 제외하고는 환수하고 있다.

셋째, 민간기업에게 어느 범위에서 토지수용권을 부여하느냐이다. 이에 대한 합리적인 기준은 사업이 갖고 있는 '공익성'의 정도이다. 기업도시 개발이 순수공익사업은 아니지만 부수적으로 공익을 실현할 수 있다는 점에서 볼 때 특별법안이 50% 협의매수[193]를 수용의 허용요건으

---

[189] 공시지가는 실거래가격의 50~90% 수준으로 실거래가격과 괴리가 발생한다(채미옥, "부동산거래가격신고제 실시에 따른 공시지가제도의 개선방안 고찰",《국토연구》제49권, 2006. 6, p. 129).
[190] 재정부, 전게논문, pp. 14~15.
[191] 독일의 경우 연방건설법 제195조에 의해 보상은 완전한 거래가치에 따라 이루어져야 한다. 따라서 피수용자는 이 보상으로써 동등한 가치를 가진 동류의 재산을 취득할 수 있어야 한다(강현호(1), 전게논문, p.18). 미국의 경우에도 시장가치 기준에 의해 수용대상 토지가 토지시장에서 구매자와 판매자가 공정하고 공개된 교섭에 의해 결정되는 가격이 정당한 보상이 된다(이동수, 전게논문, p. 32).
[192] 계기석·전영옥, 전게서, p. 99.
[193] 독일 연방건설법 제87조제2항에 따르면 수용을 하기 위해서는 수용신청자가 먼저 수용할 토지에 대하여 적당한 조건으로 금전을 제기하거나, 소유자가 대가로서 토지를 원할 경우는 합당한 토지를 제공함으로써 자유거래의 원칙을 통해 얻고자 진지하게 노력했어야만 한다. 이러한 협의취득의 진지한 노력이 없는 경우에는 수용이 허용되지 아니한다(강현호(2), 전게논문, p. 10).

로 규정하고 있는 것은 타당한 것으로 평가[194]되고 있다. 민간사업자에게 토지수용권을 부여하는 문제는 사업의 공공성 및 토지소유자의 사유재산권 보호라는 차원을 비교·형량하여 신중하게 검토해야 한다.[195] 어떠한 경우에도 기업에게 전면적인 토지수용권을 부여하는 것은 「헌법」상 개인의 재산권에 대한 과잉침해의 문제가 있을 수 있다.[196] 따라서 민간기업을 위한 또는 민간기업에 의한 수용의 경우에는 일반적으로 공공성이 약한 경우가 많을 것이므로 수용권은 합리적인 기준에서 제한하는 것이 타당하다. 반면에, 제한적으로 토지수용권을 부여하고 있는 「도시개발법」등 개발법제에 따르면, 지가앙등이나 토지투기의 성행 등으로 토지확보가 여의치 않아 사업의 추진에 적지않은 어려움을 겪고 있다.[197] 기업도시는 각종 공익시설을 종합적으로 배치하는 일단의 개발사업이다. 이를 수행하기 위해서는 광범위한 토지가 필요하다. 그리고 개발에 적합한 토지를 일괄하여 취득할 수 있도록 제도적으로 보장해주어야만 국토를 효율적으로 이용할 수 있다. 이런 점을 감안하여 기업에 대한 수용권의 제한 정도는 민간기업의 투자활성화와 신속하고 효율적인 사업의 시행이라는 목적을 위하여 기업도시개발 시범사업 결과를 검토하여 조정하는 것이 바람직하다.

---

194 건설교통부(3), 전게서, p. 4.
195 그럼에도 불구하고 최근 정부가 국토의 균형개발정책에 따라 전국적으로 추진하거나 추진하려는 크고 작은 개발계획을 들여다보면 「헌법」상 재산권 수용의 전제요건에 충실하기보다는 오히려 정부의 특정정책목적 실현을 위한 방편으로서 개인재산권 수용을 전제로 한 개발정책이 이루어지고 있다. 2005년 8월 30일 제주도가 발표한 '제주특별자치도기본계획안'에서는 사업추진을 원활히 하기 위하여 대상사업과 주체를 한정한 제한적 토지수용제도를 검토하고 있다. 이런 예는 국가나 지방자치단체가 「헌법」상 공익을 전제로 한 개발에 집착하기보다는 단지 특정목적을 위한 개발을 빌미로 마구잡이식 개인의 재산권에 대한 수용도 불사하겠다는 의지를 반영하고 있다고 본다(백승주, 전게논문, p. 110).
196 건설교통부(3), 전게서, p. 5.
197 고가보상을 노리고 토지를 양도하지 않는, 소위 '알박기'에 대해 매도청구권을 두는 법제도 생겨나고 있다(「주택법」 제18조의2).

3. 현행제도

토지수용권의 부여

「기업도시개발특별법」은 건설교통부장관이 개발구역의 지정을 제안한 민간기업 등을 개발사업시행자로 지정하도록 하고(동법 제10조), 개발사업시행자는 개발구역 안에서 개발사업의 시행을 위하여 필요한 때에는 토지·물건 또는 권리를 수용 또는 사용할 수 있도록 하고 있다(동법 제14조).

민간기업에게 토지수용권을 부여하는 근거는 다음과 같다.[198] 첫째, 기업도시 내에 건설하는 산업단지, 택지, 기반시설 등이 「토지수용법」상 공익사업(동법 제4조)에 해당한다. 둘째, 기업도시 구역지정시 낙후지역 개발 등 국가균형발전과 지역경제의 성장을 우선하고, 시장·군수와 구역지정을 공동으로 제안하며, 사업시행자가 조성토지를 직접 사용하는 의무를 부과하는 등 공익성 인정을 위한 다양한 장치를 마련하였다. 셋째, 현재 시행되고 있는 유사법제에서도 민간에게 수용권을 인정하고 있다. 넷째, 토지공법학회 등 공법·헌법학자의 자문 결과 위헌소지가 없다는 의견이 지배적이다.

그러나 기업이 사업시행 과정에서 주민의 재산권을 보장해야 하기 때문에 「기업도시개발특별법」에서는 토지수용은 토지면적 50%를 확보한 후 수용재결이 가능하도록 하고(동법 제14조제3항), 지역주민의 이주대책 수립과 기존의 생업 등을 감안하여 생활대책용지를 공급하도록 하고 있다(동법 제14조제6·7항).[199]

---

[198] 건설교통부(2), 선게서, p. 29.
[199] 상게서, p. 10.

표 6 도시개발 관련제도와 토지수용권의 비교
(2005. 7)

구분	법률명	사업시행자	시행절차	토지취득방식
기업도시 개발구역	「기업도시개발특별법」	민간기업 지자체 정부투자기관	구역지정 및 개발계획 수립을 동시 시행 → 실시계획 수립	토지 1/2 이상 매입시 토지수용
경제자유 구역	「경제자유구역의 지정 및 운영에 관한 법률」	구역지정권자가 시행자 지정 (별도제한 없음)	지구지정 및 개발계획 수립을 동시 시행 → 실시계획 수립	토지수용 가능
산업단지	「산업입지 및 개발에 관한 법률」	국가, 지자체 정부투자기관 지방공기업 한국산업단지공단 입주실수요기업 부동산신탁회사 토지소유자/조합	산업단지 지정 및 개발계획 수립 동시 시행 → 실시계획 수립	실수요 산업시설 용지만 가능 (토지소유자/조합 제외)
도시개발 구역	「도시개발법」	국가, 지자체 정부투자기관 지방공사 토지소유자 지방이전법인 일반건설업체	구역지정 및 개발계획 수립을 동시 시행 → 실시계획 수립 (자연녹지 및 도시지역 외 지역은 구역지정 후 개발계획 수립 가능)	토지면적 2/3 매입, 토지소유자 2/3 동의
복합단지	「지역균형개발 및 지방중소기업 육성에 관한 법률」	국가, 지자체 정부투자기관 지방공사 민간개발자	사업시행자 지정 및 개발계획 수립을 동시에 시행 → 실시계획 수립	토지수용 불가
관광단지	「관광진흥법」	관광공사 토지공사 지방공기업 민간개발자(시·도지사에게 신청서 제출)	관광단지 지정 → 조성계획 수립	토지면적 중 사유지 2/3 이상 매입한 경우, 수용 또는 지자체 위탁 가능
행복도시	「신행정수도 후속대책을 위한 연기·공주지역 행정중심복합도시 건설을 위한 특별법」	정부투자기관	예정지역 지정→ 행복도시 광역 도시계획 수립→ 개발계획 수립→ 실시계획 수립	민간시행 불가
택지개발 지구	「택지개발촉진법」	국가, 지자체 정부투자기관	지구지정→개발계획 → 실시계획 수립	민간시행 불가
기존 시가지 개발	「도시 및 주거환경 정비법」	조합 시장·군수 주택공사	정비구역 지정→ 관리처분계획 인가 → 주택 공급	• 재개발 : 수용 • 재건축 : 매도청구 (토지등소유자 4/5 이상의 동의)

(2005. 7)

구분	법률명	사업시행자	시행절차	토지취득방식
대지조성	「주택법」	대지조성사업자	별도절차 없음	민간수용불가 (국가·지자체·공사가 국민주택건설용지를 조성할 경우에만 가능)

주 : 「지역균형개발 및 지방중소기업 육성에 관한 법률」의 복합단지제도는 폐지할 계획.
자료 : 건설교통부 복합도시기획팀, 2005. 8. 8, 정책자료(www.moct.go.kr)를 재구성.

토지수용권의 요건

「기업도시개발특별법」은 토지수용권의 요건으로 개발사업시행자에게 개발구역 토지면적의 50% 이상에 해당하는 토지를 확보(토지소유권을 취득하거나 토지소유자로부터 사용동의를 얻은 것을 말함)한 후, 개발계획의 고시일로부터 2년 이내에 「토지수용법」의 규정에 의해 토지·물건 또는 권리를 수용 또는 사용할 수 있도록 하고 있다(동법 제14조제1항 내지 제4항). 그러나 민간기업이 국가기관 또는 지방자치단체, 정부투자기관, 지방공기업, 제주국제자유도시개발센터(개발구역이 제주도인 경우에 한함)와 공동으로 개발사업을 시행하거나, 관할 광역시장·시장 또는 군수와 공동으로 기업도시건설사업을 시행하는 경우에는 토지수용권의 요건을 적용하지 않고 있다(동법 제14조제3항 단서, 제10조제2항, 제4조제1항).

민간부문에 의한 토지수용권의 요건에 관하여는 일반적으로 사업인가요건형, 수용권발동요건형, 혼합형의 3가지 유형으로 나눈다.[200·201] 첫째, 사업인가요건형에서는 민간사업시행자가 일정비율의 토지소유

---

[200] 상게논문, pp. 19~20.
[201] 민간부분에 의한 토지수용권의 요건을 정해놓지 않은 경우도 있다[예 : 「사회기반시설에 대한 민간투자법」(제20조), 「경제자유구역의 지정 및 운영에 관한 법률」(제13조), 「산업입지 및 개발에 관한 법률」(제22조)].

표 7 유형별 토지수용요건 및 문제점

유형	법률명	토지수용요건	문제점
사업인가 요건형	「도시 및 주거환경정비법」 (제28조제4항)	사업시행인가를 신청하기 전에 사업시행계획서의 내용에 대하여 미리 정비구역 안의 토지면적 50% 이상의 토지소유자의 동의와 토지등소유자 과반수의 동의	사업인가신청시에 동의하였더라도 예상보상가액이나 구체적인 사업내용 등에 차이가 생기게 되면 수용단계에서 많은 저항을 받게 됨
수용권발동 요건형	「물류시설의 개발 및 운영에 관한 법률」 (제32조제1항), 「기업도시개발특별법」 (제14조제3항)	민간사업시행자인 경우에는 사업대상 토지면적의 3분의 2 이상을 매입(「기업도시개발특별법」은 50% 이상)	사업인가는 상대적으로 쉽게 받을 수 있으나, 사전에 소유자의 동의를 얻은 것이 아니므로 수용권발동요건을 충족하기 위한 토지협의매수단계에서 토지소유자가 반발하는 경우 사업 자체가 실패할 수 있다는 위험부담이 큼
혼합형	도시개발법 (제11·21조)	• 구역지정 제안시 : 대상구역의 토지면적의 3분의 2 이상에 해당하는 토지소유자의 동의 • 토지수용권 발동시 : 사업대상 토지면적 3분의 2 이상에 해당하는 토지를 매입하고 토지소유자 총수의 3분의 2 이상에 해당하는 자의 동의	사업절차가 까다로워짐

자료 : 제정부, 전게논문, pp. 19~20을 재구성.

자의 동의를 얻거나 또는 토지소유권을 확보하여야 사업인가를 신청할 수 있다. 둘째, 수용권발동요건형은 사업인가시에는 특별한 요건을 요구하지 않으나, 민간사업자가 수용권을 행사하기 위해서는 일정비율의 토지소유자의 동의를 받거나 소유권을 확보하여야 한다. 셋째, 혼합형은 대상구역의 토지소유자의 동의를 얻어 민간이 구역지정을 제안할 수 있으나, 토지수용권 발동 전에도 토지소유자의 동의를 얻어야 한다. 이 유형은 사업계획의 제안단계부터 토지소유자를 참여시켜 이들의 이해를 높여 사업의 성공적 수행을 도모하는 한편, 토지수용을 하기 전에 일정비율의 토지를 확보하거나 동의를 얻도록 하여 수용에 따른 저항을 최소화할 수 있다.

「기업도시개발특별법」은 수용권발동요건형을 취하고 있다. 그 요건은 민간시행자가 수용재결을 신청하기 위하여 대상토지의 50% 이상을 협의매수하여야 한다. 토지수용요건을 규정하고 있는 것은 토지소유자의 참여를 통하여 의견을 표명할 수 있는 기회를 주고, 이를 통하여 헌법적인 조화를 실현하고자 함이다.[202] 또 사업시행자의 재정적 능력을 확인하고 담보하며, 동시에 민간기업은 이익을 추구하기 때문에 당해 사업에 대한 공익성의 강도가 약하다는 점을 보완해주고 있다.

토지수용권의 행사

「토지수용법」은 토지수용권 행사에 대하여 다음과 같이 정하고 있다. 사업시행자는 토지 등에 대한 보상에 관하여 토지소유자 및 관계인과 성실하게 협의하여 토지 등을 매수하여야 하고(동법 제14조 내지 제17조), 협의매수가 이루어지지 않은 토지 또는 지장물에 대하여는 사업인정, 의견청취 등의 절차를 거쳐 수용재결을 사업인정고시가 있은 날부터 1년 이내에 관할 토지수용위원회에 신청할 수 있다(동법 제19조 내지 제39조). 사업시행자는 수용개시일까지 관할 토지수용위원회가 재결한 보상금을 지급하거나 공탁하고 당해 토지를 수용·사용할 수 있다(동법 제40조). 취득하는 토지의 보상가격은 공시지가를 기준으로, 공시기준일부터 가격기준시점까지의 정상지가변동률을 참작하여 평가한 적정가격으로 하고(동법

---

[202] 제정부, 전계논문, p. 20 ; 건설교통부(3), 전계서, p. 42.

제70조제1항), 가격기준시점은 협의에 의한 경우에는 협의성립 당시의 가격을, 재결에 의한 경우에는 수용 또는 사용의 재결 당시의 가격을 기준으로 한다(동법 제67조제1항). 보상가격의 산정에 있어서는 사업시행자가 2인 이상의 감정평가업자를 선정하여 평가하고, 토지소유자가 요청하는 때에는 토지소유자가 추천하는 평가사 1인을 추가한다(동법 제68조제1·2항).

「기업도시개발특별법」에서는 사업시행자가 개발구역 안에서 개발사업의 시행을 위하여 필요한 때에는 토지·물건 또는 권리를 수용 또는 사용할 수 있도록 하고 있고(동법 제14조제1항), 수용 등의 대상이 되는 토지 등의 세목을 개발계획에서 고시한 때에는「토지수용법」의 사업인정 및 그 고시가 있은 것으로 보고 있다(동법 제14조제2항).

민간기업이 단독으로 시행할 경우에는 전체면적의 50% 이상을 확보한 경우에만 수용재결을 신청할 수 있으며(동법 제14조제3항), 토지보상업무를 시장·군수에게 위탁할 수 있고, 이 경우 시장·군수는 특별한 사유가 없는 한 응하여야 한다(동법 제14조제8항). 이때 위탁받은 시장·군수가 토지 등의 보상 및 이주대책에 관한 업무를 직접 이행하기 어려운 경우에는 위탁받은 업무 중 일부를 지방자치단체, 한국토지공사, 대한주택공사, 한국수자원공사, 한국도로공사, 농업기반공사, 한국감정원에 재위탁할 수 있다(동법 제14조제9항). 수용을 위한 재결신청은 개발계획 고시일부터 2년 내에 가능하며, 개발구역의 면적이 유형별 최소면적의 2배 이상으로서 협의매수가 지연된 경우, 관할 시장·군수가 부득이한 사유가 있다고 인정하여 요청하는 경우, 취득대상토지의 70% 이상을 취득완료하고 나머지 토지에 대하여 1년 이내에 수용재결신청이 가능하다고 판단되는 경우에는 건설교통부장관의 승인을 얻어 1년 연장이 가능하다(동법 제14조제4항, 동법 시행령 제18조). 이와같이 재결신청기간의 특례를 둔 것은 기업도시개발사업의 특수성을 고려한 것으로 보인다. 또한 민간기업이 실시계획 승인 후 2년 이내에 당해 개발구역면적 중 토지면적의 30% 이상의 토지를 매수하여야 하며, 그렇지 못할 경우 개발구역이 해제되도록 하여(동법 제7조제2호, 동법 시행령 제11조) 원활하게 추진되지 못하는 기업도시개발사업으로 인한 피해를 최소화하고 있다.

민간기업이 국가·지자체·정부투자기관 등 공공주체와 공동으로 사업을 시행할 경우에는 전체면적의 50% 이상을 확보한 경우에만 수용재결을 신청할 수 있다는 제한은 받지 않는다(동법 제14조제3항). 그러나 이 경우에도 실시계획 승인 후 2년 이내에 당해 개발구역면적 중 토지면적의 30% 이상의 토지를 매수하지 못할 경우 개발구역이 해제된다(동법 제7조제2호, 동법 시행령 제11조). 민간기업이 공공주체와 공동으로 사업을 시행할 경우에는 토지취득 및 보상에 관한 사항, 이주대책과 생활대책 등에 대한 협약안이 개발구역 지정제안시 제출되어야 하고(동법 제4조제2항제7호, 동법 시행령 제2조제3항), 기업도시개발계획의 승인시 보상계획에 대하여 건설교통부장관의 승인을 받아야 한다(동법 제11조제1항).

4. 향후의 과제

토지수용의 절차규정

「기업도시개발특별법」은 수용의 대상이 되는 토지 등의 세목을 제11조

제4항의 규정에 의하여 고시한 때에는「토지수용법」제20조제1항 및 제22조의 규정에 의한 사업인정 및 그 고시가 있는 것으로 본다고 의제하고 있다(동법 제14조제2항). 공익성 여부를 심사할 수 있는「토지수용법」상의 사업인정절차와 같은 규정이 별도로 마련되지 않고 의제되도록 하는 것은 사업인정제도의 의의나 취지를 크게 반감하고 형해화시킬 수 있는 문제가 있다[203]는 비판이 있다.

 사업인정이라 함은「토지수용법」제3조에 해당하는 사업에 대하여 구체적으로 사업시행자, 사업계획 등을 확정하고 그 사업이 토지를 수용·사용할 수 있는 공익성을 갖는 것인가를 판단한 다음 토지를 수용할 권리를 부여하는 행정행위를 말한다.[204] 사업인정을 받은 행정청이 검토해야 할 첫째 사항은 사업목적 및 수용목적물의 적합성에 관한 것이라 할 수 있다.[205] 「토지수용법」이 정한 사업인정은「헌법」제23조제3항에서 규정하고 있는 공용수용(Enteignung)의 핵심적인 요건의 하나인 공공의 필요 여부에 관한 판단행위[206]로 그 사업인정을 신청한 자에 대해 기업자로서의 법적 지위를 인정해주는 행정행위 또는 처분으로서의 성질을 갖는다.[207] 대법원은 사업인정에 대하여 '그 후 일정한 절차를 거칠 것을 조건으로 하여 일정한 내용의 수용권을 설정할 수 있는 행정처분의 성격을 갖는 것으로, 그 사업인정에 의해 수용할 목적물의 범위가 확정되고…'[208]라고 판시하고 있으며, 사업인정의 여부는 '행정청의 재

---

[203] 건설교통부(3), 전게서, p. 14 ; 석종현·문형철, "「토지수용법상」사업인정에 관한 검토",《토지공법연구》제27집, 2005. 9, p. 165.
[204] 제정부, 전게논문, p. 20.
[205] 김남진, 전게논문, p. 20.
[206] 김해룡(2), "「토지수용법」에서 사업인정의 의의, 법적 성격 및 권리구제",《고시계》, 2005. 2, p. 26.
[207] 신보성(3), "「토지수용법」상의 사업인정에 관한 고찰",《토지공법연구》제6집, 1998. 6, p. 133.
[208] 대판 1994. 11. 11, 93누19375 ; 대판 1995. 12. 5, 95누4889.

량에 속한다'[209]고 보고, 사업인정을 사업시행자에 대한 하나의 설권적 행정처분으로 인식하고 있다.[210·211]

현행 법제에서는 사업인정에 대한 불복절차가 토지수용절차 개시 이후에는「토지수용법」상에 규정되어 있지 않으므로[212] 대부분의 토지 등의 소유자는 사업계획의 수립 당시 자기토지가 공공사업에 편입되는 사실을 알지 못하거나 설사 이를 알게 되는 경우에도 사업인정의 중요성을 인식하지 못하고 있다가 보상협의통지를 받고서야 비로소 자기토지가 수용됨을 알게 되고, 사업인정처분이 부당하다고 판단되더라도 이를 다툴 수 없는 상태에 놓이게 되는 경우가 허다하다.[213] 또한 일반적으로는 계획적합성이 토지수용의 공공필요성을 어느 정도까지는 추정케 한다고 볼 수 있으나 언제나 그러한 것은 아니다. 이것은 계획의 결정권자 및 계획의 수립절차가 수용의 결정권자 및 수용의 절차와 일치하지 않는 점에서도 잘 나타나 있다. 특정토지의 수용이 이미 기성의 계획에 의해 예정되어 있는 경우라 하더라도 수용을 위해서는「토지수용법」등이 정한 수용의 절차를 밟아야 함은 주지의 사실이라고 하겠다. 따라서 수용을 위해서는 계획적합성이라는 관점에 사로잡힘이 없이 그 공공필요의 유무가 개별적이나 구체적으로 검토되지 않으면 안 된다.[214] 따라서

---

[209] 대판 1992. 11. 13, 92누596.
[210] 김해룡(2), 전게논문, p. 23 ; 석종현·문형철, 전게논문, p. 155.
[211] 「토지수용법」제14조 및 제16조의 규정에 의한 사업인정 및 사업인정의 고시가 행해진 것으로 규정되어 있는 「택지개발촉진법」제12조제2항에 의한 택지개발계획의 승인·고시에 대하여 "택지개발계획의 승인은 당해 사업이 「택지개발촉진법」상의 택지개발사업에 해당됨을 인정하여, 시행자가 그 후 일정한 절차를 거칠 것을 조건으로 하여 일정한 내용의 수용권을 설정해주는 행정처분의 성격을 갖는 것"이라고 판시하였다 (대판 1996. 4. 26, 95누13241).
[212] 「토지수용법」상 사업인정에 대한 별도의 불복절차를 두고 있지 않으며, 대법원의 판례도 "사업인정 자체의 위법 여부는 사업인정단계에서 다투어야 하고, 이미 그 쟁송기간이 도과한 수용재결단계에서는 사업인정처분이 당연무효라고 볼 만한 특단의 사정이 없는 한 위법을 이유로 그 재결을 취소할 수 없다"고 판시하였다(대판 1992. 3. 13, 91누4324).
[213] 제정부, 전게논문, p. 20.

사익을 추구하는 민간기업에 의한 개발을 전제로 하고 있는 「기업도시개발특별법」에서 사업인정을 의제[215] 하고 있는 점은 다시 한 번 고려해 보아야 할 것으로 생각된다. 그리하여 「토지수용법」상의 사업인정절차와 같은 규정을 별도로 마련하여 사업의 공익성 여부를 심사할 수 있도록 할 필요가 있다[216]는 견해도 있다. 그러나 기업도시개발사업의 공익성이 이미 인정되었는데 사업인정절차를 거치도록 한다면 의제처리보다 다소 시간이 소요되며, 보다 원활하고 적극적인 사업추진이 지연되게 되어 사회경제적 비용을 증가시킬 수 있다. 다만, 계획단계부터 토지수용단계에 이르기까지 토지소유자 등 이해당사자의 참여와 의견수렴의 절차를 보다 강화하는 방안은 필요하다.

계속적인 공익사업의 수행

계속적인 공익사업의 수행을 위한 제도적 장치는 침해된 개인의 재산권과의 조화라는 관점에서 반드시 마련되어야 한다. 생존배려형 사기업의 경우 국가의 통제와 감독하에 놓이게 되기 때문에 재산권 침해를 통하여 공익사업의 항구적 수행이 처음부터 보장되어 있다. 그러나 경제적 사기업을 위한 공용침해의 경우에는 공익사업의 계속적 수행과 이를 통

---

214 김남진, 전게논문, p. 15.
215 개발사업법에서 사업인정 및 사업인정고시를 의제하도록 한 것은 사업인정의 시기를 앞당겨 보상금에서 개발이익을 배제하기 위한 기법의 하나이다(류해웅, "개발사업법상 공용수용의 특례규정에 관한 법제적 고찰", 《감정평가연구》, 한국부동산연구원, 2006. 6, p. 45). 그러나 「토지수용법」에서는 보상액의 산정시 당해 공익사업으로 인하여 토지 등의 가격에 변동이 있는 때에는 이를 고려하지 않도록 함(동법 제67조제2항)으로써 개발이익을 배제하고 있음에 비추어볼 때, 「기업도시개발특별법」에 있어서 개발계획 승인시 토지의 세목고시가 있는 경우 의제처리를 하는 것과 별도의 사업인정절차를 두는 것은 결과적으로 큰 차이가 없다고 생각된다.
216 김남철(1), 전게논문, p. 591 ; 건설교통부(3), 전게서, p. 5, p. 43.

한 공공복리의 실현이라는 목적을 쉽게 담보하기 어렵다. 왜냐하면 경제적 사기업의 경우 원칙적으로 어떤 법적 기속이나 국가적 통제가 부가되지 않고, 이러한 기업의 경우 기업의 이윤추구가 공용침해를 정당화하는 공익추구와 서로 병존하기 어렵게 되면 기업의 생리상 공익사업의 수행을 경시하거나 포기할 위험이 있기 때문이다.[217]

공용침해는 공공필요에 의하여 불가피하게 인정되는 국가공권력에 의한 재산권침해제도이다. 따라서 입법가나 행정청의 자의적 해석에 의한 부당한 재산권 침해를 방지한다는 재산권 보장의 측면에서 이 공용침해의 허용조건으로서의 공공필요는 보다 제한적으로 엄격히 해석되어야 할 것이다. 아울러 공용침해의 허용결정시 공익사업의 실현을 항구적으로 보장하는 법적·제도적 장치가 마련되어 있는가의 여부가 반드시 검토되어야 하며, 또한 비례의 원칙[218]이 준수되어져야 한다. 그리고 이러한 허용조건들에 대한 적정한 사법심사가 이루어져야 한다.[219]

그럼에도 불구하고 민간수용을 인정한 현행 법률에서 당해 공익사업의 계속성 유지를 위한 별도규정을 두고 있는 입법례[220]는 거의 드물다.[221] 이는 「기업도시개발특별법」의 경우에도 마찬가지이다. 유사법제의 경우에 민간사업자가 한정된 일정한 지역의 개발이나 시설설치사업을 하는 경우에 수용권을 제한하고 있는 점에 비추어볼 때, 도시의 상당 부분을 개발하는 것을 내용으로 하는 기업도시의 경우에는 민간기업의

---

217 정연주(1), 전게논문, p. 163.
218 비례의 원칙으로 적합성의 원칙, 필요성의 원칙, 상당성의 원칙은 물론 보충성의 원칙, 평등성의 원칙이 적용된다(신보성(3), 전게논문, p. 139).
219 정연주(1), 전게논문, p. 166.
220 「사회기반시설에 대한 민간투자법」 제47조(공익을 위한 처분)에서 '사회간접자본시설의 상황변경이나 그 효율적 운영 등 공공의 이익을 위하여 필요한 경우' 주무관청은 필요한 처분을 할 수 있도록 하고 있는 것은 공익사업의 계속성 유지를 위한 입법례의 하나로 볼 수 있을 것이나.
221 제정부, 전게논문, p. 21.

수용권한은 제한적으로 해석되어야 할 것[222]이며, 당해 기업도시개발사업의 공공성을 계속 유지할 수 있는 제도적 여건을 마련해야 할 것이다. 따라서 경제적 사기업을 위한 수용의 경우에는 항구적 공익추구를 보장하기 위한 엄격한 법적·제도적 안전장치가 절대적으로 요구된다. 이러한 공익사업의 계속성을 보장하기 위한 장치는 일차적으로는 사인을 위한 수용을 허용하는 법률에서 직접 규율되어야 하고, 그 외에도 행정행위의 부관이나 인·허가권의 유보 등의 수단을 통해서도 달성될 수 있을 것이다.[223] 그리고 이러한 법적·제도적 장치는 사인을 위한 공용침해가 허용되는 시점에 이미 존재하고 있어야 할 뿐만 아니라 기업도시개발사업이 추진되는 기간 내에 존재해야 할 것이다.

토지취득 및 보상에 관한 업무의 구체적 범위

「기업도시개발특별법」은 민간기업이 국가·지자체·정부투자기관 등 공공주체와 공동으로 사업을 시행하는 것을 원칙으로 하고, 토지수용권을 민간기업과 공공주체에게 공동으로 부여하고 있다(동법 제4조, 제14조제3항). 이 경우의 민간기업은 개발구역 토지면적의 50% 이상에 해당하는 토지를 확보해야 하는 토지수용권의 요건이 적용되지 않고, 실시계획 승인 후 2년 이내에 당해 개발구역면적 중 토지면적의 30% 이상의 토지를 매수해야 하는 의무만이 적용된다(동법 제7조제2호, 동법 시행령 제11조). 따라서 민간기업은 관할 시장·군수 등과 기업도시개발사업을 공동으로 시

---

[222] 김남철(1), 전게논문, p. 591.
[223] 정연주(1), 전게논문, p. 164 ; 정연주(2), "공용침해의 「헌법」상 허용요건", 《연세법학연구》 제3권, 1995. 11, pp. 500~516 ; 건설교통부(3), 전게서, p. 5, p. 36.

행하는 것이 단독으로 시행하는 것보다 훨씬 사업추진상 용이하다.

기업도시 시범사업 신청현황 및 선정결과[224]에서 보듯이, 민간기업은 공공주체(도, 시, 군)와 공동으로 개발사업을 시행하고자 하고 있다. 이때 개발사업주체로 참여한 민간기업과 지방자치단체는 개발구역 지정제안시 토지취득 및 보상에 관한 사항, 이주대책과 생활대책 등에 대한 협약안을 제출하여야 하고(동법 제4조제2항제7호, 동법 시행령 제2조제3항), 기업도시개발계획의 승인시 보상계획에 대하여 건설교통부장관의 승인을 받아야 한다(동법 제11조제1항). 이 경우의 토지보상업무는 시장·군수에게 위탁(동법 제14조제8항)이 아닌 자기업무가 될 것이며, 시장·군수가 토지 등의 보상 및 이주대책에 관한 업무를 직접 이행하기 어려운 경우에는 업무의 일부를 지방자치단체, 한국토지공사, 대한주택공사, 한국수자원공사, 한국도로공사, 농업기반공사, 한국감정원에 위탁하게 될 것이다(동법 제14조제8항). 대체적으로 공권력의 행사주체인 지방자치단체나 보상전문기관에게 이를 위탁하여 처리하는 방식이 기업도시개발사업을 원활하게 추진하는 데 보다 용이하기 때문이다.

이때 토지수용 및 보상업무 등에 따르는 착오나 공무원의 불법행위 등이 있을 경우에 손해배상주체가 누구인가 하는 법적 문제가 발생할 것이다. 토지수용 및 보상업무의 위탁계약에서 이와같은 경우의 문제해결방법에 대하여 약정하면 될 것으로 보이지만, 그와 같은 합의가 부재할 경우에는 어려운 법적 문제가 발생할 것이다.[225] 공공주체의 개발사업자본의 지분비율의 합은 민간기업의 지분비율의 합을 초과할 수 없도록 규정하고 있고(동법 제10조제4항), 민간기업에게 토지수용권을 부여

---

[224] 건설교통부 복합도시기획단, 전게서, pp. 23~29.
[225] 김해룡(3), "기업도시 개발에 있어서의 이주 내지 생활대책", 《토지공법연구》 제29집, 2005. 12, p. 21.

하는 경우에 토지수용권을 집행할 수 있을 것인가도 문제이다. 그동안 가장 강력한 개발사업방식으로 알려진 「택지개발촉진법」에서도 토지수용권을 활용하는 데 많은 어려움이 있었고 주민들의 저항이 많았기 때문에 점차 환지방식 등으로 수용하고 있다.[226] 더구나 민간기업이 주도하는 기업도시개발사업에서는 주민들이 자신의 이익을 희생한 개발이익이 민간기업에게 귀속되는 것으로 인식하고 있기 때문에 주민들의 극단적인 반발로 실제 토지수용권은 집행력을 갖기 어려울 수 있다. 따라서 토지취득 및 보상업무의 구체적 범위가 개발구역 지정제안시 제출되는 협약안(동법 제4조제2항제7호, 동법 시행령 제2조제3항)과 기업도시개발계획의 승인시 제출되는 보상계획서(동법 제11조제1항)에서 명확하게 확정되어야 하며, 이에 대한 내용을 토지소유자 등이 충분히 알 수 있도록 공개될 필요가 있다.

---

[226] 계기석·전영옥, 전게서, p. 100.

기업도시와 개발이익 환수

1. 개발이익의 개념

개발이익(betterment, windfall, planungsgewinn)은 일정기간 동안 토지의 전 증가(增價) 가운데 공공투자에 의한 증가와 도시계획적 결정, 변경고시 등 토지소유자의 노력에 의하지 아니하고 당해 토지에 발생한 증가이다.[227] 일정기간의 토지의 전증가(V)는 발생원인별로 토지소유자의 투자에 의한 증가(A), 정부의 투자에 의한 증가(B), 토지이용계획적 결정에 의한 증가(C), 그리고 기타 사회·경제적 요인에 의한 증가(D)로 구분해볼 수 있다.[228] 이 중에서 토지소유자의 투자에 의한 증가(A)는 자신의 노력 등에 의한 것으로 개발이익이 아니다. 실제로는 이러한 증가요인을 각각 분리하여 평가하기란 쉽지 않다. 이와같은 요인들이 상호독립적(mutually exclusive)이 아니기 때문이다. 이론상으로는 그 요인별로 분리해

---

[227] 김상용·정우형, 전게서, p. 262.
[228] 토지공개념연구위원회, 토지공개념연구위원회 연구보고서, 1989, p. 179.

표 8 개발이익의 개념 구분

구분	범위
최협의	정부투자에 의한 증가(B)
협의	최협의, 토지이용계획적 결정에 의한 증가(C) (B+C)
광의	협의, 기타 사회경제적 요인에 의한 증가(D) (B+C+D)

자료 : 토지공개념연구위원회, 전게서, p. 179.

볼 수 있다. 이들 가운데 어느 요인까지를 보느냐에 따라 개발이익은 최협의, 협의 그리고 광의로 구분할 수 있다(〈표 8〉 참조).

개발이익은 협의의개념에서 광의의 개념으로 변천해왔다.[229] 1927년 영국에서는 개발이익을 최협의로 파악하여 정부의 공공사업에 의한 증가만을 개발이익으로 이해하였다. 1942년 Uthwatt(The Expert Committee on Compensation and Betterment)위원회의 보고서에서는 정부의 공공사업에 의한 증가와 도시계획적 결정에 의한 지가를 개발이익으로 보고 이를 환수할 것을 제안하였다. 모든 개발이익은 사회에 의하여 창조된다. 따라서 특정한 계획행위에 의한 증가와 지역사회의 일반적인 활동이나 일반적인 경제활동에 따른 요인에 의한 증가를 구분한다는 것은 비현실적이며 바람직스럽지 못하다. 영국의 개발토지세법(Development Land Tax Act : 1976)의 과표가 되는 개발이익은 협의의 개발이익이다. 사회·경제적 요인에 의한 증가는 일반세제인 자본이득세(Capital Gains Tax)로 환수하고 있다.[230·231]

---

[229] 이하 개발이익의 개념에 대한 구체적인 내용에 대하여는 김상용·정우형, 전게서, pp. 264~266 참조.
[230] 영국의 개발이익환수제도에 대하여는 정희남·김승종, 周藤利一, W. McCluskey, O. Connellan,(1), "일본과 영국의 개발이익환수제도", 2003, pp. 121~150, pp. 277~313 참조.
[231] 미국의 경우 지가가 상승하여 얻은 횡재수입(Windfall profits)에 대한 과세의 불평등에 대하여 논의가 적지 않으나 미국의 계획관계법률 가운데에 이 문제를 직접적으로 언급하고 있는 법은 없다(강병주, "계획을 시행하기 위한 토지이용규제방법의 비교 - 한국과 미국 간의 법적 접근을 중심으로",《지방행정연구》제6권 제3호, 1991. 8, p. 46).

일본에서는 개발이익은 철도 등의 공공재적 시설의 정비에 따르는 지가상승이다. 일반적으로는 '공공투자에 수반하는 개발효과 중 이용자부담(이용요금 등)으로서 적정하게 흡수될 수 있는 것을 제외하고 남는 모든 개발효과'를 말한다. 개발효과는 시설 그 자체의 서비스에 의해 발생되는 '시설효과'와, 시설의 정비 과정에서 생산유발효과로 나타나는 '사업효과'로 나누어진다. 시설효과는 이용자에게 주어진 '내부효과' 외 시설이 주변지역 등의 소득이나 자산평가 등을 올리는 '외부효과'로 나누어진다.[232,233]

개발이익 환수는 입법정책이나 제도운용의 비용을 고려하여 협의의 개발이익이나[234] 광의의 개발이익을 대상으로 할 수도 있다.[235] 사회가 환수해갈 수 있는 지가의 증가분은 협의의 개발이익으로 보는 것이 바람직하다. 왜냐하면 정부의 투자나 토지이용계획적 결정 혹은 변경의 고시로 인한 지가는 토지소유자의 노력이 전혀 없으나, 사회·경제적 발전으로 인한 증가는 토지소유자를 포함한 기타 일반인의 참여에 의한 보상이므로 그 부분은 토지소유자가 가질 수 있기 때문이다. 실제로는 각 요인별 증가를 정확하게 분리하여 평가할 수는 없다. 때문에 토지소유자의 노력에 의하지 않은 전증가에 일정률을 곱하여 개발이익을 환수하고 있다. 다만, 협의의 개발이익만을 환수대상으로 한다는 것을 전제

---

[232] 일본에 있어서 철도정비에 의한 개발이익의 구체적인 계산방법은 다음과 같다. 철도정비에 의한 지가상승분과 그 밖의 요인에 의한 지가상승분을 구분하고 비역비교법을 사용하여 철도선로지역의 지가상승률과 철도선로 이외의 지역 지가상승률을 비교하여 그 차이를 개발이익으로 본다. 즉, 철도가 개설된 전후의 지가(주택지의 평균지가)를 파악하여 전년도에 비하여 높은 가격을 보이는 시점이 개발이익이 발생한 시점이고, 전년을 기준연도로 하여 지가상승지수를 산정하면 기준연도 이후 철도선로지역과 철도선로 이외의 지역 간의 지가차이가 개발이익이다(日本計劃行政學會,《都市開發における公共と民間》, 學陽書房, 1992, pp. 178~180).
[233] 일본의 구체적인 개발이익환수제도에 대하여는 정희남(외)(1), 전게서, pp. 151~276 참조.
[234] 토지공개념연구위원회, 전게서, p. 179.
[235] 국토개발연구원, "현행 개발이익환수제도와 개선방안 연구", 1983. 12, p. 9.

하고 있다.[236]

우리나라도 1967년 「부동산투기억제에 관한 특별조치법」 제정 이후 토지소유자의 투자를 공제한 지가상승분을 개발이익 환수대상으로 하였다. 특히 1989년 「개발이익환수에 관한 법률」은 개발이익을 개발사업의 시행 또는 토지이용계획의 변경, 기타 사회·경제적 요인에 의하여 정상지가상승분을 초과하여 개발사업을 시행하는 자 또는 토지소유자에게 귀속되는 토지가액의 증가분으로 규정하였다(동법 제2조제1호). 개발이익은 ① 토지소유자 자신의 노력 없이, ② 개발사업·토지이용계획의 변경, 기타 사회·경제적 요인에 의한 모든 증가 중, ③ 정상적인 지가상승을 초과한 상승분으로 정의하여 개발이익의 개념을 점점 확대해왔다.[237]

「기업도시개발특별법」상의 개발이익은 협의의 개념이다. 당해 개발사업의 총수입(조성토지의 매각수입, 조성토지의 임대료 및 사용료)에서 총사업비(토지취득비용, 도시조성비용, 자본비용 그 밖에 사업추진상 불가피하게 소요되는 비용 또는 경비)를 뺀 금액이다(동법 제8조, 동법 시행령 제12조제4항). 비용부담의 사후조정을 통해 개발계획 승인일부터 준공일까지의 평균지가변동률에 의한 지가상승분은 개발이익 산정에서 제외한다(동법 제20조, 동법 시행령 제32조).[238] 따라서 기업도시 개발에 있어서 사업시행자 또는 토지소유자에게 귀속되는 개발이익은 기업도시개발사업의 시행, 토지이용계획의 변경 등으로 정상지가 상승분을 초과하여 사업시행자 또는 토지소유자에게 귀속되는 토지가격의 증가분이다.[239]

---

[236] 김상용·정우형, 전게서, pp. 265~266.
[237] 정희남·김승종, 周藤利一, W. McCluskey, O. Connellan, (2), "토지에 대한 개발이익환수제도의 개편방안", 국토연구원, 2003, p. 29.
[238] 「재건축초과이익 환수에 관한 법률」(제정 2006. 5. 24. 법률 제7959호)은 재건축초과이익을 재건축사업으로 인하여 정상 주택가격 상승분을 초과하여 당해 재건축조합 또는 조합원에 귀속되는 주택가액의 증가분으로 규정하고 있다(동법 제2조제1호).

2. 개발이익 환수의 논의 과정

필요성

개발이익의 일부를 사회로 환수하는 것이 정당한가에 대해서는 이론이 있을 수 있다.[240] 그러나 대체적으로 개발이익 환수의 필요성은 인정된다. 개발이익은 외부효과(external effect)로 인해 발생한다. 일정기간 동안의 지가의 증가는 토지소유자의 투자에 의한 증가를 제외하면 정부의 투자, 도시계획적 결정, 투기, 기타 사회적·경제적 요인 등 모두 외부효과 때문이다.[241] 개발이익은 일종의 불로소득·부당이득이다. 토지투기를 막아 토지의 수급을 안정시키고, 소득재분배를 통하여 사회적 안정을 도모하기 위하여 개발이익은 환수되어야 하며, 또한 토지에 따른 불로소득은 사회에 환수되어 공공복리를 위해 재투자되어야 한다.[242]

논의 과정

기업도시 건설을 둘러싼 개발이익 환수에 대하여는 논란의 여지가 없었다. 다만, ① 기업도시 개발의 특수성을 고려하여 이를 최소화해야 한다는 입장과, ② 개발이익 전체를 환수하여 특정기업에 대한 특혜를 막아야 한다는 입장이 대립되었다.

---

239 계기석·전영옥, 전게서, p. 100.
240 경희남(외)(2), 전게서, p. 32.
241 김상용·정우형, 전게서, p. 270.
242 상게서, pp. 267~272.

전국경제인연합회는 2004년 6월 23일 '기업도시 건설을 통한 투자활성화 방안 - 기업도시 건설을 위한 정책건의'에서 개발이익을 합리적으로 배분해줄 것을 건의하였다.[243] 「도시개발법」상 개발구역 내의 기반시설은 시행자가 부담한다. 그러나 개발구역 밖은 명확한 기준이 없이 개발계획에 따라 승인하고 있으며(동법 제57조), 관행상 개발구역 밖의 기반시설 비용도 사업시행자가 부담하도록 유도하고 있다(동법 제53조). 산업단지의 경우 기반시설의 설치부담에 대해서 국가 또는 지자체 및 해당 시설공급자가 우선적으로 지원할 수 있다는 원칙만 규정하고 있다(「산업입지 및 개발에 관한 법률」 제33조). 정부의 지원범위가 명확하지 않아 민간 사업시행자가 기반시설 지원에 대하여 정부와 협의하기가 곤란하고 결과적으로 부담자의 비용이 증가한다. 따라서 이와같은 문제점을 해결하기 위하여는 개발지역 내의 기반시설은 시행자가 부담하고, 개발지역 밖은 지자체나 국가가 전액부담하여야 한다. 그리고 기업도시 입지지역상 기반시설이 많은 경우에는 개발이익을 적절히 환수할 수 있을 정도로 개발구역 밖의 시설도 부담하도록 한다. 아울러 지가가 높은 수도권, 충청권의 경우 진입도로, 상하수도 등 기반시설 부담은 지자체와 기업이 공동으로 부담하여야 한다(〈표 9〉 참조). 반면, 경제자유구역에서는 정부가 기반시설 건설비용의 50% 정도를 지원하고, 필요시설은 전액 지원이 가능하다(「경제자유구역의 지정 및 운영에 관한 법률」 제18조).

2004년 9월 22일 대한국토도시계획학회가 주최한 '민간복합도시(기업도시) 개발방향과 특별법 제정(안)에 관한 공청회'에서 기업도시의 개발이익 환수에 대한 원칙이 제시되었다.[244] 개발이익을 '개발사업의 시

---

[243] 전국경제인연합회(2), 전게서, pp. 13~14.

표 9 개발이익의 합리적 배분

현황 및 문제점	건의내용
• 개발구역 밖의 기반시설 부담의 규정미비로 사업시행자가 부담 • 기반시설에 대한 정부지원 범위가 불분명하여 정부와 협의곤란으로 부담 가중	• 개발지역 내는 시행자가 부담하고, 개발지역 밖은 지자체와 정부가 전액부담 • 입지여건상 기반시설이 많은 경우, 적절한 개발이익 환수범위 내에서 개발지역 밖의 시설도 부담

자료 : 전국경제인연합회(2), 전게서, p. 16을 재구성.

행, 토지이용계획의 변경 등으로 정상지가 상승분을 초과하여 사업시행자 또는 토지소유자에게 귀속되는 토지가격 증가분'이라고 정의하였다. 투자를 통해서 발생한 이익은 사업시행자에게 귀속되지만, 개발권 인·허가를 통해서 발생한 개발이익은 환수하도록 하였다. 개발이익은 개발사업 종료시점의 토지가격에서 개발시점의 토지가격과 사업기간 정상지가 상승분, 개발비용, 자본이득 및 정상이윤 등을 차감한 금액으로 산정하였다. 민간복합도시의 개발이익에 대한 환수는 시행자인 기업과 해당 지자체 간의 협약에 의해 결정하고, 사업시행 이전이나 사업종료 이후에 결정할 수 있도록 하였다.

또한, 개발이익환수원칙의 기본적 방향을 다음과 같이 제시하였다. 첫째, 사업시행자인 기업의 정상이윤은 창출할 수 있도록 배려한다. 민간복합도시의 개발은 민간기업이 주도하는 만큼 투자효율성을 확보하여야 한다. 그러나 민간복합도시 개발에 따른 과도한 개발이익은 공익성 차원에서 환수되어야 한다. 둘째, 입지지역에 따라 투자수익률을 차등화한다. 민간복합도시 개발은 지역발전을 통한 국가균형발전이 주요 목적 중의 하나이다. 따라서 기업이 입지하는 지역에 따라 개발이익이

---

[244] 이양재, "민간복합도시(기업도시) 개발의 방향과 정책과제", 대한국토·도시계획학회 주최 '민간복합도시(기업도시) 개발방향과 특별법 제정(안)에 관한 공청회' 2004. 9. 22, pp. 18~20.

크게 달라진다. 그러므로 지역의 개발 정도에 따라 투자수익률을 차등적으로 결정하여야 한다. 예를 들어 민간복합도시의 정상이윤을 신활력지역에는 10~15%로, 지역개발 정도가 매우 양호한 지역에는 5% 미만으로 각각 설정한다. 셋째, 민간복합도시 개발이 지역발전에 미치는 정도에 따라 개발이익 환수를 차등화한다. 민간복합도시의 토지이용방향이나 투자규모 등에 따라 지역발전에 미치는 영향이 다르다. 그러므로 민간복합도시 개발이 지역발전에 미치는 공익성의 정도에 따라 개발이익 환수의 폭을 달리한다. 예를 들어, 기업의 직접사용토지는 개발이익 산정에서 제외한다. 넷째, 기업이 투자에 따른 정상이윤을 확보하지 못할 경우에는 정부지원이 있어야 한다. 신활력지역 등에서는 개발이익을 기대할 수 없다. 이러한 민간복합도시에 대해서는 공공성 확보에 따른 보상 차원에서 기업투자에 따른 이윤을 보장할 수 있도록 지원이 필요하다. 도로·상하수도 등 민간복합도시구역 외의 간선시설을 국가 및 지자체가 설치할 수 있도록 해야 한다. 다섯째, 초과한 개발이익은 금전보다는 직접 시설을 설치하거나 토지로 대납한다. 즉, 국가 및 지자체가 설치하기로 되어 있는 민간복합도시개발구역 외의 기반시설을 사업시행자가 직접 설치하거나, 부득이한 경우 토지로 대신 납부하도록 한다. 사업시행자가 부담해야 할 민간복합도시개발구역 외 간선시설비용은 기반시설연동제도에 근거하여 산정한다.

   2004년 11월 4일 국회 지역혁신·기업도시 정책포럼이 주최한 '민간투자 활성화를 위한 복합도시 개발특별법안 공청회'에서는 구역 내외의 기반시설 설치로 개발이익의 70% 정도를 간접적으로 환수하는 방안이 제시되었다.[245] 개발이익은 기업의 개발이익 독점을 우려하여 사회적으로 환수하자는 시민단체 등의 의견과, 지자체와 협력하여 자율적으로 결정하자는 기업 측의 의견을 절충한 것이다. 첫째, 적정개발이익 초과분은 구역 내외의 기반시설 설치와 상쇄한다. 투입자본과 노력으로 인한 부가가치는 투자기업이 취득한다. 정상 이상으로 발생되는 개발이익은 도로·상하수도 등 구역 내외의 인프라 투자로 환수한다. 시행자가 직접 사용하는 토지는 개발이익 산정에서 제외한다. 둘째, 개발이익은 단계적으로 철저히 검증하여 투명성을 확보한다. 구역지정 제안 전에 시장·군수가 확인하고, 구역지정시 건설교통부에서 전문기관의 검증을 의뢰하며, 준공단계시 회계법인의 확인을 받도록 한다. 산정된 개발이익은 구역 내외의 간선시설에 투자하되, 사후에 개발이익 규모에 변동이 생긴 때에는 간선시설의 설치계획 및 비용부담계획을 조정한다. 다만, 복합도시는 상대적으로 낙후된 지역을 개발대상으로 하고 있으므로 현실적으로 개발이익은 없거나 매우 낮을 것으로 예상된다.[246] 셋째, 제도적으로 환수장치가 필요하다. 환수방법을 지자체 협약 등에 의해 자율적으로 결정할 경우, 기업유치가 현안과제인 지자체의 사정상 현실적으로 개발이익을 환수하기 어렵기 때문이다.

환수규모 및 방법

기업도시 개발에 있어서 개발이익 환수의 필요성은 누구나 공감하였다. 그러나 사업시행자에게 적정한 수준의 개발이익은 보장해야 한다는 의견과, 기업의 개발이익 독점을 우려하여 모두 사회적으로 환수해야 하

---

[245] 이강래, 전게서, p. 8.
[246] 재계나 정부 측에서 기업도시 개발후보지를 상대적으로 낙후된 지역을 대상으로 하고 있으므로 현실적으로 개발이익은 없거나 매우 낮을 것으로 예상하고 있으나, 낙후지역이 개발대상지로 선정된다는 것은 지극히 현실성이 떨어진다는 지적이 있다(변창흠, 전게논문, p. 19).

다는 의견이 대립되었다.

전자는 개발이익은 지역 내에 재투자하고, 기업도시 개발로 이주되는 주민과 사업시행자 등에게 적정하게 배분되어야 한다는 의견이다. 첫째, 기업도시의 참여자를 유인하고 경쟁력 있는 도시를 만들기 위해서이다. '기업도시 건설은 사업의 리스크가 매우 커서 어느 정도 개발이익[247]이 보장되지 않는다면 시행자를 찾기가 어렵다.[248] 설사 개발이익을 환수하게 되더라도 사업기간이 장기간인데다가 지역경제에 미치는 파급효과를 감안해야 하기 때문에 단순히 물리적인 개발 전후의 자산가치 상승만을 개발이익으로 판단해서는 안 된다. 과거 개발이익환수제도의 시행에서 보았듯이 이러한 방식은 실효성도 매우 낮다.'[249·250] 또한 '기업도시 건설은 경쟁력 있는 생산요소의 집적지를 형성하고 중·장기적 관점에서 확대재생산의 기지를 확보하는 과정이다. 건설 추진 과정에서 개발이익을 놓고 다툼이 있다면 국민정서상 거부감과 특혜 시비로 연결될 수 있다는 점에 유의해야 할 것이다. 따라서 기업은 생산활동을 통해서 이윤을 추구한다는 자세를 견지할 필요가 있다.'[251] 그러므로 기업도시 건설에 따른 개발이익은 지역 내로 재투자하여 인프라 확충재원으로 활용되어야 한다. 둘째, 개발이익은 주민에게도 반환되어야 한다.

---

[247] 전경련은 "이익이 안 난다면 기업도시를 할 이유가 없다. 개발이익 중 일부는 시설투자 또는 기부채납 등으로 자치단체에 넘겨줄 수 있지만, 모두 다 정부와 자치단체에 빼앗길 수는 없다. 봉사하기 위해 기업하는 것은 아니지 않느냐"라고 하여 일정 수준 이상 개발이익의 보장을 기업도시 건설의 전제조건으로 하고 있다 (조계완, "아예 재벌공화국을 세워달라, 최근 기업도시안 들고 나온 전경련",《한겨레21》통권 516호, 2004. 7. 8, p. 70).
[248] 영국의 1947년 도시 및 농촌계획법은 민간부문의 개발시장을 허용하면서도 개발부담금을 100% 부담하였기 때문에 민간부문의 개발의욕을 상실하게 하여 실패하였다(정희남(외)(1), 전게서, pp. 133~134).
[249] 재계에서는 개발이익환수에 관한 사항은 법률로 규정하기보다 기업과 해당 지방자치단체가 협의하여 기반시설 투자로 유도하는 것이 바람직하다는 입장을 밝힌 바 있다(《서울신문》, "재계, 기업도시 이대론 못한다", 2004. 11. 19).
[250] 김현아, "한국형 기업도시의 건설",《국토》, 국토연구원, 2004. 10, p. 20.
[251] 이수희, "기업도시 실현을 위한 관련주체 간 협력",《국토》, 국토연구원, 2004. 10, p. 29.

기업도시개발사업 등으로 발생되는 주민의 생활공동체 파괴의 폐해를 전부 보상할 수는 없다. '기업도시 개발에 따라 기업에게 발생할 기대이익분 중에서 당해 기업이 투입한 개발자금과 노력분을 제외한 잉여적 이익요소가 대부분 기업도시개발사업으로 인해 토지나 가옥을 수용당하거나 그로 인해 이주하게 된 자들에게 공평하게 분배될 수 있는 다양한 내용의 수단 내지 방법이 강구되어야 사회적 형평성에 부합한다.'[252·253] 셋째, 기업과 지자체의 협약에 의해 개발이익의 환수규모를 결정해야 한다. 따라서 법률안에서 개발이익의 70% 환수라는 수치를 못박지 말아야 한다. '대규모 사업의 리스크가 있고 주민동의 등이 필요한 사안이기 때문에 몇 %라는 숫자를 고정시켜 생각하지 말고 사업주체와 지자체 및 이해관계자들이 협의해서 결정하는 것이 바람직하다.'[254]

후자는 기업의 개발이익 전체를 사회적으로 환수해야 한다는 의견이다. 첫째, 공용침해에 따른 이익은 환수되어야 한다. '공익사업으로 인해 직접 재산권자에게 일정한 재산상의 이익이 발생되었을 경우, 이러한 이익은 재산권자 자신의 노력과 관계없이 순전히 공익사업을 직접 원인으로 하여 발생한 것이므로 사회환원적 차원에서 마땅히 손실보상을 통해 회복되는 침해된 재산권의 가치 보장부분에서 마땅히 공제되어야 할 것이다.'[255] 즉, '국민 전체의 부담으로 행하는 사업에 의하여 생기는 이익은 국민 전체에게 환원하여야 할 것'[256]이다. 둘째, 개발이익의 사유화는 공익으로 위장한 사익의 극대화라는 비판을 면할 수 없다. '토지수

---

252 김해룡(3), 전게논문, p. 9.
253 미국 노스캐롤라이나 주의 지식기반형 기업도시인 랠리(Raleigh)시의 경우 이주민에 대한 폭넓은 지원계획을 두었다(이동수, 전게논문, pp. 41~47).
254 《조선일보》, 2004. 9. 18, ; 《한겨레신문》, 2004. 9. 30.
255 정연주(2), 전게논문, p. 481.
256 박원영, "토지수용권의 주체", 《공법연구》 제8집, 1980. 7, p. 78.

용·조성·처분·아파트 및 상가의 분양 등 기업도시의 건설·운영 과정에서 막대한 개발이익이 발생할 것'[257·258]이다. 또 '토지의 독점적 개발에서 발생할 유·무형의 이익을 사회로 환원하는 대신 개발을 주도하는 기업에게 돌려주면서 공공이 해야 할 공적 개발의 효과를 구현하도록 기대하고 있으나, 사익을 우선하는 민간기업들이 개별적으로 구현하는 공익의 단순한 합은 전체가 필요로 하는 공익이 될 수 없다. 사회적으로 환원되어야 할 개발이익을 어떠한 빌미로도 민간기업이 전유하는 것은 사회적으로 정의롭지 못하다.'[259] 셋째, 개발이익을 모두 환수하지 않으면 부작용이 심하다. '민간기업에게 개발권을 허용하고 토지수용권을 보장하는 방법을 통하여 형성된 개발이익을 민간기업의 소유로 하는 것은 자신의 정당한 노력의 대가가 아닌 불로소득이라 할 것이므로 이를 환수하여 사회에 환원시키는 것이 마땅하다.'[260] 개발이익 환수가 모두 이루어지지 않으면 경제정의의 왜곡, 부동산투기의 만연과 그로 인한 이익이 소수 재벌에 귀속되는 결과를 초래하여 결과적으로 토지의 효율적 이용을 저해하게 될 것이라고 주장하고 있다. 넷째, 소득분배가 악화된다. '도시건설의 기초인프라는 국민세금으로 충당하고 개발이익은 기업에게 독점되어 가뜩이나 왜곡되어진 분배구조의 심화현상이 우려'[261]된다.

기업도시 개발에 있어서 개발이익의 환수는 필요하다. 그러나 부동

---

[257] 성소미, 전게서, p. 24.
[258] 시민단체들은 정부가 사업시행 초기나 중간단계에서 추정하는 방식으로는 개발이익 산정과 환수가 어렵다고 주장한다. 따라서 토지수용에서부터 개발, 처분, 향후 운영에서 발생한 이익까지도 포함해 개발이익을 전액 환수해야 한다는 것이다(《조선일보》, 2004. 9. 18.;《한겨레신문》, 2004. 9. 30).
[259] 조명래, 전게논문, p. 52.
[260] 김태현, 선게논문, p. 60.
[261] 한국노총, "기업도시 관련 한국노총 입장", 2004. 11. 4, p. 3.

표 10 주요 국가의 개발이익의 귀속과 기반시설 부담

구분	개발이익의 귀속	기반시설의 부담
미국	사업자에게 귀속되며, 사업자는 사업소득을 과세로 납부	사업자에게 개발부담금을 부과하여 지방정부가 시행
영국	계획협정(planning agreement)을 통해 결정	도시기반시설 조건부허가 : 기부채납 (Planning gain)
독일	사업자에게 귀속	수익자부담금, 지구시설정비부담금
프랑스	사업자에게 귀속	사업자가 부담
일본	토지소유자와 개발사업자가 공유	사업자가 부담

자료 · 빙경식, 전게논문, pp. 37~42를 재구성.

산 개발에 따른 사업위험성이 높으므로 기업이 기업도시에 투자할 수 있도록 유도하고, 이를 통해 일자리 창출과 지역균형발전을 도모하여야 한다. 또 기업도시 건설을 통해 기업의 경쟁력을 높여야 한다. 기업이 산·관·학이 어우러진 경쟁력 있는 도시를 만들어 세계적인 기업을 육성할 수 있어야 한다. 이를 위해 사업시행자에게도 적정한 개발이익이 발생하여야 한다. 아울러 기업과 지방자치단체가 개발이익의 환수규모를 결정하여 지역주민에게도 개발이익이 반환되어야 한다. 그리고 양도소득세 등 기존의 개발이익 환수체계도 조정되어야 한다. 「기업도시개발특별법」은 기업도시 개발에 있어서는 적정한 개발이익을 재정자립도·인구증가율 등 지역별 낙후도 등을 감안하여 산정하는 방안을 규정하고 있다(동법 제8조, 동법 시행령 제12조제3항).

3. 현행제도

개발이익의 환수체계

우리나라의 개발이익환수제도는 크게 조세, 부담금 및 시설부담 기타의 형식으로 나누어볼 수 있다. 조세형식은 간주취득세, 부동산투기억제세, 양도소득세(법인세특별부가세), 토지초과이득세제 등이 이에 해당된다. 현재는 간주취득세와 양도소득세만 시행되고 있다. 부담금 및 시설부담제도에 의한 환수제도는 직접적인 재원확보를 위한 수익환수형 부담제도와 공공기반시설 정비를 위한 시설부담형 부담제도로 나누어진다. 수익환수형 부담제도로는 개발부담금, 수익자부담금, 농지·산지전용부담금, 농지조성비·대체산림자원조성비 등을 들 수 있다. 시설부담형 부담제도로는 학교용지부담제, 광역교통시설부담금, 기반시설부담제, 기부채납 등이 있다. 기타의 방법에 의한 개발이익환수제도는 「도시개발법」에 의한 환지처분시 체비지나 보유지를 통한 감보, 공익사업을 위한 토지 등의 수용보상가격 산정시 개발이익을 배제하는 제도 등이다.[262]

기업도시 개발에 있어서 개발이익은 공청회 등을 통해 '개발이익의 직접환수보다는 지구 외 연결도로, 상·하수도 등 기반시설 설치비로 상쇄'하거나[263], '개발이익을 지구 외 연결도로, 상·하수도 등 기반시설 설치비로 재투자하되, 시행기업이 직접 사용하는 토지는 개발이익 산정대상에서 제외하여 약 70% 정도를 환수하는'[264] 방안이 검토되었다. 「기업

---

[262] 정희남(외)(2), 전게서, pp. 47~48.
[263] 김정렬, 전게논문, p. 50.
[264] 건설교통부(1), 전게서, p. 11.

표 11 개발이익환수제도의 유형

개발이익		개발이익환수제도		
		조세제도	부담금제도	기타
발생 유형	발생 요인		수익환수형	시설부담형	
최협의	유형적 개발		◦개발부담금 ◦수익자부담금	◦학교용지부담제 ◦광역교통시설부담금 ◦과밀부담금 ◦기반시설부담제	◦공공용지의 감보 ◦토지수용시 개발이익 배제
협의	무형적 개발	◦간주취득세	• 농지·산지전용부담금 • 농지조성비·대체산림자원조성비		
광의	사회·경제적 요인	◦양도소득세 • 투기억제세 • 토지초과이득세			

주 : ◦는 현행제도, •는 폐지된 제도임.
자료 : 정희남(외)(2), 전게서, p. 48.

「도시개발특별법」에서는 개발이익은 전문기관의 검증을 거쳐 산정한다. 기반시설 설치로 환수하되, 낙후도에 따라 차등환수한다. 이와는 달리 「경제자유구역의 지정 및 운영에 관한 법률」,「도시개발법」 등 민간개발이 허용된 다른 법률에서는 환수체계가 없다.[265]

「기업도시개발특별법」의 개발이익환수체계는 시설부담형이다. 「기업도시개발특별법」은 적정범위를 초과하는 개발이익을 사업시행 전에 사전환수하거나, 사업 준공시 사후조정으로 구분하여 환수하고 있다. 첫째, 사전에 환수하는 개발이익이다. 개발구역 밖의 도로 등 간선시설과 개발구역 안의 도서관·문화회관·운동장 등 공공편익시설을 설치하도록 하고, 그 나머지 개발이익에 대하여는 조성된 토지를 국가나 지방

---

[265] 건설교통부(2), 전게서, p. 9.

표 12 개발이익 환수 비교

구분	「기업도시개발특별법」	「개발이익환수에 관한 법률」
환수율	• 개발이익을 기반시설 등에 재투자 • 직접사용토지는 개발이익의 산정대상에서 제외 • 낙후점수에 따라 25~85% 수준 환수	• 개발이익의 25% 환수
산정시점	• 사전에 개발이익을 추정(전문기관 검토)하고, 실시계획·준공시 이를 재검토하여 기반시설 설치계획을 조정	• 준공시점에서 평가
환수방안	• 구역 내 기반시설설치비용 시행자가 부담 • 구역 외 간선시설은 시행자가 설치토록 협약체결 가능 • 구역 내외의 간선시설 설치비용과 개발이익의 상쇄	• 개발부담금 납부 • 공공시설 또는 토지 등을 기부한 경우 그 가액 공제

자료 : 건설교통부(2), 전게서, p. 33을 재구성.

자치단체에 무상양여하게 하거나 그에 상응하는 부담을 부과하도록 하고 있다(동법 제8조제2항). 둘째, 개발사업 준공시의 사후조정이다. 준공검사 전 사업성 분석자료를 토대로 일정한 기준 이상 이익의 발생이 인정되는 경우이다. 시행자로 하여금 지역특성에 맞는 교육기관 또는 복지시설, 도서관·문화회관·운동장 등 공공편익시설 그밖에 지역발전에 필요하다고 시장·군수가 요청하는 시설의 설치 또는 설치비용의 일부를 부담하도록 시장·군수와 협의하게 할 수 있도록 하고 있다(동법 제20조제2항). 셋째, 개발이익의 산정은 전문기관의 검증을 받고 준공시에는 회계법인의 확인을 받는다. 전문성과 투명성을 확보하기 위함이다(동법 제8조, 제20조제1항, 동법 시행령 제12조).

개발이익의 산정

① 사업시행 이전

개발구역 지정을 제안할 때 민간기업과 관할 시장·군수 등의 공동제안 신청자는 사업성 분석자료로서 총사업비 산정자료, 연차별 투자계획, 연차별 자금회수계획, 수익성 분석자료 등을 제출하여야 한다(「기업도시개발특별법」 제4조제2항제6호, 동법 시행령 제2조제2항). 이러한 사업성 분석자료에 대하여 건설교통부장관은 국토연구원 및 한국개발연구원 등 개발사업의 사업성 분석에 관한 전문연구기관에 조사·분석을 의뢰할 수 있다(동법 제8조제1항, 동법 시행령 제12조제1항).

건설교통부장관은 당해 개발사업의 총수입에서 총사업비를 뺀 금액으로 개발이익을 추정한다(동법 제8조제2항 내지 제5항, 동법 시행령 제12조제4항). 이 경우 총수입과 총사업비를 구성하는 항목은 다음과 같다(동법 시행령 제12조제4항, 별표3). 총수입은 조성토지의 매각수입, 조성토지의 임대료 및 사용료를 말하고, 총사업비는 토지취득비용(토지매입비, 지장물보상비, 권리보상비 및 이주대책비 등), 도시조성비용(조사비, 설계비, 공사비, 일반관리비 및 기타 경비), 자본비용(실시계획에서 정한 사업기간 중 사업비 조달에 소요되는 비용), 그밖에 사업추진상 불가피하게 소요되는 비용 또는 경비(기업도시를 계획기간 내에 개발계획에 따라 개발하고 당초의 투자계획에 의한 산업체의 설치·이전 등을 위하여 투여할 수밖에 없는 비용으로서 객관적으로 인정되는 것)를 말한다. 이 경우 시행자가 직접사용하는 토지부분에 대하여는 개발이익의 산정 대상에서 제외하고(동법 제8조제2항 내지 제5항, 동법 시행령 제12조제4항), 협력기업에 공급하는 토지는 그 공급가격의 인하 정도에 비례하여 그 개발이익을 축소조정한다(동법 제45조제2항).

이와같이 산정된 개발이익에 대하여 전문기관은 재정자립도·인구증가율 등 지역별 낙후도 등을 감안하여 적정한 개발이익의 비율을 산출한다(동법 제8조제2항 본문). 적정한 개발이익의 산출비율은 다음의 산식에 의해 산정한다(동법 시행령 제12조제3항, 별표2).

> 적정한 개발이익의 산출비율 = 1-[0.25+K/X×(0.85-0.25)]
> K : 개발구역이 위치하는 시·군·구의 낙후도 종합점수
> X : 「기업도시개발특별법 시행령」 제8조제1항의 규정에 의하여 기업도시의 개발이 제한되지 아니하는 시·군·구의 낙후도 측정점수 중 가장 높은 종합점수

　적정한 개발이익에 대해서 예를 들어 살펴보면 다음과 같다. 먼저 사업시행 이전에 개발계획 승인시 지역별 낙후도를 감안하여 적정개발이익을 산정하되, 적정개발이익 초과분은 구역 밖의 간선시설과 구역 안의 공공편익시설 설치에 재투자하여 환수한다.[266] 경북 A군, 전남 B군, 경남 창원시의 경우, 국가균형발전위원회가 정한 낙후도 구분에 따라 시·군별로 낙후도(-2.13~18.57)를 점수로 산정한다(「국가균형발전특별법 시행령」 제2조). 여기에 적정한 개발이익의 산출비율을 산정하기 위한 산출산식{적정한 개발이익의 산출비율 = 1-[0.25+K/X×(0.85-0.25)]}에 K와 X(23.06))를 적용하여, 전남 B군의 산출근거를 보면 다음의 〈표 13〉과 같다.

　건설교통부장관은 개발이익에 적정한 개발이익의 산출비율을 곱한 결과, 적정한 개발이익을 초과한 경우에는 일정한 기간 이내에 그 초과이익의 범위 안에서 시행자에게 개발구역 밖의 간선시설과 개발구역 안의 도서관·문화회관·운동장 등 공공편익시설을 설치하도록 하고, 그 나

---

[266] 건설교통부(2), 전게서, pp. 31~32.

표 13 적정한 개발이익의 산출비율(예시)

구분 지자체	낙후도 종합점수 (행자부)	낙후도 종합점수를 백분율로 환산한 수치(K)	개발이익 산출비율(%)
경북 A군	-2.13	0.00	75
전남 B군	0.06	10.57	47
경남 창원시	2.65	23.06(X)	15

주 : 1) 낙후도 종합점수를 백분율로 환산한 수치는 {0.06-(-2.13)}/{18.57-(-2.13)}*100 = 10.57
　　 2) 개발이익 산출비율은 1-{0.25+10.57/23.06×(0.85-0.25)}* 100 = 47
자료 : 건설교통부(2), 전게서, p. 32.

　머지 개발이익에 대하여는 조성된 토지를 국가 또는 지방자치단체에 무상으로 양여하게 하거나 그에 상응하는 부담을 부과할 수 있다(동법 제8조 제2항 본문, 동법 시행령 제12조제3항). 다만, 개발부담금이 부과·징수되는 지역에서 개발사업을 시행하는 경우에는 납부하는 개발부담금을 제외한 초과이익에 대하여 적용한다(동법 제8조제2항 단서, 동법 시행령 제12조제3항).

　건설교통부장관은 개발사업에 관한 실시계획의 승인시 개발이익 산정의 기초가 된 중요한 사항의 변동이 있는 경우에는 개발이익을 재산정하여야 한다(동법 제8조제3항 전단). 이때 개발이익 산정의 기초가 된 중요한 사항의 변동은 총사업비의 기초가 되는 개발규모 또는 토지의 직접사용비율 등의 변경, 주요 토지이용계획의 변경 등으로 인한 공급대상 토지의 변경, 그 밖에 총사업비 산정에 기초가 되는 중요한 사항의 변경 등으로서 기업도시위원회가 인정하는 경우 중 하나에 해당하는 경우를 말한다(동법 시행령 제12조제5항). 개발이익의 재산정시에도 국토연구원 및 한국개발연구원 등 개발사업의 사업성 분석에 관한 전문연구기관에 조사·분석을 의뢰할 수 있다(동법 제8조제3항 후단에 의한 동법 제8조제1항, 동법 시행령 제12조제1항의 순용). 개발이익을 재산정한 결과, 건설교통부장관은 당초 인정한 개발이익과 10% 이상의 차이가 발생한 경우에는 간선시설·공공편익시설의 설치 및 무상양여계획을 조정할 수 있다(동법 제8조 제4항, 동법 시행령 제12조제6항).

② 사업시행 이후

기업도시 개발의 사업시행자는 준공검사를 받기 전에 개발구역 지정제 안시 제출하였던 사업성 분석자료를 개발사업 시행의 결과와 이에 관한 회계법인의 의견을 첨부하여 건설교통부장관에게 제출하여야 한다(동법 제20조제1항). 건설교통부장관은 제출된 집행결과를 검토하여, 당초 산정한 개발이익과 대비하여 20% 이상의 차이가 발생하는 경우에는 개발계획 승인일부터 준공일까지의 평균지가변동률(당해 기업도시가 속하는 해당 시·군의 평균지가변동률)에 의한 지가상승분은 개발이익 산정에서 제외하고 시행자로 하여금 지역특성에 맞는 교육기관 또는 복지시설, 도서관·문화회관·운동장 등 공공편익시설, 그 밖에 지역발전에 필요하다고 시장·군수가 요청하는 시설의 설치 또는 설치비용의 일부를 부담하도록 시장·군수와 협의하게 할 수 있다(동법 제20조제2항, 동법 시행령 제32조). 시행자가 이러한 협의에 응하지 않는 경우 건설교통부장관은 준공검사를 거부할 수 있다(동법 제20조제3항).

개발이익 환수에 의한 시설의 설치

건설교통부장관은 개발이익을 산정한 결과, 적정한 개발이익을 초과한 경우에는 일정한 기간 이내에 그 초과이익의 범위 안에서 시행자에게 개발이익 환수에 의한 시설의 설치를 의무화하고 있다. 시행자는 개발구역 밖의 간선시설과 개발구역 안의 도서관·문화회관·운동장 등 공공편익시설을 설치하도록 하고, 그 나머지 개발이익에 대하여는 조성된 토지를 국가 또는 지방자치단체에 무상으로 양여하게 하거나 그에 상응하는 부담을 부과할 수 있도록 하였다(동법 제8조제2항 본문, 동법 시행령 제12조제3항).

이와 동시에 개발구역 지정을 제안할 때, 제출하는 서류에는 기반시설의 설치 및 비용부담에 관한 사항 등이 포함되어야 하는 협약안을 규정하고 있고(동법 제4조제2항제7호, 동법 시행령 제2조제3항), 개발계획에는 도로, 상·하수도 등 주요 기반시설의 설치계획(비용부담계획을 포함), 개발구역 밖의 지역에 설치하는 간선시설·개발구역 안의 공공편익시설 비용의 부담계획이 포함되도록 하고 있다(동법 제11조). 또한 개발사업에 필요한 비용은 시행자가 부담하도록 하고(동법 제19조제1항), 개발구역 내에서 도로 및 상·하수도시설 등의 설치(동법 제19조제2항, 동법 시행령 제31조), 비용부담의 사후조정(동법 제20조), 국가균형특별회계의 지원(동법 제34조) 등의 규정을 통해 개발구역 내외의 시설의 설치를 원활히 하도록 하고 있다.

개발구역 내에 설치하여야 하는 시설과 범위는 다음과 같다. 첫째, 도로 및 상·하수도시설은 지방자치단체가 설치한다(동법 제19조제2항제1호). 도로의 설치범위는 개발구역의 지정 이전부터 도시계획도로 또는 도로구역으로 결정된 도로와 지방자치단체가 설치하여야 하는 국도·지방도 및 국가지원 지방도에 한한다(동법 시행령 제31조제1호). 상·하수도시설의 설치범위는 개발구역 안의 상·하수도관로와 연결되지 아니하고 통과하는 상·하수도관로에 한한다(동법 시행령 제31조제2호). 둘째, 전기시설·가스공급시설 또는 지역난방시설은 당해 지역에 전기·가스 또는 난방을 공급하는 자가 설치한다(동법 제19조제2항제2호). 전기시설의 설치범위는 개발구역 밖의 기간이 되는 시설로부터 개발구역 안의 토지이용계획상 8m 이상의 도시계획도로에 접하는 개별필지의 경계선까지의 전기시설에 한한다(동법 시행령 제31조제3호). 가스공급시설의 설치범위는 도시개발구역 밖의 기간이 되는 가스공급시설로부터 개별필지의 경계선까지의 가스공급시설에 한한다(동법 시행령 제31조제4호). 지역난방시설의 설치범위는 개발구역의 기간이 되는 열수송관의 분기점으로부터 개발구역의 개별필지의 각 기계실 입구 차단밸브까지의 열수송관에 한한다(동법 시행령 제31조제5호). 셋째, 통신시설은 당해 지역에 통신서비스를 제공하는 자가 설치한다(동법 제19조제2항제3호). 통신시설의 설치범위는 개발구역 밖의 기간이 되는 시설로부터 개발구역의 개별필지의 경계선까지의 관로시설 및 개발구역 밖의 기간이 되는 시설로부터 개발구역의 개별필지 안의 최초단자까지의 케이블시설에 한한다(동법 시행령 제31조제6호). 위 시설의 설치부담은 개발사업에 관한 실시계획의 승인신청시에 제출하는 관할 시장·군수와 체결한 개발사업의 추진 등에 관한 협약서에서 달리 정한 경우에는 그에 따른다(동법 제19조제2항). 위 시설의 설치는 특별한 사유가 없는 한 준공검사를 신청하는 날까지 완료하여야 하며, 시행자가 협약서에서 정한 바에 의하여 도로 또는 상·하수도시설을 설치하는 경우 지방자치단체에 그 설치사업의 대행을 요청할 수 있으며, 이 경우 그 설치에 관한 비용은 시행자가 부담하여야 한다(동법 제19조제3·4항).

사업시행 전에 산정한 개발이익이 적정한 개발이익을 초과한 경우에는 그 초과이익의 범위 안에서 시행자에게 도서관·문화회관·운동장 등 공공편익시설을 설치하도록 하고, 그 나머지 개발이익에 대하여는 조성된 토지를 국가 또는 지방자치단체에 무상으로 양여하게 하거나 그에 상응하는 부담을 부과할 수 있도록 하고 있다(동법 제8조제2항 본문, 동법 시행령 제12조제3항). 사업시행 후에 당초 산정한 개발이익과 대비하여 20% 이상의 차이가 발생하는 경우에는 시행자로 하여금 지역특성에 맞는 교육기관 또는 복지시설, 도서관·문화회관·운동장 등 공공편익시설, 그 밖에 지역발전에 필요하다고 시장·군수가 요청하는 시설의 설치 또는 설치비용의 일부를 부담하도록 시장·군수와 협의하게 할 수 있다(동법 제20조제2항, 동법 시행령 제32조). 국가는 개발구역에서 기반시설의 개발 및 확충에 필요한 소요재원의 일부를 국가균형발전특별회계에서 지원할 수 있으며, 혁신거점형 기업도시의 개발구역에는 진입도로, 용수시설 및 하수처리시설 등 기반시설의 설치비용을 국가균형발전특별회계에서 우선적으로 지원할 수 있다(동법 제34조제1항).

 개발구역 밖에 설치하여야 하는 시설과 범위는 다음과 같다. 사업시행 전에 산정한 개발이익이 적정한 개발이익을 초과한 경우에는 그 초과이익의 범위 안에서 시행자에게 간선시설을 설치하도록 하고, 그 나머지 개발이익에 대하여는 조성된 토지를 국가 또는 지방자치단체에 무상으로 양여하게 하거나 그에 상응하는 부담을 부과할 수 있도록 하고 있다(동법 제8조제2항 본문, 동법 시행령 제12조제3항). 간선시설은 기업도시개발구역 밖에서 기업도시와의 연결을 위한 도로, 철도 등의 기반시설로 구분되는 시설을 말한다.[267] 또한 전기시설 중 시행자의 요청에 의하여 개발구역 안의 전기간선시설을 지중선로로 설치하는 경우에는 전기를 공급하는 자와 지중에 설치할 것을 요청하는 자가 각각 50%의 비율로 그 설치비용을 부담한다(동법 시행령 제31조제3호 단서).

---

[267] 건설교통부(2), 전게서, p. 30 : 2001년 현재 간선시설은 (구)「주택건설촉진법」 등 9개 법령에서 도로, 상하수도, 가스시설, 통신시설, 지역난방시설 등으로 규정하고 있다(정우형·지대식, "기반시설부담체도 운용기준 작성연구", 국토연구원, 2001, p. 28).

4. 향후의 과제

미실현 개발이익의 환수

「기업도시개발특별법」은 개발이익의 산정시점을 사업시행 이전과 사업시행 이후로 구분하고 있다. 사전에 전문기관으로 하여금 개발이익을 추정하게 하고, 실시계획·준공시 이를 재검토하여 기반시설 설치계획을 협의·조정하고 있다.[268] 이는 객관성과 공정성이 필수적인 개발이익의 추정에 대한 적정한 조치라는 긍정적인 평가[269]가 있다. 그러나 사업시행 이전에 개발구역 지정제안 때 제출하는 사업성 분석자료를 통해 개발이익을 추정하는 점에서 부정적인 측면도 있다.

첫째, 사업시행 이전에 개발이익을 실제로 추정할 수는 없다. 그리고 이러한 불확실성은 기업도시 건설에 참여하려는 기업을 제한할 수 있다. 민간기업은 장기간이 소요되는 기업도시 건설을 통하여 많은 비용과 위험을 부담한다. 손실이 발생할 가능성도 배제할 수 없다. 그리고 기업도시개발계획 수립단계부터 개발이익을 추정한다는 것 자체가 용이하지 않다. 기업도시는 그 개발효과가 10~20년 이상이 지나야 나타난다. 미래에 실현되리라고 예상되는 불확실한 개념을 실정법에 적용할 수는 없다. 또한 기업도시 개발에 따른 개발이익이 바로 현금화되는 것이 아니므로 기업도시 내 토지가격[270]의 전망, 사업내용, 도로, 학교, 공

---

[268] 「개발이익환수에 관한 법률」에서는 개발이익의 산정시점을 준공시점에서 평가하노록 하고 있다(동법 제9조제3항), 「재건축초과이익 환수에 관한 법률」에서는 당해 주택재건축사업을 위하여 최초로 구성된 조합설립추진위원회가 승인된 날로 하고 있다(동법 제8조).
[269] 성소미, 전게서, p. 25.

원 등을 현가화하여 사업성을 분석하여 추정한 개발이익을 재투자한다는 것은 현실적으로 부적절하다.[271]

둘째, 미실현이득과 같은 문제점도 고려해야 한다. 기업도시의 개발사업시행 이전에 개발이익을 산정했을 때, 적정한 개발이익을 초과한 경우에는 그 범위 안에서 시행자에게 개발구역 밖의 간선시설과 개발구역 안의 도서관·문화회관·운동장 등 공공편익시설을 설치하도록 하고, 그 나머지 개발이익에 대하여는 조성된 토지를 국가 또는 지방자치단체에게 무상으로 양여하게 하거나 그에 상응하는 부담을 부과할 수 있다(동법 제8조제2항 본문, 동법 시행령 제12조제3항). 미실현이득은 그 이득이 아직 자본과 분리되지 아니하여 현실적으로 지배·관리·처분할 수 있는 상태가 아니다. 전적으로 서류상의 가치 상승효과밖에 없는 개발구역 지정제안과 개발계획의 내용을 기초로 시설의 설치 등을 강제적으로 부담시키고 있는 것은 다시 한 번 검토해볼 만하다.

헌법재판소는 토지초과이득세에 대한 헌법불합치결정에서 미실현이득에 대한 과세는 극히 예외적으로만 인정될 수 있다고 한 바 있다.[272] '미실현이득에 대한 과세제도는 제반 문제점이 합리적으로 해결되는 것을 전제로 하는 극히 제한적·예외적인 제도라 보지 아니할 수 없으며, 그렇기 때문에 미실현이득에 대한 과세제도인 토초세의 헌법적합성을 논함에 있어서는 무엇보다도 먼저 그 과세대상이득의 공평하고도 정확한 계측 여부가 제일의 과제가 되어야 할 것이고, 나아가 앞에서 본 여러

---

[270] 토지의 가격은 미래에 대한 기대를 반영하기 때문에 어떤 인·허가나 규제변경이 있기 전부터 오른다. 어떤 두 시점을 끊어서 개발이익을 산정할 것인가를 정하는 데 자의성이 개재될 수밖에 없고, 또 실제거래 없이 공적평가에 의존해서 계산해야 하므로 정확성을 기하기도 어렵다(손재영, "토초세의 교훈",《한국경제신문》, 2006. 3. 28.).
[271] 전국경제인연합회(1), 전게서, pp. 26~27.
[272] 헌법재판소 전원재판부 1994. 7. 29, 92헌바49.

가지 문제점에 대한 적절한 해결책이 마련되어 세제 자체가 체계적으로 모순 없이 조화를 이루고 있는가 하는 점을 특히 염두에 두지 아니할 수 없다.' 미실현이득에 대한 과세가 납세의무자로 하여금 정상적인 재산권을 행사하는 데에 실질적인 영향을 받아 재산을 매각하거나 원본의 지속적 삭감을 감수할 정도라고 한다면, 이는 헌법상 보장된 재산권의 본질적인 침해가 존재하는 것으로 보아야 한다.[273] 개정「토지초과이득세법」에 있어서 토지초과이득세 부과대상토지의 조정, 토지재산원본잠식가능성을 최소화하는 등의 보완은 이루어졌으나, 미실현이득에 대한 조세상의 문제점은 근본적으로 해소하지 못하였다는 점에서 위헌성 여부는 상존한다[274]는 주장도 있다.

기업도시의 개발효과는 10~20년이 지나야 알 수 있는데, 이를 개발계획 수립단계에서 추정하여 이에 따른 개발이익 환수로서의 시설의 부담은 다음과 같은 점도 검토해볼 만하다. 첫째, 미실현이득이 생긴 자산평가상의 정확성에 의문이 생겨「헌법」상 조세명확성의 원리에 반하는 결과를 가져온다.[275] 둘째, 기업자본의 지속적인 박탈이 될 수 있다. 기업도시를 건설하는 민간기업은 미실현이득에 대한 부담으로 보유자산을 비자발적으로 처분할 수밖에 없기 때문이다. 셋째, 재산권 행사상의 결정적 제약을 의미한다. 서류상의 가치 상승효과밖에 없는 미실현이득을 기초로 시설의 설치 등을 강제적으로 부담시키고 있기 때문이다. 넷째, 사업시행 이전에 시설설치의 부담기준이 되는 '대통령령이 정하는 적정한 개발이익을 초과한 경우'와 같이 '적정한 개발이익'이라는 불명

---

[273] 김성수, "국가의 과세권과 국민의 재산권 보장과의 관계", 《고시계》, 1991. 2, p. 91.
[274] 김해룡(4), "토지관련법제의 법적 문제와 개선방안", 《토지공법연구》 제7집, 1999. 2, p. 90.
[275] 상계논문, p. 89.

확한 개념과 대통령령에 위임하여 정하여 놓은 것(동법 제8조제2항)은 법리적으로 재고하여야 한다.[276]

개발이익의 환수 수준

「기업도시개발특별법」은 사업시행 이전에는 개발구역 지정제안시에 제출하는 사업성 분석자료를 토대로 전문기관으로 하여금 재정자립도·인구증가율 등 지역별 낙후도 등을 감안하여 적정한 개발이익의 비율을 산출하여, 건설교통부장관이 산정한 개발이익에 적정한 개발이익의 산출비율을 곱한 결과, 적정한 개발이익을 초과한 경우에는 그 범위 안에서 시행자에게 간선시설과 공공편익시설 등을 설치하도록 하고 있다(동법 제8조제2항 본문, 동법 시행령 제12조제3항, 별표2). 한편, 사업시행 이후에는 사업시행자가 준공검사를 받기 전에 개발사업 시행의 결과와 이에 관한 회계법인의 의견을 첨부하여 건설교통부장관에게 제출하여(동법 제20조제1항), 당초 산정한 개발이익과 대비하여 20% 이상의 차이가 발생하는 경우에는 시행자로 하여금 공공편익시설 등을 설치하거나 또는 설치비용의 일부를 부담하도록 하고 있다(동법 제20조제2항, 동법 시행령 제32조).

'적정한 개발이익'은 매우 중요하다. 기업도시개발사업에 민간기업이 참여 여부를 결정하는 기준이고, 개발 과정시 민간기업이 사유화하기 쉬운 개발이익을 환수하는 기준이 되기 때문이다. 당초 정부가 발표한 법안에서는 추정이익의 70% 정도를 인프라 구축에 투자하는 방향이고, 개발에 참여한 기업은 30% 정도의 이익을 예정하고 있었다.[277] 그러

---

[276] 성소미, 전게서, p. 25.

나 통과된 법에서는 개발이익의 환수비율에 대하여는 직접적으로 명시하지 않고, 기업에 대한 개발이익 환수는 사업시행 이후에 기반시설에 재투자하는 것으로 하고 있다.[278]

기업도시 개발에 따른 과도한 개발이익은 공익성 차원에서 환수되어야 하고, 사업시행자의 정상이윤도 배려해야 한다.[279] 이처럼 '적정한 개발이익'의 결정은 양면성을 가진다.

대부분의 도시개발사업은 투자규모가 크고 투자자본의 회수기간이 길고, 미래에 대한 불확실성 때문에 투자의 리스크가 늘 존재한다. 투자 리스크는 민간참여를 근본적으로 제약하는 요인이 된다.[280] 특히 기업도시의 개발효과는 10~20년이 지나야 알 수 있다. 따라서 일부 시민단체 등이 주장하는 것처럼 기업도시개발사업에서 공공개발과 마찬가지로 개발이익의 100%를 환수하는 것은 바람직하지도 않고 가능하지도 않다. 기업도시 개발 과정에서 개발이익의 범위나 규모를 파악하는 것은 사실상 불가능하여 개발이익과 관련하여 원칙을 설정하기가 어렵다.[281] 이는 나대지를 구입하여 택지를 조성하는 택지개발사업과는 다르다. 택지개발사업에서는 조성된 토지의 매각대금과 조성원가의 차이를 개발이익으로 산정할 수 있다. 장기간 도시를 개발해야 하는 기업도시에서는 외부에 분양하는 개발용지에 대해서는 매각대금을 파악할 수 있지만, 민간기업이 장기간 보유하거나 활용하는 토지에 대해서는 정확한 가격을 파악하는 것이 불가능하다.[282] 한편, 개발이익의 범위를 확대

---

277 김정렬, 전게논문, p. 67 ; 전국경제인연합회(1), 전게서, p. 26 ; 《조선일보》, 2004. 9. 18, 《한겨레신문》, 2004. 9. 30.
278 성소미, 전게서, p. 25.
279 이양재, 전게논문, p. 18.
280 계기석, 전게논문, p. 9.
281 계기석·전영옥, 전게서, p. 100.

하면 용도변경이나 개발로 인한 가치상승 외에도, 기업도시 내에 입지할 수 있는 골프장, 카지노, 병원, 학교 등의 인·허가로 인한 특례와 그로 인한 운영수입도 개발이익의 범위에 포함시킬 수 있다. 그러나 그 규모를 파악하기가 곤란하다.

「기업도시개발특별법」 제정 당시 정상이윤은 기업도시가 신활력지역에 개발될 경우 10~15%로, 지역개발 정도가 매우 양호한 지역에 개발될 경우에는 5% 미만으로 설정하는 방안이 제시되었다.[283] 이러한 정상이윤은 민간개발사업에 대한 국내외 금융기관의 평균적인 대출금리(6.5~12.9%), 사업의 종류·규모·운영수입의 안정성, 지자체의 위험분담 정도 등 사업의 특성과 예상되는 위험도를 감안한 위험보상률(3~6%), 국내외 유사 민간투자사업 수익률(경상기준 국내 10.9~15.9%, 국외는 15~20% 정도이며, 최근 1% 정도 하향 추세임) 등을 고려하였다.

한편, 현행 「개발이익환수에 관한 법률」에서는 납부의무자가 납부하여야 할 개발부담금은 개발이익의 25%이다(동법 제13조). 「기업도시개발특별법」에서는 사업시행 이후 제출된 집행결과를 검토하여, 당초 산정한 개발이익과 대비하여 20% 이상의 차이가 발생하는 경우에 시행자로 하여금 공공편익시설 등을 설치하거나 또는 설치비용의 일부를 부담하도록 하고 있다(동법 제20조제2항, 동법 시행령 제32조). 따라서 기업도시 개발에 있어서 개발이익의 환수 수준은 앞에서 예를 들어 살펴본 전남 B군의 경우, 사업시행 이전에 부담하는 수준이 가장 크고, 사업시행 과정에서 부담하는 부분이 거의 없을 때 사업시행 이후에 부담하는 수준이 가장 적다. 이는 「개발이익환수에 관한 법률」에 의해 개발부담금을 부과한다

---

[282] 상게서, pp. 100~101.
[283] 이야재, 전게논문, pp. 19~22.

표 14 민간투자사업의 수익률
(단위:%)

사업명	경상수익률	총사업비	재정지원 비율
천안~논산 간 고속도로	14.70	14,386억 원	29.1
대구~부산 간 고속도로	14.85	19,621억 원	29.7
부산 신항만 1단계	14.98	16,480억 원	30.3
목포 신외항 1단계	15.10	843억 원	43.9
서울외곽순환고속도로	15.00	14,625억 원	29.6
평균	14.93	-	32.5

자료: 이양재, 전게논문, p. 22.

면 그 중간 정도이다. 어느 시기에 부담해야 하느냐에 따라 부담 수준이 달라진다.

　기업도시는 민간기업에게 양호한 사업환경을 제공함으로써 지방이전을 촉진하고 기업의 경쟁력을 제고하는 것이 궁극적인 목표이다. 기업도시 개발을 지역균형발전을 위한 수단으로 활용한다면 기업에게 충분한 개발이익의 취득을 보장해줄 필요가 있다. 기업이 부동산 개발에 따른 위험을 감수하게 함으로써 높은 수익을 확보하게 하는 것이다.[284] 그러나 어느 시기에 부담하게 하느냐에 따라 부담 수준이 달라지게 된다면, 민간기업은 사업을 추진할 수 없게 되거나 과도한 개발이익이 발생하게 되어 특혜 등의 문제가 제기될 수도 있다. 또한 「개발이익환수에 관한 법률」과의 형평성도 고려해야 한다. 기업도시 시범사업을 통해 나타난 결과를 토대로 적정한 이익에 대한 보다 깊이 있는 논의가 필요하다.

---

[284] 계기석·전영옥, 전게서, p. 101.

개발이익 환수의 부담대상자

「기업도시개발특별법」에서는 개발사업에 필요한 비용과 개발이익의 환수에 따른 시설의 설치 또는 설치비용의 일부를 사업시행자가 부담하도록 하고 있다(동법 제19조, 제20조제2항). 이때 개발이익 환수부담은 개발부담금을 납부하였을 때에는 이를 제외한다(동법 제8조제2항). 비용부담에 관한 구체적인 내용은 사업추진에 관한 협약안(동법 제4조제2항제7호)과 비용부담의 사후조정(동법 제20조)을 통해 정하고 있다.

한편 「개발이익환수에 관한 법률」에서는 개발부담금을 제외하거나 감면하는 경우를 정하고 있다. 먼저, 개발부담금의 부과가 제외되는 경우로 국가가 시행하는 개발사업과 지방자치단체가 공공목적을 위하여 시행하는 택지개발사업(주택단지조성사업 포함), 공업단지조성사업, 도시환경정비사업(공장 건설 제외), 관광단지조성사업, 유통단지조성 등의 개발사업에 대하여는 개발부담금을 부과하지 아니한다(동법 제7조제1항, 동법 시행령 제5조제1항). 또한 「산업입지 및 개발에 관한 법률」에 의한 산업단지개발사업(수도권 제외)에 대하여는 개발부담금을 면제한다(「개발이익환수에 관한 법률」 제7조제3항). 다음으로, 개발부담금의 100분의 50이 경감되는 경우로(동법 제7조제2항, 동법 시행령 제5조제2항 내지 제4항), 지방자치단체가 시행하는 사업으로서 개발부담금 면제대상이 아닌 사업, 정부투자기관·지방공기업 등 공공기관이 시행하는 사업, 중소기업이 시행하는 공장용지조성사업과 중소기업의 입주를 목적으로 시행하는 공업단지조성사업(수도권 제외), 국민주택을 건설하기 위한 택지개발사업, 준보전산지의 면적이 개발사업 총면적의 100분의 70을 초과하는 여객자동차터미널사업, 화물터미널사업, 공공체육시설 설치사업 등이다.

2005년 4월 15일로 마감된 기업도시 시범사업 신청에서는 강원도 원주시, 충청북도 충주시, 충청남도 태안군, 전라북도 무주군, 전라남도 무안군, 전라남도 영암군과 해남군, 경상남도 하동군과 전라남도 광양시 그리고 경상남도 사천시의 8개 지역이 신청하였다. 이중 산업교역형 기업도시는 전라남도 무안군만이, 그리고 지식기반형 기업도시는 충청북도 충주시와 강원도 원주시의 2개 지역이 원하였으며, 나머지 5개 지역은 모두 관광·레저형 기업도시를 원하였다.[285·286] 기업도시 시범사업의 신청자는 모두 민간기업과 지방자치단체의 공동제안이다. 이때 개발이익 환수의 부담대상자가 누가 되느냐 하는 문제가 제기된다. 개발이익 환수의 부담대상자가 지방자치단체인 경우에는 「개발이익환수에 관한 법률」과의 형평성이 문제이다.

발생되는 개발이익을 공공이 환수해야 한다면 분배구조를 불로소득이 증가되는 방향으로 바꾸는 노력보다는 발생하는 각 주체별 개발이익을 어떻게 적절히 환수할 것인지에 대한 노력이 더 필요하다.[287] 특히 「개발이익환수에 관한 법률」과의 형평성 문제는 양도소득세의 중복부과[288] 문제와 함께 살펴보아야 할 것이다. 원인을 불문하고 자본이득을

---

[285] 구체적인 기업도시 시범사업에 관하여는 건설교통부 복합도시기획단, 전게서, pp. 21~29 참조.
[286] 이러한 신청결과에 대하여 '기업도시의 가장 기본적 형태라 할 수 있는 산업교역형이나 지식기반형에는 지자체나 민간기업이 그다지 관심을 갖지 않고 있음을 말해주고 있는 것으로 토지를 담보로 한 개발이익에만 관심을 보이고 있는 것으로 생각된다. 기업도시는 그야말로 민간기업의 주도하에 이루어지는 도시개발사업으로서 개발 과정에서 나타날 수 있는 막대한 개발이익을 기업이 독차지할 수 있으며, 경우에 따라서는 개발이익만을 염두에 둔 기업의 분별 없는 투자는 오히려 도시와 국가의 경제를 더욱 어렵게 할 수 있다'는 평가가 있다(이양재, "기업도시 개발에 있어 전제되어야 할 기본명제",《도시정보》, 대한국토·도시계획학회, 2005. 5, p. 16).
[287] 나강열·이창무, "택지개발사업의 개발이익 분배구조 분석", 대한국토·도시계획학회 2004 정기학술대회, p. 394.
[288] 「기업도시개발특별법」에서는 '필요한 경우에는 시행자에 대하여 「조세특례제한법」·「관세법」 및 「지방세법」이 정하는 바에 따라 법인세·소득세·관세·취득세·등록세·재산세 및 종합토지세 등의 조세를 감면할 수 있다'(동법 제25조제1항)고 규정하여 조세의 부과 제외가 아닌 감면을 하고 있기 때문이다.

과세대상으로 삼는 양도소득세는 당연히 개발이익에 대해서도 과세하고, 개발이익 환수는 양도소득세 예납의 성격을 갖기 때문이다.[289] 따라서 기업도시 시범사업을 통해 나타난 결과를 토대로 이에 대한 문제를 지속적으로 검토해야 할 것이다.

---

[289] 손재영, "도초세의 교훈", 《한국경제신문》, 2006. 3. 28.

출자총액제한제도의 폐지

1. 기업도시에 대한 출자총액제한제도의 폐지 필요

기업도시는 장기간에 걸친 대규모 사업인 만큼 막대한 자금이 소요되는데, 500만 평 기준으로 30여조 원이 소요된다고 추정된다. 이때 기업도시 건설에 필요한 자금은 프로젝트 파이낸싱(project financing)에 의하여 조달할 수 있다. 또 기업도시에 들어오는 주택업자, 교육·의료시설 관련자 등 실질적인 수요자로부터도 자금을 조달할 수 있고 외부차입도 가능하다. 그러나 자금조달 방법상 계열사 간 출자는 가장 주요한 자금조달 창구이고, 이를 통해 대규모 투자가 이루어질 수 있다. 기업도시에 대한 출자는 대규모 자본이 필요하기 때문에 1개 회사만으로는 감당하기 어렵다. 그러므로 이 경우 계열사의 지분참여형태가 바람직할 수도 있다. 그리고 출자가 이루어진 후의 피출자회사(혹은 신설회사)는 금융회사 대출 등을 통하여 추가적인 투자를 할 수 있다. 실제 삼성전자, 현대자동차 등 국내 대표기업들은 계열사 간 출자에 의해 가능했던 것이다.

또 기업도시 건설에 따른 위험도도 크다. 따라서 리스크 관리 차원에서 기존 회사 내의 사업부에서 직접투자하는 것보다 새로운 회사를 인수하거나 합작으로 설립하거나 또는 분사하는 것이 바람직한 경영전략이 될 수 있다. 첨단산업과 기업도시는 초기 대규모 자금이 소요되고 리스크가 큰 점에서 같은 유형의 투자이다. 기능면에서도 첨단산업 등 새로운 성장동력산업과 기업도시는 국가경쟁력을 높이고 경제성장에 기여하는 면에서 비슷하다. 기업도시는 투자를 촉진하고 R&D의 확충으로 경쟁력을 높인다. 그리고 기업도시는 산업클러스터를 통해 신수종산업기술을 개발하고, 의료·교육 등 신산업구조에 맞는 서비스산업을 담으므로 산업구조나 업종면에서 계열사 간 출자에 의한 집중적인 자금조달이 이루어질 수밖에 없다.

그러나 출자총액제한제도 때문에 기업도시 건설을 위한 특수목적회사(SPC)나 새로운 회사에 대기업집단의 계열사가 투자하기가 어렵다. 현재의 출총제는 동종업종으로 인정받지 못하는 경우 성격이 다른 사업에 진출하거나 사업을 확장하는 데 출자하지 못하고, 외국기업과의 합작투자 등도 또한 어렵다. 현행법상 출자총액규제의 예외나 적용제외의 인정요건이 매우 까다로워 활용하기도 쉽지 않다. 그리고 예외 인정시한이 정해신 경우도 있어 실질적으로 이를 활용하는 데는 한계가 있다. 기업도시 관련출자와 비슷한 사회간접자본(SOC)사업 출자의 경우에는 출자규제 적용이 제외된다. 그러나 이 규정을 기업도시에 원용하기는 곤란하다. SOC 민간출자에 대한 적용제외는「사회기반시설에 대한 민간투자법」제4조의 민간투자사업 중 BTO, BOT, BTL, BOO방식의 경우에민 인정하고 있다. 따라서 기업도시 건설은 이 규정에 의한 민간투자사업에 해당되지 않을 뿐더러 적용제외기간도 20년으로 국한되어 이 기간 이후에는 매각해야 한다.

또한 많은 계열기업이 주요 계열사의 출자한도가 초과되어 신규 출자여력이 없다. 〈일반출자 + 예외출자〉비율이 40%를 넘어 대규모 자금조달을 위한 출자가 어렵다. 일부 민간그룹이 출자여력이 있다고 공정거래위원회는 발표하고 있으나, 이는 영업실적이 좋아 순자산이 늘어난 몇 개 기업에 국한되는 경우이다. 그리고 출자여력이 있다 하더라도 일부그룹을 제외하고는 출자할 수 있는 규모도 크지 않다. 그럼에도「기업도시개발특별법」을 제정할 때 기업도시에 대한 출자도 총액제도에 묶이게 되었다. 다만, 기업도시개발사업을 시행하는 전담기업에 출자함에 있어서 기반시설에 대한 투자액에 한정하여 출자총액제한제도에 관한 특례를 두었다(「기업도시개발특별법」제32조). 이때 기반시설은 개발계획상「국토의 계획 및 이용에 관한 법률」제2조제6호의 규정에 의한 기반시설과 개발구역 밖에 설치하는 기반시설을 말한다. 그 이후 2006년 8월 기업도시개발사업을 시행하는 민간기업에게 출자하는 것은 출자총액제한의 규정을 받지 않도록「기업도시개발특별법」개정안이 발의되어 현재 국회 계류 중이다.

기업도시투자에 대해서 출자총액제한제도를 완화하여 필요할 때마다 예외를 허용하는 방식으로 정책을 운용하는 것은 불확실성을 높여 안정적인 기업환경을 만들지 못하여 궁극적으로는 기업들의 투자를 저해한다. 따라서 근본적으로 출자총액제한제도는 폐지하는 것이 바람직하다. 이하에서는 출자총액제한제도의 폐지에 관한 논리를 정리하고자 한다. 먼저 출자총액제한제도의 개요를 살펴본 뒤 출자총액제한제도에 관한 입법목적을 이미 시행 중인 회계·지배구조 등에 관한 제도로 달성할 수 있음을 분석해본다. 그 다음 출자총액제한제도의 부작용을 살펴봄으로써 출자총액제한제도 폐지에 관한 논리를 완성하고자 한다.

2. 출자총액제한제도의 내용

도입 배경

출자총액제한제도는 자산규모가 10조 원 이상으로서 출자총액제한기업집단으로 지정된 기업집단에 속하는 회사가 당해 회사 순자산액의 40%를 초과하여 다른 국내회사의 주식을 취득 또는 소유하는 것을 금지하는 제도이다〔「독점규제 및 공정거래에 관한 법률」(이하 '「공정거래법」'이라 한다) 제10조, 동법 시행령 제17조제2항〕. 출자총액제한제도는 경제력 집중억제를 위하여 도입되었다. 1980년대 들어 1960~1970년대 고도성장기에 형성된 재벌(이하 '대기업집단'이라 한다)에 의한 경제력 집중의 폐해가 제기되었다. 특히 대규모 기업집단에 소속된 기업들이 계열회사로부터의 출자와 외부차입을 통해 자금을 조성하고, 이를 타회사에 출자하는 방식으로 계열을 무리하게 확장한다고 학계와 언론으로부터 비판받았다. 이와 같은 과정에서 재무구조가 부실화되고, 대기업집단의 지배주주(총수)가 실제로는 자금을 투입하지 않고 계열사의 지배권을 행사하여 소유-지배구조가 왜곡된다는 지적이었다.

당시 상호출자를 금지해야 한다는 여론에 따라 1984년 「상법」을 개정하여 모·자회사 간 상호출자를 금지하고 非모·자회사 간 상호출자 주식의 의결권을 제한하였다. 그러나 「상법」상의 규제는 직접적인 상호

출자만을 대상으로 하고 있어 간접적 상호출자방식에 의하여 경제력 집중이 심화되는 문제에는 대처하기 어렵다는 비판이 제기되었다. 이에 따라 1986년 「공정거래법」을 개정하여 대규모 기업집단 소속기업 간의 상호출자를 금지하고, 계열회사 간에는 출자의 총량을 제한하는 출자총액제한제도를 도입하게 되었다.

변천 과정

출자총액제한제도는 시기별로 당시의 경제여건과 정책목표의 변화에 따라 규제대상, 출자한도, 예외의 범위 등이 바뀌었다. 1987년 4월 1일 「공정거래법」에 의하면 규제대상은 30대 기업집단이고, 동 기업집단 소속회사는 당해 회사 순자산의 40%를 초과하여 타회사의 주식을 취득하지 못하였다. 그러나 보유주식에 대한 신주배정 또는 주식배당으로 인한 출자, 담보권 실행이나 대물변제의 수령으로 인한 출자는 예외로 인정되었다. 1994년 「공정거래법」 개정으로 출자한도가 40%에서 25%로 줄어들었다. 특히 소유분산 및 재무구조 개선을 유도하기 위하여 소유분산우량회사(동일인 및 친족지분 합계 8% 미만, 내부지분율 합계 15% 미만, 자기자본비율 20% 이상으로서 주력기업에 해당되지 않은 상장회사)에 대한 출자에는 동제도가 적용되지 않았다. 그리고 1998년 2월 24일에는 출자총액제한제도가 폐지되었고, 1998년 4월 1일부터 개정된 법률이 시행되었다. 이는 1998년 2월 4일 외환위기 당시 설치된 비상경제대책위원회의 결정에 따른 것이었다. 외국인에 의한 적대적 M&A가 전면적으로 허용됨에 따라 국내기업의 경영권을 적절히 방어하고 외국기업에 비해 국내기업을 역차별하는 제도를 해소하기 위함이었다. 그러나 1999년 12월 28일 출자총액제한제도는 재도입되었다. 동 제도 폐지 이후 대규모 기업집단의 계열사 간 출자가 증가하고 내부지분율이 크게 높아졌기 때문이다. 2001년 1월 26일 「공정거래법」이 다시 개정되어 기존의 일괄규제에 따른 불합리성을 없애기 위하여 30대 기업집단 지정제도를 폐지하고, 상호출자제한, 출자총액제한 및 채무보증제한 등 각 규제별로 대상기업집단을 설정하여 제도를 운용하게 되었다. 이에 따라 출자총액은 30대 기업집단이 대상이었으나 자산 5조 원 이상 기업집단인 '출자총액제한기업집단'으로 대상이 바뀌었다.

 2004년 12월 출자총액제한제도를 합리적으로 운영하고자 「공정거래법」이 대폭적으로 개정되었다. 기업집단의 소유-지배구조 개선과 투명경영을 유도하기 위하여 내부견제시스템을 잘 갖춘 기업, 계열회사 수가 적고 소유구조가 단순한 기업집단 및 소유와 지배 간 괴리가 작은 기업집단을 출자총액제한 대상에서 제외할 수 있는 근거를 마련하고, 지주회사에 소속된 회사를 출자총액제한 대상에서 제외하였다(「공정거래법」 제10조제1항 본문, 제10조제7항제2·4호). 또한 2003년 3월 31일로 유효기간이 만료된 기업구조조정 관련출자에 대하여는 필요한 범위 내에서 예외를 인정하고 중소기업과의 기술협력, 산업의 국제경쟁력 강화 또는 기업의 경쟁력 강화를 위한 기업구조조정을 위한 출자 등의 경우에는 예외인정기한을 삭제하였다(「공정거래법」 제10조제1항제4호).[290]

---

[290] 2007. 4. 13. 「공정거래법」이 개정되어 출자한도가 순자산액의 25%에서 40%로 바뀌었다.

출자총액제한제도의 내용

① 대상

자산총액·재무구조·계열회사의 수 및 소유-지배구조 등이 대통령이 정하는 기준에 해당되어 출자총액제한기업집단에 속하는 회사는 당해 회사 순자산액의 40%를 초과하여 다른 국내회사의 주식을 취득 또는 소유할 수 없다(「공정거래법」제10조제1항). 출자총액제한기업집단은 당해 기업집단에 속하는 국내회사들의 출자총액제한기업집단지정 직전사업연도의 대차대조표상의 자산총액 합계액이 10조 원 이상인 기업집단이다(「공정거래법 시행령」제17조제2항). 출자한도액은 당해 회사의 순자산액[291]에 100분의 40을 곱한 금액이다. 출자총액은 국내의 계열회사와 비계열회사에 대한 출자를 합한 금액이다. 국외의 회사에 대한 출자는 출자총액에 포함되지 않는다. 출자금액 계산은 취득가격을 기준으로 산정한다. 다만, 취득 당시의 가격에 정부에 납부하는 출연금이 포함된 경우에는 그 금액을 뺀 금액을 기준으로 산정한다(「공정거래법」제10조제3항).

② 지정 제외(졸업기준)

회사자산 규모가 10조 원 이상으로서 출자총액제한기업집단으로 지정된 기업집단에 속하는 회사라고 하더라도 다음의 ① 내지 ⑥의 경우에 해당하는 회사는 출자총액제한의 적용을 받지 아니한다. ① 금융업 또는 보험업을 영위하는 회사, ② 지주회사·자회사 및 사업관련 손자회사, ③ 「채무자 회생 및 파산에 관한 법률」에 의한 회생절차가 개시되어

---

[291] 「공정거래법」상 순자산은 자본총계(자산-부채)에서 계열사로 부터 출자금액(출자주식 수 × 액면가)을 제외한 금액으로 계산한다

이들 절차가 진행 중이거나 「기업구조조정촉진법」 제7조(부실징후기업의 관리) 제1항제1호 내지 제3호의 규정에 의한 관리절차가 개시되어 그 절차가 진행 중인 회사(이 경우 각 절차가 종료된 때에는 종료된 날부터 1년 이내에 한한다), ④ 동일인이 자연인인 기업집단 중 매년 4월 1일 당시 동일인 및 동일인 관련자의 의결지분율에서 동일인 및 동일인의 친족의 소유지분율을 차감(差減)하여 산출한 비율이 100분의 25 이하이고, 동일인 및 동일인 관련자의 의결지분율이 동일인 및 동일인의 친족의 소유지분율의 3배 이하인 기업집단, ⑤ 「공정거래법」 제10조제1항 본문의 규정에 따른 기업집단에 속하는 계열회사의 수가 5개 이하이고, 그 기업집단에 속하는 회사 간에 2단계 출자(그 기업집단에 속하는 회사가 다른 계열회사의 주식을 취득·소유하고 있고, 그 다른 계열회사가 또 다른 계열회사의 주식을 취득·소유하고 있는 경우를 말한다)를 초과하지 아니한 기업집단을 출자총액제한기업집단에서 제외한다(「공정거래법 시행령」 제17조제2항 단서). 또 ⑥ 회사의 투명한 의사결정 및 경영활동을 보장하기 위하여 이사와 이사회, 주주총회 등에 관하여 대통령령이 정하는 감시·견제장치를 갖춘 회사에 대하여는 출자총액제한제도를 적용하지 아니한다(「공정거래법」 제10조제7항). 여기서 '대통령령이 정하는 감시·견제장치를 갖춘 회사'는 ① 「상법」 제368조의3의 규정에 의한 서면투표제의 시행, ② 「상법」 제382조의2의 규정에 의한 집중투표제의 도입, ③ 단일 또는 연간 총거래 규모가 100억 원 이상(상품용역의 경우에는 단일 거래 규모가 자본금의 100분의 10 이상이거나 50억 원 이상)인 내부거래의 심사승인권한을 가진 내부거래위원회를 설치·운영하되, 4인 이상의 사외이사만으로 구성할 것, ④ 「증권거래법」 제54조의5제2항 및 제3항의 규정에 따라 4인 이상의 사외이사로 구성된 사외이사후보추천위원회 및 5인 이상의 기업집단 외부인사만으로 구성된 사외이사후보추천자문단을 설치·운영할 것 등의 요건 중 세 가지 이상을 충족하는 회사에 해당된다고 공정거래위원회가 인정하는 경우를 말한다(「공정거래법 시행령」 제17조의9).

③ 적용 제외[292]
출자총액제한기업집단에 속하는 회사가 취득 또는 소유하고 있는 주식이라도 다음에 해당하는 경우 그 주식은 출자총액제한의 규정에 의한 다른 국내회사의 주식으로 보지 아니한다(「공정거래법」 제10조제6항). ①「사회기반시설에 대한 민간투자법」 규정에 의한 방식으로 민간투자사업을 영위하는 회사의 주식을 취득 또는 소유하는 경우(이 경우 취득 또는 소유한 날부터 20년 이내에 한한다,「공정거래법」 제10조제6항제1호), ② 민영화되는 공기업의 인수를 위한 출자, ③ 출자총액제한회사와 동종의 영업을 영위하거나 그 회사의 사업내용과 밀접한 관련이 있는 등 대통령령이 정하는 기준에 해당하는 회사의 주식을 취득 또는 소유하는 경우 등 (「공정거래법」 제10조제6항제3호), ④ 국가 또는 지방자치단체가 발행주식총수의 100분의 30 이상을 취득 또는 소유하고 있는 회사의 주식을 취득 또는 소유하는 경우 등이 출자총액제한제도의 적용을 받지 아니하는 대상이다.

④ 예외 인정
〈표 15〉에 해당하는 경우에는 출자총액이 출자한도액을 초과하더라도 이를 규제하지 않고 예외로 인정하고 있다.

---

[292] 적용 제외 출자는 당해 출자금액은 출자총액에 산입되지 않는다. 그러나 예외 인정 출자는 출자총액에 산입된다. 이런 점에서 적용 제외와 예외 인정은 차이가 있다.

표 15 출자총액제한제도 예외 현황

구분	요건
1. 신주배정 또는 주식배당	• 기존 지분율 범위 내에서 신규 발행주식 취득 • 시한 : 2년
2. 담보권 실행, 대물변제의 수령	• 담보된 주식 취득, 대물변제의 방법으로 주식 취득 • 시한 : 6월
3. 외국인투자기업(지분 10%)에의 출자	• 10% 미만 소유하면서 임원파견 등의 경우는 폐지 • 외국인 1인에 특수관계인 등 포함

4. 신산업분야의 국가경쟁력 강화	• 신산업 범위제한, 신기술 활용제품의 매출이 전체매출의 30% 이상 점유
	  - 정보통신 관련산업, 생명공학 활용 산업
	  - 대체에너지 관련산업, 환경산업

5. 중소기업 및 벤처기업 출자	• 원료·부품생산 중소기업, 벤처기업 주식 50% 미만 취득
6. 지주회사로 전환목적 또는 지주회사로 되지 않기 위해 주식 취득 또는 처분	• 지주회사로 전환하거나 지주회사가 아닌 회사로 전환 위한 주주총회 결의 • 시한 : 당해 사업연도 말
7. 회사정리절차 진행 중인 회사	• 「채무자 회생 및 파산에 관한 법률」 등에 의한 관리절차 기업에 대한 출자 • 시한 : 절차 종료 후 6월
8. 현물출자 또는 양도	• 3년 이상 계속 영위하던 영업 또는 그 영업에 사용하는 주요 자산 • 현물출자의 대가로 피출자회사 신주 취득 • 피출자회사는 동종(중분류)의 영업 영위
9. 물적·인적분할	• 3년 이상 계속 영위하던 영업 또는 그 영업에 사용하는 주요 자산 • 현물출자의 대가로 피출자회사 신주 취득 • 피출자회사는 동종(중분류)의 영업 영위
10. 분사	• 분사회사가 비계열사 • 모회사는 30% 미만 주식 취득 • 당해 영업에 종사하던 임직원의 출자지분이 신설회사의 최대출자지분

주 : 「공정거래법」의 관련규정을 정리.

⑤ 출자총액제한기업집단의 현황

2007년 4월 13일 현재 출자총액제한기업집단은 11개이다. 2006년 말 기준 자산 10조 원 이상인 기업집단은 20개이다. 이중 졸업기준을 충족한 9개 기업집단이 제외되기 때문이다. 한전, 포스코, KT, 철도공사, 주택공사, 도로공사, 토지공사, 하이닉스, 가스공사 등이 소유-지배괴리도, 의결권 승수규정을 충족하여 지정에서 제외되었다. 한진, 현대중공업

표 16 2007년 출자총액제한기업집단 지정 현황   (2007. 4. 13. 기준, 단위 : 개, 조 원)

	기업집단	동일인	계열사 수	자산총액	비고
1	삼성	이건희	59	129.1	
2	현대자동차	정몽구	36	66.2	
3	에스케이	최태원	57	60.4	
4	엘지	구본무	31	52.4	
5	롯데	신격호	44	40.2	
6	지에스	허창수	48	25.1	
7	금호아시아나	박삼구	38	22.9	
8	한진	조양호	25	22.2	졸업기준 충족 못해 재지정
9	현대중공업	정몽준	7	20.6	졸업기준 충족 못해 재지정
10	한화	김승연	34	18.0	
11	두산	박용곤	20	14.4	
	11개 기업집단 합계		399	471.6	

자료 : 공정거래위원회, 2007년도 상호출자제한기업집단 등 지정, 보도자료, 2007. 4.

표 17 출자총액제한규정 적용 면제회사 현황   (2007. 4. 13. 기준, 단위 : 개 사)

	기업집단	계열사 수 (면제회사 수)	출자총액제한규정 면제회사 현황			
			금융·보험사	지주회사 등	회생절차 진행	지배구조모범기업
1	삼성	59(12)	10	2	–	–
2	현대자동차	36(4)	2	2	–	–
3	에스케이	57(15)	1	12	1	1
4	엘지	31(29)	–	29	–	–
5	롯데	44(2)	2	–	–	–
6	지에스	48(17)	–	17	–	–
7	금호아시아나	38(31)	3	31	–	–
8	한진	25(0)	–	–	–	–
9	현대중공업	7(3)	3	–	–	–
10	한화	34(15)	7	6	–	2
11	두산	20(7)	3	–	–	4
	11개 기업집단 합계	399(135)	31	99	1	7

주 : 금호아시아나의 경우 3개 금융·보험사가 지주회사 등으로 인한 면제요건도 동시 충족.
자료 : 공정거래위원회, 전게보도자료, 2007. 4.

은 졸업기준을 충족하지 못하여 다시 지정되었고, 동부, 현대, CJ, 대림,

표 18 「공정거래법 시행령」 개정 후 출자총액제한규제 적용 대상 회사

기업집단	출자총액제한규제 적용 대상 회사	2조 원 이상 회사 중 적용 면제 현황
삼성	삼성물산, 삼성에버랜드, 삼성에스디아이, 삼성전기, 삼성전자, 삼성중공업, 삼성코닝, 정밀유리, 에스엘시디, 제일모직(총 9개 사)	• 지주회사(삼성토탈) • 금융보험사(삼성생명, 삼성화재해상)
현대자동차	기아자동차, 현대모비스, 현대자동차, 현대제철, 현대하이스코(총 5개 사)	–
에스케이	에스케이, 에스케이인천정유, 에스케이텔레콤(총 3개 사)	• 관리절차(에스케이네트웍스)
엘지	–	• 지주회사(엘지데이콤, 엘지텔레콤, 엘지화학, 엘지필립스엘시디, 엘지전자, 엘지)
롯데	롯데호텔, 롯데건설, 롯데쇼핑, 호남석유화학(총 4개 사)	–
지에스	지에스건설(총 1개 사)	• 지주회사(지에스칼텍스, 지에스홀딩스)
금호아시아나	–	• 지주회사(대우건설, 금호산업, 금호석유화학, 금호타이어, 아시아나항공)
한진	대한항공, 한진해운(총 2개 사)	–
현대중공업	현대미포조선, 현대삼호중공업, 현대중공업(총 3개 사)	–
한화	–	• 지배구조모범기업(한화, 한화석유화학) • 금융보험사(대한생명보험)
두산	–	• 지배구조모범기업(두산인프라코어, 두산중공업, 두산)
합계	7개 집단 총 27개 사	총 23개 사

자료 : 공정거래위원회, 전계보도자료, 2007. 4.

하이트맥주 등은 지정자산 기준이 6조 원에서 10조 원으로 높아져 제외되었다.

이와 같은 출자총액제한기업집단 소속 399개 회사 중 이 제도의 적용을 받는 회사는 264개 사이다. 그리고 135개 사가 적용을 면제받는다. 금융업 또는 보험업을 영위하는 회사가 31개 사, 지주회사·자회사·손자회사 등이 99개 사, 회생절차가 진행 중인 회사가 1개 사, 지배구조모범기업 7개 사 등이 적용을 제외받고 있다.

한편, 2007년 7월 「공정거래법 시행령」 개정으로 인해 자산 2조 원 미

만인 회사가 출자총액제한제도의 적용에서 제외되었는데, 이에 따라 7개 기업집단 소속 27개 회사만 출자총액제한제도가 적용되게 되었다. 또한 출자한도가 순자산 대비 25%에서 40%로 높아져 27개 출자제한기업집단의 출자여력은 약 36.6조 원에 달하고 있다.

3. 출자총액규제의 타당성 검토

출자총액제한제도의 입법목적은 여러 가지이다. 우리나라 기업집단의 경우 대기업집단의 지배주주가 적은 지분으로 기업집단 전체를 지배하여 소유권과 지배권이 괴리되어 있다고 보고 있다. 또 대기업집단이 경제 전체에서 차지하는 비중, 경제력 집중이 과도하여 독립·중소기업과의 공정한 경쟁을 저해한다고 인식하고 있다. 따라서 출자규제를 통하여 공정한 경쟁풍토를 조성하고, 계열회사들의 출자를 이용하여 가공자본을 형성함으로써 부채비율을 인위적으로 줄이는 것을 막고, 계열회사간의 출자로 형성된 연결고리 때문에 일어나는 동반부실화를 예방한다고 한다. 이하에서는 출자총액제한제도의 입법취지가 타당한지 여부, 그리고 입법목적이 이미 시행되고 있는 제도로 가능한지 여부 등을 살펴서 출자총액규제가 필요한지 여부를 살펴보고자 한다.

소유-지배구조 개선

첫째, 우리나라 대기업집단은 지배주주와 그 가족의 경영 참여와 적은 지분으로 기업집단 전체를 지배하는 소유-지배권의 괴리 등이 대기업의 특징으로 지적된다. 그러나 이러한 기업집단의 특성은 기업집단이 형성되어 있는 세계 각국 기업집단의 소유-지배구조에 비추어볼 때 보편적인 현상이다. 가족소유기업은 개도국뿐 아니라 선진국에서도 지배적이다. 우리나라는 비율 측면에서는 중간 정도에 위치하고 있다. 소유구조와 관련하여 27개 국의 시가총액 20대 기업(총 540개 대기업)의 소유구조를 분석한 결과 전문경영인 기업보다 가족소유기업이 우세하다. 동일한 기준으로 시가총액 20대 기업의 우리나라 가족기업 비율은 35%, 소유분산기업도 45%로 중간그룹에 속한다. 포춘지 선정 500대 기업 중 37%가 가족기업임을 감안하면 그리 높은 수준은 아니다. 또한, 세계적으로 유래가 없다고 비판하는 우리나라 기업집단의 소유권과 지배권의 괴리 현상 또한 동일한 기준을 적용한다면 영미 국가, 서유럽 선진국, 동아시아 국가 등 24개 국 가운데 중간 수준이다. 전체 상장사를 기준으로 소유권 내비 지배권 비승[293]은 한국이 1.17이다. 미국(1.06), 캐나다(1.22), 서유럽 선진국 전체(1.15), 동아시아 9개국 전체(1.34)와 비교할 때 서유럽 국가들의 평균 수준에 해당된다. Fiat를 소유하고 있는 이탈리아의 최대 기업집단 중 하나인 Giovanni Agnelli & C. S.a.p.a의 경우(Agnelli 가족기업) 의결권 승수가 8.86배이다. 우리나라 상호출자제한 민간기업집단의 의결권 승수 평균 5.84배보다 높다. 독일 Bosch가족의 Daimler Benz에 대한 소유권은 1.56%이지만 의결권은 25%를 보유하고 있어 의결권 승수는 16배(2000년)나 된다. 나스닥 상장기업인 퀄컴은 창업자 Irwin Jacobs회장이 3.19%의 지분으로 개인기업 수준의 경영전권을 행사하고

---

[293] 의결권 승수로 정의되며, 1에 가까울수록 소유권·지배권의 괴리가 적음을 의미함.

있다. GE의 잭웰치 회장은 0.1%의 지분으로 GE와 22개 계열사의 GE그룹을 완전히 지배하고 있다. 왈렌버그 가문은 5대째 경영권을 승계해오고 있지만, 지주회사인 Investor의 지분 2.7%만으로 에릭슨에 대해 22%의 의결권을 행사하고 있다. 캐나다 Edward & Peter Bronfman Group(Bronfman 가족기업), 독일 Deutsche Bank Group, 대만 1위 기업집단인 Formosa Plastics Group(Wang 가족기업), 인도 1위 기업집단인 Tata Group(Tata 가족기업) 등은 순환출자구조를 형성하고 있다. 이처럼 기업집단은 다른 나라에서도 피라미드형 계열출자구조에 의존하고 있다. 이렇듯 소유-지배의 괴리에서 우리나라가 유난히 높다고는 보기 어렵다. Bronfman 기업집단의 예를 보자. "……그들은 A회사를 지배하고, A회사는 19.6%의 지분으로 회사 B를 지배하고, B는 회사 C의 97%를, C는 회사 D의 60%를, D는 회사 E의 5.1%를, E는 회사 F의 49.9%를, F는 회사 G의 49.3%를, G는 회사 H의 100%를, H는 회사 I의 25%를, I는 회사 J의 64.5%를, J는 회사 K의 41.4%를, K는 회사 L의 31.9%를 소유하고……이런 식으로 그들이 소유하고 있는 회사 L의 직접지분은 0.03%에 불과하지만, 이 회사와 피라미드 구조상의 모든 기업을 완벽하게 통제한다. 이것이 가능한 까닭은 매단계에서 계열사 간 출자가 50% 넘게 이루어지고 있는데다 계열사 간 상호출자와 초의결권주식의 발행이 가능하기 때문이다".[294] 특히 외국의 경우 소유-지배의 괴리가 가장 직접적으로 나타나는 차등의결권 등을 통해 경영권을 보호하고 있다. 스웨덴의 회사법은 차등의결권제도를 인정함으로써 기업공개 이후 창업주 가족의 지분율이 하락하더라도 경영권을 유지할 수 있도록 하고 있다.

---

[294] 황인학, "기업의 본질과 재벌정책에 대한 소고", 2007. 2. 13, p. 18.

심지어 피라미드 구조를 찾아보기 어렵다는 미국에서조차도 소유-지배의 괴리는 피할 수 없는 문제이다. 최근 구글(Google)의 경우, 기업공개시 초다수의결권주(super-voting shares)를 발행해서 소유-지배의 괴리를 확대시키고 경영권을 공고히 하고 있다.[295]

소유와 경영의 분리는 기업지배구조에 대한 학습이 충분치 않아서 생긴 문제이다. 그러나 소유-지배의 괴리는 결코 새삼스러운 개념이 아니다. 그럼에도 이 개념이 부각되고 정책적 활용을 시도하는 까닭은 재벌체제 때문에 소유-지배의 괴리 문제가 대단히 높다고 믿기 때문일 것이다. 그러나 이러한 전제는 옳지 않다. 또 소유-지배괴리도와 기업성과 간의 체계적인 관계도 찾아보기 어렵다. 이처럼 소유-지배의 괴리 얘기는 아직까지는 그 논리구조가 단순해서 매력이 있을 뿐, 그 가설의 기초부터 예언에 이르기까지 현실 경제와 크게 차이가 있다. 어떻게 보면, 소유분산 구조하에서 전문경영인이 경영전권을 행사하는 미국식 구조가 이론상으로는 소유-지배의 괴리 문제(경영자대리 문제)를 가장 많이 안고 있다고 보아야 한다.[296]

더구나 소유-지배권의 괴리에 따른 우려, 주주의 이익을 보호해야 할 장치는 충분히 마련되어 있다. 우선 소수주주의 권익보호장치가 충분하고 소수주주권 행사요건이 지속적으로 완화되었다. 대주주에 의한 경영전횡은 소수주주에 의해 통제될 수 있고 집중투표제의 행사요건도 완화되었다. 2001년 집중투표제에 대하여 대주주의결권은 3% 이내로 제한하고, 1% 이상 주식을 보유한 주주에 대하여는 실시요구권을 부여하였다. 그리하여 1998년 도입된 집중투표제는 2005년 652개 상장기업 중

---

[295] 황인학, 전게논문, 2007. 2. 13, p. 18.
[296] 황인학, 전게논문, 2007. 2. 13, pp. 18~19.

표 19 소수주주권 행사 지분율요건

(단위 : %)

종류	「상법」		「증권거래법」			
	이전	1984년 12월	1997년 4월	1998년 2월	2000년 1월	2001년 3월
이사·감사·청산인 해임청구권	5	3	1(0.5)	0.5(0.25)	0.5(0.25)	0.5(0.25)
위법행위 유지청구권	5	1	1(0.5)	0.5(0.25)	0.5(0.25)	0.05(0.025)
대표소송제기권	5	1	1(0.5)	0.01	0.01	0.01
주주제안권	–	3(신설)	1(0.5)	1(0.5)	1(0.5)	1(0.5)
주총소집권	5	3	3(1.5)	3(1.5)	3(1.5)	3(1.5)
회계장부 열람청구권	5	3	3(1.5)	1(0.5)	1(0.5)	0.1(0.005)
업무·재산상태 검사청구권	5	3	3(1.5)	3(1.5)	3(1.5)	3(1.5)
집중투표제	–	3	–	–	–	1

주 : ( )는 자본금이 1,000억 원 이상인 대형상장법인 등의 경우임.
자료 : 재경부 금융정책국, 2005 국정감사자료, 2005.

표 20 대표소송요건 완화

「상법」(1998년)	「증권거래법」(1998년)
• 대표소송 제기에 필요한 소수주주의 보유주식을 발행주식총수의 1/100 이상으로 하향 조정 • 의결권 없는 주식을 가진 주주도 대표소송 제기 가능	• 주권상장법인과 코스닥상장법인에 대하여 대표소송의 제기요건을 발행주식총수의 1/10,000 이상으로 대폭 낮춤(「증권거래법」은 주식을 6개월 이상 보유야 함)

34개 기업이 채택하였다.

또한 대주주의 불법부당한 경영으로 인해 회사가 피해를 보게 되는 경우 대주주 경영자를 상대로 대표소송을 제기할 수 있다. 그리고 그 제기요건이 지분율 0.01%로 완화되었다. 그리고 1997년 이후 시민단체를 중심으로 대표소송을 제기한 건수가 증가하였다.

둘째, 이사회 기능이 활성화되어 사외이사 선임은 의무화시켰고 사외이사 비율도 확대되었다. 2000년 1월 「증권거래법」을 개정하여 총 이사 수의 1/4 이상(자산 2조 원 이상은 1/2)을 사외이사로 선임하도록 하고, 2003년 12월에는 총 이사 수의 과반수 이상으로 강화(최소 3인 이상)하였

표 21 「증권거래법」상 감사 및 감사위원회 관련규정

1999년 이전	2000년 1월	2001년 2월	2003년 12월
• 감사선임시 대주주 의결권 3% 이내 제한(1997년) • 감사위원회제도 신설 (1999년)	• 자산 2조 원 이상 감사위원회 설치 의무화(2/3 이상 사외이사로 구성)	• 감사위원 선임시 대주주 의결권 3% 이내로 제한 • 감사위원회 위원장을 사외이사로 선임	• 감사위원회 위원 중 1인을 재무·회계전문가로 의무화

자료 : 전국경제인연합회, "조건 없는 출총제 폐지방안", 2006. 11, p. 22.

표 22 상장사 1사당 평균 이사 수 및 사외이사 수
(단위 : 명, %)

구분	1998년	1999년	2000년	2001년	2002년	2003년	2004년	2005년
대상회사 수	735	701	693	684	660	676	668	655
기업당 이사 수	7.96	6.92	6.64	6.34	6.14	6.11	6.14	6.19
기업당 사외이사 수	0.91	1.72	2.05	2.08	2.03	2.07	2.15	2.22
사외이사 비율	11.4	24.8	30.8	32.8	33.0	33.8	35.0	35.9

자료 : 증권거래소, 2006 ; 전국경제인연합회, 전게서, 2006. 11, p.23에서 재인용.

표 23 사외이사의 이사회 참석률
(단위 : %)

1999년(5. 1~8. 31)	2000년	2001년	2002년	2003년
43.63	53.5	60.3	67.4	67.8

자료 : KDI, "기업지배구조의 상호관계 및 기업성과에 관한 연구", 2005.

다. 2001년 2월에는 사외이사후보추천위원회를 반드시 설치하도록 하고, 1% 이상 주식을 가진 주주에게 사외이사 추천권을 부여하였다. 자산 2조 원 이상 기업에게는 감사위원회 설치를 의무화하여 이사회나 감사위원회가 활발하게 작동되면 자연스럽게 대주주는 기회를 편취하거나 사익을 추구할 가능성이 차단될 것이다. 또 기업의 출자나 투자에 대한 사전검토가 강화되어 무분별한 투자도 없어질 것이다.

실제로 기업당 사외이사 수나 사외이사 비율이 꾸준히 늘어나고 있다. 사회이사의 참석률도 43% 수준(1999년)에서 68%(2003년)로 높아졌다. 그만큼 이사회 기능이 커졌고 작동이 원활하다고 볼 수 있다.

표 24 내부회계관리제도의 주요 내용

구분	주요 내용

내부회계관리 규정 도입	• 회계정보(회계정보의 기초가 되는 거래정보 포함)의 식별·측정·분류·기록·보고방법 관련 사항
	• 회계정보의 오류를 통제하고 이를 수정하는 방법에 관한 사항
	• 회계정보에 대한 정기적인 점검 및 조정 등 내부검증에 관한 사항
	• 회계정보를 기록·보관하는 장부(자기테이프·디스켓 그 밖의 정보보존장치 포함)의 관리방법과 위조·변조·훼손 및 파기의 방지를 위한 통제절차에 관한 사항
	• 회계정보의 작성 및 공시와 관련된 임원·직원의 업무분장과 책임에 관한 사항
	• 그 밖에 신뢰할 수 있는 회계정보의 작성 및 공시를 위하여 필요한 사항
	  – 법 제2조의2제1항의 규정에 의한 내부회계관리규정의 제정 및 변경절차에 관한 사항
	  – 회계정보를 작성·공시하는 임·직원이 업무를 수행함에 있어서 준수하여야 할 절차에 관한 사항
	  – 주식회사의 대표자 등이 내부회계관리규정을 위반하여 회계정보의 작성·공시를 지시하는 경우에 있어서 임원·직원의 대처방법에 관한 사항
	  – 내부회계관리규정을 위반한 임원·직원의 징계 등에 관한 사항

회계정보 위조금지	• 회사는 내부회계관리제도에 의하지 아니하고 회계정보를 작성하거나 내부회계관리제도에 의하여 작성된 회계정보를 위조·변조·훼손 및 파기 불가
내부회계 관리자	• 회사의 대표자는 내부회계관리제도의 관리·운영을 책임지며, 이를 담당하는 상근이사(담당이사가 없는 경우 당해 이사의 업무를 집행하는 자) 1인을 내부회계관리자(Chief Financial Officer, CFO)로 지정 • 내부회계관리자는 매반기마다 이사회 및 감사(감사위원회 포함)에게 당해 회사의 내부회계관리제도의 운영실태를 보고(평가보고서는 당해 회사의 본점에 5년간 비치해야 함)
감사	• 회사의 감사는 내부회계관리제도의 운영실태를 평가하여 이사회에 매사업연도마다 보고하고 그 평가보고서를 당해 회사의 본점에 5년간 비치(의무). 이 경우 내부회계관리제도의 관리·운영에 대하여 시정의견이 있는 경우에는 이를 포함하여 보고 • 주식회사의 내부회계관리제도의 운영실태에 관한 보고내용을 검토하는 감사인은 해당 임·직원에 대한 질문, 관련문서 확인, 내부회계관리제도 운영실태에 대한 점검 등을 통해 내부회계관리제도가 적정하게 설계·운영되고 있는지 여부를 검토하고 그 의견을 감사보고서에 첨부해야 함
제도 운영	• 내부회계관리규정을 제정하거나 변경하고자 하는 경우에는 이사회의 결의를 거쳐야 함 • 내부회계관리자는 이사회 또는 감사(감사위원회를 포함)가 그 직무를 수행하기 위하여 자료의 제출을 요구하는 경우에는 이에 성실히 응하여야 함 • 상장·등록법인은 금융감독위원회가 정하는 바에 따라 그 법인의 내부회계관리제도에 관한 사항을 공시해야 함
위반시 제재	• 회계정보 훼손·변경·파기·위조시 내부회계관리제도 운영 관련자에 대해 5년 이하의 징역 또는 3천만 원 이하의 벌금 부과

자료 : 전국경제인연합회, 전게서, 2006. 11, p. 25.

셋째, 정치한 내부회계관리제도가 마련되어 회계의 투명성과 책임성이 확보되었다. 모든 상장·등록법인(자산 2조 원 이상 기업집단 소속기업은 비등록 포함)은 2007년까지 내부회계관리제도를 도입·운영해야 한다(2005년 5월 「주식회사의 외부감사에 관한 법률」 개정). 내부회계관리제도는 재무정보를 신뢰할 수 있도록 회사의 이사회·경영진 등 모든 조직구성원들에 의해 지속적으로 실행되는 내부통제과정이다. 그 내용은 내부회계관리규정의 도입, 관련 회계정보 위조금지, 내부회계관리자 지정·감사 등을 주로 하고 있다.

넷째, 「공정거래법」상 특수관계인이나 계열사 간 거래를 통한 부당지원행위는 규제되고 있다. 부당하게 특수관계인 또는 다른 회사에 대하여 가지급금, 대여금, 유가증권 등을 제공하거나 현저히 유리한 조건으로 거래하여 지원하는 행위는 금지하고 있다(「공정거래법」 제23조제1항제7호). 이를 통해 출자고리로 연결된 대규모 기업집단 소속회사들과 독립기업들과는 공정한 경쟁이 보장되고 있다.

다섯째, 지배주주에 대하여 책임을 명백히 부과하였다. 지배주주나 대주주를 계열사의 이사로 등재하도록 하였다. 이사는 충실의무를 갖고 공시서류에 대한 CEO인증을 의무화하여 지배주주의 책임은 강화되었다. 그러므로 지배주주나 대주주가 사익을 추구하거나 소액주주에게 피해를 줄 가능성을 내폭적으로 제약하고 있다.

여섯째, 증권집단소송제도가 도입되었다. 회계는 보다 투명해지고 관계인의 책임은 더욱 높아졌다. 주가조작·허위공시·분식회계·부실감사 등으로 다수의 소액투자자가 피해를 본 경우 집단소송을 제기할 수 있기 때문이다.

일곱째, 공시제도의 강화로 시장을 통한 간접적인 외부통제가 가능

표 25 출자총액규제와 증권집단소송제도의 비교

구분	출자총액규제	증권집단소송제도
목적	• 전문화 및 핵심역량 강화 • 가공자본으로 부채비율 감축 방지 • 동반부실화 예방 • 지배주주의 사익 추구 방지	• 증권시장에서 불법행위에 대한 피해구제로 시장의 효율성 제고 • 지배주주의 사익추구 방지
요건	• 대상 : 자산 10조 원 이상 대규모 기업집단 소속회사 • 규제내용 : 순자산 40%를 초과하여 타 국내회사 주식 취득 금지	• 대상 : 유가증권신고서 및 사업설명서 허위기재, 사업보고서 허위기재, 미공개정보이용 및 시세조작, 감사인 부실감사 • 원고 : 1/10,000 이상 보유주주
방식	• 사전적 규제, 직접적 규제	• 사후적 규제, 감시기능을 활용한 간접규제
효과	• 투자저해 • 조직왜곡(사업부 또는 독립조직) • 외국기업과의 역차별 • 적대적 M&A 방어 곤란 등	• 남소의 부작용 있으나 시장기능 제고 • 허위기재 등을 통한 사익추구 사전통제

자료 : 전국경제인연합회, 전게서, 2006. 11, p. 36.

하다. 대기업집단은 소유-지배구조, 내부거래 등을 공시해야 한다. 시장의 감시를 통하여 대기업집단의 소유-지배구조를 개선하기 위함이다. '시장개혁 3개년 로드맵'에 따라 2005년부터 기업집단의 소유-지배구조에 관한 정보를 공개하고 있다. 기업집단의 총수일가 및 계열사 간 출자구조를 나타내는 소유지분구조, 총수일가의 직접소유지분과 지배지분 간의 괴리 정도를 나타내는 소유-지배괴리도/의결권 승수를 공표하고 있다. 시장 참여자들은 소유-지배괴리도나 의결권 승수가 과도하다고 판단될 경우 주주총회 등에서 직접적으로 견제할 수 있다. 또한 자산 2조 원 이상 기업집단 소속계열사 간에 대규모 내부거래를 하고자 하는 경우 미리 이사회 의결을 거친 후 이를 공시하여야 한다. 이사회를 통한 견제와 소액주주 등 이해관계자의 감시를 통하여 부당한 내부거래

표 26 대규모 내부거래 공시

구분	주요 내용
근거	• 「공정거래법」 제11조의2
내부거래 기준	• 거래금액이 그 회사의 자본총계 또는 자본금 중 큰 금액의 100분의 10 이상이거나 100억 원 이상인 거래행위
적용대상 거래	• 가지급금 또는 대여금 등의 자금을 제공 또는 거래하는 행위, 주식 또는 회사채 등의 유가증권을 제공 또는 거래하는 행위, 부동산 또는 무체재산권 등의 자산을 제공 또는 거래하는 행위 등 포함

자료: 전국경제인연합회, 전게서, 2006. 11, p. 32.

를 사전에 예방할 수 있다. 아울러 상호출자제한기업집단 소속의 비상장회사는 소유-지배구조 관련사항, 재무구조 변동을 초래하는 사항, 회사 경영활동에 변동을 초래하는 사항 등을 금감위 전자공시시스템의 전산망을 통해 공시하여야 한다. 최대주주의 주식보유현황과 그 변동사항, 계열회사 주식보유현황 및 그 변동사항 등 소유-지배구조 관련사항, 증자·감자에 관한 결정 및 전환사채·신주인수권부사채의 발행에 관한 결정사항 등 재무구조 변동사항, 주식의 포괄적 교환이나 주식이전에 관한 결정사항, 최근 사업연도 매출액의 100분의 10 이상의 단일 판매계약 또는 공급계약의 체결 또는 해지에 대한 결정사항 등 경영활동사항에 대해 비상장회사라도 대규모 기업집단 소속기업은 상장회사에 준하는 공시를 해야 한다.

그리고 대기업의 지배구조평가는 높은 편으로 지배구조개선을 실질적으로 대기업이 선도하고 있다. 지배구조에 대한 평가점수는 자산규모 2조 원 이상인 기업들이 63.54이다. 자산 2조 원 미만 기업들의 34.55에 비해 높다. 내부통제시스템 도입·운영 수준에 있어서도 기업집단 소속기업들은 47.33으로 여타 기업들의 35.51에 비해서 높은 점수를 보이고 있다.

여덟째, 외부시장의 통제시스템도 강화되고 M&A시장이 확대되었다. 따라서 기업들은 부단히 경영개선을 도모하고 부실기업은 적기에 퇴출되지 않을 수 없으며, 기업경영은 외부의 견제와 감시를 받지 않을 수 없다. M&A관련 규제완화로 2005년 M&A 건수는 478건이었다. 전년의 430건에 비해 11.2% 증가하였고, M&A 규모는 18.7조 원으로 전년대비 33.5%나 증가하였다. 국내 신용평가기관의 규모가 확대되고 기능이 강화되어 국내기업의 경영권 인수가 활발해졌다. 외국인 주주들에 의한 경영감시도 철저해져서 부실기업에 출자한 기업집단이 동시에 부실화할 수 없게 되었다.

경제력집중 방지

출자총액제한제도는 계열사 간 출자를 통한 대기업집단의 경제력집중 현상을 우려하고 있다. 그러나 실제 대기업에 의한 경제력 집중현상은 높은 수준이 아니다. 글로벌 경쟁체제하에서 대기업은 더욱 성장되어야 하는데, 기업성장이 지체되면서 2000년 이후 글로벌 대기업이 추가적으로 출현하지 않고 있다. 규모도 외국에 비해 여전히 미흡하다. 2006년 7월 발표한 포춘지 선정 글로벌 500대 기업을 보면 우리나라는 2000년과 같은 숫자인 12개 기업으로 정체되었다. 2001년 부활된 출총제규제가 기업의 규모확대에 직·간접적으로 영향을 주었을 것으로 추정된다.

OECD 회원국 중 한국을 비롯하여 국민소득 2만 달러 미만인 국가들의 GDP 대비 10대 기업의 매출액은 18.3%이다. 소득 2만 달러 이상인 국가들의 평균인 39.2%에 크게 못미치고 있다.

표 27 주요국 Fortune 500대 기업 수의 추이

	미국	영국	독일	중국	캐나다	한국	스페인	인도	러시아
2000년	179	38	37	10	12	12	5	1	2
2003년	192	34	35	11	14	13	5	1	3
2006년	170	39	35	20	14	12	9	6	5

자료 : 전국경제인연합회, 전게서, 2006. 11, p. 5.

표 28 Fortune Global 500대 기업의 규모 비교(2004년)

순위	국가	기업 수	기업당 평균자산(억$)	상대규모 (한국=100)	기업당 평균 종업원 수	상대규모 (한국=100)
1	미국	176	1,037.3	247.5	99,339.8	388.5
2	일본	81	1,007.8	240.5	62,903.2	246.0
3	프랑스	39	1,709.3	407.8	124,396.2	486.5
4	독일	37	2,229.4	531.9	115,562.7	451.9
5	영국	35	2,001.1	477.4	87,012.0	340.3
6	중국	16	1,770.0	422.3	323,662.0	1,265.7
7	네덜란드	14	2,306.3	550.3	90,122.8	352.4
8	캐나다	13	1,107.9	264.3	57,119.6	223.4
9	한국	11	419.1	100.0	25,572.0	100.0
9	스위스	11	3,061.7	730.5	71,311.2	278.9

자료 : 황인학, "기업의 본질과 재벌정책에 대한 소고", 2007. 2. 13, p. 15.

표 29 OECD 국가의 GDP 대비 10대 기업의 매출액 비중   (단위 : %, 2005년 기준)

1인당 GDP	10대 기업 매출액/ GDP	비고
• 2만 달러 미만	18.3%	한국, 터키, 멕시코 등 8개국
• 2만 달러 이상	39.2%	22개국
• (2~4만 달러)	(34.9%)	(프랑스, 캐나다, 핀란드 등 15개국)
• (4만 달러 이상)	(49.9%)	(미국, 스위스, 노르웨이 등 7개국)
• OECD 평균	34.0%	-

자료 : World Bank, 통계청, 톰슨IBES, 블룸버그 ; 전국경제인연합회, "조건없는 출총제 폐지방안", 2006. 11, p. 6에서 재인용.

소수의 기업이 경제 전체에서 차지하는 비중을 나타내는 일반집중은 지속적으로 하락하고 있고 외국에 비해 높은 수준도 아니다. 먼저 우리

그림 2 일반집중도 추이

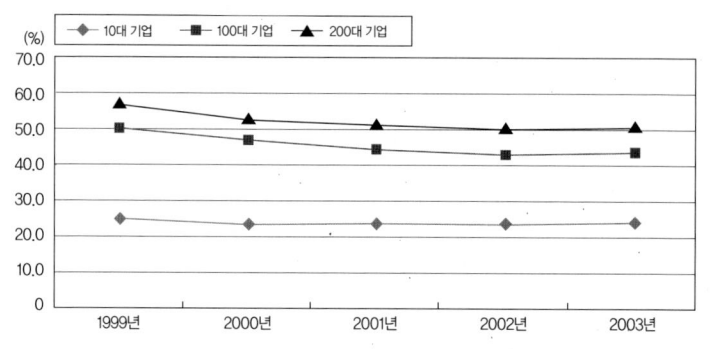

자료 : 공정거래위원회, 전국경제인연합회, 전게서, 2006. 11. p. 7에서 재인용.

나라 제조업부문 30대 기업의 매출이 GDP에서 차지하는 비중은 31.1%로 미국(34.6%), 영국(48.6%), 독일(38.8%) 등 선진국에 비해 낮다. 광공업부문 출하액 기준 상위 100대 기업의 일반집중도는 1997년과 1998년에는 높아졌으나 1999년부터는 전반적으로 하락하고 있다. 상위 100대 기업을 기준으로 보면 1999년 50.0%였다. 그러나 일반집중도는 2003년 44.5%로 지속적으로 하락하고 있다.

산업 내에서 상위 기업이 차지하는 비중을 나타내는 산업집중도 역시 지속적으로 하락하고 있다. 광공업부문 491개 산업(세세분류, 5단위 기준)의 집중도는 2001년과 2003년에 다소 상승한 것을 제외하고는 1999년부터 전반적으로 하락하고 있다. 예를 들어 상위 3사 시장점유율(CR3)은 1999년 49.9%에서 2003년에는 42.8%로 7.1%포인트나 하락했다.

특히, 국내 대기업집단의 문어발 확장으로 표현되는 다각화 수준도 외국에 비해 높지 않다. 미국 500대 기업의 평균 영위업종 수는 10.9개이다(1992년 기준, 황인학, "재벌의 다각화와 경제력집중", 1999). 우리나라 상호출

그림 3 산업집중도 추이

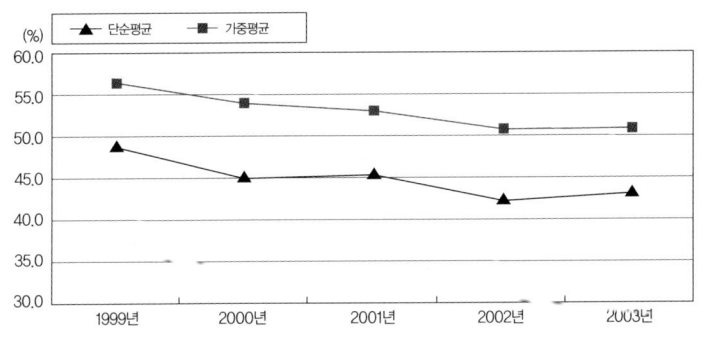

자료 : 공정거래위원회, 전국경제인연합회, 전게서, 2006. 11. p. 7에서 재인용.

자제한기업집단(51개 기업집단)의 평균 영위업종 수는 12.5개(2004년 기준)로 미국과 큰 차이가 없다.

경제개혁연대는 '경제력집중 억제 관점에서 바라본 출자총액제한제도 존치의 필요성'(2006-5)에서 경제력집중 문제를 중점적으로 거론하고 있다. 출총제를 기업지배구조 개선의 측면에서 주장하는 것이 증권집단소송제도의 전면 시행 등과 같은 사후적 시장규율장치가 강화되면서 설득력을 잃어간다고 보기 때문이다. 〈표 30〉은 경제개혁연대가 조사한 재벌의 국민경제적 비중의 연도별 추정치이다. 이러한 추정치에 기초하여 동 보고서는 1990년 이후 재벌에 의한 경제력집중도가 줄어들지 않고 오히려 확대되고 있다고 주장한다. 그러나 동 보고서의 주장에는 부가가치개념인 GDP와 매출 또는 자산을 비교하는 문제, 계열 분리된 회사임에도 친족그룹의 개념으로 한데 묶어 계산하는 문제, 해체 또는 소멸된 그룹의 제외로 인한 survival bias 문제 등 해석상의 문제가 있다.[297] 또 열 번 양보해서 이 보고서의 추정치를 그대로 받아들인다 해도 외환

표 30 **8대 재벌 매출액의 GDP 대비 비중 추이**

(단위 : %)

연도	1990	1991	1992	1993	1994	1995	1996	1997	1998	1999	2000	2001	2002	2003	2004	2005
4대 재벌	34.1	35.4	35.5	36.8	38.4	42.3	45.4	49.2	56.0	55.7	61.4	53.7	49.6	42.2	47.0	49.2
5-8대 재벌	5.8	6.0	6.2	6.2	6.1	6.5	6.6	6.7	6.7	5.9	6.9	6.8	6.8	6.3	7.5	7.6
8대 재벌	39.9	41.3	41.7	42.9	44.5	48.8	52.0	55.9	62.7	61.6	68.3	60.5	56.4	48.5	54.4	56.8

출처 : 경제개혁리포트 2006-5.
자료 : 황인학, "기업의 본질과 재벌정책에 대한 소고", 2007. 2. 13, p. 12에서 재인용.

표 31 **1980년대 이후 일반집중도 변화 추이**

(단위 : %)

연도 출하액	1981	1982	1984	1986	1988	1990	1992	1994	1996	1997	1998	1999	2000	2001	2002	2003	2004
50대 기업	36.6	36.8	34.8	31.0	30.3	30.0	32.0	32.2	34.4	37.1	38.4	38.0	38.1	36.8	35.7	36.6	38.5
100대 기업	46.2	46.0	43.6	39.3	38.1	37.7	39.2	39.2	41.2	44.2	45.9	45.1	44.8	43.7	42.5	43.2	45.1

주 : 일반집중도 = 상위소수기업의 출하액 / 광공업부문 전체 출하액
출처 : 공정거래위원회, 2004년 시장구조 조사 결과, 2006. 11. 3.
자료 : 황인학, 전게서, 2007. 2. 13, p. 12에서 재인용.

위기 이후 계속 상승 추세에 있다고 판단할 수 있을지 의문이다.

공정위 측 통계인 〈표 31〉은 객관적이고 신뢰할 만한 방법론에 기초하고 있으나, 여기에서도 경제력집중이 상승 추세에 있다는 해석에는 의문의 여지가 있다.[298]

이와같이 경제력집중은 낮은 수준이다. 그러나 설령 경제력집중으로 경쟁기반을 침해할 우려가 있다 하더라도 경쟁정책의 활용으로 이를 막을 수 있다. 첫째, 경쟁을 저해할 우려가 있는 기업결합은 엄격히 금지되

[297] 황인학, "기업의 본질과 재벌정책에 대한 소고", 2007. 2. 13, p. 11.
[298] 재벌을 분석단위로 한 경제력 일반집중도 변화추세에 관한 최정표(2004)와 황인학(1999) 참고 ; 황인학, 전게서, 2007. 2. 13, p. 11.

고 있다. 기업결합으로 인한 경쟁의 제한과 독점화를 방지하고자 일정 규모 이상의 기업결합은 신고하여야 하며, 기업 간 인수합병이 시장경쟁을 제한할 경우 이를 금지하고 있다(「공정거래법」 제7조). 규제대상이 되는 경우 주식의 취득 또는 소유, 합병, 영업양수 등에 의한 기업결합이나 새로운 회사설립에 참여하는 기업결합은 규제되고 있다. 특히 중소기업과의 공정한 경쟁을 유도하기 위해 중소기업 고유영역에서의 기업결합을 금지하고 있다(「공정거래법」 제7조제4항제2호). 자산총액 또는 매출액 규모가 2조 원 이상인 대규모 회사가 중소기업 점유율이 2/3 이상인 거래분야에서 기업결합을 하여 5% 이상의 점유율을 갖게 되는 경우에는 경쟁을 실질적으로 제한하는 것으로 보고 이를 금지하고 있다. 둘째, 불공정거래행위를 금지하고 있다(「공정거래법」 제23조). 부당하게 경쟁자를 배제하는 행위나 거래상 지위를 이용한 거래행위 등이 이에 해당된다. 시장에서의 공정한 거래질서를 확립하기 위함이다. 부당하게 거래의 상대방을 차별하여 취급하는 행위, 부당하게 경쟁자를 배제하는 행위, 거래상의 지위를 부당하게 이용하여 상대방과 거래하는 행위 등도 금지하고 있다. 그리하여 출자고리로 연결된 대규모 기업집단 소속회사와 다른 기업들과의 공정한 경쟁을 유도한다.

동반부실화 방지

첫째, 출자총액을 규제하는 목표 중의 하나는 계열회사의 동반부실화를 방지하는 것이다. 계열회사 간의 출자로 연결고리가 만들어져 그중 한 회사의 도산이 다른 계열회사의 연쇄도산으로 이어져 기업집단 전체가 부실화되는 것을 막기 위한 것이다. 특히 기업집단에 속한 하나의 부실

표 32 채무보증제한규정의 변천

시기	내용
1993. 4.	채무보증제한제도 도입(자기자본의 200% 이내)
1996. 12.	채무보증제한제도 강화(자기자본의 100% 이내)
1998. 2.	1998. 4. 1.부터 신규 채무보증 금지, 기존 채무보증은 2000. 3.까지 해소

자료 : 전국경제인연합회, "조건없는 출총제 폐지방안", 2006. 11, p. 44.

기업을 계열회사 간의 출자를 이용해서 지원하려는 경우 출자총액제한제도는 이를 막는 유용한 수단이 될 수 있다. 그러나 부실한 계열사 출자로 인한 동반부실화 문제는 금융의 문제이다. 적절한 공시에 의해 시장에서 자율적으로 통제할 수 있다. 그리고 이와 관련된 제도는 이미 충분히 마련되어 있다. 우선 자산총액 2조 원 이상 기업집단 소속계열사는 국내회사에 대한 채무보증을 할 수 없다(「공정거래법」 제10조의2). 자금시장에서 공정한 경쟁여건을 만들고 기업집단 전체의 연쇄도산을 방지하고 금융기관의 부실화를 방지하여 국민경제 전체로 위기가 확산되는 것을 막기 위해 도입되었다.

채무보증금지제도는 계열사의 부실이 다른 계열사로 연쇄적으로 파급되는 것을 막아 기업집단 전체가 동시에 부실화되는 것을 막는다. 그리고 한계기업 퇴출을 용이하게 하여 핵심사업 중심으로 사업구조를 조정하고 차입경영을 억제하여 재무구조를 건실하게 만든다.

둘째, 주채무계열제도가 도입되어 운용되고 있다. 기업부실에 따른 금융기관의 연쇄적 부실화를 방지하고자 도입되었다(「은행업감독규정」 제79조). 주채무계열제도는 전년 말 금융회사(은행, 보험, 종금, 여전) 전체 신용공여액의 0.1% 이상을 차지하고 있는 계열기업군(주채무계열)에 대한 재무구조 등을 종합적으로 관리하는 제도이다. 현대자동차 등 36개 기업집단이 주채무계열로 선정되었다. 출총제 대상집단은 모두 포함되어 있다.

표 33 대규모 기업집단 채무보증 해소현황
(단위 : 조 원)

구분	1998년 4월	1999년 4월	1999년 6월말	1999년 9월말	1999년말	2000년 3월말
보증금액 (보증비율)	26.9(39.5%)	9.8(9.7%)	7.7(7.6%)	6.4(6.3%)	4.3(4.3%)	완전해소
보증회사 수	216	127	112	95	68	-

자료 : 전국경제인연합회, 전게서, 2006. 11, p. 45.

　금감위에 의해 선정된 주채권은행은 주채무계열의 재무구조 개선 유도, 계열사 채무보증에 의한 여신취급 금지, 계열 경영정보 관리 등을 종합적으로 수행한다. 주채권은행은 재무구조가 취약한 계열에 대해서는 필요시 재무구조 개선약정을 체결하여 재무구조 개선을 유도한다. 경영악화로 여신 부실화가 우려되는 경우에는 채권은행협의회를 구성하여 처리한다. 이 제도는 기업집단의 재무구조 개선을 유도하고 부실이 연쇄적으로 파급되는 것을 사전에 억제하여 동반부실화를 방지할 수 있다. 궁극적으로는 기업부실이 금융기관 부실로 파급되는 국가 전체의 시스템리스크도 방지할 수 있다.

　셋째, 대기업집단의 경우 결합재무제표 작성이 의무화되어 있다. 투자자산 상계 등을 통하여 계열사 간 출자는 상쇄되어 시장에 공시된다. 때문에 재무구조의 왜곡을 통한 차입확대나 무리한 사업확장은 현실적으로 곤란하다. 결합재무제표는 1998년 1월에 도입되었다. 직전사업연도 말 현재 총자산이 2조 원 이상인 기업집단은 이를 작성하여 공시하여야 한다. 결합재무제표는 회사 간 출자는 물론 개인대주주 등의 출자관계까지 고려하여 당해 기업집단에 소속된 국내회사의 재무제표를 결합하여 작성한다. 지배회사를 중심으로 회사 간의 출자관계에 의하여 지배·종속관계가 형성된 경우 하나의 경제적 실체로 보아 작성하도록 하는 연결재무제표보다 공시내용이 훨씬 광범위하다. 2006년 5월 출자총액규제 대상 14개 기업집단 중 8개 기업집단이 결합재무제표를 작성·공시하고 있었으며, 나머지 6개 기업집단은 연결재무제표로 공시[299] 하고 있었다. 그러므로 출총제 대상 기업집단에 의한 무리한 차입은 금융기관에 의해 충분히 견제된다. 또 외환위기 이후 강화된 회계제도에 의해 부실계열사에 대한 출자는 엄격히 통제되고 있다. 감사인에 대한 민·형사상의 책임 강화, 회계법인의 주기적 교체의무, 외부감사대상 범위 확대 등이 이에 해당된다.

중소기업과의 공정경쟁 저해

최근 들어 대기업집단 소속계열사 간 출자 때문에 독립·중소기업과의 공정한 경쟁이 저하될 우려가 있어 출총제는 필요하다는 주장이 있다. 재벌 중심의 경제체제는 혁신적 독립기업의 탄생과 성장이 어려운 토양을 조성하고 있다고 한다. 실증적으로도 1993년 중소기업 5만6,472개 업체 중 2003년까지 생존한 업체는 1만4,315개(25.3%)였고, 이들 가운데 500인 이상 업체로 성장한 기업체는 8개(0.01%)에 불과[300] 하다고 주장한다. 그러나 현실적으로 중소기업은 과보호되고 있다. 중소기업의 시장점유율이 3분의 2 이상인 분야에서 자산 2조 원 이상인 대규모기업은 기업결합을 금지하고 있다(「공정거래법」 제7조제4항제2호). 이는 경쟁을 제한한다는 논리이다. 아울러 상호출자제한기업집단이 소속 창업투자회사를 통해 중소기업 분야에 진출하는 것도 방지하고 있다. 상호출자제한기업집단 소속

---

299 연결재무제표의 자산 및 부채총액이 결합재무제표의 자산 및 부채총액의 80% 이상일 경우 결합재무제표의 작성을 면제하고 있다.
300 김수훈(편), "혁신수도형 경제로의 전환에 있어서 중소기업의 역할", KDI, 2006. 3. 이 부분은 2006. 9. 19. 권오승 공정거래위원장 세종연구소 강연자료 '출자총액제한제도 개편추진방향'에서 재인용.

표 34 회계제도 개선내용

시기	내용
1998. 1.	• 30대그룹 결합재무제표 작성(「주식회사의 외부감사에 관한 법률」)
1998. 1.	• 감사인, 회계관계인 민·형사책임 강화(「주식회사의 외부감사에 관한 법률」)
2000. 1.	• 감사인 선임을 위한 감사인선임위원회 구성(「주식회사의 외부감사에 관한 법률」)
2000. 12.	• 감사인에 대한 행정상 제재 강화(「외부감사 및 회계 등에 관한 규정」)
2001. 3.	• 분식감사 회계법인에 대한 과징금(최고 20억원) 신설(「증권거래법」)
2001. 7.	• 분기보고서에 대한 공인회계사 검토제도 도입(2조 원 이상 상장사)(「증권거래법」)
2003. 12.	• 회계법인의 비감사업무(컨설팅업무)의 원칙적 금지(「증권거래법」)
2003. 12.	• 내부회계관리제도 법제화(「주식회사의 외부감사에 관한 법률」)
2003. 12.	• 정기감시 회계법인의 주기(6년)적 교체 의무화(「주식회사의 외부감사에 관한 법률」)
2004. 4.	• 공인회계사 검토제도 대상자산 1조 원 이상 상장기업으로 확대(「증권거래법」)
2005. 3.	• 공인회계사 검토제도 대상자산 0.5조 원 이상 상장기업으로 확대(「증권거래법」)
2005. 3.	• 종속회사가 있는 기업은 연결재무제표를 주 재무제표 의무화(「증권거래법 시행령」)
2006. 3.	• 자본변동표를 재무제표로서 작성하도록 함(「주식회사의 외부감사에 관한 법률 시행령」)
2006. 3.	• 모든 주권상장법인과 코스닥상장법인을 외부감사 대상에 포함(「주식회사의 외부감사에 관한 법률 시행령」)

자료 : 전국경제인연합회, 전게서, 2006. 11, p. 50.

창투사는 대상 중소기업이 계열회사가 되지 않도록 30% 미만으로 출자하거나 최다출자자가 되지 않는 범위 내에서만 출자가 가능하다.

그 결과, 대기업의 중소기업 인수와 출자를 철저히 제한하고 있어 대기업의 중소기업 영역에 대한 진출은 사실상 불가능하다. 따라서 출자총액제한제도로 인해 대기업은 중소 협력업체를 지원하거나 전략적 제휴를 하고자 할 때 큰 애로를 겪고 있다. 그러나 대기업과 거래하는 중소기업의 규모가 지속적으로 증가하고 있다. 바꾸어 말하면 대기업의 성장은 곧 중소기업의 성장과 직결될 수 있다. 수급기업 중 다른 중소기업과 거래한 기업체 비중은 지속적으로 감소하고 있다. 반면에 대기업(중소기업 동시 포함)과 거래하는 비중은 증가하고 있다. 따라서 출총제가 폐지된다면 투자확대와 새로운 산업으로의 진출이 활발하게 되어 중소기업 창업을 유도하고, 원자재·부품·소재 등과 관련된 중소기업은 성장

표 35 수급기업거래의 모기업 규모별 구성비 추이 (단위 : %)

연도	중소기업	대기업(중소기업 동시 포함)
2001	65.5	34.5
2002	63.0	37.0
2003	63.0	37.0
2004	59.6	40.4

자료 : 중기청, 2005년 중소기업 실태조사 ; 전국경제인연합회, 전게서, 2006. 11, p. 54에서 재인용.

하게 될 것이다. 실제로 대한상공회의소가 지난 2006년 5월에 발표한 조사결과에 의하면 중소기업의 59.0%가 출총제 폐지시 '대기업과의 거래나 기술지원이 늘어날 것'이라고 응답했다. 중소기업도 출총제를 폐지하면 긍정적인 효과가 있다고 인식하고 있다. 특히 유망 중소기업에 대한 대기업의 투자가 늘어난다면 중소기업의 대내외 신뢰도가 크게 높아질 것이다.

또한 중소기업과 대기업 투자는 상호 경쟁되는 산업 분야가 극히 미미하다. 출총제 적용 대기업집단의 투자규모는 일반적으로 수천억 원~수조 원대에 이른다. 투자업종도 반도체, LCD, 무선통신기기, 자동차, 철강 등 중소기업 영위업종과는 관계가 없다. 2006년 8월 전경련 조사에서도 출총제 폐지시 대규모 기업집단들은 에너지, 정보통신, 건설, 방송/미디어, 생명과학 등에 진출하겠다고 응답하였다. 모두 중소기업 영역과는 관계없는 부분이다. 또 대·중소기업 간 상생협력이 강화되고 있다. 따라서 대기업과 중소기업 간 영역은 자율적으로 조정이 가능할 것이다. 대기업들은 글로벌 경쟁력 확보를 위하여 기술개발·거래협력·인력양성·자금협력 등 다양한 분야에서 중소기업과 협력을 추진하고 있다. 전경련회원사 66개 회사를 조사한 바에 따르면 대기업들은 다양한 분야에서 중소기업과 협력을 강화하고 있다. 특히 매출액 상위 20대 대

표 36 업종별·협력부문별 대·중소기업 협력 현황
(단위 : %)

구분	경영혁신	기술협력	생산공정	판매마케팅	인력파견양성	거래협력	자본협력
전체	40.3	59.7	38.8	40.3	61.2	76.1	16.4
제조업	47.1	76.5	61.8	47.1	67.6	76.5	26.5
제조업 (20대기업)	60.0	90.0	75.0	55.0	85.0	80.0	40.0
서비스업	33.3	42.4	15.2	33.3	54.5	87.9	61.0

자료 : 전국경제인연합회, "기업의 대·중소기업 협력실태와 시사점", 2005. 12.

표 37 10대그룹 상생경영 투자실적
(단위 : 억 원, %)

	2004년	2005년	증가율
• 총액	6,406	8,317	29.8
− 기술·인력	3,124	4,018	28.6
− 경영지원	3,161	4,091	29.4
− 정보화·마케팅	121	208	71.9
• 중소기업구매물량	638,319	708,517	11.0

자료 : 산업자원부, "대·중소기업 상생협력 추진실적 및 향후계획", 2005. 12.

기업의 경우 협력활동이 더욱 활발하다.

대기업들의 중소기업에 대한 기술인력지원, 경영지원 등에 대한 투자는 큰 폭으로 증가하고 있고, 또한 그룹차원에서 '상생경영'을 경영모토로 선언하고 각 계열사에 전파하고 있다. 이처럼 대기업과 중소기업의 상생협력은 상당히 진전되고 있다.

4. 출자총액규제의 문제점

현재의 출자총액제한제도는 대기업 차별규제의 상징이 되었다. 「공정거래법」상 경제력집중을 규제하는 대표적 사례이자 국내 대기업 역차별규제의 상징이며 누더기규제이다. 정상적인 경영활동을 어렵게 한다는 재계의 '이유 있는' 항변을 수용하는 과정에서 규제대상 기업의 총출자금액 중 50% 이상이 적용되지 않거나 예외로 인정되고 있다. 또 경영전략사안에 대한 정부의 영향력이 증가하고 있다. 광범위한 적용 제외 및 예외 인정(「공정거래법」 제10조 및 관련 시행령)은 기업들에게 불필요한 규제를 회피하게 한다. 다른 한편으로는 투자·신규사업 지출을 통한 사업 다각화 등 경영전략사안에 대한 정부 당국의 사전판단을 받도록 하는 획일적 사전규제로 많은 부작용이 따른다.[301] 특히 투자나 출자는 주주, 채권자 등 투자자와 이해조율 과정을 거쳐 기업 스스로 결정할 내생변수이다. 때문에 정부에 의한 사전적·획일적인 규제는 바람직하지 않고 다른 나라의 입법례도 없다.

투자 저해

출총제가 필요하다고 주장하는 입장에서는 출자와 투자가 무관하다고 주장한다. 이때 투자는 자본재를 구입하거나 공장 신·증설 등 자본스톡의 증가를 의미하는 데 반해, 출자는 타회사 주식취득행위로서 서로 다르다는 것이다. 특히 실물투자로 연결될 수 있는 회사설립의 경우 그 규모가 작고 그나마 대부분 예외로 인정되기 때문에 투자에 제약이 되지 않는다. 기업집단의 출자는 대부분 구주취득으로 투자가 아닌 소유권의 변동에 불과하다고 한다. KDI는 1997～2003년 중 출자와 투자의 관계

---

[301] 황인학·최충규, "기업정책의 현안과 쟁점 - 「공정거래법」과 「상법」 개정 논의를 중심으로", 2006. 12, p. 20.

를 실증적으로 분석한 결과 양자가 상관관계가 없다고 주장하고 있다.

그러나 최근 기업의 투자는 회사 내 사업부를 신설하지 않고 신규법인 설립을 통해 추진하고 있다. 그러므로 출총제는 기업의 신규투자와 신성장산업에 대한 진출을 저해할 뿐만 아니라 기존 투자도 철수해야 하는 결과를 초래할 가능성이 크다. 출총제는 기업이 ① 성격이 전혀 다른 사업에 진출하거나 사업을 확장하는 투자(동종업종으로 인정받지 못하는 경우), ② 자본조달을 위해 공동출자가 필요한 경우, ③ 회사 전체로 위험이 확산되는 것을 막기 위한 리스크 관리차원의 투자, ④ 외국기업과 합작투자, ⑤ 중소기업의 지원 및 전략적 제휴 등을 제약한다. 그리고 ⑥ 순자산이 감소하거나 출총제 적용 기업집단에 새롭게 편입하는 기업은 기존 투자를 철수해야 한다. 아울러 ⑦ 외국인과의 합작기업은 출총제 예외인정기간이 만료되면 흑자기업이라도 지분을 매각해야 한다. 또한 기존 기업의 인수는 단지 경영권의 변동에 불과하기 때문에 투자와 무관하다는 주장도 기업의 현실과는 다르다. 기존 기업을 인수(구주취득)한 이후 경영개선을 통해 실물투자를 늘려 나가기 때문이다. 또한 초기 대규모 자금이 소요되고 리스크가 큰 첨단산업 등 신규사업에 진출하기 위해서는 계열사 간 출자에 의한 집중적인 자금조달이 필요하다. 반도체, 통신서비스 등의 투자는 3~4조 원 수준이므로 단일기업으로는 자본동원이 어렵다. 계열사 출자 없이는 이들 산업을 육성하거나 진출하는 것이 불가능하다. 오늘날 글로벌 경쟁력을 갖추고 있는 삼성전자, 현대자동차, SK텔레콤 등은 계열사 간 출자에 의한 집중적 자금조달 때문에 성장이 가능했다.

출자규제가 투자를 저해하느냐에 대한 실증적인 분석결과도 연구자, 연구기간, 연구방법 등에 따라 다르다. KDI[302]는 1997년부터 2003년까지 투자율과 피출자 증가율 간 선형관계를 분석해본 결과 피출자 증가율과 투자 간의 상관관계가 존재하지 않고 계열사 간 출자·피출자가 실물투자와 밀접한 관련이 있다고 보기 어렵다고 한다. 따라서 투자활동을 위해 출총제를 폐지해야 한다는 논리는 설득력이 없다고 주장하고 있다. 반면에 한국경제연구원[303](이인권 박사), KIET[304](고동수 박사), 신현한 교수 등의 실증연구 결과는 출자가 1~2년 시차를 두고 투자에 직접 영향을 미친다고 분석되고 있다.

출자총액은 상품시장에서의 경쟁을 약화시키는 전형적인 경제력집중 억제정책의 수단이다. 신규사업에 참여하기 위하여 다른 기업을 인수하는 것은 출자총액제한에 위배되고 채무보증제한으로 금융기관에서 자금을 빌리는 것조차 제약을 받게 된다. 그러므로 대기업이 참여하고자 하는 시장에서의 경쟁의 정도를 약화시킨다. 특히 최근의 글로벌 경쟁환경은 IT, 유전공학사업, 환경사업 등 다양화되고 급변하는 사업환경 속에서 기업들의 순발력 있고 기민한 투자가 요구되는 시점이다. 경제성장과 경쟁력을 높이기 위해 기업의 투자는 매우 중요하다. 그리고 투자는 기업의 중요한 전략이다. 또한 국제적인 경쟁은 외국의 초대형 기업과 동일한 시장에서 동등한 조건으로 선두를 다투도록 요구하고 있다. 그럼에도 출총제로 국내기업들의 투자를 제한하면 우리 기업이 세계적인 경쟁에서 뒤쳐지는 결과를 초래하게 될 수도 있다. 우리나라 대기업이 다양한 투자대상을 찾아 21세기의 경쟁력을 제고시켜야 할 시

---

[302] KDI, "기업집단의 출자 및 투자행태 분석", 2003 ; 공정거래위원회 용역보고서 시장개혁 추진을 위한 평가지표 개발 및 측정 중 일부.
[303] 이인권·김현종, "출자 및 투자관계에 대한 실증연구", "기업지배구조와 출자규제의 법리적·실증적 연구", 2005.
[304] 고동수 외, "출자총액제한제도와 기업투자의 관계", 2006.

점에 역동적인 기업투자를 제한하는 것은 글로벌 시대에 외국기업과의 경쟁력을 뒤떨어지게 만드는 것이기 때문이다. 이런 면에서도 출총제는 국내기업에 역차별적이다. 따라서 경제력집중 억제정책을 통하여 우리 기업의 투자와 기업규모 확대를 제약하고 경쟁을 둔화시키는 것은 시대착오적인 생각이다.[305]

실제로 출자총액제한제는 기업성장을 제약한다. 자산 6조 원 미만의 기업집단은 출자총액제의 규제기업집단으로 지정되는 것을 우려하여 기업규모 확대를 자제하는 사례가 발생하고 있다. 예를 들면, 순이익이 발생하여 자산규모가 늘어나게 되면 부채를 상환하는 등 자산을 줄여 5조 원 미만 수준을 유지하는 경우도 있다. 대기업집단 중 출자규제 대상이 되는 자산규모 5조 원에 근접하는 대기업집단은 자산규모를 증가시켜 경제력집중 억제정책의 대상이 될 유인이 없기 때문이다. 과거 30대 기업집단을 기준으로 규제하였던 경우, 30대에 조금 못미치는 기업집단들은 열심히 생산활동에 전념해서 30대 기업집단에 포함되는 것보다는 차라리 그 밖에 위치하여 경제력집중 억제정책의 대상에서 제외되는 것을 택할 유인이 크다.

포춘지 선정 글로벌 200대 기업에 속하는 국내 11개 기업의 평균자산액은 419.1억 달러이다. 500대 기업을 5개 이상 배출한 15개국 중에서 인도 다음으로 가장 낮다(〈표 28〉 참조).

---

[305] 조성봉, "경제력집중 억제정책의 현황과 문제점", 《「공정거래법」 전면개편방안(상)》, 한국경제연구원, 2004. 1, p. 228.

그림 4 출자총액제한제도의 영향

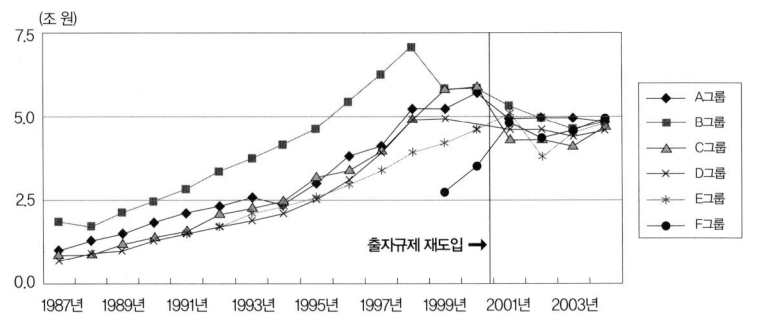

자료 : 전국경제인연합회, "출자총액제한제도 관련 주요 이슈 검토", 2006. 11, p. 6.

경영권 방어 곤란

출총제는 경영권 방어를 어렵게 한다. 외국기업은 국내기업에 대한 인수활동(출자)이 자유롭다. 국내에서 기업집단을 형성하지 않는 외국기업은 출자에 제한이 없다. 심지어 규모가 작은 현지법인이나 지사를 설립하여 국내에서 운영한다면 기업규모가 실질적으로 기준을 훨씬 초과해도 규제대상이 아니다. 2000년도 GE의 총자산 규모는 4,370억 달러였다. 국내 30대그룹 624개 계열사의 자산총액 3,480억 달러를 초과하였다. 그럼에도 이들이 국내 대기업에 대하여 적대적 M&A를 시도할 경우 경영권 방어가 곤란한 상황이다. 출총규제는 자산 6조 원 이상 대기업집단 소속계열사의 국내기업에 대한 출자를 제한한다. 국내에서 대기업집단을 형성하지 않은 외국자본은 「공정거래법」상 기업인수활동에 아무런 제한이 없다. 특히, 외환위기 이후 적대적 M&A 관련규제는 대폭 폐지되어 주식대량 소유에 대한 제한이나 의무공개매수제를 폐지하고 외

표 38 M&A 관련 주요 제도 현황

M&A 활성화제도	적대적 M&A 방어제도
• 대량주식 소유제한 폐지(1997.4) • 의무공개매수 폐지(1998.2) • 외국인의 국내기업(자산 2조 원 이상) 주식취득시 정부허가규정 폐지(1998.2) • 외국인 주식취득 한도제한 폐지(1998.5) • 외국인의 국내기업 주식 10% 이상 취득시 당해 기업 이사회 동의요건 폐지(1998.5) • 출자총액제한제도 부활(1999.12) • M&A목적 사모 M&A펀드를 허용하여 운용한도 (10%)요건 배제(2000.7) • 공개매수시 반복공개매수 금지 폐지(2005.3)	• 장외에서 6월간 10인 이상에게 5% 이상 주식취득시 공개매수(1997.4) • 5% 이상 주식소유시 1% 이상 변동신고(1998.1) • 자기주식 취득수량 제한 폐지(1998.5) • 공개매수기간 중 유가증권 발행 허용(2005.3) (단, 경영상 목적 달성에 필요한 경우에 한함) • 5%룰 개정 : 보유목적 변경시 의결권 행사 및 추가 취득 5일간 금지(냉각기간)(2005.3)

자료 : 전국경제인연합회, "출자총액제한제도 관련 주요 이슈 검토", 2006. 11, p. 8.

국인 주식투자에 대한 절차가 간소화되었다.

반면, 기업경영권 시장에서 국내기업의 방어수단은 한정되어 있다. 사실상 자기주식취득, 계열사에 의한 주식취득(출자)으로만 경영권을 방어해야 한다. 그나마 출총규제로 계열사 출자에 의한 우호세력 확보마저 어렵게 되었다. 1998년 출총제를 없앨 때 국내기업의 경영권 방어의 필요가 주된 이유였다는 사실은 출총규제가 경영권 방어에 제약이 된다는 사실을 반증한다.

결국, 경영권 시장에서 국내기업이 외국기업에 대하여 역차별을 받고 있다. 다른 국내회사에 대한 출자한도가 없는 외국기업이 적대적 M&A를 시도한다면 추가 출자여력이 없는 기업집단은 계열사를 포기해야 한다. 소버린은 출총제의 외국인투자 예외조항을 활용하여 SK(주)에 대한 경영권 취득을 추진하였다. 물론 M&A에 의한 경영감시는 필요하다. 그러나 출자총액규제를 폐지해야 경영권 분쟁에서의 국내외 기업간 동등한 경쟁의 장(level-playing field)을 만들 수 있다.

표 39 각국의 M&A 방어제도 비교

구분	미국	영국	일본	한국
• 매수행위자에 대한 주요 규제				
– 주식대량보유신고	O	O	O	O
– 의무공개매수	X	O	X	X
– 외국자본에 대한 정부 사전규제	O	O	O	△(일부업종)
• 주식법제 활용				
– 독약조항(Poison Pill)	O	X	O	X
– 차등의결권	O	O	O	X
– 종류주식 발행	O	O	O	X
– 황금주	X	O	O	X
– 주식의 제3자 배정	O	O	O	△(경영상 목적에 한정)
– 자기주식취득	O	O	O	O

주 : O – 도입, △ – 제한적 도입, X – 미도입, 공란은 미파악.
    단, 정관변경을 통한 방어제도의 경우 주총 특별결의가 필요해 외국인 지분이 높은 대기업의 경우 활용이 사실상 불가능.
자료 : 전국경제인연합회, "조건없는 출총제 폐지방안", 2006. 11, p. 3.

출총제는 예외가 있긴 하지만 기업의 원활한 구조조정도 어렵게 한다. 기업은 핵심역량을 강화하기 위해서는 끊임없이 유망한 사업부문으로 사업구조를 개편해나가야 한다. 구조조정 수단에는 분사, M&A, 영업양도, 물적분할, 합작회사 설립, 전략적 제휴(자본참여와 상호주식 보유)와 같이 타회사 출자가 필수적이다. 구조조정 과정에서 기업인수나 현물출자를 통한 지분의 취득 등 출자도 불가피하다. 그러나 출자한도를 초과한 회사들은 추가적인 지분취득이나 자발적인 구조조정을 추진하기 어렵다.

신성장동력의 출현 제약

출자총액제한제도가 있다 하더라도 '동종 또는 밀접한 관련업종에는 출자규제 적용을 아니' 할 수 있고 '국제경쟁력 강화를 위한 신산업 출자(예

표 40 동종 또는 밀접한 관련업종 및 신사업 출자의 인정요건

구분	인정요건
1. 동종 또는 밀접한 관련업종 출자기준 (적용 제외)	• 한국표준산업분류(중분류)상 동종영업을 영위하는 회사의 주식 인수 – 출자회사 : • 최근 3사업연도 매출액 비중 25% 이상인 영업 　　　　　　• 1개이면 15% 이상이면서 2위 영업 포함 　　　　　　• 없는 경우 매출액 비중이 가장 큰 영업 – 피출자회사 : 25% 이상이면서 가장 큰 영업
2. 신산업기준(예외 인정)	• 신산업 분야에서 신기술을 활용하여 생산한 제품의 최근 1년간 매출액이 당해 회사 전체매출액의 30% 이상을 차지하는 회사의 주식을 취득 또는 소유(신설회사는 초기 2년만 매출액요건 예외)

자료 : 전국경제인연합회, "출자총액제한제도 관련 주요 이슈 검토", 2006. 11, p. 11.

외 인정)'가 가능하기 때문에 미래의 신성장동력을 육성할 수 있다고 한다. 그러나 예외인정요건은 역동적 경영환경을 충분히 반영하지 못하고 있다. 신산업 진출과 관련한 인정요건은 매우 까다롭다. 신산업 분야, 신기술 등에 대한 요건도 엄격하고 동 기술을 활용한 매출이 전체매출에서 일정한 비율을 차지해야 하므로 기업에서 이를 활용하기가 쉽지 않다.

신성장동력사업의 발굴은 지속적인 경제성장을 위해 반드시 필요하다. 기업들은 이를 위해 신규회사의 설립, 기존 회사 주식의 인수 및 합병(M&A) 등이 절실하다. 그러나 신산업이나 반도체, 통신서비스 등의 투자는 3~4조 원 이상의 대규모 투자가 필요하여 단일기업으로는 자본동원이 어렵다. 또 이들 새로운 유망산업에 대하여는 신규 투자자 모집이나 간접금융도 어렵다. 과거에도 사업전략에 따라 계열사 간 출자형식에 의존할 수밖에 없었고, 계열사 출자 없이는 진출이 불가능하였다. 그러므로 출자총액제한제도가 신규사업 진출을 막고 있다. 이제는 출총제가 없어도 투자는 건전하고 엄격하게 이루어질 수밖에 없다. 증권집단소송, 대표소송 등 투자자에 대한 책임이 강화되었고, BIS비율을 지키고

주채무계열제도에 따르려면 간접금융도 수익성과 건전성을 고려하지 않을 수 없기 때문이다.

기업 경영의 불확실성 가중

출총제 도입 이후 규제목적, 규제대상이나 한도의 변화 등 잦은 정책변화가 있었다. 출총제 자체가 폐지되었다가 재도입되었고, 부채비율 졸업기준도 도입되었다가 폐지되었다. 각종 예외 및 적용 제외 항목도 수시로 개편되었다. 출자총액제한제도는 집행목적이 수시로 변해왔다. 초기에는 소유분산과 문어발식 사업다각화를 지양하고 업종전문화를 유도한다는 것이 목표였다. 그러나 업종전문화 정책은 실패로 끝났다. 상장유도 및 소유분산 정책을 통하여 결국 대주주의 지분율이 떨어져 소유권과 통제권의 이격도가 커지자 최근 공정위는 대리인 비용을 낮추기 위해 출자규제를 유지해야 한다고 주장하여 비용축소로 바뀌었다. 이처럼 정책의 일관성이 결여되고, 정책의 목표가 수시로 바뀌는 것은 본래 구체적인 집행수단이 뚜렷한 목표를 갖지 못한 상태로 입안되었기 때문에 이에 대한 이론적, 경험적 비판을 제대로 수용할 수 없었기 때문이다.

출자총액제의 또 다른 큰 특징 중의 하나는 억제대상에서 예외규정과 적용 제외되는 사항이 점차 늘어난 점이다. 이러한 현상은 처음부터 규제대상이 되지 않는 것을 억지로 규제하였기 때문에 결국 예외조항을 둘 수밖에 없었고, 이에 대한 자의성과 형평성 문제가 제기되어 예외조항 자체가 늘어나게 되었다.

경제력집중 억제정책은 정치사회적인 목적을 추구함에 따라 본질적

표 41 출총제 변동현황

제도	1987년 도입→1998년 폐지	2001년 재시행
정책목적	경제력집중 억제	소유-지배구조 개선
규제대상	4천억 원(1987년)→ 자산순위 30위(1993년)	자산 6조 원
출자한도	순자산 40%	순자산 25%
예외	• 소유분산 우량회사 적용 제외(1997년)→1998년 폐지 • 재무구조우량기업집단(부채비율100%)졸업제도 도입(2002) → 2005년 폐지 • 시기에 따라 졸업제도 변경, 적용 제외 및 예외항목 변경	

주 : 출자한도는 2007. 4. 13. 순자산 40%로 개정됨.
자료 : 전국경제인연합회, "조건없는 출총제 폐지방안", 2006. 11, p. 10.

으로 그 규제기준이 자의적일 수밖에 없다. 그러나 시간의 흐름에 따라 이같은 규제를 면하려고 하는 피규제자들과 기업들의 로비활동과 민원을 유도하게 되어 점차 그 자의성의 정도와 규제에 대한 예외의 폭이 커질 수밖에 없었다.[306] 출자총액제한은 어떤 준칙적인 기준을 통하여 기업에게 예측 가능한 정책방향을 제시하기보다는 경제상황에 따라 변화할 수 있는 재량적 규제라는 인상을 심어주고 있다.

이와같은 정책의 변경으로 정책에 대한 불신이 심화되고 그에 따라 기업경영의 불확실성도 커졌다. 기업투자 및 경영활동의 불안요인이 되고, 이와같은 불확실한 제도적인 환경은 결국 기업투자를 위축시킨다.[307]

우리나라에만 있는 유일한 제도

출총제는 세계적으로 유례가 없는 제도로 글로벌 스탠다드에도 배치된다. 기업투자를 사전적으로 규제하고 있는 나라는 전세계적으로 찾아보

---
306 조성봉, 전게논문, 《「공정거래법」 전면개편방안(상)》, 한국경제연구원, 2004. 1, pp. 230~231.
307 이병기, "기업투자에 대한 불확실성의 영향분석", 2004. 12.

기 힘들다. 일본도 사전규제 완화차원에서 폐지하였다. 일본은 대규모 회사(자본금이 350억 엔 이상이거나 순자산이 1,400억 엔 이상인 지주회사나 금융회사가 아닌 회사)가 자본금과 순자산액 중 큰 쪽을 초과하여 다른 회사의 주식을 취득·보유하는 것을 금지하고 있었다가(독점금지법 제9조의2) 폐지하였다. 이는 글로벌 스탠다드를 반영하여 사전적 규제를 완화하고 기업의 자율성을 높이기 위함이었다. 당시 장기불황 상태에 있던 일본 경제는 기업조직 관련법제의 정비가 필요했다. 경제의 글로벌화, 기술혁신의 중요성 증대, 정보통신기술의 발전 등 경제환경이 변화되고 시가회계제도의 도입, 금융제도개혁 등 제도적 환경까지 크게 변하였기 때문이다. 아울러 대규모회사의 주식보유총액제한제도와 유사한 규제가 있는 나라는 한국뿐이라는 국제적 정합성도 고려되었다. 금융·자본의 글로벌화를 배경으로 국내외 시장의 상호의존도가 심화되고 있는 상황에서 국제적 기준이나 원칙에 맞는 시장을 만드는 것이 중요하다. 이를 위해서는 규제완화와 경제개혁을 보다 적극적으로 추진해야 한다. 다른 회사에 대한 출자는 지배구조나 금융상의 문제이다. 경쟁을 제한하는 기업결합은 관련법에 의해 금지되고 있다. 그러므로 미국 등 선진국은 타회사 출자를 규제하지 않고 있다.

5. 출자총액제한제도의 폐지

규제의 논거에 대한 문제[308]

① 규제의 논거 : 신고전학파의 전통과 기업패권론

재벌과 같은 특정 기업군에 의한 경제력집중은 경제력 일반집중을 의미한다. 이를 규제해야 한다는 주장은 크게 두 가지 이론에 기초하고 있다. 하나는 신고전학파의 전통이다. '원자적 경쟁(atomistic competition)'의 완전경쟁모형에 기초하고 있는 전통경제이론의 관점에서 보면, 특정 기업의 대규모성은 완전경쟁의 구현을 방해하는 시장실패요인이다. 여기에 Nirvana Approach 성향이 더해지면 특정 기업군의 범위와 규모 팽창을 제한하기 위하여 정부개입이 필요하다고 주장한다. 이것이 반시장적이며 사전적이고 획일적인 기업규제를 주장하는 배경이다. 또 다른 이론축은 (구)제도학파에서 강조하는 '기업패권(corporate hegemony)론'이다. 이 논리에 의하면, 대기업 또는 그 연합체는 자신들의 기득권을 유지하고 확대 재생산하기 위하여 자신들이 통제하고 있는 경제적 자원들을 가지고 경제 분야는 물론이고 정치·사회·문화 등 제 분야에서 패권을 행사한다. 이 때문에 일반집중이 심화되면 일국의 생산과 배분은 경쟁적인 시장 메커니즘이 아니라 사실상 대기업의 '힘과 강제'에 의해 결정된다. '모든 힘은 정치적 영향력으로 발전하는 경향이 있기 때문에 경제권력도 당연히 분산되어야 한다'고 주장한다. 우리의 경우도 경제력집중은 재벌에 의해 야기되어 이미 상당한 정도의 위험수위에 이르렀고

---

[308] 황인학, 전게논문, 한국경제연구원, 2007. 2. 13, pp. 13~15 참조.

이를 방치하면 경제력집중의 계속적인 심화는 물론 정치·사회·문화에 대한 영향력이 심대해져 '재벌공화국'이 된다고 보고 있다. 그러므로 시장에 인위적으로 개입해서 이를 미연에 예방해야 한다는 주장이다. 이와같이 기업패권론은 개별시장에서 독과점 문제(시장집중)보다도 대기업에 의한 일반집중의 폐해를 더 우려하고 강조한다는 점에서 신고전학파적 전통과 구분된다. 우리나라에서도 일반집중을 규제해야 한다고 하는 논리는 원자적 경쟁론과 기업패권론의 두 이론을 모두 원용하고 있다. '경제개혁리포트 2006-5'[309] 또한 경제력집중의 폐해를 재벌의 부실화에 따른 국민경제적 위험, 경제성장의 장기적 역동성 잠식 그리고 민주주의에 대한 위협 등을 강조하면서 이러한 폐해를 사전에 예방하기 위하여 출총제는 존속되어야 한다고 주장한다.

② 규제논리의 문제점

자원배분의 효율을 중시하는 경제학적 관점에서 주시해야 할 문제는 시장집중이지 일반집중이 아니다. 일반집중이 증가한다해서 시장독과점이 확대되는 것은 아니다. 때문에 이를 굳이 문제 삼아야 할 까닭이 없다 (Bain & Qualls, 1987 ; 정갑영, 1991, p.120). 게다가 일반집중을 규제하다보면 선도 대기업의 신사업을 막아야 하는 일이 불가피하게 발생하게 되며, 이 경우 일반집중규제는 새로운 진입이 제한된 산업분야에서 활동하는 기존 사업자의 시장지배력을 공고히 해주는 반경쟁적인 결과를 초래한다. 이처럼 일반집중규제와 경쟁촉진은 양립할 수 없는 정책목표이다. 「공정거래법」 제1조(목적)에서 이 둘을 공통의 목표로 설정하고 있는 것

---

[309] 경제개혁연대, "경제력집중 억제 관점에서 바라본 출자총액제한제도 존치의 필요성", 경제개혁리포트, 2006. 11.

은 그 자체로 모순이다.

우리나라에서는 공정거래정책이 상품시장의 경쟁뿐 아니라 자본시장과 금융시장과 관련된 시장규율 메커니즘까지 관여함에 따라 비효율적이다. 그리고 경쟁정책이 경제력집중 억제정책에 의하여 구축(驅逐, crowd-out)되고 있다.[310] 금융 및 자본시장에서의 규율방식은 상품시장에서 경쟁하는 사업자의 경쟁수단을 제약하고 있다. 특히 경제력집중 억제정책에서는 대기업을 집중적으로 견제하게 되므로 전반적으로 대기업의 경쟁수단이 약화된다. 특히 신규시장에 진입하거나 신제품을 개발할 때 그리고 대규모 투자를 시도함으로써 상품시장에서의 경쟁의 정도를 높이는 경우 금융 및 자본시장에서의 자금도입이 필수적이다. 그러나 경제력집중 억제정책에 따른 금융 및 자본시장적 규율방식은 바로 이같은 대기업의 경쟁수단을 제약하게 되므로 개별적인 상품시장에서의 경쟁을 저해하게 된다. 대기업들이 주도하고 있는 개별시장에서 제대로 경쟁할 수 있는 기업은 역시 다른 대기업일 가능성이 가장 크다. 그런데 출자총액제한은 한 대기업의 경쟁분야에 다른 대기업이 진입하는 것을 제한한다. 결국 개별시장에서의 경쟁의 정도는 출자총액제한으로 크게 저해되게 된다. 이처럼 출자총액제한제도는 경쟁정책과 사실상 정면으로 배치된다.

기업패권론은 이론기반이 취약하고 실증적 뒷받침이 부족하다. 미국 내에서도 지극히 소수 학자들 사이에서만 주장된다. 그나마도 1980년대 후반 공산권이 붕괴되면서부터는 관련논문을 찾아보기 어렵다. 우리의 경우, 공정위나 경제개혁연대 등에서 경제력집중도가 높아졌다고 주

---

[310] 이하의 주장은 조성봉, 전게논문,《「공정거래법」 전면개편방안(상)》, 한국경제연구원, 2004. 1, pp. 227~228 참조.

장하고 있지만 최정표(2004), 신광식(2000), 황인학(1999) 등에서 보듯이 집중도는 경기변동에 따라 오르락내리락하지만 지속적으로 증가하는 추세는 아니다. 기업패권론의 핵심예언이 틀린 셈이다. 여기에 더하여 우리의 일반집중은 국제비교상으로 특별히 우려해야 하는 수준도 아니다(〈표 28〉 Global 500대 기업의 국가별 평균규모 참조). 기업의 규모와 경제력 집중은 글로벌 관점에서 다시 볼 필요가 있다. 기업패권론이 우려하는 바가 전혀 근거가 없다고 할 수는 없다. 모든 생물체는 주어진 환경에 적응하는 한편으로 자신에게 유리한 환경이 되도록 노력한다. 이는 '법률적 인간'인 기업의 경우도 마찬가지이다. 조직력과 자원동원력, 주변에 대한 영향력 면에서 자연인에 비할 수 없는 큰 힘을 가지고 있기 때문에 기업패권에 대해 우려할 수도 있다. 대기업들도 생각해보아야 할 대목이다. 그러나 패권이 형성되고 실제 행사되는 데에는 기업의 규모성(일반집중)도 하나의 변수로 작용하지만 정치 과정의 민주성과 투명성, 상호 견제와 균형의 제도장치들이 더 중요하다. 큰 기업이 많고 일반집중이 높은 선진국에서는 경제력집중, 기업패권에 대한 이야기를 듣기 어렵다. 반면, 대기업도 적고 일반집중도가 낮은 후진국에서는 오히려 정경유착과 그 폐해에 관한 이야기를 흔히 접하게 된다. 이는 기업패권의 작용이 기업의 규모나 경제력집중만으로 설명할 수 없음을 반증한다. 초일류기업들이 주도하는 개방경쟁환경 속에서 기업패권론, 경제력집중을 거론하며 기업의 범위와 규모에 대한 인위적 한계를 설정하자는 것은 스스로의 능력을 제한하는 패배적(self-defeating) 주장일 뿐이다.

출자총액제한제도의 실효성 미약[311]

출자총액제한은 그 실효성이 미약하다. 총량적·획일적인 출자총액제한은 계열사 지분율을 하락시키고 대주주의 지배권을 약화시키며 계열기업의 확장을 억제하고자 하였다. 그러나 이같은 효과는 나타나지 않았다. 반면에 1998년 이후의 경험은 출자규제가 없어도 기업들은 경영여건의 변화에 따라 경쟁력 강화를 위해 사업의 범위를 신축적으로 조정한다는 것을 보여주고 있다. 출자총액제한이 시행되었던 1989~1997년 사이의 30대 재벌의 계열사 수와 영위업종 수는 오히려 증가했다. 즉, 30대 재벌의 계열사 수는 1989년의 509개에서 1995년의 623개를 거쳐 1997년의 819개로 크게 증가했다. 30대 재벌의 평균 영위업종 수는 1989년의 11.3개에서 1995년의 18.5개를 거쳐 1997년의 19.8개로 증가했다. 반면 출자총액제한이 폐지되었던 1998~2000년 기간 중 30대 기업집단의 평균 계열사 수는 구조조정 여파로 크게 감소하였으며, 영위업종 수는 대폭 줄어들었다. 30대 기업집단의 계열사 수는 1998년의 804개에서 1999년의 686개로, 다시 2000년의 544개로 줄어들었다. 한편 영위업종 수는 1998년의 20.0개에서 1999년의 18.5개로, 다시 2000년의 15.3개로 줄어들었다. 출자총액제한이 없어도 기업들이 자체적으로 구조조정을 통하여 계열사와 영위업종을 적정 수준으로 조절하고 있는 것이다.[312]

정부는 1998년에 폐지된 출자총액제한을 2001년에 다시 도입하였다. 그 이유는 출자총액제한 폐지 이후에 기업집단 간의 출자가 다시 증

---

[311] 조성봉, 전게논문, 《「공정거래법」 전면개편방안(상)》, 한국경제연구원, 2004. 1, pp. 242~243.
[312] 황인학, "출자총액규제에 대한 비판적 검토", 한국경제연구원, 2001.

가하고 내부지분율이 크게 높아짐에 따라 동일인이 적은 지분으로 다수 계열사를 지배하는 구조가 심화되었기 때문이라 한다. 그러나 내부지분율 증가는 정부의 부채비율 축소정책으로 실시한 대규모 유상증자와 계열사들의 유상증자 참여, 부실기업 인수 등 때문이다. 재벌의 체계적인 계열확장행위가 아니라 정부 주도의 구조조정 과정에서 나타난 일시적 현상이다. 이처럼 30대그룹의 계열사 수와 영위업종 수는 오히려 줄었고, 출자총액제한이 폐지된 이후 재벌의 '선택과 집중'이 강화되었다. 이는 자율적인 경쟁력 강화 노력의 결과이다.

입법목적은 시장에 의하여 달성되고, 부작용은 심화

출자총액제한제도는 기업의 투자를 억제하고 국제화 관점에서도 적절하지도 않으며, 우리나라에만 유일하게 존재하는 이례적인 제도이다. 이 제도 때문에 외국기업이 국내기업에 대하여 적대적 M&A를 시도하는 경우에 당해 기업집단의 계열회사들은 경영권 방어가 매우 어렵다. 보다 근본적으로는 국내기업을 외국기업에 비해 역차별하고 있다. 출자총액제한제도의 목적은 새로 도입된 시장감시제도에 의해서도 달성될 수 있다. 출총제의 목적은 소유-지배구조의 왜곡에 의한 지배주주의 부당한 사익추구 억제, 대기업집단에 의한 경제력집중 억제와 공정경쟁 풍토 조성, 특히 독립중소기업과의 공정한 경쟁환경을 조성하고 대기업에 의한 중소기업 영역 침해 방지, 계열회사들의 동반부실화의 예방 등이다. 소유-지배구조로 인한 대주주 사익추구는 소수주주 권익보호장치, 사외이사 중심의 이사회 운영, 감사위원회제도, 주주대표소송 및 증권집단소송 등 소송제도 등으로 견제가 충분히 가능하다. 경제력집중을 통한 경쟁제한은 기업결합규제, 불공정거래행위규제, 부당행위 계산부인 등으로 막을 수 있다. 대기업의 중소기업 영역간여는 중소기업에 대한 기업결합 제한 등 무분별한 중소기업 인수방지제도가 이미 마련되어 있다. 또 대·중소기업 상생협력도 확산되고 있다. 그리고 근본적으로 대기업의 투자 분야는 중소기업과 달라서 경합되는 부문은 사실상 극소하다. 오히려 출총제의 폐지로 대기업의 투자가 늘면 이는 중소기업의 창업을 활성화하고 원자재 공급, 부품·소재 중소기업의 성장으로 이어질 수 있다. 대기업들이 하청기업들과 동반성장하고 대·중소기업 간 공정거래 관행을 정착시키는 노력도 커지고 있다. 기업집단 동반부실화를 막기 위하여는 계열사 간 채무보증 금지, 주채무계열제도 등이 시행 중이다. 이들 제도 중 부당지원행위규제, 소유-지배구조 공개, 대규모 내부거래 공시, 비상장사 주요사항 공시, 결합재무제표 작성의무화, 사외이사 선임의무화, 공시제도 등은 효율적인 경영활동이 힘들 정도로 기업집단의 투명성을 제고하기 위해 고안된 제도이다. 이와같이 계열사 간 출자로 인해 나타날 우려가 있는 문제점들은 현재 시행되고 있는 회계·지배구조 관련제도를 활용하면 충분히 막을 수 있다.

 이상의 설명처럼 출자총액제한제도는 규제의 논거부터 확실하지 않다. 일반집중보다는 시장독과점을 규제하여 경쟁제한을 막아야 한다. 그리고 경제집중력규제로 경쟁정책이 구축되어서는 안 된다. 그리고 출자총액제한제도의 필요성은 외환위기 이후 도입된 다양한 제도로 달성될 수 있다. 따라서 이 제도는 실효성은 적고 나타나는 부작용이 크므로 폐지되어야 한다.

교육제도의 개선

1. 경쟁이 되는 교육개혁이 되어야 기업도시 성공 가능

기업도시는 글로벌 시대에 도시와 기업의 경쟁력을 높이는 수단이다. 기업도시는 특정산업과 연구·교육기능을 집적시키는 혁신클러스터를 만들어 자본과 토지, 인적자원 등의 생산성을 높인다. 그러려면 기업도시 내의 기업체와 대학, 연구기관 그리고 지자체는 효율적인 네트워크를 형성하여야 한다. 그리하여 기업의 수요에 맞는 인적자원의 공급과 연구·개발에 대한 획기적 투자로 기업도시가 세계적인 경쟁력을 갖고 있어야 한다. 그 결과 기업은 핵심역량을 발굴·육성해나가야 한다. 이를 위하여는 교육의 역할이 제일 중요하다. 교육의 질이 기업도시 내에 만들어지는 클러스터의 경쟁력을 결정하기 때문이다. 그리고 교육시장에 시장경제를 도입하여야 교육시장의 개선이 성공할 수 있다.

첫째, 학교의 자율과 경쟁이 보장되고 학생과 학부모는 학교를 자유롭게 선택할 수 있어야 한다. 그리고 교과과정·학생선발·등록금 책정 등 학교운영 전반에 관한 사항을 학교 스스로 결정할 수 있어야 한다. 그래야만 학교 간 경쟁이 촉진되고 수요에 맞는 교육이 공급되며 교육의 질이 높아진다. 둘째, 학교는 고도의 책임을 완수해야 한다. 학부모나 기업 등 수요자의 요구에 빠르게 대응하여 필요한 지식을 발전·공급하고 활용할 수 있게 하여야 한다. 또한 우수한 인적자원을 적기에 공급해 주어야 하고 학교를 효율적이고 투명하게 경영해야 한다. 학교는 객관적으로 정당하게 평가되어야 하고 평가내용은 공개되어 교육수요자가 이를 활용할 수 있어야 한다.

그러나 전국적인 차원에서 교육시장을 자율과 경쟁이 담보되는 방향으로 바꾸기는 쉽지 않다. 그러므로 일차적으로 기업도시 내에 국한하여 교육시장이 개선되는 것이 바람직하다. 그리고 기업도시 내에서 개혁된 교육제도의 운용을 평가하고 그 결과에 따라 이를 전국적으로 확대하는 것이 매우 효과적일 것으로 판단된다.

「기업도시개발특별법」(안)을 건의할 때 교육시장에 대한 개선내용은 많았다. 높은 질의 교육을 공급하여 도시민의 삶의 질을 개선하고, 기업도시에 구성되는 클러스터의 경쟁력을 높여 도시의 기능을 활성화하기 위함이다. 이때 건의한 주요 내용을 요약해보면 다음과 같다.[313] ① 자립형 사립고제도를 보완하고, 초·중등학교 운영이나 교육과정 운영을 학교가 스스로 정하도록 한다. ② 학교운영에 대한 포괄적인 권한을 보장하는 협약학교제도를 도입한다. ③ 우수한 교직자를 확보하기 위한 방안을 마련하여 교원시장에 경쟁을 도입한다. 교원 간 또는 외부학교 교원 간 평가제도·승진체계를 개선하고 교장초빙제 등을 실시한다. ④ 교

---

[313] 구체적인 내용에 대하여는 제3부 「기업도시개발특별법」 제정 건의 중 '수준 높은 교육서비스 제공'을 참조.

육시장을 개방하여 해외 유명대학의 유치나 설립 등을 활성화한다. 또 ⑤ 영리법인으로 사립(전문)대학을 설립할 수 있는 제도를 「기업도시개발특별법」 초안에 규정하였다. ⑥ 등록금도 자율화하고 기부금제도도 도입한다. ⑦ 대학의 구조조정과 평가를 제도화한다.

그러나 「기업도시개발특별법」에는 가장 중요한 교육시장의 경쟁화 방안이 가장 적게 반영되었다. 그리고 교육과 의료시장의 혁신적 방안이 기업도시 건설에 충분하게 반영되지 않는다면, 그와 비례하여 기업도시정책은 성공할 가능성이 더욱 낮아질 수밖에 없다. 「기업도시개발특별법」에서는 시행자가 학교를 설립하되 비영리법인에게만 허용하였다. 사립학교의 설립에 관한 특례를 규정하여 시행자가 기업도시의 특성에 맞는 인력양성과 교육여건의 개선을 위하여 학교를 설립하고자 하는 경우에는 개발계획과 실시계획에 학교설립계획을 포함하여 작성하도록 하였다(「기업도시개발특별법」 제35조). 그러나 「초·중등교육법」 제4조 제2항 및 「고등교육법」 제4조의 규정에 따라 학교에 대한 설립인가를 신청할 때에는 「사립학교법」 제3조의 규정에 의한 학교법인을 설립한 후 학교법인이 설립인가를 신청하도록 하였고(「기업도시개발특별법」 제35조 제4항), 비영리법인에 대한 제한은 계속 유지되도록 했다.

그리고 기업도시 내에 자립형 사립고 운영을 허용하였다. 개발구역 안에서 기업도시의 특성에 맞는 인력양성과 교육여건의 개선을 위하여 「초·중등교육법」 제61조의 규정에 따라 학교 또는 교육과정의 특례적용을 받는 학교 또는 교육과정을 운영하도록 하였다(「기업도시개발특별법」 제36조). 이와같은 추천기준은 대통령령으로 정하도록 하였다.

그리고 외국교육기관의 설립·운영은 경제자유구역에서 허용되는 수준을 따랐다. 외국교육기관의 설립·운영에 대하여는 「경제자유구역의 지정 및 운영에 관한 법률」 제22조의 규정을 준용하도록 하였다(「기업도시개발특별법」 제38조). 따라서 외국학교법인은 「사립학교법」 제3조의 규정에 불구하고 교육인적자원부장관의 승인을 얻어 기업도시 내에 외국교육기관을 설립할 수 있다. 그리고 기업도시 내에 외국교육기관을 설립할 수 있는 외국학교법인의 자격, 외국교육기관의 승인조건 등 외국교육기관의 설립과 운영 등을 위하여 필요한 사항은 경제자유구역과 같이 따로 법률로 정하도록 되어 있다. 국가 및 지방자치단체는 기업도시 내에 설립되는 외국교육기관에 대하여 부지의 매입, 시설의 건축 또는 학교의 운영에 필요한 자금을 지원하거나 부지를 공여할 수 있다. 그리고 기업도시 내에 소재하는 학교로서 국제관계 또는 외국의 특정지역에 관한 교육 등으로 국제화된 전문인력의 양성을 목적으로 하는 고등학교에 외국인교원을 임용할 수 있다. 이때의 임용자격, 임용기간, 급여, 근무조건, 업적 및 성과 등 계약조건은 「초·중등교육법」의 적용을 받지 않는다. 그리하여 외국학교법인이 개발구역 안에서 「경제자유구역의 지정 및 운영에 관한 법률」 제2조 제5호의 규정에 의한 외국교육기관(「초·중등교육법」 제2조의 규정에 의한 학교, 초등학교·중학교·고등학교·특수학교 등은 제외한다)을 설립·운영하는 경우에 '경제자유구역'은 「기업도시개발특별법」에 정한 '개발구역'으로 보도록 하였다.

그러나 학교운영의 자율성이 충분히 보장되지 않았다. 학생과 학부모의 학교선택권도 충분하지 못하다. 학교의 재원확보방안이나 교원의 질 향상, 대학의 구조조정이나 평가제도도 도입되지 않았다. 따라서 이하에서는 기업도시에 도입하여야 할 교육시장의 개혁방안에 대하여 토의하고자 한다. 논의는 다음과 같이 구성되었다.[314]

우선, 기업도시 내 고등학교에 대하여 자율의 폭을 대폭 넓힐 방안이 검토되었다. 자립형 사학의 활성화방안을 논의하였다. 자립형 사학으로 전환하지 못하는 일반사학들과 또한 특별히 자율을 원하는 공립학교에는 협약학교제도의 도입을 제안하였다. 다음으로 고등교육에 있어서 경쟁도입이다. 고등교육기관의 경쟁촉진방안을 제시하였다. 그리고 고등교육기관을 영리법인으로 만들어 고등교육을 다양화시키고 고등교육기관이 시장의 압력을 흡수하도록 하였다. 지식경제사회에서 사학이 중대되는 역할을 다할 수 있도록 재원확보방안을 모색하였다. 대학의 운영과 성과에 대한 평가와 공개로 고등교육기관 간의 경쟁을 촉진하고 책무성을 높이고자 했다. 그리고 전문대학의 산업체가 요구하는 중견인력을 공급할 수 있도록 개선방안을 제시하였다.

2. 초·중등 교육제도의 개선

자립형 사립고교의 확대

① 필요성

교육시장은 21세기 지식기반사회의 다양화된 교육의 요구와 정보화의 급진전으로 변모된 학생들의 다양한 개성과 욕구를 반영해야 한다. 그리고 국가경쟁력과 직결되는 영재교육 등 수월성 교육도 실시해야 한

---

314 여기에서 논의되는 교육개혁내용은 2003. 12. 전국경제인연합회가 KDI국제정책대학원 교육개혁연구소에 의뢰하여 발간한 '교육개혁의 실천방안' 중 「기업도시개발특별법」 초안에 담았던 내용을 중심으로 정리한 것이다. 따라서 각 주의 내용은 극히 제한적으로 하였다. 그리고 이 부분의 집필에는 전국경제인연합회 한선옥 연구원의 많은 도움을 받았다.

다. 따라서 이에 부응하는 학교의 변화가 필요하다.

그러나 현재 사립학교의 95% 이상이 국가의 재정지원을 받는 준공립 상태이다. 국·공립고교뿐 아니라 전체 사립학교까지도 정부의 통제와 규제에 의해 운영되고 있다. 대부분의 사립학교는 납입금과 국고보조금에 의한 의존도가 매우 높아 학생선발이나 교육과정 운영에서의 통제가 많다. 그 결과 사립학교의 재정이나 교육여건이 부실화되고 사립학교 간 경쟁유인이 없어졌다.

고교평준화제도도 학교선택을 제한하고 있다. 그 결과 무작위로 학교에 배정되므로 편차가 심한 학생들로 학급이 편성되어 공교육에 대한 학부모의 신뢰를 떨어뜨린다. 따라서 사교육시장이 확대되고 교원들의 사기도 떨어진다. 또한 개별 학교는 경쟁하지 않아도 되니 교육의 질을 높이려는 노력을 하지 않아 공교육이 붕괴된다.

기업도시가 성공하기 위해서는 기업도시 내의 중등사학이 급변하여 다원화된 사회에서 교육에 대한 학생·학부모·사회의 다양한 요구를 반영해야 한다. 따라서 학생의 선발단계에서 입시경쟁이 부활되지 않는 범위 내에서 학교선택 기회를 확대해나가고 고교체제를 다양화해야 한다. 그리하여 기업도시 내의 중등사학은 다양한 교육이념과 목표를 추구하고 진보적이고 효율적인 교육체제와 교육운영방식을 개발·적용하는 데 선도적인 역할을 해야 한다. 그와같은 방안 중의 하나로 자립형 사립고교의 운영을 개선하고 확대하는 것이다.

② 자립형 사립고교 현황

정부는 2002년부터 자립형 사립고교를 시범운영 중에 있다. 자립형 사립고교는 학생의 학교선택권 보장과 학교운영의 자율성을 핵심으로 한다. 학사운영·학생선발·등록금책정 등 학교운영 전반에 관한 사항을 자율적으로 할 수 있다.

현재 시범운영 중인 자립형 사립고교는 6개이다. 학급당 평균인원 수는 15~35명 수준이다. 일반 고등학교의 32명보다 대체로 적다. 교원 1인당 학생 수는 민족사관고가 3.2명으로 가장 적다. 그 외 자립형 사립고교는 14~16명으로 전체 고등학교 평균 15.3명[315]과 비슷한 수준으로 자립형 사립고교가 일반 고등학교와 차별화된다고 보기는 어렵다.

자립형 사립고교에서는 보다 우수한 교원을 확보하고 있다. 민족사관고는 교사들에게 개인연구실을 제공하고, 현대청운고의 경우 석사급 이상의 교원이 전체의 45% 이상을 차지하고 있다. 광양제철고는 교원의 전문성을 높이기 위하여 각 학교마다 연간 최소 의무연수시간을 지정하기도 한다(한국교육개발원, 2003). 교원의 급여 수준도 공립학교보다 높게 책정하고[316] 복리후생에도 지원을 아끼지 않는다. 이처럼 교원에 대한 차별화로 다양하고 전문화된 교육과 수월성을 확보하고자 한다.

학생선발도 학생을 전국 및 도 단위로 선발한다. 평준화지역의 학교군별에 제한된 학교선택권을 확대하였다. 또한 개별학교에서는 우수한 인재와 건학이념에 맞는 학생을 선발하기 위하여 입학전형방법을 다양화하고 있다. 그러나 학생선발에 있어 학교교과목에 관한 지필고사를 금지하고 있다. 따라서 공인화된 영어평가 점수(TOEFL, TOEIC, TEPS 등)나

---

[315] 일반계 및 실업계를 포함한 전체 고등학교의 학급당 평균인원 및 교사 1인당 학생 수, 자료출처 : 교육인적자원부 교육통계시스템(std.kedi.re.kr).

[316] 광양제철고등학교의 경우, 교원의 급여를 공립교원 대비 114% 수준으로 지급, 115% 수준을 유지하는 것을 목표로 하고 있으며 연간 총 29억 원을 복리후생비로 지원(2001년 기준)하고 있다. 민족사관고의 경우에는 학교헌장에 명시된 바와 같이 교사자격증이 있는 교원에게는 일반 공립고등학교 교사봉급 총액의 2배, 교사자격증이 없는 교원에게는 1.8배로 지급하며 교원의 주거도 제공하는 등 우수한 교원을 확보하기 위한 파격적인 대우를 하고 있다(한국교육개발원, 2003).

표 42 자립형 사립고교 현황

학교별	설립연도	자립형 사립고 시범운영 시작	현 재학생 학급	현 재학생 학생 수	모집인원 학급	모집인원 학생 수	학급당 평균인원 수	교직원 수
민족사관고	1995년	2002년	18	189	10	150	15	93(58)
포항제철고	1981년	2002년	39	1,349	13	455	35	99(80)
광양제철고	1986년	2002년	33	1,132	11	385	35	90(72)
현대청운고	1981년	2003년	32	1,070	6	180	30	81(72)
해운대고	1980년	2003년	28	944	8	242	30.2	69(58)
전주상산고	1980년	2003년	36	1,085	12	360	30	95(80)

주 : ( ) 안은 교사 수로, 교사는 교장, 교감 및 기간제교사, 강사를 제외한 숫자임.
자료 : 해당 학교 홈페이지 및 한국교육개발원(2003).

주요 경시대회 입상경력 등을 활용하고 있으나 선발방법에 한계가 있다. 따라서 건학이념 등 교육목표가 반영되고 창의적인 입학전형기준 마련이 필요하다.

③ 자립형 사립고교의 위상 및 역할[317]

우선 자립형 사립고교는 다양한 교육기회를 제공해야 한다. 기존의 교육체제는 보편적 교육을 지향해왔다. 개인들의 변화하는 교육적 욕구를 제대로 충족시켜줄 수 없었다. 자립형 사립고교는 이러한 공교육의 한계를 극복해나가야 한다. 둘째, 건학이념을 구현하고 수월성 교육을 효율적으로 실시해야 한다. 교육과정의 편성과 운영체제를 분권화하고 단위학교의 권한을 늘려야 한다. 셋째, 새로운 교육방법을 보여주어야 한다. 학생들의 개인차를 존중하고 새로운 공학기기 및 다양한 매체를 활용한 수업, 팀티칭이나 동료학습 등의 다양한 수업방법으로 교육의 효율성을 높여야 한다. 넷째, 학교를 효율적으로 운영해야 한다. 공립학교

---

[317] 이 논의는 최준렬(2001)과 한국교육개발원(2000)에서 주최한 공청회 논의사항을 정리한 것임.

와는 다른 교사제도, 인사조직, 재정운영방식을 보여야 한다. 자립형 사립고교에서는 학교운영위원회의 적극적인 운영으로 의사결정은 민주적으로 하고 투명하게 재정을 관리하여 학교행정을 혁신해야 한다.

그러나 현재는 자립형 사립고교에 다양한 사학들이 진입하지 못하였다. 귀족학교나 영재학교로 변질될 것에 대한 우려가 매우 커서, 시범운영학교를 지정할 당시 건학이념의 다양성과 특성화보다는 재정적 부담 요건만 강조하였기 때문이다. 따라서 사학다운 독특한 건학이념을 살려 교육수요자의 다양한 교육요구에 부합하는 자립형 사립고교를 만들도록 유인하는 정책이 필요하다. 정부는 사학의 자율성을 최대한으로 신장하여 특성화된 교육과정을 편성·운영하는 다양한 사학이 존재할 수 있는 기반을 만들어주어야 한다. 학생과 학부모는 이러한 사학 중에서 원하는 학교를 자유롭게 선택할 수 있어야 한다. 이와 더불어 자립형 사립고교에 대한 여러 가지 형태의 사회적 불만을 줄이기 위하여 저소득층 자녀에 대한 학비지원이나 바우처제도의 도입 등을 검토할 필요가 있다. 이를 달성하기 위한 개선방안을 살펴보자.

④ 기업도시 내 자립형 사립고교 확대방안

(1) 자립형 사립고교의 설립준칙주의 도입

자립형 사립고교의 시범운영학교로 지정받기 위해서는 시·도교육청에 신청하여 심사 및 추천을 받고 최종적으로 교육인적자원부장관의 승인을 받아야 한다. 현실적으로 시·도교육청에서의 자체 심사가 자립형 사립고교의 지정에 있어서 가장 중요하다. 결국 시·도교육청의 교육목표나 이념에 따라 자립형 사학의 도입 여부가 결정되고 있다. 실제로 이

표 43 자립형 사립고교의 학생납입금 대비 법인전입금 비율

학교	비율	학교	비율
광양제철고	18:82	민족사관고	30:70
포항제철고	20:80	현대청운고	35:65
해운대고	75:25	전주상산고	80:20

자료 : 한국교육개발원(2003).

로 인해 자립형 사립고교가 확대되지 못하고 있다. 따라서 자립형 사립고교의 선정 혹은 지정절차에 준칙주의를 도입하여야 한다. 그리하여 자격요건을 갖춘 사립고등학교가 자립형 사립고교의 설립 신청을 할 경우, 해당요건을 충족하면 자동적으로 설립되도록 하여야 한다.

(2) 재정에 대한 규제완화

현재 우리나라 사학은 20여 년 동안 정부의 재정지원으로 학교운영이 준공립화된 상태이다. 따라서 아무리 재정적으로 안정되고 건전하더라도 현재의 학생납입금 대비 재단전입금 비율 20% 기준은 매우 높다. 따라서 이를 10% 정도로 낮추어야 한다. 일반고교 기준의 300% 이내로 정해진 학생납입금 책정한도는 높이거나 학교 자율에 맡겨야 한다. 자립형 사립고교의 교육의 질과 종류는 다양하다. 또한 교육의 수요자층도 역시 두껍다. 따라서 학생납입금의 상한선을 둔다는 것은 적절치 않다. 오히려 비싼 사립학교에서부터 비교적 저렴하지만 국·공립학교보다 높은 수준의 학교까지 다양한 스펙트럼을 두는 것이 교육 소비자의 선택기회를 늘리는 것이다. 더 나아가 자립형 사립고교 스스로 다양한 수익산업을 발굴하고 민간기금 유치 등을 통해 재정자립을 확대할 수 있어야 한다. 이와 동시에 재정에 대한 제약의 완화와 함께 이들 자립형

사립고교의 재정운영을 투명하게 하여야 한다.

(3) 자립형 사립고교의 자율성 확대

자립형 사립고교 운영에 대해 과도한 규제가 이루어지고 있다. 학생선발에 있어서 '국·영·수 위주의 지필고사 불허', 국민공통과정과목 필수 이수(56단위) 및 교과별 최소이수 요구, 수업일수(198일 이상) 및 학기제 운영, 국민공통과정과목 교과서 선정, 장학금 지급의무화(15% 이상) 등이 그 예이다.

자립형 사립고교의 학생선발과 학사운영 전반에 대해 자율성이 부여되어야 한다. 자립형 사립고교가 독특한 건학이념을 구현하고 교육목표를 이루기 위해서는 교육과정 및 학기운영도 스스로 결정할 수 있어야 한다. 기존의 학교교육에서 시도해보지 못한 특수한 교육내용 및 교수방법, 학기운영 등을 도입할 수도 있다. 교과별 최소이수단위 요구규정도 국민공통교과과정과목으로 대체하는 것도 고려해야 한다. 학년제 및 학기제도 자율로 하여 다양한 체험학습이나 외국 교육기관과의 교류도 확대해야 한다. 교과과정의 경우에도 자립형 사립고교의 경우에는 교육부 지정 20%를 제외한 나머지 80%는 학교가 스스로 편성할 수 있도록 해야 한다. 수업일수는 최소만 규정하여 학교 나름의 필요에 따라 학기제를 변형하여 운영할 수 있게 하고, 자율학교와 같은 연간 190일 수준으로 낮출 수도 있다. 수준별 교육이나 국제수준의 교육을 지향하는 학교에서는 교과용 도서를 자유로이 선정·활용할 수 있어야 한다(제3부 표5) 자립형 사립고 개선방안 참조).

협약학교제도의 도입

① 필요성

자립형 사립학교의 확대방안도 학교의 질을 높이는 데는 한계가 있다. 자립형 사립학교는 등록금이 비싸고 학력에 근거한 선발이 가능하기 때문에 주로 성적이 우수하고 사회·경제적 배경이 좋은 학생들을 위한 학교가 될 가능성이 크다. 또한 우리나라 사립고등학교 중에서 재정적 자립능력이 있는 학교가 많지 않아 학생들의 납입금과 재단전입금만으로 운영하는 자립형 사립학교를 늘리는 데에는 제약이 따르기 때문이다.

한편, 1999년부터 운영되고 있는 자율학교제도는 학생과 학부모의 학교선택이 가능하고 교육규제의 적용을 일부 유예받는다. 그리고 교장 자격증 없는 이를 교장으로 임명할 수 있고, 검정교과서 외에 자체 개발한 교과서를 사용할 수도 있다. 또 필기고사 외의 다양한 방식으로 학생을 선발할 수 있으며, 교육과정의 편성·운영을 학교 나름으로 자유롭게 할 수 있다. 그러나 자율학교도 교육청의 지도·감독을 받는다. 학생 선발의 방법과 시기면에서 일부 학교를 제외하고는 자율성이 충분히 보장되지 못하고 있다. 또한, 교육과정의 편성과 운영에 관한 명시적인 법령적 근거나 지침이 없기 때문에 교육청의 교육담당 장학사의 규율을 받는다. 이처럼 자율학교에 부여되는 자율의 정도가 제한적이고 법적 근거가 미약하다. 그리고 인문계·실업계 학교가 제외되고 일부의 고등학교만을 대상으로 한다. 이러한 여건을 고려할 때, 자립형 사립학교와 자율학교의 도입만으로는 평준화제도를 충분하게 보완할 수가 없다. 따라서 자립형 사립학교로 전환하지 않는 나머지 사립학교들과 공립학교들이 모색해야 할 대안의 하나로 협약학교제도가 있다. 협약학교제도는 학생과 학부모에게 학교선택권을 주고 개별학교는 자율적인 학교운영을 보장받는다. 또 학생 수에 따라 보조금을 차등으로 지급하여 학생을 유치하기 위한 학교 간 경쟁을 촉진하여 교육의 질은 향상된다. 이 제도는 현재 시범적으로 시행되고 있는 우리나라의 자율학교제도를 과감히 발전시켜 미국에서 시행되고 있는 헌장학교(charter school)제도[318]를 능가하는 새로운 학교로 발전시킬 수 있다고 본다.

② 협약학교제도 도입방안

(1) 협약학교제도 도입원칙

협약학교는 교육당국과 법적 계약을 통해 학교운영에 관한 포괄적인 권한을 부여받는다. 교육당국은 협약학교 운영자에게 학교운영에 대한 전면적인 자율권을 준다. 구체적인 학교운영사항에 대해 학교 운영자와 협약을 맺으며, 학교운영에 대한 평가를 통해 협약의 연장 여부를 결정한다.

(2) 다양한 협약주체

협약의 주체는 다양화해야 한다. 협약을 제공할 수 있는 기관을 하나

---

[318] 1991년 미네소타 주에서 시작된 헌장학교제도는 지금까지 40개 주에서 헌장학교법안이 통과되었고, 현재 37개 주에서 2695개의 헌장학교가 운영되고 있다. 미국의 헌장학교제도는 주별로 약간씩 차이를 보이는데, 이는 미국 교육제도의 지방분권적인 특성에 기인한다. 헌장학교제도와는 별도로, 지역교육위원회에서 민간기관과 위탁운영계약을 맺어 공립학교의 운영을 맡기는 경우가 있는데, 이를 계약학교(contract school)라 한다. 주정부 차원의 입법을 필요로 하는 헌장학교와는 달리, 계약학교는 주정부 차원의 입법을 필요로 하지 않는다. 계약학교제도의 도입 여부는 보다 작은 교육행정단위인 지역교육위원회의 결정에 달려 있다. 이 점을 제외하면 헌장학교와 계약학교 사이의 근본적인 차이는 없다. 교육증서(educational voucher)제도에 반대하는 민주당 계열 교육개혁운동가들에 의해 시작된 헌장학교제도는 전국적 규모의 합의에 도달하여 미국의 여러 지역에서 시행되고 있다. 반면, 계약학교는 그 수가 계속적으로 증가하고 있지만, 계약학교제도가 하나의 대안적인 공립학교제도로서 전국적으로 논의되어 합의에 도달한 것은 아니다.

의 정부기관으로 한정하지 말고 교육인적자원부, 시·도교육청, 과학기술부·정보통신부[319], 국립대학, 광역자치단체[320] 등으로 다양화해야 협약학교를 운영하고자 하는 주체들이 보다 유리한 조건을 제시할 수 있고, 협약학교제도를 활성화할 수 있다. 협약학교를 운영하고자 하는 경우 구체적인 자격요건보다 학교운영을 통해 구현하고자 하는 교육철학과 교육방법 등에 대하여 평가를 해야 한다. 협약학교는 자립형 사립고와는 달리 정부가 이들 학교경영에 필요한 대부분의 재정을 부담하고 등록금도 공립과 동일하게 유지해야 한다. 예상되는 사업자들과 협약제공기관은 제3부 〈표 6〉 협약제공기관 및 협약학교 운영가능 사업자를 참조하기 바란다.

(3) 협약내용

학생과 학부모는 거주지역에 있는 협약학교를 선택하여 지원할 수 있다. 협약학교 진학을 원하지 않는 학생은 일반 공·사립학교에 배정받는다. 학교가 수용할 수 있는 인원보다 지원학생의 수가 많은 경우 협약학교는 학생을 선발할 수 있다. 이때 성적과 같은 차별적인 기준으로 학생을 선발해서는 안 된다. 교육당국은 협약에서 성별·소득계층별·지역별 비율을 명시할 수도 있다. 협약학교 운영자는 교원의 채용·해고·임

---

[319] 한국과학기술원(KAIST)이 대표적으로 과학기술부에 의해 설립되어 운영되고 있는 고등교육기관이다. 이 외에도 중앙정부의 다른 부서나 지방자치단체에서 관리하는 운영 중인 고등교육기관의 수는 2000년 기준으로 24개에 이른다. 본고는 교육부나 지방교육청 이외의 정부기관에서 고등교육기관뿐 아니라 중등교육부문 협약학교 또한 설립할 수 있도록 허용할 것을 제안한다.

[320] 광역자치단체가 협약학교 설립을 승인하는 문제는 행정자치와 교육자치의 일원화라는 문제와 직결되어 있다. 현재 지방자치단체장은 주민들의 직접선거로 선출되는 반면, 지역교육정책을 책임지는 교육감은 선거인단에 의한 간접선거로 선출되므로, 주민들의 의견이 지방교육정책에 직접적으로 반영되기는 어렵다. 이러한 상황에서 지방자치단체, 특히 광역자치단체에서 협약학교 설립을 가능하게 함으로써 협약학교제도를 활성화하여야 한다.

금 수준 등을 결정한다. 교원자격이 없더라도 수업을 진행하고 학생을 관리할 능력이 있다고 판단되는 해당 분야 전문가를 교사로 채용할 수 있다. 협약학교 운영자는 교육과정을 자율적으로 편성·운영할 수 있고 검정교과서 이외의 도서를 교과서로 사용할 수 있고, 교과서 자체 개발을 위해 일정액의 보조금을 받을 수도 있다. 협약학교는 수업일수와 수업시간을 자체적으로 조정할 수 있다. 저소득층 자녀가 많이 다니는 학교의 경우 연간 수업일수를 늘리거나 방과 후 프로그램을 개설할 수도 있다. 협약학교는 학년제와 수업연한규정의 적용 여부를 스스로 결정한다. 현행 학년제 대신 학기제(3학기제 포함)를 도입할 수도 있고 조기졸업도 가능하다. 또한 무학년·무학급제 교육과정의 편성 및 운영을 허용하여 학생적성에 맞는 교과목을 선택하여 공부할 수도 있다(제3부 〈표 7〉협약학교 운영에 관한 포괄적 권한 참조).

(4) 학교운영 평가

협약학교제도를 이루는 근간은 자율(협약학교 운영자에게 부여되는 포괄적인 학교운영권한)과 책무(학교운영성과에 대한 책임)이다. 협약학교에 대한 평가는 협약학교 운영성과를 측정하고, 협약의 연장 여부를 결정한다. 평가에는 다음 사항이 반영되어야 한다. 첫째, 학생과 학부모에 의한 학교평가결과이다. 학생과 학부모의 학교수업 및 학사운영에 대한 만족도가 평가의 주요 항목이 되어야 한다. 학생과 학부모의 만족도가 가장 직접적으로 나타나는 지표는 개별 협약학교의 지원자 수이다. 이 또한 평가에 반영되어야 한다. 둘째, 협약학교 운영자의 협약 준수 여부이다. 이를 평가하기 위해 협약제공기관은 독립적인 전문가로 구성된 책무성 평가위원회를 구성해야 한다. 셋째, 학생들의 인성함양과 학력증진이다.

학력은 절대적인 학력보다는 학업성취도 향상에 초점을 맞추고, 지역 단위의 표준화된 시험을 통해 측정할 수 있다. 인성은 협동학습 위주의 교육과정 편성 유무와 봉사활동 참여율 등이 기준이 된다.

3. 대학시장의 경쟁 도입

대학의 경쟁 촉진

① 대학은 경쟁력의 핵심

우리 경제사회는 지식기반사회(Knowledge based economy)로 이행되고 있다. 이와 동시에 고등학교 졸업생의 대학 진학률이 거의 정점에 달하고 있고 청년인구는 격감하고 있어 대학의 양적인 확충은 어렵다. 대학은 높은 질적 수준의 다양한 교육과 연구서비스를 제공해야 한다. 기업도시는 특정한 산업이 주도한다. 따라서 기업도시 내의 대학에 대한 수요는 매우 크므로 변화에 발맞춰 고급 인적자원을 공급하여 신산업과 기술로 지속적인 혁신을 달성하고 도시의 경쟁력을 높여야 한다.

② 규제로 인한 경쟁의 한계

지금까지는 대학 간 경쟁 도입은 정부의 주도하에 이루어졌다. 정부에 의한 대학평가가 그 예이다. 그 결과 대학의 자율은 약화되고 정부의 대학 규제는 많다. 먼저 등록금 결정에 대하여 물가관리 차원에서 직·간접적인 제약이 많다. 우수한 학생을 유치할 수 있는 대학은 그만큼 등록금도 높아야 한다. 그럼에도 암묵적인 규제로 등록금 인상률에 상한이 있다.

국립대학의 경우 아직도 정부의 한 부서와 같아 자율적인 대응이 매우 어렵다. 사립대학의 경우는 정원, 재원조달, M&A는 물론 학교운영 등에 있어서 규제가 많다.

③ 경쟁 촉진방안

(1) 기본방향

대학의 자율을 보다 과감하게 확대하여야 한다. 대학이 어떻게 학생을 뽑고 교육시키며 무엇을 연구하여야 하는지 혹은 어떠한 교수를 채용하여야 하는지 등에 대하여 대학 스스로 결정하여야 한다. 또 정부의 대학에 대한 평가, 국립대학 지배구조와 다양한 재원조달 등에 대한 규제는 완화되어야 한다.

(2) 주요 과제

첫째, 대학의 진정한 설립자유화를 추진하여야 한다. 학교법인 설립허가 및 학교설립의 준칙주의를 철저히 시행하고, 나아가 학교법인이 아닌 특수법인도 대학을 설립할 수 있게 하여 대학에 경쟁체제를 도입하여야 한다. 산업체가 필요한 인력을 스스로 양성할 수 있도록 학교법인 설립이 아닌 기술대학의 설립을 허용하고, 학교법인으로 기술대학을 설립한 경우에는 당해 학교법인의 해산시 잔여재산의 산업체귀속(현행 국고귀속)을 허용하는 등 산업체의 기술대학 설립·운영에 대한 규제를 대폭 완화할 필요가 있다. 또한 수도권 내 소규모 특성화대학, 전문대학 및 개방대학의 설립을 자유화하고 교육시장의 대외개방을 확대하여 전문대, 4년제 대학 등에 대하여 외국인 투자를 전면 허용하여야 한다. 그러나 이러한 대학설립의 자유화에 대해서는 높은 교육열과 고등교육의 양적 성장으로 인하여 고등교육의 규모가 이미 사회적으로 바람직한 수준을 초과하고 있다는 점과 교육기관으로서의 공익성 확보 필요성 등의 이유로 급속한 자유화에 반대하는 견해도 있다.

둘째, 대학의 운영을 자율화하여야 한다. 일정요건이 갖추어지는 이공계 대학부터 정원을 자율화한 뒤 대학학생정원령, 학칙변경에 대한 인가 등 정원결정의 관여제도를 폐지하여 대학정원을 완전자율화하여야 한다. 특히 수도권 소재대학의 정원도 자유화해야 한다. 수도권 소재대학 정원의 규제가 수도권 소재대학을 위한 진입 장벽(entrance barrier)이 되어서는 안 된다. 또한, 학사운영에 대한 규제를 폐지하고 학생선발(입시제도)도 완전히 대학당국에 맡김으로써 대학실정에 맞는 다양한 형태의 학생선발이 가능하도록 하여야 한다. 그리고 대학, 특히 사립대학의 원활한 재원조달을 위하여 등록금 결정을 자율화하고 일정범위 내에서 기여입학제의 도입도 검토하여야 할 것이다. 이에 대해 교육계에서는 기여입학제 도입은 사립대학의 재정난 완화 등 긍정적 측면도 있으나, 현재의 치열한 입시경쟁하에서 국민계층 간의 위화감 조성 등 부정적 요소가 더 많으므로 시기상조라는 견해도 있다. 또한 지역주민의 관심과 수요가 대학교육에 반영될 수 있도록 지방국립대학의 운영체계를 도립·시립대학으로 공립화하는 방안을 검토하여야 하며, 이공계 대학 등의 교수채용시 전공관련 산업체 현장경험자 우대, 산업체 안식년제 도입, 기업연수의 학점인정제 도입, 교육훈련정책의 결정 과정에 산업체 인사의 참여 확대 등 다양한 산학협동방안을 강구하여야 한다.

셋째, 대학퇴출제도를 정비하여야 한다. 대학설립 및 정원의 자율화가 확대되고, 청년층 인구가 계속 감소하여 퇴출되어야 할 대학들이 많아질 것이다. 경쟁에서 뒤쳐진 대학들이 학생을 볼모로 정부재원에 의존하여 생존을 모색해서는 안 된다. 퇴출예상 학교법인에게 수익용 기본재산 중 일부를 재단에 분배하여 퇴출유인을 늘려야 한다. 이와 동시에 구조조정이 필요한 대학들이 잉여 교육시설의 일부 매각을 허용하고, M&A시에도 교육시설의 부분적인 인수를 허용하고, 인수 후 일부 처분도 가능하게 할 필요가 있다.

이와 관련해 대학 M&A시장도 활성화해야 한다. 정부는 대학들 간의 M&A에 대하여 간섭을 지양하고 대학시장에서의 M&A가 기업 간 M&A와 같이 시장에서 결정되도록 제도를 마련해야 한다. M&A와 더불어 보완성이 큰 프로그램들을 집중적으로 강화하고 교육과정의 중복성을 없애야 한다. 이를 위하여 학과·단과대학 간 통폐합도 필연적이다. 교수자원도 늘리고 교수인사제도는 능력 중심이 되어야 한다. 또 재무구조의 개선과 학생의 충분한 확보, 대학행정의 효율화가 필요하다. 하위 행정직뿐만 아니라 고위 행정직(교수들의 보직)도 과감히 줄여야 한다.

넷째, 영리법인 전문대학의 설립도 필요하다. 대학의 교지나 교육시설을 이용하여 영리사업도 운영할 수 있어야 한다. 아울러 대학도 책임질 수 있는 체제를 갖추어야 한다. 학부모, 학생, 지역사회, 국가 등 수요자에게 책임 있는 교육을 공급하여야 한다. 사립대학 지배구조도 투명해야 하고, 대학정보는 최대한 공개되어야 한다.

다섯째, 우수 외국대학을 유치해야 한다. 대학설립에 있어서 임대건물을 교사로 인정하고, 수익용 기본재산에 대한 요건을 보증보험 가입으로 대체하고 외국인 이사 수도 제한이 없어야 한다. 이와 동시에 경제자유구역, 규제개혁특구 등이나 서울특별시를 포함한 지자체에서 해외 우수대학을 유치하려고 할 때 이들 지역에서는 우선적으로 규제를 완화해야 한다. 또한, 해외로부터 우수한 교수와 학생을 국내 대학들이 유치할 수 있도록 다양한 지원을 해야 한다. 또 개방을 비영리 교육기관에 제한하되 이익을 송금할 수 있어야 하고, 장기적으로는 영리법인 교육기관에도 개방해야 한다.

여섯째, 대학에 대한 정보는 공개되어야 한다. 소비자들이 교육의 산출물 등 대학의 질적 수준에 대한 정보를 많이 가지고 있어야 대학 간에는 교육의 질을 높이고자 노력할 것이다. 전문대학 취업률 공표제도가 그 일환이다. 4년제 대학의 경우 기초학문 분야에 대한 연구 및 학문 후속세대의 양성 등도 매우 중요하다. 따라서 단순히 졸업생의 취업상황만을 대학평가에 활용하는 데에는 신중하여야 한다. 그러나 전문대학의 목표는 기술인력 양성이다. 그러므로 졸업생의 취업상황은 전문대학의 책임을 강화하고 대학 간 경쟁을 높일 수 있다.

영리법인의 대학 허용

경제변화에 따른 구조조정과 지식기반경제로의 이행을 성공적으로 이루기 위해서는 직업기술교육기관이 매우 중요하다. 특히 산업계와 학생들의 급격한 수요 변화에 부응하기 위해서 일반계 교육기관은 물론 직업기술기관도 빠르게 변화하여야 한다. 그 대안의 하나로 영리법인 전문대학을 들 수 있다.

① 영리법인의 개념
고등교육에 있어서 영리법인의 뜻을 분명히 하고자 비영리법인과 영리

법인의 차이를 요약하면 〈표 44〉와 같다.

① 비영리법인은 세금이 면제되는 반면, 영리법인은 세금이 부과된다.

② 자금조달에서 차이가 난다. 비영리법인은 매년 상당한 액수의 기부금을 받는다. 따라서 비영리법인 대학의 교직원들은 물론 총장, 학장, 교수들이 기부금 유치에 많은 노력을 기울여야 한다. 영리법인은 주식시장에서 투자자들의 자금을 끌어오므로 투자자에게 수익을 보장해주어야 한다.

③ 비영리법인은 기부금을 축적하여 기본자산(endowment)을 주식시장이나 채권시장에 재투자하여 적립시킨다. 한편, 영리법인은 투자자본(investment capital)을 형성하여 투자자본의 일부는 주식시장에 투자하고, 수익금이 나오면 그 일부를 주주에게 제공한다.

④ 지배구조가 다르다. 비영리법인의 경우는 이해당사자(stakeholder), 영리법인은 주식소유자(stockholder) 모형이다. 비영리법인 대학의 이해당사자들은 학생, 학부모, 교직원, 교수, 대학행정가, 동창, 기부자, 산업계(고용주), 인증(accreditation)기관, 지역사회 지도자, 정부관련기관 등으로 다양하다. 반면, 영리법인 대학의 경우는 이해당사자들도 물론 고려하지만 궁극적으로 주식소유자(stockholder)의 이익을 극대화하여야 한다.

⑤ 미국 비영리법인 대학의 교수들은 대학의 주요 의사결정에 깊이 관여하고 있다. 총장과 학장이 교수에 비하여 상대적으로 권한이 강하다. 반면, 미국 영리법인 대학들은 일반기업의 전형적인 경영방식을 따르고 있다. 즉, 총장과 학장은 일반교수들과 동료교수로서의 관계보다는 직장상사로서의 감독이 중요하다.

⑥ 비영리법인 대학은 보다 높은 권위(prestige)를, 영리법인 대학은 더

표 44 미국 고등교육의 비영리법인과 영리법인 기관의 차이점

기준	비영리법인 대학	영리법인 대학
조세	세금면제	세금부담
재원	기부자(donors)	투자자
자산	기본자산(endowment)	투자자본
지배주체	이해당사자(stakeholder)	주주(stockholders)
지배구조	공유지배구조	전통적 경영
동기	권위(prestige) 추구	이윤(profit) 추구
목표	지식 창출	응용교육
변화주도	학계(discipline)	시장(market)
질 관리	투입(input) 관리	산출(output) 관리
권력 중심	교수	고객(customer)

자료 : Ruch(2001)에서 인용.

많은 이윤(profit)을 추구한다. 미국의 비영리법인 대학은 대학 간 서열을 한 단계라도 더 높이기 위하여 노력한다. 한편, 영리법인 대학들은 다른 기업과 마찬가지로 이윤을 크게 하는 것이 가장 중요하다.

⑦ 비영리법인 대학들은 기초응용연구, 실험 발견을 통한 지식의 창출과 학문 발전에 주력한다. 영리법인 대학들은 이렇게 창출된 지식을 응용하고 기술을 발전시키는 데 더욱 힘쓰고 있다. 현재 시장에서 필요로 하는 특화된 교육훈련이 중요하기 때문이다.

⑧ 미국 영리법인 대학들은 시장에서의 수요변화에 적합한 교육훈련을 제공하므로 시장에 빠르게 반응한다. 반면, 비영리법인 대학들은 교수를 포함한 학계가 대학의 변화를 주도하므로 변화에 대한 반응속도는 그만큼 느리다.

⑨ 영리법인 대학들은 교육의 산출(output)을 중시한다. 학생만족도, 학생졸업률, 학생취업률[321] 등을 강조한다. 반면, 비영리법인 대학들은 교육의 투입(input), 즉 우수학생 선발, 우수교수 충원, 수업 외

학생활동 등을 위한 투자 등을 중시한다.

⑩ 권력의 중심이 다르다. 비영리법인 대학들은 권력의 중심이 교수인 데 반하여, 영리법인 대학은 학생 혹은 기업이다.

② 미국 영리법인 대학의 평가

미국 내에서의 영리법인 대학에 대한 평가는 여러 가지 우려가 제기되고 있지만 전반적으로 긍정적이다. 특히 최근 영리법인 대학의 일부가 상장됨으로써 주식시장에서의 자금조달, 전문적인 경영의 도입, 시장변화에의 민첩한 대응 등에 대해서는 큰 주목을 받고 있다.

특히, 고등교육에 있어서 영리법인 대학과 비영리법인 대학이 수렴하고 있는 것은 주시할 만하다[Pussar & Turner(2002)].

첫째, 이러한 대학들 간에 경쟁적으로 획득하여야 할 재원이 대학 유형(공립비영리, 사립비영리, 영리)에 관계없이 수렴됨으로써 이들 대학 간의 산출과 지배구조도 점차 전통적인 기업구조 쪽으로 수렴되고 있다. 교수들의 정년보장도 이를 전혀 보장하지 않는 영리대학 쪽으로 수렴하고 있다. 이와같은 수렴은 영리대학이 기존의 전통적 비영리대학 영역에 과감히 진입하여 다른 대학들과의 경쟁을 촉발한 결과이다.

그러나 영리법인에 대한 우려의 목소리도 있다.

교육의 질적 수준과 순수성을 희생하면서까지 영리를 추구할 가능성이다. 그러나 영리법인 대학들도 많은 경우 지역 혹은 전문직의 고등교육 인증단체로부터 인증받기 위하여 노력하는 과정에서 학문적 가치를

---

321 예컨대, DeVry대학의 경우 3,500명 학생 규모의 캠퍼스에 13명의 직원(이중에서 10명은 취업상담전문가)들이 학생들의 취업관련 서비스를 하고 있다. 이러한 노력에 힘입어 이 대학 학생들의 취업률은 지난 10년간 95%를 상회하고 있다. 이에 반하여 미국의 비영리법인 대학들은 학생들의 취업률에 대하여 큰 관심을 두지 않는 경우도 많다.

포함한 교육의 질적 수준과 순수성이 어느 정도 확보될 수 있다. 그러나 그와같은 확보의 수준이 학생과 학부모의 교육수요를 넘어서 학문발전을 위하거나 학생들의 학문적인 능력을 배양하는 점까지 영리법인 대학들에게 요구할 수는 없다.

둘째, 교수의 권한이나 역할의 약화이다. 비영리법인 대학의 학장은 교수진을 대외적으로 대표하고 기존의 교육프로그램을 유지하고 보수하는 데 중점을 두는 반면, 영리법인 대학의 학장은 교수진의 일을 감독하고 새로운 교육프로그램을 추진하는 데 초점을 두고 있다. 비영리법인 대학의 학장은 기존의 집단이익을 보호하는 반면, 영리법인 대학의 학장은 빠른 변화를 추구하고 학생의 성과와 만족도를 측정하기 위하여 노력한다. 그러나 교실에서의 학습에 있어서 교수의 역할은 비영리법인이나 영리법인이나 큰 차이가 없다. 물론, 비영리법인 교수에 비하여 영리법인 교수의 경우는 정년보장이 전혀 인정되지 않고, 방학이 거의 없고, 학문 연구에 대한 유인이 전혀 없으며, 교육과정 편성을 비롯한 학교의 주요 의사결정에서 배제되어 있다. 이런 면은 교수들에게 연구논문을 제출하여야 하거나 과다한 행정업무에 동원되는 부담 없이 학생교육에만 집중하도록 한다는 좋은 측면도 있다. 또한 비영리법인에서 정년보장을 아직 받지 못한 조교수들이 이들의 정년보장 결정권을 가지고 있는 교수들 간의 교내 정치적인 역학관계에 의하여 피해를 보게 되는 사례가 적지 않다. 이런 점을 감안한다면 정년보장제도를 채택하지 않은 영리법인 대학이 반드시 모든 교수들에게 바람직하지 못한 근로여건을 제공한다고 보기는 어렵다. 또 근본적으로 영리법인 대학에서 정년보장 교수가 없을 경우 대학 내에서 지적 구심점이 사라질 것을 우려하는 견해도 있다. 그러나 비영리법인 대학들의 경우에는 정년보장 교수들이 학생들의 교육에 전념하기보다는 본인들이 소속된 학계에서의 명성을 보다 더 추구함으로써 교내의 지적 구심점으로서의 역할을 하지 못할 수 있다. 이에 비하여 영리법인 대학의 교수들은 비영리법인 대학의 교수들보다 더 수업과 학교업무에 충실함으로써 교내에서의 지적 구심점으로서의 역할을 한다.

③ 미국 영리법인 고등교육기관의 시사점

미국의 영리법인 고등교육기관은 우리나라의 전문대학에 대해서 많은 시사점을 주고 있다. 먼저, 두 교육기관은 매우유사하다. 우리나라의 전문대학은 학문 중심의 4년제 대학에 비하여 보다 빠르게 팽창하였다. 이는 전문대학들이 시장의 변화에 발빠르게 대응하였기 때문이다. 그리하여 4년제 대학과 학생유치를 다투고 있다. 미국의 영리법인 대학도 고등교육체계에서 경쟁기반을 갖추었다. 그러나 우리 대다수 전문대학이 거의 학생의 등록금에 의존하고 있고 학생에게 지출하는 것(운영지출비)이 학생에게 받는 순등록금을 초과하는 상업형 비영리법인 대학이다. 그러므로 법적 지위는 차이가 있으나 실질적인 기능에 있어서 미국의 영리법인과 우리의 상업형 전문대학은 비슷하다. 그러나 미국의 영리법인 대학제도는 우리 전문대학에 비하여 상당히 많은 강점을 갖고 있다.

첫째, 미국의 영리법인 대학들은 주식시장에서 재원을 조달할 수 있다. 최근 대부분의 전문대학이 급변하는 기술변화에 맞추어 시장 중심의 교육을 제공하기 위해서는 다양한 투자가 요구되나 재원조달의 한계가 있다. 정부의 재정지원은 전문대학에 대한 투자요구를 충족하기 힘들다. 따라서 미국의 영리법인 대학제도를 우리가 도입할 경우 재원조달의 어려움을 상당부분 해소할 수 있다.

둘째, 미국의 영리법인 대학들의 경영이 효율적이다. 미국의 영리법인 대학의 경우 이사회, 총장, 처장 등의 역할은 일반기업의 이사회, 최고경영자 등과 거의 다를 바가 없다. 만약 우리 전문대학이 영리법인으로 전환하면 대학경영에 혁신을 불러일으킬 수 있다.

셋째, 미국의 영리법인 대학들의 교수인사제도가 유연하다. 따라서 교수들을 시장의 요구에 부합하는 교육을 제공하도록 유인한다. 교수의 정년고용을 인정하지 않고 교수의 평가와 보수의 책정은 시장에서 요구하는 명확한 기준을 가지고 시행하고 있다. 우리나라의 전문대학의 교육과정은 일반대학에 비하여 상대적으로 시장의 요구에 민첩히 적응하고 있으나, 교수인사제도와 같은 조직의 문제는 4년제 대학과 거의 유사하게 운영되고 있다.

넷째, 미국 영리법인 대학 간의 경쟁이 우리나라의 대학 간 경쟁보다 시장규율이 강하다. 미국 영리법인 대학들은 위기에 처한 대학이나 기타 교육기관을 인수·합병(M&A)하여 여러 개의 캠퍼스를 거느린 교육기관으로 성장해나간다. 이러한 시장의 존재는 다른 대학들이 시장에 적응하고 경영을 효율화하도록 강한 압력을 제공하고 있다. 앞으로 대학교 신입생이 인구구조의 변화에 따라 급격히 감소되고 영리법인 대학이 허용된다면, 대학들 간의 구조조정은 원활히 추진될 것이다.

다섯째, 미국 영리법인 대학들은 지배구조의 투명성과 책무성이 일반 기업과 동일하게 높은 수준으로 요구되고 있다. 우리 대학들은 기업들이 1997년 외환위기 이후 지배구조의 투명성과 책무성을 강화하는 추세에도 불구하고 여전히 과거의 문제점을 그대로 가지고 있다. 그러나 대학들이 영리법인으로 전환되면 외부의 주식소유자들이 경영의 책무성을 강하게 물을 것이기 때문에 책무성의 소재가 불분명한 문제도 장기적으로 해소될 수 있다.

여섯째, 미국의 영리법인 대학들은 미국의 고등교육체제 내에서 강한 다양성을 제공하는 한편, 다른 대학들도 영리법인 대학 쪽으로 변화하도록 수렴시키는 압력으로 작용하고 있다. 이와 비교해볼 때, 우리나라 전문대학도 대학과는 분명히 차별화된 역할과 기능을 하고 있다는 면에서 우리 고등교육의 다양성에 기여하고 있으나, 어떤 경우에는 전문대학이 다른 4년제 대학과 동질화하려는 움직임도 여전히 공존하고 있다.

따라서 전문대학 중에서 일부가 영리법인으로 전환할 경우 근본적인 차원에서 고등교육의 다양성에 기여할 수 있다. 시장에서 생존하기 위하여 비영리법인 대학과는 다르게 시장에 보다 민첩하게 적응하고 이를 위해서 교육과정은 물론 조직과 인사제도까지도 과감히 변경하지 않을 수 없기 때문이다.

④ 영리법인 전문대학의 도입방안

(1) 영리법인에도 학교법인 허용

우선「사립학교법」상 비영리법인만이 학교설립의 주체로 한정되어 있는 규정을 개정해야 한다. 대학설립을 비영리법인으로 한정하는 것은 교육의 공익성이나 대학의 공공성을 이유로 교육권의 주체를 국가로 인정하기 때문이다. 그러나 현대국가에서는 국민이 교육권의 주체이다(통설과 판례). 개인이나 단체 등 누구든지 교육의 공급자가 될 수 있다. 굳이 대학설립의 주체를 비영리법인으로 제한할 이유가 없다. 따라서「사립학교법」에서 학교법인을「민법」상의 비영리법인으로 제한하고 있는 것은 「헌법」상 결사의 자유(제21조)나 직업의 자유를 제한하는 위헌의 여지가 있다.

또 사학에 대한 지원은 국가가 사학의 교육공급자의 역할과 기능을 보충하는 것이다. 사립전문대학이 중견직업인 양성을 목적으로 하는 기술교육은 일반재이다. 더구나 사립학교에 대한 재정지원의 기준은 사학 설립 목적의 다양성과 특성화를 원칙으로 하고, 재정지원의 시점은 교육의 진흥을 위하여 필요하다고 인정할 때이다. 특히 재정지원의 규모와 절차 등은 별도의 법령근거를 명시하지 않고 있어 사립대학은 재정지원을 받으면 좋으나 지원이 없어도 문제가 없다. 더구나 재정지원을 받으면 감독기관의 감독과 통제를 반드시 더 받아야 하기 때문에 지원에 대한 이점이 그만큼 작다.

(2) 관련법제의 개선

영리법인 전문대학의 자산에 대한 주식평가대상 범위, 사업범위, 재산관리, 해산, 잔여재산, 합병 등과 관련된 제도도 개선되어야 한다.

이를 요약하면 '제3부「기업도시개발특별법」제정 건의'에 있는 〈표 9〉 영리법인 전문대학 관련제도 개선사항과 같다.

(3) 부실 사립전문대의 영리법인 전환

부실 사립전문대학의 퇴출을 허용하고 이를 모태로 영리법인 전문대학의 신설을 허용하여야 한다. 부실 사립전문대학의 경우 먼저 퇴출을 허용하고 난 이후 이를 모태로 하여 영리법인 전문대학이 신설된다면, 자연스럽게 기존의 부실 비영리 사립전문대학들이 영리법인 전문대학으로 전환될 수 있을 것이다.

(4) 보완사항

먼저 대학을 인증하는 제도가 있어야 한다. 미국의 영리법인 대학들도 대부분 특정지역 혹은 학계에 속한 인증기관으로부터 인증을 받기 위하여 도서실을 설치하고 교수의 학문적 자유를 보장하는 등의 노력을 하고 있다. 또 영리법인 전문대학을 허용하더라도 전문대학 설립준칙주의를 활용하여 질적 수준을 보장할 수 있는 제도가 있어야 한다. 현재 전문대학을 설립하기 위해서는 최소한의 준칙기준을 갖추어 심사받아야 한다. 따라서 영리법인 전문대학의 경우에도 설립뿐 아니라 5년 정도를 주기로 한 번씩 준칙 준수 여부를 심사하는 것이 바람직하다. 그리고 전문대학에 대하여 영리법인을 허용하는 제도가 정착되는 단계에서 4년제 대학과 대학원에 대하여도 영리법인을 허용하는 것을 검토할 수 있다. 사실, 4년제 대학과 대학원 중에서도 연구 혹은 사회봉사보다는 교육에 보다 집중하고자 하는 기관들은 영리법인의 형태가 더 적절할 수도 있다.

사립대학의 재원 확보

① 필요성

우리나라 고등교육은 사립기관이 큰 부분을 차지해왔다. 4년제 대학의 학교 수, 학생 수, 교원의 수 등의 모든 면에서 사립이 차지하는 비중은 70% 이상이다. 사학이 재원을 충분히 확보해야 학생의 부담을 줄이고 연구와 지식전수가 더 활발해진다. 그러나 사립대학은 국·공립대학에 비해 재정이 열악하다. 사립대학 수입의 64.7%를 등록금이 차지하고 있다. 정부지원은 4.1% 수준이다. 고등교육에서 시장의 역할을 강조하고

표 45 한국·미국·영국의 사립대학 재정의 수입현황
(단위 : %)

구분	한국	미국	영국
등록금	64.7	43.0	11.9
정부재정지원금	4.1	13.8	53.3
전입금	9.0	21.0	17.0
기부금	9.6	9.1	10.7

자료 : Ruch(2001)에서 인용.

있는 미국의 14%보다도 훨씬 적다. 그러나 고령화 사회의 도래 등으로 재정부문에서 교육투자를 획기적으로 늘리기는 어렵다. 결국 사립학교는 등록금과 정부지원 이외에서 재원을 조달해야 한다.

② 사립대학교의 재정평가

사립대학은 전체 수입의 3분의 2가량을 등록금에 의존하고 있다. 등록금 비중은 인지도가 낮은 학교일수록 더욱 높다. 기부금의 비중도 10% 수준이다. 물론 절대 액수면에서는 외국의 대학에 비해 부족한 수준이나, 적어도 비중면에서는 미국이나 영국과 같은 수준이다. 그러나 전입금의 비중이 기부금의 비중보다도 낮다. 기부금의 비중을 높이는 것도 학교 당국의 노력이다. 그러나 학교 당국의 기여도가 학교 밖의 기여도보다 낮은 것은 바람직하지 못하다.

지출 측면에서는 교육비와 직접적으로 관계가 없는 투자 및 자산매입을 위한 지출이 높다. 이는 우리나라 사립대학의 일반적인 현상이다. 교육비 외의 지출이 전체지출의 30%에 이르는 것은 등록금 비중이 높다는 사실 못지않게 중요하고 우려해야 할 문제이다.

③ 주요 확충방안

사립대학들의 재원 확보방안은 재정의 건전성과 더불어 고등교육 일반의 자율과 책무도 강조되어야 한다. 즉, 학교경영의 투명성(책무)이 보장된다면 사립학교들이 다양한 재원을 마련하는 노력(자율)에 대해서는 규제가 완화되어야 한다.

(1) 정부의 개인에 대한 지원 확대

정부가 고등교육을 지원하는 이유는 두 가지이다. 효율성 측면에서 외부효과가 큰 기초학문이나 국가전략산업 육성이 고려되어야 한다. 형평성면에서 가난한 집안의 학생들이 고등교육을 원활하게 받을 수 있게 함으로써 부(富)나 가난의 대물림을 완화해야 한다.

공공재원을 필요로 하는 교육 및 연구활동은 국·공립과 사립 모두에게 제공된다. 정부의 지원에서 사립대학이 차별을 받아야 할 이유는 없다. 일반적으로 국립대의 인지도가 높고 상대적으로 우수한 인력을 갖추고 있어 사립대학이 차별을 받을 수 있다. 그러므로 국·공립대학과 사립대학의 차별을 줄이는 방안의 하나는 기관보다 개인에 대한 지원을 확대하는 것이다. 기관에 대한 지원은 높은 인지도를 갖고 있는 학교에 집중될 우려가 있다. 반면 개인에 대한 지원은 그와 같은 우려가 상대적으로 낮고, 또한 우수한 연구인력이나 학생들을 유치하려는 학교의 경쟁을 유발할 여지도 더 크기 때문이다.

(2) 등록금의 실질적 자율화

등록금의 자율화는 사립대학교의 학생부담을 줄인다는 방향과 상치될 우려가 있다. 그러나 교육서비스의 질에 따른 대가가 이루어지도록 해야 한다. 그런 면에서는 등록금의 자율화가 등록금의 인상을 의미하더라도 긍정적인 측면이 있다. 또 등록금의 자율화가 등록금 수입보다 운영비 지출이 낮은 학교, 즉 〈1인당 운영비/1인당 등록금〉이 1에도 못 미치는 학교들에 대해서는 등록금 인하 혹은 운영비 인상의 압력으로 작용할 수 있다. 물론 등록금의 실질적 자율화는 등록금과 지출에 대한 학교별 정보를 교육수요자들이 가지고 있을 때 그 효과가 더 클 것이다.

(3) 대학의 자율적 노력 강화

수익사업에 의한 전입금은 매우 미미하다. 적절하지 못한 규제나 회계제도 때문이다. 학교가 교육용 기본재산을 이용하여 수익사업을 시행할 수 있도록 허용해야 한다. 수익사업의 범위는 임대업, 요식업, 출판업, 학원 등 몇 가지로 제한하여 대학 고유 목적사업인 교육과 연구가 방해받지 않아야 한다. 또한 학교회계와 법인 일반업무회계의 분리는 대학재정 운영의 자율성 및 효율성을 저해하고 투명성 확보에도 문제가 있다.

법인의 교육비 투입을 증가시키기 위한 노력을 유도하는 압력은 규제나 제도보다 학교발전을 위한 상호 경쟁에서 온다. 대학에 대한 고객(customer)들, 즉 학생과 학부모를 포함하는 교육수요자들과 잠재적인 기부자, 기업, 정부 등은 대학 당국의 노력을 유도할 수 있는 주체들이다. 등록금에 비해 높은 교육서비스를 제공하고 학교에 대한 정보를 제공하여 학교의 인지도를 높여야 한다. 인지도가 높은 학교를 중심으로 등록금 이외의 수입원을 확보할 여지가 있고 수능점수와 전입-기부금 비중 사이에는 어느 정도 상관관계가 있기 때문이다. 또 기부금 제공자의 요구사항을 반영해야 한다.

(4) 기여입학제 도입

사립대학이 학생선발권을 가지고 있고 회계가 투명하다면 기여입학제 도입은 필요하다. 이 제도의 필요성은 사립대가 우리나라 대학교육에서 차지하는 비중은 높으나 정부 교육재정의 사립대 지원비율은 다른 나라에 비해 낮고, 재단전입금이나 수익사업에 의한 수입의 학원 환원도 미미하고 등록금을 대폭 올릴 수도 없어 재정이 열악하기 때문이다.

기여입학제는 찬반논의가 많으나 결코 기부금입학제가 아니다. 많은 선진국에서 이미 성공적으로 시행되고 있고, 기여입학이 정원 외 2~3%만을 받기 때문에 일반학생들에게 피해를 주지 않는다. 오히려 이렇게 걷은 돈을 시설 확충과 장학금 등에 쓴다면 부의 재분배효과도 기대할 수 있다. 그러나 반대하는 입장의 논리도 일리가 있다. 돈이면 못할 것이 없고 각종 반칙이 횡행하는 우리 사회에서 기여입학제를 '제도적 공정경쟁'의 마지막 보루가 무너지는 것으로 보고 있다. 또한 학벌에 대한 사회적 집착을 기여입학제가 더욱 부추길 것이라고 주장한다. 기여입학제가 큰 무리 없이 시행되는 나라들은 우리와 달리 대학에 가지 않고도 나름대로 자긍심과 만족감을 가지고 살 수 있는 사회제도와 문화적 여유를 지닌 나라들이라고 주장한다.

기여입학제는 이와같은 반대논리를 흡수하면서 설계되어야 한다. 기여입학제가 기부금과 가능한 유사한 형태가 되어 우리나라의 기부문화가 정착되도록 일조하고, 많은 사립대학이 기부금의존형 비영리법인으로 자리잡도록 기여해야 한다. 기여입학제가 돈과 입학을 직접적으로 맞바꾸는 내용이 아니면서 사립학교의 재정확대에 기여한다면 이 제도는 활발히 논의되어야 한다. 예를 들어, 적어도 3~5년간 지속적으로 그 대학에 기여하고, 그 기여자의 자손이 응시하되 그가 일정수준의 성적이 될 때 심사과정을 거쳐 입학시 소정의 가산점을 주며, 그것도 정원 외로 2% 가량에 한해서 뽑는다면, 대학이 학생선발권을 가지고 있으면 기여입학제는 도입될 수 있다.

물론 기여입학제의 보완사항도 많다. 우선 국·공립대학은 이러한 제도를 도입해서는 안 된다. 또한 기여우대제를 도입하는 사립학교들이 적어도 기관 단위로는 공적지원을 받지 말아야 한다. 그리고 무엇보다도 이러한 제도가 절실하게 필요한가에 대한 내답이 있어야 할 것이며 경영은 투명해야 한다.

대학평가제도 개선

① 대학평가 현황

대학평가의 본질은 자율성과 책무성의 강화이다. 첫째, 대학평가는 대학사회의 자율적 통제를 위한 것이다. 대학을 지원은 하되 통제의 대상으로 보아서는 안 된다. 대학은 평가제도를 통해 자율적으로 부실을 방지해야 한다. 둘째, 대학교육의 질이 나라의 국가경쟁력을 결정한다. 때문에 각국은 대학교육에 많은 지원을 하고 있다. 대학은 연구와 교육의 수월성과 높은 생산성으로 이에 보답해야 한다. 대학평가제도는 이러한 대학의 책무를 강화해야 한다.

현재 국내에서 실시되고 있는 대학평가제는 교육부의 대학평가, 한국대학교육협의회의 대학평가인정제, 언론기관의 대학평가 등이다. 그러나 현행 대학평가제도에는 몇 가지 문제점이 있다. 교육부의 평가는 대학의 재정지원과 연관되어 대학의 자율성을 해치고 있다. 반면 언론기관들의 평가는 교육수요자에게 다양한 정보를 제공하고 있으나 지나

치게 대학을 서열화한다. 대학교육협의회에서 이루어지고 있는 평가는 평가방법과 독립성에 있어 문제점이 있다. 최근에는 일부 학문 분야[322]에서 관련 전문단체를 중심으로 독자적인 대학평가를 실시하고 있다.

② 현행 대학평가의 문제점

대학평가는 대학 간의 경쟁을 촉진시켜 국내 고등교육의 발전에 많은 기여를 하고 있다.[323] 그러나 부정적 견해 역시 상존하고 있다. 첫째, 교육부의 평가는 대학의 재정지원과 연계되어 정부의 대학통제수단으로 사용될 수 있다. 대부분의 경우 교육부 평가지표에는 정책유도지표가 많이 포함되어 있다. 지원을 많이 받기 위해서는 교육부의 평가지침에 따라 학교의 운영방침을 세워야 한다. 교육부의 평가지표는 획일적으로 모든 학교에 적용된다. 그리하여 자체 학교의 특성을 반영하기보다 획일적인 기준에 맞추어 발전계획을 세울 수밖에 없다. 그리고 평가결과에 따라 정부로부터 재정지원이 결정될 경우 대학은 교육발전을 도모함에 있어 정부로부터 독립적일 수 없다.

평가기준에도 문제점이 있다. 한정된 수의 획일화된 평가지표로 모든 대학을 평가하는 것은 대학을 표준화하는 것과 동일하다. 또한 평가지표가 '투입물' 중심으로 되어 있다. 그 결과 교육의 질은 별로 향상되지 않고 투자만 증대된다. 우리나라 대학교육의 재원 중 상당부분은 국민의 세금이란 점을 감안한다면 투입물 중심의 평가는 예산의 효율성을

---

[322] 공학 분야와 의학 분야에서 개별적인 평가가 이루어지고 있다.
[323] 기존 연구결과에 따르면 대학평가는 대체로 다음의 7가지 순기능을 한 것으로 추정되고 있다. 첫째, 대학교육여건 개선과 발전계획을 통한 개혁을 촉진하였고, 둘째, 교수의 연구분위기와 학생들의 면학풍토 조성에 기여하였고, 셋째, 대학 및 대학교육에 대한 일반사회의 신뢰도를 증진시켰고, 넷째, 대학의 행정 및 학사조직을 개선하였고, 다섯째, 대학의 자율화를 촉진하였고, 여섯째, 대학들 간에 선의의 경쟁체제를 확립하였고, 일곱째, 대학의 특성화를 유도하였다.

저해한다.

또한 평가지표가 상당부분 양적 지표이다. 교육활동의 성과지표도 활용해야 대학교육의 질을 제대로 평가할 수 있다. 평가기준에 할당하는 가중치의 타당성도 문제이다. 평가지표에 대한 가중치는 평가자의 철학과 강조점이 반영된다. 그러나 대부분의 경우 영역별로 획일적으로 가중치를 부여하고 있어 평가가 개별 대학의 목적이나 특성을 반영하지 못한다. 평가항목들 간에도 중복계산된다. 예를 들자면, 교수당 학생 수와 교수확보율은 대체로 정의 관계이다. 둘을 모두 포함할 때 중복계상되며 평가기준은 국내용이다. 국제경쟁이 강조되는 상황에서 외국대학과 비교할 수 없고 평가방법과 관련된 문제점도 많다. 현행 대학평가의 대부분은 평가대상 대학들이 제출한 서면평가에만 의존할 수밖에 없다. 부족한 예산과 시간으로 인해 방문평가는 짧게 이루어지기 때문이다. 서면평가 중심의 대학평가는 자체 평가보고서 작성에 과도한 노력을 기울여 이로 인해 행정과 교육이 지장을 받을 수도 있고, 외형적이고 가시적인 면만을 보여줄 수도 있다. 평가대상 분야나 학과에 집중적으로 투자가 이뤄지는 부작용도 있을 수 있고, 심지어 평가기준별로 제출하고 있는 기초자료가 왜곡되거나 조작될 수도 있다.[324] 평가결과가 활용되지 않는 문제점도 있다. 대학평가는 평가를 받는 대상이 주체가 되어 평가결과를 내면화할 때 효과가 극대화된다. 대학 자체가 수동적 입장에서 평가를 받고 학교의 단점을 숨기는 데 노력하게 되면 평가결과를 활용하지 않는다.

---

[324] 김신복(2000), 성태제(2002) 참고.

③ 평가제도 개선방안

(1) 기본방향

대학평가 개선의 가장 핵심적인 원칙은 '시장경제원리의 도입'이다. 첫째, 정부의 간섭이 없어야 한다. 대학교육에 대한 정부 관련부서의 관심은 대학의 자율적인 발전을 지원하는 일이 되어야 한다. 정부가 대학교육에 간섭을 하거나 규제성 교육정책을 강요하거나 정부가 직접 대학을 평가하거나 감시하는 일은 없어야 한다. 따라서 대학을 대상으로 한 평가는 비정부적(non-governmental)이고 자율적(voluntary)인 기구가 하여야 한다. 둘째, 대학평가가 대학들 간의 경쟁을 촉진해야 한다. 평가결과를 통해 얻어진 대학들의 장·단점을 완전히 공개해 대학들 사이의 경쟁을 유발해야 한다.

(2) 구체적 방안[325]

대학평가는 앞서 언급한 순기능이 최대화되도록 기획되고 집행되어야 한다. 평가는 비정부적이고 자율적인 기구가 담당해야 한다. 이 기구는 평가대상의 선정, 평가기준 및 내용 정립, 사업성과 점검 등 평가업무를 체계적이고 종합적으로 수행하여야 한다.

평가내용은 목적에 부합되어야 한다. 평가내용은 대학의 자율적 특성화를 유도하고 대학교육의 여건, 과정, 산출을 합리적으로 평가할 수 있어야 한다. 중복되는 평가지표는 공통평가지표로 통합하고, 대학의 유형[326]을 대학이 스스로 결정하여 그에 맞는 평가를 받아야 한다. 뿐만

---

[325] 이는 이화국(2001)이 제시한 대학재정지원 평가개선의 기본방향을 골격으로 하여 정리한 것이다.

아니라 보다 객관적이고 합리적인 정성적 지표를 많이 개발하여 교육의 '양'은 물론 '질'도 평가되어야 한다.

평가방법은 평가에 필요한 자료를 가장 효과적으로 수집하면서 평가기관과 평가대상 대학의 평가업무를 줄일 수 있어야 한다. 따라서 평가절차와 일정을 통합적으로 표준화하고 충실한 평가편람을 작성하여 평가의 객관성과 신뢰성을 확보해야 한다. 한편 평가는 대학의 자체평가, 평가위원의 서면평가 및 현지 방문평가 등을 활용하되, 현장평가를 강화시킬 필요가 있다. 또한 평가의 효율성을 높일 수 있도록 평가일정과 주기를 정하고 각 대학이 평가에 대한 정보를 미리 파악하여 평가계획을 수립·수행할 수 있어야 한다.

대학평가 결과는 공개하고 D/B화하여 체계적인 평가자료로 활용되어야 한다. 해당 대학의 현황과 장·단점이 왜곡됨이 없이 알려져야 한다. 그리하여 교육소비자들의 알권리를 충족시키고, 교육선택권을 보장하여 학교 간 선의의 경쟁이 이루어져야 한다. 평가결과는 가급적이면 재정지원과 연계되지 않는 것이 바람직하다. 하지만 우리나라의 대학재정여건상 연계가 불가피하다면 교육과 연구의 여건이 상대적으로 나쁜 대학에는 여건조성을 위한 지원을, 우수대학에는 보상적 지원을 하는 이원적인 체계로 운영하는 것이 바람직하다.

---

326 예를 들어, 연구 중심 대학이냐 교육 중심 대학이냐 아니면 연구·교육 병행 중심 대학이냐로 유형을 구분할 수 있다.

전문대학 교육개혁

① 필요성

지난 20여 년간 전문대학은 우리 사회에서 큰 역할을 담당하였다. 학생 수가 1980년의 16만 명에서 2002년에는 96만 명으로 늘어났다. 신규 취업자 중에서 전문대 졸업자가 차지하는 비중은 1990년의 11.8%에서 2002년에는 37.5%로 증가하였다. 2002년의 전문대 졸업자 중 취업자는 17만 명으로 취업대상자의 80.7%를 차지하였다. 1998년의 취업률 66.3%에 비해 14.4%포인트 높았다.

전문대학의 역할에 대한 세 가지 변화가 두드러진다. ① 일반고교보다 실업고교의 학생들이 더 많이 전문대학에 입학하였다. ② 전문대학이 4년제 대학보다 더 많은 인원을 취업자로 배출하였다. ③ 전문대학에서 4년제 대학으로 편입하는 학생 수가 크게 증가하였다.

그러나 전문대 교육에 대해 우려스러운 점이 있다. 먼저 신입생 충원율이 급속히 하락하고 있다. 2003년에 전문대학은 정원의 82% 정도밖에 선발하지 못하였다. 수도권 대학의 신입생 충원율은 평균 98.6%로 문제가 없다. 그러나 비수도권 대학의 충원율은 75%에도 미치지 못하였다. 이와같은 현상은 학교의 존립을 위협한다. 전문대학은 대부분 사립대학이고 학생의 등록금에 의존하여 학교를 운영하기 때문이다. 또한 4년제 대학은 취업률이 높은 전문대 설치학과와 유사한 학과를 설치하여 학생유치 경쟁을 벌이고 있다. 뿐만 아니라 고등교육을 이수하고자 하는 학생 수는 앞으로 30년간 약 4분의 3 정도로 줄어들 것으로 전망된다. 우리나라 학생과 학부모가 4년제 대학을 선호하는 점을 고려할 때 학생 수 감소의 대부분을 전문대에서 감당해야 할 것이다. 전문대는 교육기간의 연장, 전문대 졸업자에 대한 심화교육과정의 도입 등 전문대만의 특수성을 확립하여 학생을 흡수하는 한편 구조조정도 강력하게 추진해나가야 한다.

② 전문대의 현황과 문제점

(1) 교육의 질 저하

전문대의 양적인 팽창은 급증한 고등교육 수요를 흡수하기 위해 불가피하였으나 필연적으로 교육의 질을 저하시켰다. 교원 1인당 학생 수가 1990년에서 2002년 사이에 44명에서 79명으로 크게 증가하였다. 학생 1인당 교육비는 3,494달러로 OECD 회원국 중 가장 낮다. 참고로 외국의 학생 1인당 교육비는 호주 7,993달러, 프랑스 8,458달러, 독일 5,495달러 그리고 일본 7,649 달러이다.

(2) 고졸자와의 임금격차 축소

전문대 졸업자에 대한 산업체의 대우도 낮아졌다. 1987년에는 고졸자와 전문대졸 사이의 임금격차는 고졸 임금기준으로 27% 정도였다. 1999년에는 그 차이가 4% 정도로 크게 줄어들었다. 상당수의 전문대 졸업생이 과거 고졸취업자들이 하던 일을 하고 있거나, 전문대 교육의 질이 향상되고 있지 않거나, 또는 전문대 교육에 대한 시장평가가 높아지지 않은 것이다.

(3) 학생의 미충원율

전문대학의 미충원율은 심각할 뿐더러 지역편중이 심하다. 수도권

표 46 2003년의 대학 미충원율
(단위 : %)

구분	대학	전문대학	총계
수도권	1.2	1.4	1.3
비수도권	12.9	25.7	18.3
계	9.3	17.6	12.8

전문대학은 학생 미충원율이 1.4%에 불과하여 4년제 대학과 큰 차이가 없으나, 비수도권은 미충원율이 25.7%로 4년제 대학의 미충원율의 두 배이다. 미충원율은 앞으로 더욱 늘어날 것이다. 향후 30년간 고등교육 과정으로 진학하는 학생 수는 현재 수준의 4분의 3 정도로 줄어들고, 전문대의 학생 수가 더욱 줄기 때문이다. 그리고 미충원율이 높아 수요에 비해 전문대 교육이 과잉공급되고 있으나, 산업체의 전문대 졸업생 수요가 많아 인력공급은 부족하다. 2000년의 우리나라는 인력구성에 있어 전문대에서 배출해야 할 기술공이나 준전문가들의 비중이 취업자의 9.6%였다. 네델란드는 17.5%, 핀란드는 16.1%, 독일은 20.8%, 호주는 13.7%에 달하고 있다. 따라서 전문대학은 기술공 및 준전문가를 더욱 양성하고 교육의 질도 한 차원 올려야 한다.

(4) 전문대 졸업자의 계속교육 통로

전문대는 4년제 대학으로 가기 위한 가교이다. 그러나 전문대학 졸업생의 계속교육 수요가 증대되는 것에 비해 적절한 기회를 찾기가 상당히 어렵다. 한편, 전문대학 졸업생이 4년제 대학에 편입하는 것은 계속교육통로로서는 부적절하다. 교육목적이 일치하지 않고 교육과정이 연속되기 힘들며, 교수학습방법도 서로 상이하다는 점 때문이다. 그럼에도 불구하고 전문대학 재학생의 10% 수준은 졸업 후 4년제 대학으로의 편입학을 희망하고 있다. 때문에 4년제 대학과의 바람직한 분업이 이루어져야 한다.

③ 외국전문대가 주는 시사점

전문대학을 열린 교육이나 평생교육의 관점에서 보아야 한다. 그러나 전문대학의 교육기간은 2년 또는 3년으로 고정되어 있고, 입학제도는 만학자가 입학하기 어렵고, 학생들이 납부한 등록금에 의존하여 교육이 이루어지고 있다. 그러므로 첫째, 전문대학은 학생 미충원 문제를 강력한 구조조정과 함께 열린 교육을 통해 해결해나가야 한다. 입학에 대한 제약을 과감히 폐지하여 문호를 개방하고, 시간제 등록·단기교육 등으로 부족한 학생자원을 보충하여야 할 것이다. 둘째, 정부는 전문대학의 구조조정과 열린 교육을 촉진하기 위한 지원을 강화하여야 한다. 다른 국가의 경우 대부분 전문대학을 국립대학으로 운영하면서 등록금 전액을 정부에서 부담하거나, 수수료 수준의 최소한의 등록금만 납부하게 하고 있다. 그러나 우리나라의 경우 전문대학의 90% 정도가 사립대학이고 대부분 학생의 등록금에 의존하고 있다. 따라서 전문대학 운영을 모두 국가가 책임지는 형태로 바꾸는 것은 비현실적이다. 그러므로 열린 교육대상자들에게 학자금 융자(무이자 장기대출)나 근로장학금 등을 제공하여야 국민들이 전문대학교육에 보다 쉽게 접근하게 할 수 있다. 셋째, 지방정부도 역할을 해야 한다. 일반대학에서 양성하는 인재는 국가적 인재이나 전문대학에서 양성하는 인재는 지방인재의 성격이 강하다. 전문대학은 지역경제와 밀접한 관련을 갖고 발전해나가야 한다. 따라서 향후 국가의 전문대학 재정지원방안이 지방정부의 전문대학 지원을 유도할 수 있어야 한다.

④ 개선방안

(1) 원칙과 방향

먼저 형평성 관점에서 정부의 지원을 강화해야 한다. 교육비를 감당할 수 없거나 자신이 거주하는 지역에 학교가 없어 진학할 수 없는 학생에게도 교육의 기회를 제공하여야 한다. 특히 고등학교를 졸업한 후 곧바로 고등교육기관에 진학하지 못한 성인들의 경우 교육비나 교육기관의 소재 등이 심각한 제약이 될 수 있다. 이들을 교육시킨다는 관점에서 전문대 교육을 정부가 지원해야 한다. 그리고 전문대학 개혁의 기본적인 원칙은 자율과 경쟁이다. 대학은 스스로 개혁방안을 마련하여 추진해야 하고, 정부는 대학에 대한 규제를 완화하여 경쟁적인 분위기를 조성하여야 한다. 교육프로그램과 학사운영도 유연해야 한다. 교육내용과 목적에 따라 단기교육이나 3년 또는 4년의 장기교육도 가능해야 한다. 대학과 정부 그리고 전문대학과 4년제 대학이 서로 보완해야 한다.

(2) 주요과제

(가) 전문직업교육의 강화

전문대는 전문인력, 특히 산업체가 요구하는 인력을 양성해야 한다. 기업들과 긴밀한 협력관계를 유지하면서 기업체가 원하는 내용을 가르쳐야 한다. 유연한 학과편제로 경제환경의 변화에 능동적으로 대처하고 내실 있는 현장교육을 강화해야 한다. 정부는 전문대학의 주문식 교육, 인근지역 업체와의 산학협력, 인턴제 등을 촉진하는 데 지원해야 한다.

(나) 교육과정 및 학사운영의 다양화

고등학교 졸업생을 선발하여 2년간 교육시킨 후 시장에 내보내는 전형적인 교육체제에서 벗어나야 한다. 기업체가 원하는 경우 기업체 직원에 대한 6개월 또는 1년간 단기교육도 실시하고, 전문대를 이미 졸업한 학생들의 심화교육과정도 신설해야 한다. 복수전공제, 부전공제 등의 도입, 학기제의 유연화, 시간제 등록의 활성화, 전과 및 편입학제도의 활성화 등을 통해 학사제도는 다양화하고 학생의 선택권을 늘려줘야 한다.

(다) 평생교육기능의 강화

전문대학은 평생교육을 중요한 목표로 열린 교육을 실시해야 한다. 성인인구를 학교로 유입하여 학생자원을 다양화하고 이를 통해 인구변화에 따른 학생 수 감소의 영향을 최대한 줄일 수 있다. 평생교육기관으로서 정규 고등교육과정을 이수하지 않은 성인을 교육하고 전문대 등 정규 고등교육과정을 이수한 자들에 대한 기술교육 등을 실시해야 한다. 이를 위해서는 신입생의 선발, 교육연한 및 학사운영 등이 유연해야 한다. 정부도 학자금, 근로장학금 등 학생에 대한 다양한 지원을 제공하여야 한다.

또한 전문대 졸업생이 전문기술의 심화교육과 4년제 대학으로 편입하여 계속 교육을 받을 수 있는 기회를 제공해야 한다. 후자의 경우, 특정지역의 4년제 대학과 그 지역 전문대학 간의 협력을 통해 일정한 성적 이상의 학생(졸업생)에게 자동적으로 4년제 대학으로 진학할 수 있는 자격을 부여하고 지방정부가 지원하면 지역발전에 기여할 수 있다. 전문대 졸업 후 취업한 학생을 위한 심화교육과정은 학사학위 자체보다는 실제 업무에 필요한 교육을 실시하고 장기적으로 전문대 졸업자뿐만 아니라 대졸자의 직업교육도 실시할 수 있어야 한다. 그리고 전문대학은 지역거점대학으로서의 역할을 해야 한다. 지방화 시대에 전문대학은 그 지방산업계에 유능한 기술인력을 공급해야 한다. 전문대학 졸업자의 수요는 특정지역을 중심으로 형성되는 경우가 많기 때문이다. 지방정부는 관할지역 거주자의 그 지역 전문대 진학생에 대해 학비를 지원하거나, 전문대학의 지역산업체와의 협력이나 지역 4년제 대학과의 협력을 지원하여 지역발전을 도모할 수 있다.

의료산업의 육성

1. 고급의료시설의 확보가 기업도시의 성공 보장

도시의 중요한 기능 가운데 하나는 삶의 질을 높이는 것이다. 이를 달성하기 위한 유용한 방법 중의 하나는 도시민이 건강하게 사는 것이다. 건강은 단순한 질병이나 상해가 없는 상태만이 아니라 신체는 물론 정신적으로나 사회적으로 편안한 상태를 일컫는다. 개인의 건강은 개인의 선택적 영역이라는 특징을 가지고 있지만 사회 전체로서는 자비재(merit good)의 특성을 가지기 때문에 공·사의 연계를 통한 건강 수준향상이 중요한 것이다. 그런데 현대의 도시는 건강을 개인적 차원에서 의료시스템과 산업구조 관점에서 조망하여 건강·삶의 질 확대·경제성장·복지증진 등을 선순환시켜 사회잉여를 만드는 기반이 되어야 한다. 이러한 측면에서 기업도시가 의료산업화론을 실행할 수 있는 터전이 되어야 한다.

우리나라는 이미 전국민을 대상으로 건강보장을 사회보험의 형태로 제공하고 있다. 이를 통해 일반국민을 대상으로 의료의 접근성 측면에 대하여는 형평성이 확보되었다고 볼 수 있다. 그러나 형평성 확보와 동시에 개인의 자유와 선호도 존중해주어야 한다. 이를 위해서는 의료계에도 경쟁과 자율이 확산·강화되어야 할 것이다. 먼저, 세계화된 경제에서 의료의 수요와 공급은 국내로 제한되어서는 안 된다. 점차 치열해지는 경쟁을 고려할 때 산업차원에서 첨단 의료기술과 장비를 확보하고 세계적인 브랜드도 가지고 있어야 한다. 의료시장도 개방을 통해 전체 규모를 확대하여야 한다. 또한 외국의 유명병원을 국내로 유치할 수 있어야 한다. 외국의 선진 대형병원이 기업도시로 진출하면 선진 의료기술과 경영기법을 도입할 수 있다. 이를 통해 의료시장의 선진화와 경쟁 촉진으로 새로운 발전의 계기가 마련될 것이다. 그리고 영리법인 병원도 설립할 수 있어야 한다. 영리법인은 경직되어 있는 의료 분야의 투자를 활성화시켜 의료산업 발전을 위한 자본조달이 용이하게 된다. 즉, 대형자본이 의료시장에 투입되게 되면 의료기술 개발에 대한 투자가 촉진되고 고급화된 의료인력을 유치할 수 있는 원천이 된다. 따라서 선도 대형 병원도 쉽게 만들 수 있어 의료산업의 경쟁력은 높아진다.

   병원이 할 수 있는 의료행위의 부대사업도 제한이 없어야 한다. 또 의료산업을 영위하는 데 따른 규제도 글로벌한 시각에서 완화되어야 한다. 기업의 관점에서 병원을 영위할 수 있어야 한다. 물론 병원의 회계는 투명해야 하고 경영진은 책임을 완수하며 시장의 엄격한 감시를 받아야 한다. 그리하여 병원의 운영을 통해 창출된 수익은 병원의 고급화와 선진화를 위하여 재투자되어야 한다. 이렇게 되면 병원의 효율성이 증진될 것이다. 의료소비자들은 이러한 효율성의 제고와 함께 다양한 선택권이 보장되어 사회 전체적으로 의료복지가 향상된다. 그리고 소득 수준의 향상에 따라 요구되는 의료수요를 충족할 수 있다.

「기업도시개발특별법」(안)을 만들 때 의료산업 발전을 위한 제도 개선과 관련하여 혁신적인 제안을 하였다.[327] 의료기관을 「상법」상의 영리법인도 설립할 수 있도록 허용하는 것이 그 첫째이다. 그리하여 기업도시 사업시행자가 직접 영리법인형태로 병원에 진출할 수 있어야 한다. 둘째는 의료시장을 개방하는 것이다. 외국 대형병원이 국내에 진출할 수 있게 하고 의료법인의 부대사업 허용범위를 확대하여야 한다. 의료법인도 목적사업 수행에 지장이 없는 범위 내에서 수익사업을 허용하여야 한다. 아울러 의료시설과 운영에 대한 금융·조세지원도 필요하다. 그러나 「기업도시개발특별법」에는 의료법인의 부대사업만 일부 확대하는 데 그쳤다.

　먼저, 기업도시 사업시행자가 기업도시의 의료기반시설 확보를 위하여 의료기관을 설치·운영할 수 있도록 하였다. 이 경우에 사업시행자는 개발계획과 실시계획에 의료기관의 설치계획을 포함하여 작성하여야 한다(「기업도시개발특별법」 제37조). 그러나 「의료법」 제33조제4항의 규정에 따라 의료기관 개설허가를 신청하는 자는 동법 제33조제2항의 규정에 적합한 자격을 갖춘 경우에만 신청하도록 하여 비영리법인 등으로 제한한 것이다. 다만, 의료법인이 할 수 있는 부대사업을 확대하였다(「기업도시개발특별법」 제37조). 늘어난 부대사업은 건강기능식품 제조업·수입업·판매업, 숙박업·목욕장업·이용업·미용업 및 세탁업, 아동복지시설의 설치·운영, 노인복지주거시설 및 노인의료시설, 보양온천의 설치·운영, 사설화장장·사설납골시설의 설치·관리 및 장례식장영업, 부설주차장의 설치·운영, 치료약품 또는 치료기구의 연구·개발, 의료품·의료용

---

[327] 제3부 「기업도시개발특별법」 제정 건의 중 '양질의 의료시설 확보' 참조.

구·병원 관련물품의 판매업, 의료에 관한 정보서비스업 등이다(「기업도시개발특별법 시행령」 제43조).

이하에서는 의료법인에 대한 영리법인을 허용할 때 의료서비스의 질, 효율성, 투자, 기술 확산 등의 각도에서 긍정적 효과와 실증적 효과를 논의한다. 그리고 영리병원이 도입되기 이전이라도 병원의 경영전반을 지원하는 병원경영지원회사(MSO)의 활용방안에 대하여 살펴본다. 그리고 민영건강보험의 활용방안에 대하여도 살펴본다.[328]

2. 영리법인 병원의 허용

논쟁의 배경

영리법인 의료기관과 민영건강보험에 관한 논의는 의료시장 개방문제와 관련되어 학자, 시민단체, 관련협회를 중심으로 진행되어왔다. 특히, 참여정부 이후 의료를 산업의 관점에서 인식하고 의료서비스시장의 경쟁력을 강화하기 위해서 의료산업 발전을 위한 제도개선 논쟁은 활발해졌다.

2005년 5월 13일 보건복지부는 '의료서비스 육성방안'(이하 '병원산업발전'이라 한다)을 발표했다. 의료기관에 민간자본의 참여를 활성화하기 위한 영리법인병원제도 도입, 현행 비영리법인 채권 발행, 프리랜서 의

---

[328] 이하의 논의는 경희대학교 정기택 교수가 작성한 것이다.

사 도입, 의료광고 및 셔틀버스의 운영허가 등이 주요 내용이다. 이에 따라 영리법인병원제도 도입에 대한 찬반논쟁이 일어났다. 찬성 측은 병원산업 경쟁력 향상으로 의료시장의 개방에 대비하고, 의료고급화로 해외원정 진료를 흡수하며, 외국인 환자유치를 위한 중요한 기회확보를 주장하고 있다. 그러나 반대 측은 필수의료 위축(공공의료 축소), 의료비 상승, 의료이용 양극화(건강 양극화)를 문제로 제기하고 있다.

치열한 찬반논쟁을 거쳐 현재 경제자유구역에는 외국병원의 영리법인 병원과 내국인 진료를 허용하고 있다. 반면 국내 병원에게는 영리법인 진입을 제한하고 있어 역차별 문제가 제기되고 있다(「경제자유구역의 지정 및 운영에 관한 법률」 제23조).

기업도시는 민간자본의 투자를 활성화하기 위한 제도이다. 그리고 병원에 관하여는 현재 비영리병원을 원칙으로 하고 있다(「기업도시개발특별법」 제37조). 그러나 기업도시 건설을 위한 입법초안에는 영리법인화를 건의하였다. 비영리병원제도는 해외 및 민간자본의 의료시장 진입을 막는 하나의 장벽이다. 진입장벽을 없애고 산업구조를 합리화하기 위하여는 영리법인이 필요하다. 현재 의료기관의 자금조달은 주로 병원운영자(개인소유자, 법인)의 출연과 금융기관 차입 등이 중요한 원천이 되고 있다. 그리하여 병원의 경쟁력을 높이기 위한 시설 및 장비 확충에 필요한 재원을 조달하는 데 어려움을 겪고 있다. 또한 병원사업의 퇴출에 관한 규정도 비현실적이다. 개인병원의 원장을 의사로 제한하고 병원설립 자격을 갖춘 의료법인은 비영리법인만 가능하기 때문에 병원업에서의 퇴출은 거의 불가능하다. 그러므로 부실 중소병원들의 문제가 악화되고 있다. 이러한 문제 해결을 위해 영리법인과 민영건강보험제도를 연계하고 전문병원, 개방병원 등의 문제도 함께 검토하여야 한다. 신중한 검토를 통해 종합적인 의료전달체계를 개선하고 병원산업발전방안을 마련할 필요가 있다. 영리법인과 민영건강보험은 개별적인 제도 개선과제가 아니라 의료체계 정상화를 위한 핵심적인 종합과제이다. 따라서 이에 따른 다각적인 논의가 필요하다.

현재 영리법인은 「의료법」 제33조(의료기관 개설)제2항에서 정한 개설 가능주체에서 제외됨으로써 병·의원의 개설, 소유 등이 허용되지 않고 있다. 그리하여 「상법」상의 회사와 같은 영리법인이 병·의원을 개설할 수 있는가가 시장개방의 제1의 쟁점이 되고 있다. 영리병원과 영리법인 병원은 구분되어야 한다. 우리나라에 영리(for-profit) 병·의원은 현재도 존재한다. 영리병·의원은 병·의원 경영의 수익을 직접 주주나 병원소유자 등 사인(私人)에게 귀속시킬 수 있는 병·의원이다. 따라서 반드시 영리법인에 의해 개설, 소유, 운영되는 병·의원만을 지칭하지는 않는다. 우리나라 병원 중 의사·한의사·치과의사에 의해 설립된 개인병원은 영리병원이다. 하지만 개인병원은 대체로 규모가 작고 영세하다.[329] 국립병원, 시·도·군립병원(보건의료원 포함), 지방공사의료원, 보훈병원, 의료법인 개설병원 및 비영리법인 개설병원 등 대부분의 병원은 광의의 비영리병원이다.

의료법인과 비영리법인은 의료업을 행함에 있어서 영리를 추구하여서는 아니된다〔「의료법 시행령」 제20조(의료법인 등의 사명)〕. 영리를 추구해서는 안 되는 것은 의료기관을 개설한 의료법인과 비영리법인에 국한한다는 반대해석도 가능하다. 그러나 이 규정이 개인병·의원이 영리를 추구

---

[329] 대한병원협회가 조사한 전국병원명부(2002. 4. 20. 대한병원협회)에 의하면 회원병원 975개 병원 중 개인병원은 443개이며, 종합병원 276개 중 개인병원은 45개에 불과하고, 그나마도 종합병원이라 하기에는 규모가 작은 것이 주종을 이루고 있다.

해도 된다는 입법목적을 가지고 있다고는 보기 어렵다. 이 규정은 의료법인 및 비영리법인과 관련하여 세 가지로 해석할 수 있다.

① 의료법인 등이 의료업(교육, 연구 등 부대사업 포함)의 결과로 이익을 실현하였을 때 이를 출연자에게 귀속시키지 못하고 그 사업에 재투자하여야 한다는 의미이다. 이 경우는 비영리법인의 본질을 다시 확인한 데 불과하다.

② 의료법인의 사명을 강조한 규정이다. 의료법인 등은 의료업을 행함에 있어서 의료기관의 생존유지나 성장, 발전에 필요한 적정이윤의 추구는 인정된다. 그러나 위법·부당한 행위에 의해 과도한 수익이나 이익을 추구하는 행위는 인정되지 않는다. 이런 의미로 해석하더라도 이 규정은 불필요한 오해의 소지가 있다. 이러한 의료법인 내지 비영리법인의 사명은 개인병원을 운영하는 의료인에게도 요구된다. 그러나 이러한 사명을 굳이 의료법인 병원이나 비영리법인 병원 등에 국한하여 다른 병원에는 요구되지 않는 것같은 오해를 불러일으킬 소지가 있다.

③ 의료법인 등은 의료업을 시행함에 있어서 의료업의 수행에 수반되어 발생하는 수익 이외의 수익사업을 해서는 안 된다고 해석할 수 있다. 이 경우라면, '영리'와 '수익'에 대한 구분을 보다 분명히 해야 해석상의 혼란을 막을 수 있다

영리법인 허용의 긍정적 효과

① 병원 소유형태의 전환 및 효과
병원 소유형태의 변화는 미국에서 꽤 흔한 현상이다. 1990년에서 1993년까지 6,015개의 병원 중에 183개의 병원이 소유형태를 바꾼 것으로 조

사되었다(Needleman et al., 1997). Needleman 등의 연구에서는 183개의 병원 중에 37개만이 민간비영리병원에서 영리병원으로 전환하였다. 52개의 병원은 공공병원에서 민간비영리병원으로 전환했고, 32개의 병원은 민간비영리병원에서 정부운영병원으로 바뀌었다. 그리고 1994년에서 1995년 사이에는 63개의 병원이 영리화함으로써 영리병원으로의 전환이 이루어지고 있는 추세이다.[330]

이러한 전환이유에는(Duke University, 1998) ① 병원폐업을 막고, ② 자본조달을 용이하게 하며, ③ 효율성을 높이고, ④ 시장점유율을 지속하거나 확장시키며, ⑤ 규제를 줄이기 위한 목적 등이 있다.

반면, 일부의 연구(Lakdawalla & Philipson, 1998)에서는 소득 수준의 향상에 따른 소비·지출 수준 증가, 공공부문 의료서비스에 대한 불만 증가, 의료소비자들의 선택의 자유에 대한 관심 증가, 의사 수 증가로 인한 의사들의 민간의료에 대한 관심 증가 등을 주요 전환이유로 보고 있다. 그리고 특수 의료서비스 분야, 특히 정신질환 및 간호양로서비스를 중심으로 영리법인이 큰 비중을 차지하고 있는 것으로 조사되었다. 그러나 지금까지 병원이 여러 소유형태로 전환하는 이유가 이론적으로 잘 설명되고 있는 것은 아니라고 결론지었다. Sloan 등(2000)은 다양한 측면에서 병원의 전환효과를 분석하였다. 그에 따르면 영리병원으로 전환한 민간비영리병원은 수익률 증가를 보였으나, 반대로 영리병원에서 민간비영리병원으로 전환한 병원도 동일한 결과를 보였다. 실증적 분석은 세 가지 소유형태인 공공병원, 영리병원, 민간비영리병원의 샘플을 기초로 행해졌다. 그러나 소유형태의 전환으로 병원의 행위에 변화가 발생한

---

[330] Needleman(1999).

것인지에 대한 사실을 규명하기에는 한계가 있다(Sloan 등, 2000).

② 비영리병원이 병원계 대다수를 차지하고 있는 이유

(1) 거래비용 및 소유권

Hansmann(1998)은 비대칭적인 정보로 인한 비효율성을 개선하기 위하여 소비자가 오너로 되는 것이 바람직하기 때문에 비영리병원이 지배적이라고 설명하고 있다. Hansmann은 왜 소유형태를 나누는지, 그리고 소유형태가 산업마다 상이한지를 설명하면서 미국 병원산업에서 민간비영리병원이 지배적인 위치를 차지하고 있는 이유로써 소유형태의 거래비용인 계약관계와 불확실한 성과, 보조금(subsidies), 관성(inertia) 등을 다루고 있다.

(2) 계약관계와 불확실한 성과

Kenneth Arrow(1963)는 의료시장에서 비영리조직이 지배적인 위치를 차지하고 있는 것을 불확실성과 불완전성으로 설명했다. 비영리조직은 순수한 영리추구자가 아니기 때문에 시장지배력을 이용해서 환자들을 탈취하지는 않을 것이며, 이러한 측면에서 Arrow는 소비자와의 계약비용이 낮기 때문에 민간비영리병원이 지배적이라고 설명하고 있다. Weisbrod(1988)는 이러한 개념을 비영리조직에 보다 일반적으로 확장시켰다. 즉, 의료서비스 공급자가 환자 및 고객보다 더 많은 정보를 갖게 되는 몇 가지 서비스 단계가 존재하는 반면, 소비자들은 의료서비스의 성과를 평가하기는 어렵다. 따라서 소비자들은 이러한 서비스에 대해서, 만약 서비스를 제공받지 않는다면 혹은 다른 공급자로부터 서비스를 제공받는다면 어떠한지에 관해 확실히 알 수 없다. 그리고 환자가 좀 더 상태가 호전된 것이 치료를 받아서인지, 노인들의 요양기관이 다른 곳보다 더 나은지에 관해 확실히 알지 못한다.

의료서비스의 경우 요양기관(nursing home)이나 1차 의료기관의 의료서비스는 주로 영리병원으로 조직된다. 이러한 요양기관은 일반적으로 복잡한 기술과 연관되어 있지 않지만 많은 환자들의 육체적 및 정신적 조건으로 환자를 이용하려는 잠재성이 존재하며, 또한 의사들의 치료가 환자들에게 어떤 효과를 가져다 줄 것인지에 관해 사전적인 정보 획득이 어렵다. 이처럼 불확실한 성과는 정보의 비대칭성으로 발생한다 (Easley and O'Hara, 1983). 소비자가 성과를 감시할 수 없기 때문에, 이윤을 극대화하는 질적 수준은 소비자가 충분한 정보를 가지고 있는 경우 수요하게 되는 수준보다 낮을 수 있다.

Hart 등(1997)에 의한 연구논문은 정부가 서비스를 직접 제공해야 할지, 아니면 외주형식으로 제공해야 하는지의 조건을 분석했다. 공공부문에 의한 공급(public provision)을 할지, 아니면 영리기업에 의한 서비스 공급을 위해 공공부문과의 계약(public contracting for provision of the service by a for-profit firm)을 도입할 것인지에 대한 연구이다. Hart 등의 모델에서 공급자는 서비스 질을 향상시키는 데 투자하거나 비용을 줄이는 데 투자할 수 있는데, 민간(영리)공급자는 비영리공급자보다 서비스의 질 향상과 비용절감을 위한 강한 인센티브를 가지게 된다. 그러나 질적 측면에 대한 계약은 불가능하므로 의료서비스 제공시 질적 수준은 고려하지 않게 되는 반면, 비용절감을 위한 인센티브는 매우 강하게 작용한다. 따라서 대체로 비용 삭감에 따른 서비스의 질 저하가 크면 클수록 공공에 의해 서비스를 제공해야 한다는 논의가 늘어난다고 주장하고 있다. 병원에서 이노베이션으로부터의 잠재적 수익은 매우 크지만, 반면에 비용 삭감으로 인한 질적 수준 하락이라는 부정적인 측면도 존재하므로 대부분의 국가가 공공부문이 중요한 의료제공자인 이유가 여기에 있을 것이라고 주장하고 있다.

(3) 공공재

Weibrod(1997)는 민간비영리조직이 공공재 생산을 위한 특정그룹의 수요를 충족시킨다는 것을 강조했다. 공공재는 두 가지 특성을 가진다. 첫째, 개인 A의 소비가 개인 B의 소비에 영향을 주지 않는다. 즉, 소비의 비경합성(nonrivalness)이 있다. 둘째, 재화나 서비스에 대해 지불하지 않는 개인을 배제할 수 없다는 비배제성(nonexcludability)이 존재한다. 병원의 경우 입원일이나 임상테스트와 같은 많은 서비스가 이러한 특성을 지니는 것은 아니다. 그러나 공공재는 한 사회에 있는 모든 사람들이 치료를 받을 수 있다는 사실을 통해 상당한 만족감을 느끼게 해주고 질병 확산을 최소화시키는 것은 부정적 외부성을 줄이는 것이기 때문에, 전염병 치료와 같은 공공보건 서비스는 공공재의 속성을 만족시킨다. 그러나 이와같이 공공재에 대해 논의를 할 경우, 민간비영리병원 혹은 공공병원이 영리병원보다 공공재를 더 많이 제공하느냐의 측면이 고려되어야 할 것이다.

(4) 관성(Inertia)

민간비영리조직은 소유권이 규정되어 있지 않아 민간비영리조직에서 다른 형태로 전환할 경우 이러한 전환을 반대하는 이해관계를 가진 기업경영인의 동의를 필요로 한다. 따라서 시장을 선택하는 힘은 서서히 작동하게 되지만, 어떤 소유형태의 합리적인 근거가 소진된 이후에도 오랫동안 시장에서 지배적인 위치를 유지하게 된다(Hanmann, 1998).

영리법인 병원 도입의 실증적 효과

국내 영리법인 설립의 결과를 예측하기 위하여 국내 학자들은 주로 미국의 민간영리병원과 민간비영리병원의 성과를 비교한 연구를 인용하고 있다(이상이 등, 2005 ; 정영호 등, 2004 ; 김준동 등, 2003). 일부 학자들은 민간비영리법인과 민간영리법인 간의 경제적 효과에 뚜렷한 차이가 있다고 말할 수 없다는 점에 의견을 같이하고 있다(정영호 등, 2004 ; 김준동 등 2003). 그러나 이상이 등(2005)에 의한 건강보험공단의 보고서에서는 주로 2000년 이후 미국의 실증분석을 논거로 영리법인이 의료서비스의 질, 의료기관 운영의 효율성, 수익성, 고용창출 효과의 네 가지 측면에서 비영리법인에 비해 낮은 효과성을 가진다고 주장한다. 그러나 미국에서 병원 소유형태의 전환이 활발해지기 시작할 무렵인 1980년 이후부터 지금까지의 실증분석을 포괄적으로 살펴본 결과, 영리법인과 비영리법인 간의 경제적 성과에 뚜렷한 차이가 있다고 말할 수 없다. 또한 우리가 간과해서는 안 될 요소는 국내 비영리법인과 미국의 비영리법인의 병원 경영환경이 다르다는 점이다. 예를 들어, 미국의 비영리병원은 병원운영에 따르는 세제혜택(tax exemption)과 기부금 등 각종 지원을 받고 있다. 따라서 미국의 비영리병원이 받고 있는 혜택만큼의 사회적 기여를 하는가 여부도 실증분석의 초점이 되고 있다. 즉, 영리법인의 논쟁과 함께 우리나라의 비영리 의료법인에 대한 역할규정과 함께 합당한 지원 및 의무에 대한 논의도 동시에 되어야 할 것이다.

이하에서는 영리법인과 비영리법인 간의 실증분석에 관한 기존 연구를 의료서비스의 질, 의료서비스 비용, 수익성 및 운영효율성, 기술확산 등의 측면에서 포괄적으로 살펴본다. 그리고 미국의 사례를 통해 국내 영리법인 도입의 효과를 예측하고자 할 때 고려해야 할 점에 대하여 정리하고자 한다.

① 의료서비스의 질

의료서비스의 질적 성과는 구조 및 투입물(structure), 전달과정(process), 결과(outcome)의 세 측면에서 측정된다. 따라서 영리병원과 비영리병원 간의 의료서비스 질적 차이를 규명하기 위해서는 세 측면을 모두 고려해야 한다. 또한 의료서비스의 질에 영향을 미치는 여러 요인을 통제하기 어려우므로 결과 해석에 있어 개별연구가 가지는 특성을 충분히 고려해야만 한다. 심장치료나 Intensive Care를 가지는 병원비율 혹은 국립병원 비율과 같은 또다른 구조적 평가기준(structure)으로 소유형태에 따른 질적 수준을 분석한 결과 차이는 거의 없는 것으로 나타났다(Herzlinger and Krasker, 1987).

Rosenau(2003)는 1980년 이후부터 지난 20년 동안 영리병원과 비영리병원 간의 성과를 분석한 총 149개의 논문을 정리하였다. 의료서비스의 질을 비교한 69개 연구 중 41개의 연구(59%)에서 비영리기관이 더 우월하고, 20개 연구(29%)에서 두 집단 간 차이가 없는 것으로 나타났다. 또한 8개의 연구(12%)에서만 영리기관이 더 우월한 것으로 나타났다.

그러나 Rosenau는 각 개별연구자의 주관적 선호도의 영향(혹은 연구에 재정지원한 단체의 영향)이 전체 결과에 영향을 줄 수 있으며, 각 주(state) 단위의 연구를 국가 전체의 경향으로 고려하기에는 어려움이 있음을 언급

표 47 영리 및 비영리병원 간 의료서비스의 질에 대한 성과의 실증연구

이슈		내용 및 결과	근거	인용주체
의료서비스의 질	structure	전체 구조측면 평가 : 질적 차이가 없었음	Herzlinger and Krasker, 1987	기타 연구
		영리병원이 질병 예방과 건강증진 서비스를 더 적게 제공함	Proenca EJ et al., 2003	공단연구
	proocess	정신병원 대상 : 경쟁이 제한될 때 민간비영리병원이 더 나은 접근도를 제공	Schlesinger, 1997	기타 연구
	process+ outcome	5가지 질병에 대해 진단 및 처방의 능숙도와 전반적 치료성과, 사망률 측정 : 질적 차이가 없었음	Keeler, 1992	
	outcome	사망률 : 질적 차이가 없었음	Shortell & Hughes, 1988	기타 연구
		공변량(covariates) 사용 : 영리병원의 사망률이 더 높음	Hartz, 1989	
		정신병원을 대상으로 Medicare, Medicaid 위반정도 : 영리병원은 경쟁이 증가하면 위반정도도 증가, 비영리병원은 경쟁이 증가하면 위반정도 감소	Mark 1996	
		사망률 : 영리병원의 환자사망률이 높았음	Garg, 1999	공단연구
			최용준, 2004	
		비영리HMO가 영리HMO보다 임상성과가 좋음	Pollock, A. et al., 2004	
		급성심근경색, 울혈성심부전, 폐렴 : 비영리병원이 더 높은 평가받음	Jha, A. et al., 2005	
		급성심근경색 진료 후 부작용 발생률 : 영리병원이 더 높음	Shen YC, 2002	
	structure +outcome	비영리병원이 높은 순위를 차지함	U.S. News & World Report, 2005	

하였다. 또한 이 연구의 가장 큰 한계점은 각 논문에 동일한 가중치를 줌으로써, 전체를 비교할 때 개별연구의 타당성을 그대로 인정하였다는 점이다. 게다가 공단의 연구(2005)에서는 영리병원에 비해 비영리병원이 가격, 의료의 질, 효율성 측면에서 더 우수하다는 사실을 나타내고자 Currie(2003)의 연구를 인용하였으나, 양자 간에 차이가 없었던 연구결과

표 48 영리 대 비영리병원의 비교

구분	연구자료 개수		
	비용(Cost)	효율성 (Efficiency)	의료의 질 (Quality)
영리에 친화적(Favourable to for-profit)	2	2	0
영리에 비친화적(Unfavourable to for-profit)	6	2	4
차이가 없거나(No difference) 불분명한 결과를 보인 경우(indeterminate results)	9	5	7
총(Total)	17	9	11

자료 : Currie et al, "What does Canada Profit from the For-Profit Debate on Health Care?", *Canadian Public Policy* ; 24(2) : 227-251, 2003.

(표 47의 셋째 줄 내용)를 삭제함으로써 전체연구의 논지를 왜곡하여 인용하였다. 실제로 의료의 질 측면에서 분석된 11편의 연구 중 7개의 연구가, 비용측면에서는 9개, 효율성 차원에서는 5개의 연구가 두 소유형태 간 차이가 없음을 보여주고 있다. 이는 공단의 연구(2005)가 Currie(2003) 연구 중 비영리의 장점을 부각하는 내용을 취사선택하여 왜곡한 중대한 근거로 생각된다.

또한 국민건강보험공단에서 참고한 논문에서 주의를 끄는 내용은 비영리가 영리보다 더 낫다는 것이 아니라, 미국에서 영리 대 비영리병원의 비교 연구논문들을 적용하는 데 있어서 매우 제한적이었다는 것이다. 다시 말하면 이러한 경험적 비교연구(영리, 비영리병원)의 결과들은 병원이 운영할 당시의 주변 경쟁력환경과 규제환경에 의해 한정되고 있기 때문이다. 〈표 49〉는 국민건강보험공단이 인용한 동일한 논문에서 비영리기관이 영리기관보다 우수하다는 것을 반박하는 논지의 다른 연구들이다.

표 49 소유형태에 의한 차이가 없음을 나타내는 실증연구(공단연구에 언급되지 않음)

번호	저자(출판연도)	결과
9	Sloan et al.(1998)	• 처음 6개월 동안 영리, 비영리 사이에 Medicare 비용 지불에 있어서 통계적으로 중대한 차이가 없었음
10	Sloan et al.(1999)	• 영리, 비영리병원의 소비지출(spending)은 비슷함 • 치료집중도, 재입원, 사망률에서 차이가 없음
12	Friedman and Shortell(1988)	• 투자자에 의한 소유형태가 미치는 영향은 크지 않음(the independent effect of investor ownership was not significant)
13	Levin et al.(1981)	• 일당 또는 입원당 총환자에게 들어가는 비용은(Cost per day or per admission) 크게 다르지 않음
15	Renn et al.(1985)	• 보정입원 당 총환자에게 들어가는 비용에 큰 차이가 없었음
19	Sloan and Vraciu(1983)	• 보정된 환자 의료비(1인 1일 경비)당 순수운영자금(Net operating funds per adjusted patient day)은 비영리기관 병원보다 투자자가 소유한 영리병원에서 보다 큰 것으로 나타남
23	Keeler et al.(1992)	• 비영리 및 영리병원들은 똑같은 질의 서비스를 제공함
25	Shortell and Hughes (1998)	• 병원의 소유형태에 따른 사망률에 큰 차이가 없음(no significant differences)
26	Bruning and Register (1989)	• 비영리, 영리병원 모두 똑같은 효율성을 갖는다.
27	Burgess and Wilson (1995)	• 영리병원이 비영리병원보다 모든 해당연도 샘플에서 보다 높은 효율성에 근접한 의료행위를 제공했다. • 영리병원이 1985·1986년에 효율성이 보다 높았으나 1986·1987년, 1987·1988년에는 민간비영리기관보다 다소 효율성이 낮게 나타남
28	Ferrier and Valdmanis(1996)	• 민간영리병원이 비영리병원보다 더 좋은 효율성을 보임
31	Register and Bruning (1987)	• 효율성과 병원 소유형태 사이에는 큰 관계가 없는 것으로 밝혀짐
36	Herzlinger and Krasker (1987)	• 비영리병원 체인은 부분적으로 높은 운영비용으로 인해서 영리병원보다 수익이 낮음(earn less) • 영리기관의 경제적 규모(economies of scale) 때문에 운영비용이 8% 낮아지는(for profits have 8% lower operating cost) 것으로 밝혀졌음
37	Menke(1997)	• 체인 멤버들 중에서(among chain members) 소유형태로 인한 비용 측면에서 통계적으로 중대한 차이점이 없음
40	Lanska and Kryscio (1998)	• 병원 소유형태는 본 연구에 따르면 사망률을 예측하는 중대한 요소가 되지 못함

② 효율성

공단(2005)의 연구에서는 영리병원의 비용이 높고 효율성이 낮음을 주장하였다. 그러나 기타의 연구에서는 영리병원과 비영리병원 간에 효율성 측면에서 일관된 차이가 나타난 것은 아니라는 결과를 제시하였다.

영리병원의 이용환자가 제공받는 의료서비스는 의료행위 이외의 부가적 서비스들이 포함된다. 그러므로 비용의 증가는 이용환자가 용인하는 수준에서 이루어지는 것이 당연한 것으로 받아들여진다. Niccie L. Mckay(2002, 2003)의 연구에 의하면, 높은 비용이 높은 질의 의료서비스를 제공하기 위해 초래될 수 있다는 점을 고려할 때 비용차이 역시 의료서비스의 질 차이에 의한 것으로 나타날 수 있다고 연구의 제한점을 제시하였다. 따라서 비용을 영리병원과 비영리병원 간의 효율성 비교의 척도로 사용하는 것은 이용환자의 개별적 의사에 따라 차이가 존재하므로 다소간의 타당성이 결여될 수 있다. 비용보다는 생산함수를 이용한 제공서비스의 효율성을 고려하는 것이 바람직하며, 이러한 연구(Wilson and Jadlow, 1982)에서는 영리병원이 보다 효율적인 것이다. 또한, 소유형태는 효율성에 영향을 미치지 않으며(Vitaliano and Toren, 1996), 소유형태에 따른 임금률의 차이가 거의 없는 것으로 나타나는 연구(Sloan and Steinwald, 1980)들이 있어 영리병원이 비영리병원보다 비효율적이라고 보기는 어려운 형편이다. 한편 비용인상을 환자, 즉 의료소비자에게 전가시키는 문제가 비용 증가와 함께 연구되었다. 공단에서 진행한 연구에서는 1인당 Medicare 지출의료비가 영리병원 집중지역에서 높았다는 연구를(Silverman, 1999) 인용하고 있다. 하지만 기타의 연구에서는 영리병원의 가격설정능력이 감소하여(Brooks et al., 1997) 비용 증가를 유발하기 위한 가격설정능력이 감소하였다. 나아가 병원밀도가 높은 시장의 민간

표 50 영리 및 비영리병원 간 효율성 및 비용전가에 대한 실증연구

이슈	결과	내용	근거	인용주체
비용효율성	영리병원이 높음	비용당 진료, 산출단위당 수입기반 측정	Institute of Medicine, 1986	기타 연구
		비교분석(paired comparison) 결과 영리병원 비용이 높으며, 보조서비스(ancillary services)를 더 많이 사용함	Lewin et al., 1981	
			Pattison and Katz, 1983	
		독자적 영리병원의 입원일(patient day)당 비용이 다른 소유형태보다 높음	Becker and Sloan, 1985	
		영리병원은 민간비영리보다 15% 높음	Granneman et al., 1986	
		영리병원의 행정관리비가 가장 높음	Woodhandler, 1997	공단 연구
		독점하에서 영리병원의 가격 증가	Gaynor, M. et al., 2003	
		영리HMO의 행정관리비 비중, 증가율, 입원환자 1인당 비용이 비영리HMO보다 높음	Pollock. A. et al., 2004	
	유의한 차이가 없음	614개 독일병원 대상으로 소유형태별 비용분석결과, 민간비영리병원과 민간영리병원 간의 차이는 통계적으로 유의하지 않음	Breyer et al., 1988	기타 연구
		외래방문 수를 입원등록 수로 전환하여 보정한 비용	Becker and Sloan, 1985	
		소유형태에 따른 임금률 차이가 거의 없음	Sloan and Steinwald, 1980	
		소유형태가 효율성에 영향을 미치지 않음	Vitaliano and Toren, 1996	
	영리병원이 효율적임	프론티어 생산함수 측정 결과, 영리병원이 민간비영리병원보다 더 효율적임	Wilson and Jadlow, 1982	
	비영리병원이 낮음	비교분석 결과	Herzlinger and Krasker, 1987	
			Sloan and Vraciu, 1983	
비용전가	영리병원에서 비용전가 발생	1인당 Medicare 지출의료비가 영리병원 집중지역에서 높았음	Silverman, 1999	공단 연구
		수요자에게 비용전가시킴	Ginsburg and Sloan, 1984 Dranove, 1988 Morrisey, 1994	기타 연구
	비용전가 발생 하지 않음	Medicare PPS 시행 이후 Blue Cross 비용 절감	Morrisey, 1994	
		영리병원의 가격설정능력 감소	Brooks et al., 1997	
	비영리병원이 비용전가	병원밀도가 높은 시장의 민간비영리병원이 높은 가격을 부과	Keeler et al., 1983	

표 51 영리 및 비영리병원 간 수익성 및 고용창출 성과에 대한 연구

이슈	결과	내용	근거	인용주체
수익성	영리병원의 이윤 극대화 경향	가정간호사업의 수익성 변화에 따라 영리병원 서비스 제공확률이 변화함	Howitz, 2005	공단 연구
		포괄수가제하에서 조기퇴원 및 외래전환의 증가	Lin HC, et al., 2004	
		영리병원의 DRG upcoding률이 높음	Silverman et al., 2003	
		영리병원의 채권수익성이 높음	Wedig et al., 1988	
	민간비영리병원의 수익성	민간비영리병원의 수익이 높음	US Medical Payment Advisory Commission, 1998	기타 연구
		영리병원의 수익성이 가변적임	Hoerger, 1991	
		비영리병원 투자에서의 현금흐름이 높음	Hoerger, 1994	기타 연구
고용창출		영리병원 고용감소	Shen YC, 2003	공단 연구
		환자 1인당 고용비율은 영리병원이 비영리병원에 비해 낮음	Arrington and Haddock, 1990	

비영리병원이 높은 가격을 부과한 연구결과(Keeler et al., 1983)가 있어 비용의 증가 및 전가, 효율성 측면에서 영리병원과 비영리병원 중 어느 부분이 더 우월한가를 논하기는 어렵다.

③ 수익성 및 고용창출

공단연구(2005)에서는 영리병원이 제공하는 서비스가 수익성에 더욱 민감하게 반응한다는 결과를 보여주는 연구들을 주로 제시하였다(Howitz, 2005 ; Lin HC, et al., 2004 ; Silverman et al., 2003). 실제로 민간비영리병원의 수익성이나 현금흐름이 더 높다는 결과를 보이는 연구도 있다(US Medical Payment Advisory Commission, 1998 ; Hoerger, 1994).

표 52 영리 및 비영리병원의 성과에 대한 실증분석 결과 요약

성과	실증분석 결과		근거	인용주체
의료서비스의 질	차이가 없음	structure	Herzlinger and Krasker, 1987	기타
		process	Keeler, 1992	
		outcome	Shortell and Hughes, 1988	
	비영리법인이 높음	structure		
		process	Schlesinger, 1997	
		outcome	Hartz, 1989 ; Mark, 1996 ; Garg, 1999 ; 최용준, 2004 ; Pollock et al., 2004 ; Jha et al., 2005 ; Shen, 2002;	기타 + 공단
비용	영리법인이 높음		Institute of Medicine, 1986 Lewin et al., 1981 Pattison and Katz, 1983 Becker and Sloan, 1985 Granneman et al., 1986	기타
			Woodhandler, 1997 Gaynor, M. et al., 2003 Pollock. A. et al., 2004	공단
	차이가 없음 비영리법인이 높음		Breyer et al., 1988 Becker and Sloan, 1985 Sloan and Steinwald, 1980	
효율성	영리법인이 높음		Herslinger and Krasker, 1987 Sloan and Steinwald, 1980	기타
	차이가 없음		Vitaliano and Toren, 1996	
수익성	민간비영리병원이 높음		US Medical Payment Advisory Commission, 1998	
	영리병원의 수익성이 가변적임		Howitz, 2005 ; Lin et al., 2004 ; Silverman et al., 2003	공단
비용전가	영리병원에서 비용전가 발생		Silverman, 1999	
			Ginsburg and Sloan, 1984 Dranove, 1988 Morrisey, 1994	
	비용전가 발생하지 않음		Morrisey, 1994 ; Brooks et al., 1997	
	비영리병원의 비용전가 발생		Keeler et al., 1983	기타
기술 확산	영리정신병원이 혁신적 서비스를 채택		Schlesinger et al., 1997	
	차이가 없음		Romeo et al., 1983 Russell, 1979 Sloan et al., 1986, 1997	

성과	실증분석 결과	근거	인용주체
병원자본금/투자	영리병원의 채권수익성이 높음	Wedig et al., 1988	기타
	비영리병원 투자에서의 현금 흐름이 높음	Hoerger, 1995	

④ 기술 확산

대부분의 연구에서 영리병원과 비영리병원 간의 소유형태에 따른 기술 확산 차이는 없는 것으로 나타났다(Romeo et al., 1983 ; Russel, 1979 ; Sloan et al., 1986, 1997). 다만, 영리정신병원이 혁신적 서비스를 채택하는 것으로 나타났다(Schlesinger et al., 1997). 결론적으로, 이상이 등(2005)의 연구에서는 영리병원이 비영리병원에 비해 성과는 낮으면서 가격을 증가시켜 의료비를 상승시킨다고 주장하고 있으나, 포괄적인 선행연구를 통해 살펴보면 영리병원과 비영리병원 간의 성과는 유사함을 알 수 있다.

 이상을 요약해보면, 영리법인의 성과가 비영리법인에 비해 떨어진다는 것을 주장한 공단연구에서 인용된 자료들은 전체 실증분석자료들의 특정부분에만 분포되어 있다. 의료서비스의 질에 대한 성과 비교시, 공단의 연구에서는 주로 결과(outcome) 측면에 초점을 두어 영리법인의 성과가 낮다고 한다. 그러나 구조 및 투입요소(structure), 진료절차(process)와 같은 다른 두 가지 측면을 모두 고려해보았을 때, 소유형태 간 차이가 없다는 연구도 있었다. 의료서비스의 비용 측면에서도 공단의 연구에서는 영리병원의 비용이 비영리병원보다 높은 결과를 나타낸 논문들만 인용하였다. 실제로 소유형태별 차이가 거의 없거나 비영리병원의 비용이 더 높게 나타난 연구도 존재하였다. 또한 운영효율성 측면에서도 기타 연구를 참조하면 영리법인이 더 높거나 두 기관 간 차이가 없다. 영리병원에서의 비용전가 발생 여부, 기술 확산과 병원자본금 및 투자 측면에서도 역시 학자들마다 상이한 연구결과가 도출되었다.

점진적인 영리법인 병원 허용방안

경제자유구역과 관련된 치열한 논쟁 속에서 병원협회는 영리법인병원(이하 '영리병원'이라 한다)을 허용해줄 것을 주장하였다. 모든 병원은 비영리법인으로 설립되었기 때문에 청산절차에 따른 개인지분이 인정되지 않고 있다. 비영리 의료법인은 개인의 모든 출연재산이 설립과 동시에 사회적 공유재산이 되고, 청산시 잔여재산은 국고로 환수된다. 결국 병원의 설립을 위한 입구는 있어도 퇴출을 위한 창구가 없는 자본조달구조 속에 우리 병원들이 운영되고 있다. 이러한 상황에서 병원을 위해 자금을 투자할 자선가를 찾기란 쉽지 않다. 게다가 외국 의료기관 설립에 대한 제한은 없다. 그러나 국내 의료기관에 대하여만 여전히 설립의 제한이 존재하는 국내 의료기관에 대한 역차별적인 사항이 아닐 수 없다. 따라서 병원협회를 중심으로 영리법인병원 허용에 대한 요구는 「헌법」이 보장하는 평등권과 생존권에 직결된 권리로 받아들여질 수 있다.

시민단체에서는 영리법인을 허용하는 경우 극단적인 적대적 M&A 등으로 인해 의료서비스의 지속성이 침해될 소지를 걱정하고 있다. 그러나 2000년 이후 의원들의 폐업신고가 급증하고 도산하는 병원들이 급속하게 늘어나는 것을 보면 의료서비스의 지속성이나 일관성이 영리법인 허용과 연계된 사안은 아니다.

영리병원은 단계적 실험을 통해 검증해볼 수 있다. 경제자유구역과 제주특별자치도에 유치되는 외국병원을 모델로 이러한 검증을 해보자는 의견이 학계와 개원가 소장파 의사들을 중심으로 제기되고 있다. 전국적인 영리법인 허용보다 경제자유구역이나 기업도시 내에서 제한적 실험을 토대로 영리법인의 허용문제를 논하는 것이 보다 합리적이다. 영리병원을 전국적으로 확대하기 이전에 사회적 물의를 일으키지 않도록 선행실험을 통제가능한 제한적 환경에서 해보자는 '시뮬레이션' 주장이다. 이는 영리병원의 허용이라는 중대정책사안을 실험을 통해 점진적으로 구현하자는 합리적인 의견이다.

차선책으로 병원경영지원회사(MSO)의 활용방향

① 개념 및 의료기관과의 관계

MSO는 의료행위와 관계없는 병원경영 전반, 구매, 인력관리, 진료비 청구, 마케팅 등에 대한 서비스를 제공하는 회사이다. 원가절감과 생산성 향상을 통해 병원경영을 효율적으로 하고 병원의 수평·수직적 네트워크를 활성화하여 의료기관의 경쟁력을 높일 수 있다. 비영리법인도 병원경영지원회사 지분에 참여하여 수익사업에 참여하고 의료 R&D, 해외투자 등 투자활동을 보다 용이하게 할 수 있다.

의료법인·의료인은 MSO에 출자하여 자본을 통해 전략적 연계를 가진다. 의료기관은 경영지원에 대해 의료기관의 매출액 또는 이익의 일정비율(Profit-sharing)을 MSO에 제공한다.

② 우리나라의 병원경영지원회사 활용현황 및 부진요인

지금까지 MSO와 유사한 조직을 활용해온 것은 병원계가 아니라 비급여 중심 의원 네트워크이다. 대표적으로 예치과, 고운세상피부과, 함소아

그림 5 MSO와 의료기관 간 관계

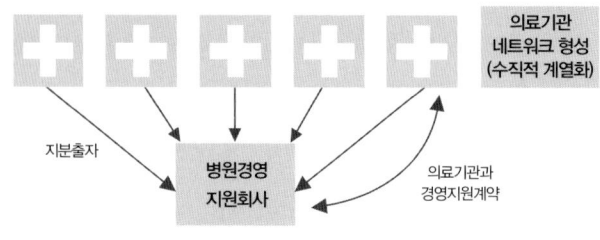

한의원 등이 있으며, 브랜드 제고 및 마케팅 수단으로 활용되어 왔다. 최근 네트워크 병·의원들의 권익보호 및 제도개선을 위해 대한네트워크병의원협회가 출범(2006.11.7)되었다. 그러나 아직은 공동구매·투자 등 경영합리화를 위한 전략적 네트워크 수준에는 미치지 못하고 있다. 미국에서는 HMO와 같은 관리의료(managed care)가 등장하여 가격협상과 진료스케줄, 환자기록, 전산청구 등 정보화 구축 등이 활발해지고, 이에 따라 의료기관의 경영효율화와 의료기관 네트워크 구축 등이 필요하여 MSO가 출현하였다.

아직 우리나라에서는 MSO가 활발하지 않다. 그 이유는 네 가지를 들 수 있다. 첫째, 의원급 의료기관의 개설은 주로 단독개원(1인)[331]의 형태를 띠고 있다. 이에 따라 경영지원 서비스에 대한 인식이 미비하다. 둘째, 비영리 의료법인의 경우 수익사업이 제한되어 MSO 등 영리회사에 대한 지분투자가 불가능하다. 셋째, 그동안 공보험 등 규제 중심적인 의료공급체계가 운영되어 왔다. 넷째, 세금문제 노출 등 일부 불투명한 회

---

[331] 2005년 치과의원의 예: 전체 12,532개 중 11,090개소(88.5%)가 단독개원하였으며, 아울러「의료법」제33조에 의한 의료인의 복수의료기관 개설도 금지되고 있다.

표 53 치과 Network 가입동기 및 가입효과에 대한 만족도 조사

가입동기	만족도(100)	가입 후 효과	만족도(100)
직원 교육훈련	40	브랜드 제고 등 마케팅	44
브랜드 제고 등 마케팅	32	최신 의료기술	30
최신 의료기술	34	직원교육	29
경영 노하우 습득	32	경영합리화	25
공동구매·투자	12		

자료 : 대한치과관리의료학회(2006 춘계학술대회).

계관행 때문에 MSO를 통한 경영위탁이 선호되지 않았다.

③ 대표적 MSO Model

대다수의 MSO는 네트워크와 자본조달의 두 가지 기능을 동시에 수행한다. MSO를 네트워크를 통한 개별 의료기관의 경쟁력 강화와 외부 자본조달·의료기관의 투자행위를 중심으로 나누어본다.

(1) 네트워크모형

의료기관 간 네트워크를 활성화하기 위하여 MSO를 활용한다. 복수 의료기관의 지분출자를 통해 병원경영지원회사를 설립한 후 수평적 계열화와 수직적 계열화를 통해 브랜드, 의료기술, 진료연계 등 의료기관 네트워크를 활성화한다. 수평적 계열화는 네트워크 내 의료기관 간 공동구매, 의료기기의 공동이용 등 규모의 경제를 달성한다. 수직적 계열화는 1~3차 의료기관 간, 급성기·요양병상 간 연계를 통해 환자편의를 증진하고 자원을 효율적으로 이용한다. 의약품·의료기기 등의 구매대행, 의료시설 등 자원공유, 인력관리, 마케팅, 법률·회계 등 경영활동의 아웃소싱을 통해 네트워크 회원병원의 경쟁력을 높인다. 특히, 의원급

그림 6 네트워크모형에서 제공되는 경영지원 서비스

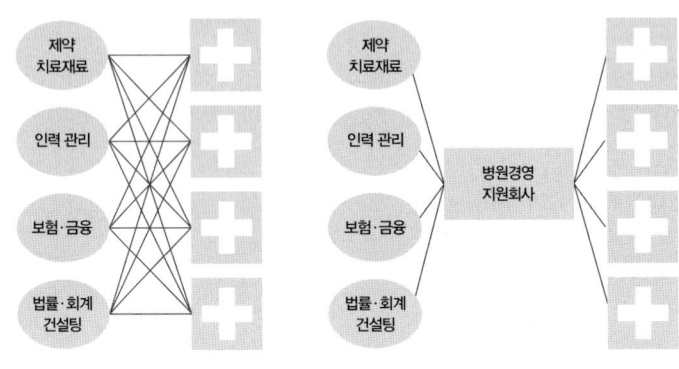

의료기관의 공동개원(2인 이상)이 활발해지는 것을 고려하면 MSO 등을 통한 경영관리의 필요성은 더욱 높아지고 있다.

(2) 자본조달모형

MSO를 통해 영세한 의료분야에 외부자본 투자를 유치할 수 있다. 현행 「의료법」은 영리법인이 금지되어 의료법인 및 개인병·의원[332]에는 외부자본을 투자할 수 없다. MSO에서도 직접 의료기관에 투자할 수는 없다. 그러나 MSO가 외부자본을 유치한 후 병원시설 임대나 경영위탁 등을 통해 외부자본의 의료기관에 대한 실질적인 기여를 기대할 수 있다. MSO는 의료기관에서 나오는 수수료 수익을 투자자에게 배분한다.

---

[332] 개인병·의원의 경우에도 비의료인은 「의료법」 제33조제2항(의료기관 개설주체)에 의해 의료기관 개설이 금지되어 있으므로 공동출자가 불가능하다(대법원 판례).

그림 7 자본조달모형에서 투자 및 자본조달과정

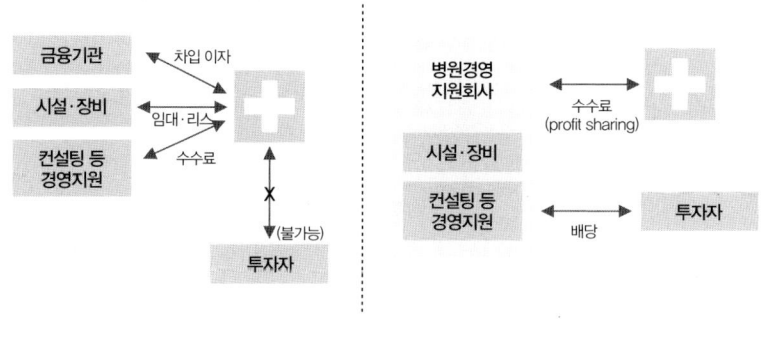

④ MSO 기대효과

(1) 급성기 병상 및 고가장비 이용효율화

현재 의원급 의료기관 보유병상은 9.9만 개로 전체병상의 27.4% 수준이다. 이는 국가 전체로는 비효율적이다. 그러나 개별의원의 입장에서는 환자유치를 위해 불가피하다. 그러나 MSO를 통해 특화 질병별로 프렌차이즈 등 네트워크가 형성될 경우 브랜드 공동이용, 의료자재 공동발주 등을 통해 개별의원 입장에서는 고비용을 수반하는 병상을 유지할 필요성이 적어진다.

우리나라는 대표적인 고가의료장비 과다 보유국가[333]이다. 이는 고가 의료장비 유지 등에 적합한 최소 300~500병상(추정)에 미달하는 중

---

[333] 인구 백만 명당 고가장비 보유비교(2002년기준, OECD Health data 2005)
 - MRI : 한국 7.9, 영국 5.2, 캐나다 4.5, 호주 3.7, 프랑스 2.7
 - CT : 한국 30.9, 미국 13.1, 캐나다 10.3, 프랑스 9.7, 영국 5.8

규모 병원이 과다하기 때문이다. 그러나 MSO가 활성화된다면 기존 보유 의료장비의 MSO 현물출자나 병원 간 공동이용 또는 고가의료장비의 MSO를 통한 공동구입이나 공동이용으로 고가의료장비 이용의 효율성이 제고될 것이다.

(2) 100~300병상의 중간규모 병원 M&A 촉진

중규모 병원은 M&A를 통해 규모를 적정화해야 한다. 그러나 현행제도상 의료법인은 비영리법인으로 M&A가 사실상 불가능하다. 개인병원도 개인자산을 활용한 자금차입에 한계가 있고, 복수 의료기관 개설도 허용되지 않는다. 하지만 자본결합형 MSO와 함께 MSO를 통해 외부에서 자금을 조달할 경우, 사실상 M&A 효과를 기대할 수 있다.

⑤ 의료산업의 저변확대를 통한 새로운 수익모델 창출

의료법인의 수익사업 범위가 확대되는 추세에도 불구하고, 현재의 비영리법인체제로서는 의료가 중심이 된 수익모델을 발굴하는 데 한계가 있다. 그러나 MSO는 의료인 또는 의료자본이 중심이 된 영리법인체제이므로, 이를 통한 다양한 수익모델을 창출할 수 있다. 예를 들면 ① 의료기기·자재개발·제작에 대한 투자, ② 임상연구 대행 또는 임상연구사업 투자, ③ 건강관련업(건강보조식품, 건강검진)에 대한 투자, ④ 의료산업인력(간호보조원, 간병인)양성업 등을 고려할 수 있다.

3. 민영건강보험을 활용한 건강 보장 강화

민영건강보험의 개념과 현황

① 민영건강보험의 개념과 종류

우리나라의 민영건강보험은 민간생명보험회사와 민간손해보험회사에서 판매하는 건강관련 보험상품이다. 1970~1990년대까지는 생명보험에서 제공하는 질병보험, 상해보험, 장기간병보험과 손해보험에서 판매하는 상해손해보험과 장기손해보험의 건강관련 상품으로 분류되었으나, 정부의 금융시장 규제완화의 제3보험으로 분류되고 있다. 전통적으로 생명보험회사는 정액형 상품을 판매해왔고, 손해보험회사는 실손형 상품을 판매해왔기 때문에 양 업계의 민영건강보험 상품구성도 이에 영향을 받고 있다. 이러한 구도에 큰 변화를 준 규제변화가 2005년 8월 생명보험사들에게 개인을 대상으로 한 실손형 민영건강보험의 판매를 허용한 것이다. 이로 인해 양 업계의 민영보험에 대한 업무영역 제한은 완전히 철폐되었다.

　민영건강보험은 정부보험에 대한 대체 여부에 따라 대체형 보험과 보충형 보험으로 구분될 수 있고, 보충형 민영건강보험도 범위에 따라 크게 두 가지 방식으로 정의할 수 있다. 건강보험이 사회보험으로서 전 국민을 대상으로 하는 현재의 의료보장체계에 대한 큰 변혁을 의미하고, 건강보험을 사회적 연대의 입장에서 접근하는 시각이 지배적인 현재의 정서하에서는 대체형 민간보험의 도입은 당분간 생각하기 어렵기 때문에 우리나라의 민영건강보험은 보충형으로 정의해야 할 것이다. 보충형 민영건강보험은 민영건강보험이 커버하는 급여의 범위에 따라 크게 비급여부분 급여방식(supplementary insurance)과 법정 본인부담금 급여방식(gap insurance)으로 나눌 수 있다.

민영건강보험의 정의와 분류에 관해서는 많은 논의(정기택, 1997, 2005, 2006)가 있었지만 가장 중요한 것이 바로 정액형과 실손형의 구분이다. 이는 보험자가 질환이 발생한 경우 어떻게 보상하는가에 따른 것이다. 정액형의 대표적인 상품은 암보험인데, 암이 발생하면 의료비와는 무관하게 가입시에 약정한 금액을 정액으로 의료기관이 아닌 환자에게 직접 지급하게 된다. 예를 들어, 암 발생시 1,000만 원, 수술시 2,000만 원, 입원시 일당 10만 원, 간병인에게 일당 5만 원 등의 방식으로 정액의 현금을 환자에게 지급한다. 이와는 대조적으로 실손형은 발생한 의료비의 전액 또는 일부를 환자가 아닌 의료기관에 지급하는 방식이다. 여기서 정액형 암보험이 진정한 보험이 아니라고 하는 이유를 따져보자. 한 환자가 상피내암(암의 발병 이전단계)으로 진단받아 1,000만 원을 받았다. 그런데, 이 환자의 전체 의료비는 300만원밖에 들지 않았다. 그러면 이 환자는 암보험 가입으로 인해 700만 원의 이익을 본 것이다. 특히 암보험은 1980~1990년대에 가입한 사람의 경우 상당수가 2개 이상에 가입했으므로 이 환자의 보험가입으로 인한 '금융소득'은 1,700만 원이나 된다. 이는 보험의 기본원칙인 손실보상의 원칙에 위배될 뿐 아니라 의료비 부담으로 가계가 파탄되는 중산층이 급증하고 있는 현실에서 매우 비효율적 제도로 볼 수 있다. 작년에 8조 원을 넘은 전체 민영건강보험 시장에서 90% 이상이 정액형임을 상기하면 민영보험 가입자가 그렇게 많은데도, 중병에 걸려서 가계가 파탄나는 가정이 많은 이유를 짐작할 수 있다. 또한 8조 원에 육박하는 민영건강보험에 대해서 의료기관들이 관심을 가지지 않고 있었던 이유 또한 바로 정액형이 절대다수를 차지하기 때문에 의료기관은 보험사와 거래가 거의 전무했던 것에서 찾을 수 있다.

② 민영건강보험시장의 성장 추세

민영건강보험시장의 규모 추정은 표준화된 기준이 없기 때문에 학계 및 보험업계에서 시장규모를 추정하기가 매우 어렵다. 손해보험의 경과보험료와 생명보험의 건강관련 보험상품의 수입보험료를 이용하여 분석한 결과, 전체 민영건강보험시장은 1996년 1조3,197억 원에서 매년 20% 이상 성장하여 2005년에는 7조5,049억 원 가량이 되었다. 1996년 이후 6년간 연평균 20% 이상의 성장률을 보였으며, 특히 의약분업으로 인해 정부건강보험의 재정부실에 대한 관심이 증대했던 2001년에는 34.8% 수준의 높은 성장률을 보였다. 수입보험료 기준으로 생명보험산업은 전체 민영건강보험시장의 84% 이상을 점유하고 있다. 1996년 이후 계속적으로 손해보험산업이 차지하는 비중이 증가하는 추세이다. 세 가지 건강관련 보험상품 중 장기손해보험상품이 가장 높은 성장률을 보여 1996년에는 전체 건강보험시장에서 3.7%에 불과하던 비중이 2005년에는 15.1%를 기록하였다.

민영건강보험의 보장내용은 단기 입·통원치료에 해당하는 진료비와 검사료뿐 아니라 간병, 소득상실, 차액병실료, 재택치료, 개호치료 및 가족생계자금 등에 대한 보장 및 사망급여 등 정부건강보험에서 보장하지 않는 매우 광범위한 내용이 포함되어 있다. 8조 원 수준의 수입보험료는 정부건강보험에서 보장하는 단기, 중기 입·통원 치료 외에 추가적인 의료서비스 및 소득보장을 제공하고 있기 때문에 이를 정부건강보험료 수입규모와 단순하게 비교하는 것은 무리가 있다. 따라서 순보험료 관점

표 54 민영건강보험시장의 규모
(단위: 백만 원, %)

구분	생명보험		장기손해보험		상해보험		총계	
	수입보험료	비중	경과보험료	비중	경과보험료	비중	보험료 총액	성장률
1996년	1,250,725	94.8	48,180	3.7	20,821	1.6	1,319,726	–
1997년	1,498,002	93.9	70,487	4.4	26,064	1.6	1,594,553	20.8
1998년	1,767,255	93.7	93,618	5	25,582	1.4	1,886,455	18.3
1999년	2,242,596	91.8	156,729	6.4	42,471	1.7	2,441,796	29.4
2000년	2,799,958	90.9	249,338	8.1	32,260	1	3,081,556	26.2
2001년	3,739,371	90	386,775	9.3	29,239	0.7	4,155,385	34.8
2002년	4,486,746	89.4	495,119	9.9	36,419	0.7	5,018,284	20.8
2003년	4,840,200	85.2	787,600	13.9	51,100	0.9	5,678,900	13.2
2004년	5,515,400	84.6	943,900	14.5	63,500	0.9	6,522,800	14.8
2005년	6,294,800	83.9	1,131,200	15.1	78,900	1	7,504,900	15.1

에서 의료보험시장 규모는 그 내역을 구분하여 추정해야 한다.

2006년 3월 보험개발원의 보험판매 현황자료를 분석하면 실손 및 정액보상상품 중에 사망 및 저축부분을 제외한 2004년 순보험료 총액은 약 4조3천억 원 가량이 되었다. 수입보험료 총액기준과 비교할 때 약 2조2천억 원의 차이를 보였다. 지급보험금은 3조6,500억 원에 달하고 있어 전체보험료 대비 지급보험금은 약 85%로 산정되어 기존 연구(이진석, 2005)에서 주장하는 것과 차이를 보였다. 특히 지급률이 낮은 것은 민영건강보험상품 중에서 1%에도 못미치는 상해보험이다. 실손상품이 주종을 이루고 있는 손해보험의 장기손해보험 손해율은 수입보험료 기준으로 2001년에 91.3%, 2004년에는 99.0%를 기록하고 있다.

우리나라 공·사 건강보험의 근본적 문제

2001년 의료대란을 겪으면서 많은 사람들이 암보험 등의 민영건강보험에 가입하는 것이 유행되었다. 우리 국민들 5명 중 3명 이상이 민영건강보험상품에 가입하여 시장규모도 작년 기준으로 이미 8조 원을 넘고 있고, 정부가 제공하는 건강보험(국민건강보험)에서 1년 동안 의료기관에 지급하는 총액이 20조 원을 넘었다. 공·사보험을 합하면 건강보장을 위한 지출규모가 이미 가계와 국가에 부담을 주는 수준에 이르고 있는 것이다. IMF 한파로 온국민들이 고생했던 1997년에 민영건강보험시장의 전체규모가 1조5천억 원에 불과했음을 보면 그 시장이 얼마나 빠르게 성장하고 있는지를 짐작할 수 있다.

그런데 문제는 민영건강보험이 국민건강보험과 전혀 연관 없이 따로 발전해왔다는 점이다. 그러다보니 민영건강보험은 덩치만 커졌지 내실은 부실해 보험사는 물론 소비자 모두에게 만족스런 대안이 되지 못하고 있다. 무엇보다 소비자의 다양한 수요를 만족시켜 줄 수 있는 상품개발이 이뤄지지 못하고 암과 뇌혈관질환, 성인병 등 특정질병 위주로만 판매가 이루어지고 있다. 보험의 본래 목적은 경제적 손실을 적절히 보장해주는 것이다. 그러나 질환별로 보장하다보면 어떤 질환은 과다보장을 하게 되고, 어떤 질환은 전혀 보장하지 않는 문제가 생긴다. 일부에서는 이를 보험이 아니라 로또라고 혹평하기도 한다. 더욱 심각한 문제는 보건복지부의 국민건강보험 보장성 강화 로드맵도 질환에 근거해서 보장을 확대하고 있다는 점이다.

2005년 6월 보건복지부가 발표한 '건강보험 보장성 강화방안'에 따르면 당시 의료비 중에 국민건강보험에서 부담하는 보장률이 50%에도 못미치는 암과 같은 중증질환에 대한 보장을 획기적으로 확대하여 60%에 불과했던 전체의료비에 대한 급여율을 2008년까지 70% 이상으로 향상시킨다는 것이다. 이를 위해서 암 등의 중증질환을 대상으로 환자의 부담경감을 위해 비급여서비스를 한시적 급여로 인정하고 중증환자의 법정 본인부담률을 현행 총 20%에서 10%로 인하하였다. 그리고 식대, 상급병실 이용료 등에 대한 보장을 2007년까지 단계적으로 확대할 것이라고 발표하였다.

국민건강보험 보장성 강화 로드맵은 크게 두 가지 문제가 있다. 첫째, 보장성 강화에 필요한 재원조달계획이 구체적이지 못하다. 2005년부터 2008년까지 2조5천억 원의 재원이 소요된다. 그러나 구체적으로 어떻게 재원을 조달할 것인가에 대한 계획은 발표되지 않고 있다. 둘째로, 이미 70% 이상의 국민이 가입한 민영건강보험에서 보장하고 있는 중대질환을 중심으로 보장성을 확대한 점이다. 보건복지부는 공단과 협조를 통해서 42개 질환군을 선정했다. 그러나 정부가 선정한 질환에 대해서는 과대하게 보장하고, 나머지 주요 질환에 대해서는 과소보장할 수 있다. 여기서 보험이 아닌 로또화되고 있는 건강보험의 문제를 다시 강조하지 않을 수 없다. 국민건강보험료를 지난 20년간 성실히 납부했던 한 직장인이 정부가 선정한 42개 질환군에 속하지 않는 다른 질병에 걸려서 고액의료비를 내야 하는 상황에 처했다고 가정해보자. 이 환자는 보장성 강화를 위해서 매년 6~7%씩 인상되어온 국민건강보험료를 한 마디 불평 없이 성실납부했으나 의료비의 50% 이상을 자기 호주머니에서 지급해야 하는 것이다. 더욱이 이 환자는 암보험에 가입해서 지난 15년간 매월 20만 원 이상을 납부해왔는데 정작 자신이 걸린 병은 민영건강보험에서 보장하지 않는 질환인 것을, 병에 걸리고 의료비로 빚까지 진 다음에 알았다면 누구를 원망할 것인가? 바로 이러한 문제가 발생하지 않도록 정책이 입안되어야 한다.

건강보험 관련문제에 대한 왜곡

지난 2년간 전술한 건강보장의 본질적 문제에 관해서는 충분한 준비와 여론수렴을 하지 않은 채, 실손형 민영건강보험의 법정 본인부담금 금지와 민영건강보험법 제정에 대한 논란이 있었다. 여기서는 실손형 보험의 영역제한에 관해서만 논의하고자 한다.

2006년 10월 24일 의료산업선진회위원회의에서 민영건강보험은 비급여만을 보장하고 법정 본인부담금을 보장하지 못하도록 규제방향을 정했다. 이는 보험사에서 제공하는 의료보험은 고급의료서비스에 초점을 맞추어 의료산업 발전에 기여하도록 하고, 기초적인 의료서비스에 해당하는 부분은 정부에서 책임져야 한다는 논리에 기초하고 있다. 이는 여러 면에서 문제가 있다. 우선 비급여의 범위가 수시로 바뀐다. 전 세계적으로 이런 규제를 하는 나라도 없지만, 민영건강보험의 역할을 규정하기 위하여는 비급여의 범위가 구체적으로 정해져야 한다. 국민합의를 통해 정부보험이 보장할 영역이 잘 정해져야 비급여 범위가 규정될 수 있다. 그러나 정부보험에서 향후 보장할 영역에 관해 관련업계와의 협의도 없었을 뿐 아니라 구체적인 정보가 국민들에게 제공되지 않고 있다. 우리나라 정부보험의 보장영역은 2005년부터 시행된 보장성 강화 로드맵에 따라서 주요 질환 중심으로 확장되고 있다.

도덕적 해이와 실손형 민영건강보험의 영역

실손보험의 영역을 국민건강보험의 비급여서비스에 국한시키는 것이 타당한가? 이에 대하여는 실증분석이 필요하다. 그러나 실손형 민영건강보험이 정부보험의 법정본인부담금을 100% 보상하게 되면 도덕적 해이가 발생한다. 의료이용이 많아지고 결과적으로 정부보험의 재정이 악화될 수 있다. 그럼에도 정기택 외(2006)의 연구 이전에는 실손형 민영건강보험의 가입으로 인한 도덕적 해이가 국민건강보험의 재정에 미치는 영향에 관한 실증연구는 없었다. 2004년부터 경희대 의료산업연구원에서는 보험사의 민영건강보험 가입자자료와 정부건강보험자료를 환자 개인 수준에서 연계하여 이 문제를 실증적으로 분석해오고 있다(정기택, 2004, 2005, 2006, Jung KT 1998, 2005).

실증분석 결과, 가입자와 비가입자 간의 의료이용량을 비교해보면, 외래의 경우, 민영건강보험 가입자의 연간 외래방문횟수 및 외래비용이 비가입자에 비해 통계적으로 유의하게 컸다. 그러나 입원의 경우는 민영건강보험에 가입하지 않은 사람의 연간 입원일수 및 연간 입원비용이 민영건강보험 가입자에 비해 유의하게 크다. 외래와 달리 입원부분에 대한 서비스 이용량의 경우, 민영건강보험의 가입 여부가 영향을 미치지 않았다(정기택 외 2006). 이는 외래서비스와 입원서비스가 성격이 다르고 환자가 진료 여부를 결정할 수 있는 권한의 차이에서 기인한다고 볼 수 있다. 그리고 외래서비스의 가격탄력도가 입원서비스의 가격탄력도보다 크기 때문에 민영건강보험 가입으로 소비자(환자)가 인지하는 의료서비스 이용가격의 하락이 외래서비스의 의료수요에 영향을 미친 결과이다. 입원의 경우 민영건강보험 가입으로 도덕적 해이는 발생하지 않으므로 법정 본인부담금을 보상하지 못하게 할 이유가 없다. 한편, 외래의 경우 도덕적 해이가 발생하는 것을 방지하여야 한다. 이에 대한 방안으로 민영건강보험에서 사용하고 있는 5,000원의 공제액과 같은 제도를 정부건강보험에 원용하여 현재의 3,000원 정액제도를 강화할 필요가 있다. 이는 소액의료비에 대해서는 1만 원까지 본인이 부담하게 하자는 기존 연구(최병호, 2001)와도 일치된다. 외래에서 긴급하지 않거나 과다이용의 가능성이 높은 질환에 대해서는 본인부담을 다소 인상하여 재정을 절감하고, 여기서 절약된 재원으로 중증질환의 고액진료비를 보장하는 전제하에 정부와 민영보험의 역할을 정해야 할 것이다. 민간보험가입 및 실손형 보험으로 인한 도덕적 해이가 외래부분에서만 발생한다. 따라서 외래부분에서 적정 수준의 본인부담금을 어떻게 결정할지에 대해 향후 심도 있는 실증연구가 필요하다.

질환 중심 보장성 강화의 문제점

경희대 의료산업연구원에서는 2002년 건강보험청구자료를 활용하여 정부의 건강보험 보장성 강화 로드맵에서 보장성 강화대상으로 보건복지부가 제시한 42개 질환군과 기타 질환군으로 구분하여 건당 의료비와 본인부담금 및 평균 본인부담비율을 비교하는 실증분석을 2006년에 수행하였다. 정부의 보장성 강화 로드맵의 급여확대 질환 선정의 타당성을 평가해보기 위해서였다. 급여확대 질환으로 선정된 질환군 198개와 그렇지 못한 질환 1,227개를 대상으로 진료비를 비교하여 질환군 기준 보장성 강화를 위한 질환 선정의 타당성을 조사한 것이었다.

정기택 외(2006)의 연구에서는 2002년도 건강보험청구자료 중 입원사례를 분석을 위한 기초자료로 활용하였으며, 이를 분석의 목적에 맞게 재구성하였다. 질환별 의료비 지출의 분석을 위하여 청구건으로 구성되어 있는 보험청구자료를 개인을 기준으로 재분류하였고, 결과적으로 2002년 건강보험청구자료 중 입원건수를 대상으로 총 220,426건의 개인별 연간 의료이용값이 사용되었다.

이 연구에서 사용한 42개 질환군에 속하는 198개의 질환과, 속하지 않는 1,227개의 질환 총 1,425개의 질환은 질환군 내의 개인별 본인부담금의 편차가 매우 크게 나타났다. 예를 들어 급여확대 대상 질환인 뇌출혈의 경우 연간 법정 본인부담금의 최대값은 17,230,000원, 최소값은 9,000원이었고, 급여확대 대상에서 제외된 심내막염의 경우 최대값이 10,869,000원, 최소값이 26,000원이었다. 다시 말해서 급여확대 대상에 선정되었는가 여부에 무관하게 법정 본인부담금의 편차가 매우 크고 특히 최대값이 1,000만 원이 넘는 경우도 많기 때문에 로드맵에 따라 보장성이 확대되더라도 의료비 위험으로부터 가계를 적절히 보장하지 못하고 있다. 이는 비급여 본인부담금까지 고려하는 경우 더 문제가 된다. 통상 고액의료비의 경우 비급여 본인부담금이 법정 본인부담금보다 높기 때문에 본인부담금 총액은 2,000만 원이 넘을 수 있다. 반면에 본인부담금이 10만 원도 되지 않는 뇌출혈환자도 많은데 환자들의 소득에 무관하게 90%의 의료비를 정부가 보상하는 것도 타당치 못하다.

실손형 민영건강보험을 활용한 보장성 강화방안

① 실손형 보험의 활용방안

이상의 분석으로 보면 의료비로 인한 개인의 경제적 손실을 보장해주기 위해서는 특정한 질환들을 선택하여 보상해주는 방식은 합리적이지 못하다. 보험의 주목적은 예기치 않은 질환 발생으로 인한 개인의 경제적 손실을 보장해주는 것이다. 그러나 본인부담금이 1만 원인 환자와 1,000만 원인 환자를 단순히 질환명이 같다고 해서 보상해주는 것은 바람직하지 못하다. 그러므로 질환 중심의 급여확대는 타당하지 못하다. 질환 발생으로 인한 개인의 경제적 손실을 보장해주기 위해서는 질환군 단위의 급여확대보다는 질환 발생으로 인한 의료비를 기준하여 급여를 확대하는 것이 바람직하다.

다시 말해서 환자가 직면한 본인부담금을 질환과는 무관하게 보장하는 제도가 필요하다. 이미 암을 포함한 3대 질환에 대해서는 공·사보험에서 모두 보장하여 과다보장상태에 있으므로 그 외 모든 질환과 사고에 대해 균형적 보장을 할 수 있도록 제도를 마련해야 한다. 이를 위해 극빈층을 제외한 모든 환자가 부담할 수 있는 소액진료비는 가능한 환자부담으로 돌려 중증의 고액진료비 재원으로 활용하여야 한다. 다만, 방문당 소액진료비라도 장기간 방문해야 하는 저소득가구 및 장기질환자에 대해서는 본인부담을 경감하여 거의 무상으로 의료보장을 제공해야 한다. 이런 관점에서 의료급여환자와 저소득 차상위층 건강보험환자 산의 본인부담의 형평성을 맞춰주어야 한다. 그러나 일정소득 이상에 대해서는 의료보장에 대한 본인의 책임을 강화하되, 최소한 1년간 본인부담이 연소득의 일정률을 넘지 않도록 하는 것이 중요하다. 보장성의 강화로 본인부담이 대폭 인하되면 환자들은 주로 3차병원으로 쏠리게 될 것이다. 때문에 의료기관 종별로 환자의 이용절차에 대한 전반적인 검토가 필요하다. 본인부담을 줄여주기 때문에 환자들에 대한 가격메커니즘이 작동하지 않을 것이므로, 의료 이용에 대한 비가격적인 규제가 동시에 이루어지는 것이 필요할 것이다.

실손형 민간보험의 영역에 경직된 규제를 가하지 않고 이를 공·사보험 연계에 활용한다면 암보험 등 질환 중심으로 구성된 민간보험과 본인부담이 40%에 이르는 현행 의료보장시스템의 허점을 개선할 수 있다. 이를 위해 민영건강보험의 주종을 이루고 있는 특정질환에 대한 정액형 보험에 이미 가입하고 있는 기존 가입자가 실손형으로 전환할 수 있도록 제도개선이 필요하다. 이를 통해 민영보험시장의 대부분을 실손형 보험이 차지하게 하고, 이를 국민건강보험과 연계한다면 이미 납부되고 있는 8조 원 규모에 육박하는 귀중한 재원을 효과적으로 활용할 수 있다. 결국 국민건강보험의 보장성을 강화하는 것만이 정부의 의무가 아니라, 자발적으로 납부하고 있는 귀중한 민간보험료를 효과적으로 활용할 방안을 모색하는 것 또한 정부가 해야 할 중요한 정책과제이다.

② 공·사건강보험 연계의 원칙

장기적으로는 공공보험과 민간보험의 관계를 적절하게 정립하여야 한다. 의료시장 전체를 공공보험으로만 운영하는 것은 심각한 비효율을 낳고, 다양한 의료수요를 충족시켜 주지 못한다. 현실적으로도 신의료기술이나 신약 혹은 신재료 등 그리고 고급병실 등 값비싼 의료서비스들은 공공보험으로 제공하기에는 재원이 제약되고 의료형평성의 문제가 일어난다. 이처럼 의료서비스는 끊임없이 발전하고 변화한다. 때문에 공보험이 적시적으로 적응하기 어렵다. 그러므로 해당 의료서비스가 상당히 확산되었을 때 공보험의 역할을 수행하는 것이 타당할 것이다. 따라서 공보험의 급여보장범위는 환자의 입장에서 필수적인 의료서비스에 대한 필수진료 패키지를 설정하는 것이 필요하다. 이러한 필수진료 패키지 내에서는 대부분의 질병에 대한 치료가 가능하도록 해야 하며, 이를 위해서 정확한 진료 가이드라인이 제정되어야 할 것이다.

특히 필수진료 패키지 내의 서비스들에 대한 가격 및 진료량에 대한 통제가 이루어짐으로써 보험재정에 대한 통제기능이 확보되어야 한다. 그런데 필수진료 패키지 내의 모든 서비스를 공공보험의 영역 속에 포함시키기에는 재정의 한계가 있을 것이므로 고액진료비가 소요되는 중증질환(Major Risk)급여와 예방적 의료서비스를 공공보험의 급여를 통해 보장하는 일차적인 필수진료로 제한할 필요가 있다. 의료에 대한 보편적인 접근성과 고도의 위험에 대한 보장성 그리고 재정적인 통제를 조화시키기 위해서 의료행위, 의약품, 재료 등 의료서비스에 대한 전면적인 구조조정을 정책적으로 시행하여야 한다. 한편 필수진료 패키지 범위를 벗어나는 선택적 의료 및 공보험의 법정 본인부담금에 대해서는 의료공급자가 환자의 선택을 존중해야 하며, 민영건강보험이 보충적 보장을 제공해야 한다. 이러한 원칙하에서 중증 및 만성질환에 대한 환자의 비용부담이 최소화되도록 본인부담률을 조정해야 한다. 다만, 국민건강보험과 민영건강보험이 공동으로 보험사업을 할 수 있는 방안도 강구해야 할 것이며, 경증질환에 대한 보충보험은 관리의료(Managed Care) 방식이나 의료저축계정(MSA)의 도입을 적극 검토해야 할 것이다.

참고문헌

CORPORATECITY

1부 | 기업도시의 탄생

- 김현아·이승우·임주호, "기업도시 건설의 방향과 과제", 《도시정보》 5, 대한국토·도시계획학회, 2004. No. 266, pp. 3~14.
- 전국경제인연합회, "일자리 창출과제 추진계획(안)", 2004. 2. 25.
- ____, "전경련 일자리 창출사업 보고", 2004. 11. 10.
- ____, 《기업도시개발특별법에 관한 문답집》, 2004. 10.
- ____, "기업도시 건설을 통한 투자활성화 방안", 2004. 6. 15, 기업도시 건설을 위한 정책포럼 발표자료의 보완자료.
- ____, "바람직한 기업도시 건설방안", 2004. 6. 15, 기업도시 건설을 위한 정책포럼 발표자료.

2부 | 기업도시의 검토 배경

- 과학기술부, 2005년 과학기술연구개발활동 조사보고서, 2005a.
- ____, 2006 과학기술연구개발활동 조사, 2006.

- _____, 과학기술부 국정감사자료, 2005b.
- 국민경제자문회의, "동반성장을 위한 새로운 비전과 전략 – 일자리 창출을 위한 패러다임 전환", 2006.
- _____, "한국형 경제발전 모델의 변천과 새로운 모색", 2005.
- 김명식, "수출의 설비투자 유발효과 분석", 《조사통계월보》 8, 한국은행, 2005.
- 김병국, "도시 생활환경의 측정", 《지방행정연구》, 한국지방행정연구원, 1989, pp. 17~35.
- 김성수, "연구개발투자가 생산성에 미치는 영향", 《산은조사월보》 605호, 2006, pp. 27~50.
- 김원규, "정부 R&D 투자의 고용창출 효과 높여야", 《e-KIET 산업경제정보》 301호, 산업연구원, 2006.
- 김인철·김원규·김학수, "연구개발투자의 효율성 분석", 산업연구원 보고서 485호, 2003.
- 김종일·왕규호·정수연, "한국 제조업 업종별 생산성 결정요인에 관한 연구 – 개별 기업자료를 중심으로", 산업조직연구, 2001.
- 김태석, "주요 업종별 국내외 대표기업의 경영성과 비교", 한국은행 보도자료, 2006.
- 김현정, "서비스산업의 신성장동력 가능성 분석", 한국은행 보도참고자료, 2006.
- 대한상공회의소, "외국기업의 국내 R&D센터 투자실태 조사", 보도자료, 2006.
- 문소상, "우리 경제의 성장잠재력 약화원인과 향후 전망", 한국은행 보도참고자료, 2005.
- 박삼옥, "한국 첨단산업의 지방화와 세계적 연계망", 《국토연구》 제31권 제1호, 대한국토·도시계획학회, 1996, pp. 27~42.
- 배상근, "중장기 경제전망과 정책과제", 한국경제연구원 내부자료, 2006.
- 산업은행, "2006년 설비투자계획", 2005. 12.
- 삼성경제연구소, "최근의 설비투자 동향(장기추세선과 순환국면 분석)", 2005. 8.
- 서울시정개발연구원, "서울특별시 사회지표체계 개발에 관한 연구", 1993.
- 서중해, "우리나라 민간기업 연구개발활동의 구조변화", 한국개발연구원 정책연구시리즈 2002~2008, 2002.
- 신용상, "우리나라 수출입 구조의 변화와 정책시사점 : 고용정체형 성장에 대한 의

미", 한국금융연구원, 2004.
- 이상현, "우리나라 제조업의 연구개발투자 동향과 특징", 한국은행 조사연구자료, 2004.
- 이원기·김봉기, "연구개발투자의 직·간접 생산성 증대효과 분석", 《조사통계월보》, 한국은행, 2003.
- 이태윤, "우리나라의 해외투자 및 외국인의 국내투자 현황과 시사점", 《외환국제금융 리뷰》6, 한국은행, 2006.
- 이현송, "한국인의 삶의 질 : 객관적 차원을 중심으로", 《한국사회학》제21권 제1호, 한국사회학회, 1997, pp. 269~296.
- 재정경제부, "생산성과 규제완화의 연계관계", 2006c.
- _____, "우리 경제의 성장잠재력 현황 및 정책 대응방향", 경제정책조정회의 안건, 2005.
- _____, "현 경제상황 평가 및 주요 과제", 2006b.
- _____, "R&D의 생산성 파급효과 분석", 2006a.
- 조윤애·오준병, "연구개발투자의 효율성 제고방안", 산업경제분석, 산업연구원, 2006.
- 청와대 경제수석실, "잠재성장률 수준 평가 및 대응방향", 서면보고자료, 2005.
- 최원락, "R&D 동향의 국제비교와 정책적 시사점", CEO Report 2006-03, 2006.
- 하준경, "연구개발의 경제성장효과 분석", 《경제분석》11권 2호, 한국은행, 2005, pp. 83~105.
- 하혜수, "도시정부의 '삶의 질' 결정요인 분석", 《한국행정학보》제30권 제2호, 한국 행정학회, 1996, pp. 81~95.
- 한국은행, "우리 경제의 성장잠재력 약화원인과 향후 전망", 2005. 9.
- _____, "최근 설비투자동향과 특징", 2003.

- Aghion, P. and Howitt, P., "A Model of Growth through Creative Destruction", Econometrica Vol. 60, 1992, pp. 323~351.
- _____, Endogenous Growth Theory, MIT Press, 1998.
- Boskin, M. and Lau L., "Contribution of R&D to Economic Growth", in Smith, B.

and C. Barfield(ed), *Technology, R&D, and the Economy*, The Brookings Institution, 1996.
- Cuneo, P. and Mairess, J., "Measuring Spillovers from Technical Advance", *American Economic Review*, Vol. 76, 1984.
- Fortune, "The Best Cities For Business Big, Established, Monied Metropolises—with a Tech Twist—Top FORTUNE's Annual Ranking at the turn of the Century", 2000.
- Griliches, Z. and Mairesse, J., "Productivity and R&D at the Firm Level", in Grileches, Z.(ed), R&D, *Patents and Productivity*, Chicago University Press, 1984.
- Griliches, Z., "R&D and Productivity : Econometric Results and Measurement Issues", in Stoneman, P. (ed), *Handbook of the Economics of Innovation and Technical Change*, 1995.
- ____, "R&D and the Productivity Slowdown", *American Economic Review*, Vol. 70, 1980.
- Grossman, G. and Helpman, E., "Quality Ladders and Product Cycles", *Quarterly Journal of Economics*, Vol. 160, 1991, pp. 557~586.
- Ha, J. and Howitt, P., "Accounting for Trends in Productivity and R&D : A Schumpeterian Critique of Semi-Endogenous Theory", mimeo, Brown Univeristy, 2004.
- Hall, B. and Mairesse, J., "Exploring the Relationship between R&D and Productivity in French Manufacturing Firms", *Journal of Econometrics*, Vol. 65, 1995.
- Howitt, P., "Steady Endogenous Growth with Population and R&D Inputs Growing", *Journal of Political Economy*, Vol. 107, 1999, pp. 715~730.
- OECD, Economic Policy Reforms, OECD, 2005c.
- ____, Labor Market, Product Market Regulation and Innovation, OECD, 2002.
- ____, Main Science and Technology Indicator, OECD, 2005b.
- ____, Micro-Policy for Growth and Productivity, OECD, 2005a.
- Okun, A., *Potential GNP : Its Measurement and Significance*, Proceedings of the Business and Economic Statistics Section of the American Statistical Association, 1962, pp. 98~104.

- Olsen, M.E., Merwin, D.J., "Toward a Methodology for Conducting Social Impact Assessments using Quality of Social Life Indicators", see Deluca, 1977, pp. 43~63.
- Porter, Michael E., "Clusters and the New Economics of Competition", *Harvard Business Review*, 1998, Nov-Dec, pp. 77~90.
- Romer, P., "Endogenous Technical Change", *Journal of Political Economy*, Vol. 98, 1990, pp. 71~102.
- Solow, R., "A Contribution to the Theory of Economic Growth", *Quarterly Journal of Economics*, Vol. 70, 1956, pp. 65~94.
- _____, "Technical Change and the Aggregate Production Function", *Review of Economics and Statistics*, Vol. 39, 1957, pp. 312~320.

3부 | 기업도시개발특별법의 제정 건의

- 건설교통부 복합도시기획단,《기업도시개발제도 설명 및 법령집》, 2005. 5.
- 건설교통부 신도시기획단, "기업도시개발 제도화방안", 2004. 7, 민간투자 활성화를 위한 복합도시개발특별법 제정안 자료.
- 김현아·이승우·임주호 "기업도시 건설의 방향과 과제",《도시정보》5, 대한국토·도시계획학회, 2004. No. 266, pp. 3~14.
- 전국경제인연합회, "기업도시 벤치마킹 사례보고서", 2004. 10.
- _____, "기업도시 건설을 통한 투자활성화 방안", 2004. 6. 15, 기업도시 건설을 위한 정책포럼 발표자료의 보완자료.
- _____, "기업도시특별법 관련 일부 시민단체의 주장과 전경련 입장",《FKI Issue Paper》, No. 5. 2004. 11. 12.
- _____,《기업도시특별법에 관한 문답집》, 2004. 10.
- _____, "바람직한 기업도시 건설방안", 2004. 6. 15, 기업도시 건설을 위한 정책포럼 발표자료.
- _____, "일자리 창출과제 추진계획(안)", 2004. 2. 25.
- _____, "전경련 일자리 창출사업 보고", 2004. 11. 10.

4부 | 외국의 기업도시와 시사점

- 권오혁(편),《신산업지구》, 한울아카데미, 2000, pp. 175~179.
- 김태진·조두섭·전우석,《도요타》, 위즈덤하우스, 2004.
- 박상철, "스웨덴의 혁신클러스터 : 시스타 사이언스 시티",《선진국의 혁신 클러스터》, 동도원, 2005.
- 박재룡·박용규·송영필, "IMF 시대의 지방첨단산업단지 개발 효율화 방안", 삼성경제연구소, 1999.
- 복득규 외,《산업클러스터 발전전략》, 삼성경제연구소, 2002.
- 복득규 외,《클러스터》, 삼성경제연구소, 2003.
- 복득규, "일본 도요타자동차 클러스터의 형성 과정과 네트워크 운영실태",《선진국의 혁신 클러스터》, 동도원, 2005.
- 삼성경제연구소, "울루대학 벤치마킹 보고서", 2006.

- 名城鐵夫, "企業間システムの創造と改善", 稅務經理協會, 1999.
- 眞鍋誠司·延岡健太郎, "ネットワーク信賴の構築",《一僑ビジネスレビュー》, Winter, 2002.
- 豊田市 産業部 産業勞政課, "豊田市の工業", 2003.
- トヨタ會社槪況(2004).

- Anttiroiko, "The Saga of Kista Science City", *International Journal of Technology, Policy and Management*, Vol. 5, No. 3, 2005, pp. 258~282.
- Dyer and Nobeoka, "Creating and Managing a High-Performance Knowledge-Sharing Network : the Toyota Case", *Strategic Management Journal*, 21(3), 2000, pp. 345~367.
- Dyer, "Dedicated Asscts : Japan's Manufacturing Edge", *Harvard Business Review*(Nov.-Dec.), 1994, pp. 174~178.
- Matsushima, "The Automobile Industry and Industrial Clustering : An Interim Examination Based on Fielwork in Toyota City and Its Environs", *Japanese*

Yearbook on Business History, Vol. 18, 2001, pp. 67~91.
- Osamu Nariai, "Birthplace of an Auto Titan", *Regional Economy Series 2*, Foreign Press Center/Japan, 2001.
- Oulu Technopolis Homepage(http://www.technopolis.fi/)
- Porter, "Clusters and the New Economics of Competition", *Harvard Business Review* Nov.-Dec., 1998, pp. 77~90.
- Research Triangle Foundation, Triangle Innovation Project : Preparing for the Next 50 Years, 2006.
- Research Triangle Park(RTP) Homepage(http://www.rtp.org/)
- SAEM Sophia Antipolis Cote d'Azur, Sophia Antipolis, Europe's leading International Science Park, 2006.
- SAEM Sophia Antipolis Homepage(http://www.saem-sophia-antipolis.fr/)
- SYMISA(Syndicat Mixte Sophia Antipolis), Sophia Antipolis Resultats economiques au 1er janvier 2004, 2004.
- Technopolis Plc. Oulu Technopolis Annual Report 2005, 2006.
- Tsuji, "The Relationship between Toyota Motor Corporation and Its Parts Suppliers in the age of Information and Globalization : Concentration vs. Dispersion", in Industrial Agglomeration : Facts and Lessons for Developing Countries, Institute of Developing Economies·Japan External Trade Organization, 2003, pp. 19~41.
- University of Oulu, Annual Report 2005, 2006.

5부 | 기업도시의 주요 과제

- 강무섭 외, "4년제 대학과 전문대학의 통합에 관한 연구", 교육인적자원부 정책연구과제 02-특-07, 한국직업능력개발원, 2002.
- _____, "국가인적자원 개발을 위한 고등직업교육체제 개편 방안", 한국전문대학법인협의회, 2001.
- 강병주, "계획을 시행하기 위한 토지이용 규제방법의 비교-한국과 미국 간의 법적

접근을 중심으로", 《지방행정연구》 제6권 제3호, 1991. 8, pp. 37~48.
- 강성원, "전문대학 직업교육 정책에서 중앙정부의 기능과 역할에 관한 연구", 교육부 정책연구과제 00-18, 2000.
- 강의중, "국토계획과 지방자치", 《법학논총》 14, 한양대학교법학연구소, 1997. 10, pp. 163~181.
- 강태중, "고등학교 평준화 정책에 대한 논의의 검토", 교육인적자원 개발관련 현안에 대한 정책토론회, 2002.
- 강현호, "도시계획과 행정소송 - Stadtplanung und Verwaltungsklage-", 《토지공법연구》 제7집, 1992. 2, pp. 105~130.
- _____, "독일에 있어서 도시개발을 위한 토지확보와 보상", 《토지공법연구》 제30집, 2006. 3, pp. 197~219.
- _____, "독일연방건설법상의 토지수용제도에 대하여", 《토지공법연구》 제5집, 1998. 2, pp. 139~157.
- 건설교통부 복합도시기획단, "기업도시 개발정책의 이해", 2005. 8. 8.
- 건설교통부, "기업도시 개발에 따른 토지수용권에 관한 최종보고서", 2004. 12.
- _____, "기업도시개발제도 설명자료", 2005. 8.
- _____, "기업도시개발제도", 2005. 5.
- _____, "기업도시개발사업의 인센티브", 2005. 7.
- _____, "민간복합도시개발 제도화 방안", 2004. 10.
- _____, 도시개발제도 비교, 2005. 7.(www.moct.go.kr)
- 경제개혁연대, "경제력집중 억제 관점에서 바라본 출자총액제한제도 존치의 필요성", 경제개혁리포드, 2006. 11. 8.
- 계기석, "도시개발사업의 민간부문 참여가능성과 한계", 《국토》, 국토연구원, 1999. 8, pp. 6~13.
- 계기석·전영옥, "자족적 도시개발을 위한 기업의 참여방안 연구", 국토연구원, 2004.
- 고동수·조현승·박민수, "출자총액제한제도와 기업투자와의 관계", 산업연구원, 2006. 8.
- 공정거래위원회, "2006년도 출자총액제한기업집단 출자동향 분석", 보도자료,

2006. 11.
- _____,《2000~2004년 공정거래백서》, 2005.
- _____, "2006년도 상호출자제한기업집단 등 지정", 보도자료, 2006. 4. 14.
- _____, "개정 공정거래법, 무엇을 담았나?", 2004. 12.
- _____, "개편된 대기업집단제도에 따른 2005년도 상호출자제한기업집단 등 지정", 보도자료, 2005. 4. 7.
- _____,《공정거래위원회 20년사》, 2001. 7.
- _____, "출자총액제한제도 개편 추진방향", 세종연구소 강연자료, 2006. 9. 19.
- 곽윤직(외),《민법주해(Ⅴ)》, 박영사, 2002.
- 교육인적자원부,《2000 지방교육 재정 운영 편람》, 2000.
- _____, "2003년도 전문대학 재정지원 기본계획", 2003 전문대학 재정지원사업 설명회 자료, 2003.
- _____, "고등학교 평준화 정책의 진단과 보완방안에 관한 연구", 2002.
- _____, 국가인력수급 중장기계획 정책보고서, 2002.
- _____, "자립형 사립고 시범운영 방안 안내", 2001.
- _____, "전문대학 발전방안", 2001.
- _____, "지방대학을 지역발전의 중심체로 육성하기 위한 2003 재정지원 사업추진 계획", 2003.
- _____, "참여정부 교육인적자원개발 혁신 로드맵", 2003.
- _____,《교육통계연보》, 한국교육개발원, 각 연도.
- 교육인적자원정책위원회, "학교 교육의 질 향상을 위한 기반 구축", 2002.
- 구병림, "대학평가의 제 문제",《대학교육》84, 1996, pp. 106~114.
- 구자균 외, "사립전문대학의 구조조정 방안 연구", 교육부 교육정책개발 연구과제, 1998.
- _____, "사립전문대학의 구조조정 방안 연구", 교육부, 1998. 12.
- 국민건강보험공단,《건강보험통계연보》, 2005.
- _____, "보험급여비용 지출 추이", 보도자료, 2004.
- 금융감독원, "2004년 보험상품 판매현황 분석", 정례 브리핑자료, 2005.
- 김경근, "대학평가사업의 공과와 발전적 대안의 고찰 : 교육평등 및 사회평등의 관점

에서", 《교육사회학연구》 제10권 제2호, 2000, pp. 1~26.
- 김남진, "사인을 위한 공용수용", 《고대법학논집》 제24집, 1986. 12, pp. 1~23.
- _____, 《행정법 II》, 법문사, 2001.
- 김남철, "기업도시에서의 사인을 위한 토지수용의 법적 문제", 《토지공법연구》 제24집, 2004. 12, pp. 573~596.
- _____, "독일에서의 지방자치단체의 계획고권의 헌법상의 보장", 《사법행정》 446, 한국사법행정학회, 1998. 2, pp. 8~15.
- _____, "지방자치단체의 계획고권과 국가의 공간계획", 《토지공법연구》 6, 1998. 9, pp. 295~320.
- 김동희, 《행정법 II》, 박영사, 2002.
- 김민호, "사인에 대한 공용수용권특허의 위헌성 검토: 미국의 사례를 중심으로", 《토지공법연구》 제26집, 2005. 6, pp. 197~210.
- 김병수, "도시개발제도와 민간참여의 활성화-도시개발법안에 포함된 내용을 중심으로-", 《국토》, 국토연구원, 1999. 8, pp. 23~27.
- 김병주, "언론기관에 의한 대학평가의 실상과 과제", 《대학교육》 108, 2000, pp. 56~65.
- _____, "언론기관 대학평가 모형 탐색", 《교육행정학연구》 Vol. 18, No. 3, 2000, pp. 45~77.
- 김상용·정우형, 《토지법》, 법원사, 2004.
- 김선구·류근관·빈기범·이상승, "출자총액제한제도의 바람직한 개선방향", 《산업조직연구》 12권 1호, 한국산업조직학회, 2004.
- 김선구·류근관·빈기범·이상승, "출자총액제한제도의 바람직한 개선방향", 서울대학교 경제연구소 기업경쟁력연구센터, 2003.
- 김성수, 《행정법 I》, 법문사, 2000.
- 김성옥, "민영보험 가입에서의 선택과 의료서비스 이용", 한국노동패널학술대회, 2005.
- 김성호·박 신, "국토계획에 있어서 지방자치단체의 계획고권의 적용에 관한 연구", 《지방행정연구》 46, 한국지방행정연구원, 1999. 6, pp. 127~141.
- 김신복, "지식기반사회의 대학평가 방향", 《교육행정학연구》 Vol. 18, No. 3, 2000,

pp. 1~22.
- 김신일 외, "사학분규 해결방안 연구", 교육부 교육정책개발 연구과제, 1999.
- 김안중, "대학평가의 다양한 논의", 《대학교육》 87, 1997, pp. 25~29.
- 김영곤, "국가 및 지역 인적자원개발을 위한 전문대학 재정지원사업의 방향과 과제", 전문대학 재정지원사업의 수행과 성과 세미나 자료, 한국직업능력개발원, 2001.
- 김영래 외, "학생 수 감소에 따른 지방전문대학 육성방안", 한국전문대학교육협의회, 연구보고 제2002-4호, 2002. 10.
- 김영철, "고등교육 규제 개혁", 교육개혁포럼 월례세미나 발표자료, 2003.
- 김윤태, 《한미 대학교육체제 비교연구》, 문음사, 1999.
- 김재현·김현수, "민영건강보험 가입자의 상품정보 획득 특성과 만족도 연구", 《보험개발연구》, 2005; 17(1).
- 김정렬, "민간복합도시(기업도시) 건설을 위한 지원제도", 《국토》, 국토연구원, 2004. 10, pp. 41~50.
- _____, "민간복합도시개발특별법(안)", 대한국토·도시계획학회 주최 '민간복합도시(기업도시) 개발방향과 특별법 제정(안)에 관한 공청회', 2004. 9. 22, pp. 36~78.
- 김정희·유원섭, "중증질환 보험급여 현황과 정책과제", 《건강보험포럼》, 2005 겨울호.
- 김정희·이진경·주원석, "본인부담상한제 소요재정 추계 및 개선방안 연구", 국민건강보험공단, 2005.
- 김정희·정종찬, "건강보험환자의 본인부담 진료비 실태조사", 국민건강보험공단, 2005.
- 김정희·정종찬·김성옥, "건강보험환자의 본인부담 진료비 실태조사", 국민건강보험공단, 2004.
- 김주훈 편, "혁신주도형 경제로의 전환에 있어서 중소기업의 역할", KDI, 2006. 3.
- 김준동·정영호·최병호·안덕선, "DDA 서비스 협상 보건의료 분야의 주요 쟁점 및 정책과제", 대외경제정책연구원 연구보고서, 2003.
- 김증한, "사소유권의 보장은 기본권 중의 기본권이다-전체주의 사상을 경계하며-", 한국사법행정학회, 1979. 12, p. 3.
- 김진영, "대학 재정지원의 현황과 평가", 《재정포럼》, 한국조세연구원, 2001. 8.
- 김춘환, "미국에 있어서 공용수용절차와 수용소송", 《토지공법연구》 제27집, 2005.

9, pp. 93~108.
- 김태현, "기업도시의 문제점과 비판", 대안연대회의·민주노총 주최 '기업도시와 경제정의토론회', 2004. 7. 30, 민주노총 회의실, pp. 58~84.
- 김해룡, "기업도시 개발에 있어서의 이주 내지 생활대책", 《토지공법연구》 제29집, 2005. 12, pp. 1~23.
- _____, "기업도시개발특별법에 대한 평가", 《토지보상법연구》 제6집, 2006. 2, pp. 75~104.
- _____, "토지보상법에서의 사업인정의 의의, 법적 성격 및 권리구제", 《고시계》 2005. 2, pp. 22~36.
- _____, "토지관련법제의 법적 문제와 개선방안", 《토지공법연구》 제7집, 1999. 2, pp. 59~104.
- 김현아, "한국형 기업도시의 건설", 《국토》, 국토연구원, 2004. 10, pp. 13~21.
- 김형기, "대학발전의 원동력: 경쟁력 평가", 《대학교육》 116, 2002, pp. 21~23.
- 김호동, "전문대학 교육정책의 변화추이와 대응", 2000학년도 전문대학 교무처장협의회 하계연찬회 발표자료, 2000.
- 나강열·이창무, "택지개발사업의 개발이익 분배구조 분석", 대한국토·도시계획학회 2004 정기학술대회, pp. 385~394.
- 나민주, "언론기관 대학평가의 발전과제", 《고등교육연구》 제12권 제1호, 2001, pp. 167~190.
- 남일총, "도산제도의 경제분석", 한국개발연구원, 2001.
- 대한상공회의소, "국내 주요 기업의 현금성 자산 변화 추이와 시사점", 2006.
- 류지태, 《행정법신론》, 신영사, 2002.
- 류해웅, "개발사업법상 공용수용의 특례규정에 관한 법제적 고찰", 《감정평가연구》, 한국부동산연구원, 2006. 6, pp. 29~56.
- 맹광호, "의과대학 인정평가의 방향과 과제", 한국평가학회 춘계 심포지움, '대학교육의 질 향상을 위한 대학평가의 방향과 과제', 2000.
- _____, "대학평가와 평가주체", 《대학교육》 87, 1997, pp. 18~24.
- 박광서, "기업도시 개발방향", 대안연대회의·민주노총 주최 '기업도시와 경제정의토론회', 2004. 7. 30, 민주노총 회의실, pp. 85~88.

- 박남기 외, "대학경쟁력 강화를 위한 대학평가제도 종합개선 방안 연구", 교육인적자원부 연구보고서, 2001.
- 박남기, "고등교육 부문의 세계화", 세계화를 지향하는 한국교육 발전전략, 1995, pp. 74~112.
- 박동규, "한국토지공사가 수행하는 개발사업에서의 PF활용 방안",《토지연구》, 2006. 1, pp. 31~41.
- 박원영, "토지수용권의 주체",《공법연구》제8집, 1980. 7, pp. 67~78.
- 박은관·안용진, "도시개발제도 개선방안 연구", 국토연구원, 2005.
- 박재용·최병호·정기택, "건강보험의 관리체계 개선방향", 한국행정연구원, 경북대학교 건강증진연구소, 2004. 10.
- 박재욱, "대기업 울산시와 도요타시(豊田市)의 기업권력과 지방정치 : 한일 간 자동차생산도시의 비교연구",《한국과 국제정치》30, 경남대학교 극동문제연구소, 1999. 6, pp. 97~129.
- _____, "로컬거버넌스의 국제적 이해와 부산의 현황 및 과제",《사회과학연구》제6호, 신라대학 사회과학연구소, 2004, pp. 103~136.
- 박종권, "중앙일보 대학평가의 현황과 과제",《평가연구》1(1), 2001, pp. 48~52.
- 박종렬, "현행 대학평가의 타당성",《새교육》, 1996, pp. 44~51.
- 박준경 외, "산학연정 협력 활성화 방안 연구", 교육인적자원부 교육정책연구 2001-특-27, 2001.
- 박태규·박수범·정영, "한국에서의 개인기부에 대한 요인분석 : 설문조사자료를 중심으로", 2003년 3월 한국 재정공공경제학회 발표 논문, 2003. 3.
- 박태일, "기업도시의 기업과 주민",《기업경제》, 현대경제사회연구원, 1993. 8, pp. 80~87.
- 박태준·오은진, "전문대학 계속교육 기능강화 방안 연구", 한국직업능력개발원, 기본연구 2001-41, 2001.
- 박헌·문희주·백형찬, "고등직업교육기관의 유형별 통합·조정에 관한 연구", 한국전문대학교육협의회, 연구보고 제 2000-9호, 2000. 12.
- 박훤일, "민간투자법상 행정청 재량의 범위",《토지공법연구》제26집, 2005. 6, pp. 325~348.

- 방경식, "외국의 도시개발제도와 민간의 역활-", 《국토》, 국토연구원, 1999. 8, pp. 36~44.
- ____, 《부동산학개론》, 범론사, 2002.
- 백성준 외, "공주대학교와 공주문화대학 통합을 통한 대학발전 방안연구", 한국직업능력개발원, 2000.
- 백성준, "지역인적자원 개발을 위한 지방대학의 육성방안", 한국직업능력개발원, 2003. 6.
- 백승주, "수용조건으로서 공공필요 및 보상에 관한 연구-유럽연합 및 미국의 법체계상 논의를 중심으로 -", 《토지공법연구》 제27집, 2005. 9, pp. 109~134.
- 변창흠, "기업도시 건설논의의 쟁점과 과제", 대안연대회의·민주노총 주최 '기업도시와 경제정의토론회', 2004. 7. 30, 민주노총 회의실, pp. 2~39.
- 변호걸 외, "직업교육체제 구축과 2+2 연계교육 발전방안", 한국전문대학법인협의회, 2001.
- 보건복지부, 2004~2005년간 건강보험 관련 보도자료.
- ____, "건강보험 보장성 강화방안", 2005.
- 보험개발원, 《보험통계연감》, 2000, 2003, 2004 각 연호.
- ____, 《생명보험 경험통계연보》, 2000, 2003, 2004 각 연호.
- ____, "의료서비스에 대한 보험료 현황", 2006.
- 사공진, "한국의 보건의료 개혁 : 형평과 효율성의 측면", 의료개혁과 보건정책의 방향, 건강복지사회를 여는 모임 토론회 자료, 2004. 9. 10.
- 산업자원부, "대·중소기업 상생협력 추진실적 및 향후계획", 2005. 12.
- 서민원, "대학교육의 효과성 변인의 측정과 분석", 서울대학교 대학원 교육학 박사학위 논문, 1996.
- 서정화, "대학평가체제의 진단", 《교육행정학연구》 Vol. 16, No. 1, 1998, pp. 72~91.
- 서정화·백정하, "대학평가 발전방향에 관한 연구", 《고등교육연구》 제12권 제1호, 2001, pp. 269~298.
- 서충원, "도시개발주체로서의 관민파트너십", 《국토》, 국토연구원, 1999. 8, pp. 14~22.

- 석종현, "시·읍·면의 지역계획을 위한 계획고권의 의의에 관한 비교연구", 《단국대학교논문집》 제15집, 1981. 8, pp. 443~472.
- _____, 《토지공법강의》, 삼영사, 1999.
- 석종현·문형철, "토지보상법상 사업인정에 관한 검토", 《토지공법연구》 제27집, 2005. 9, pp. 151~167.
- 설훈, "국립대학 재정운영의 문제점과 개선방안", 2000.
- _____, "지식정보화 시대와 사립전문대학의 현실", 2001.
- _____, "통계로 본 대학교육", 1999.
- 성소미, "기업도시의 공공성 확보를 위한 법적 검토", 《감정평가연구》 제15집 제1호, 한국부동산연구원, 2005. 6, pp. 139~163.
- _____, 《기업도시 건설의 법적 쟁점》, 국회사무처 법제실, 2004. 12.
- 성태제, "대학종합평가의 결과타당도와 개선점", 평가연구 2(1), 2002, pp. 1~17.
- 손상락·이시화, "지방분권 시대의 도시계획권 강화방안에 관한 연구 : 공간계획체계 정비와 도시계획권 강화를 중심으로", 《지방행정연구》 제18권 제1호 통권56호, 한국지방행정연구원, 2004. 3, pp. 165~187.
- 손재영, "토초세의 교훈", 《한국경제신문》, 2006. 3. 28.
- 송기창, "사립대학 예산회계제도의 문제와 개선방안", 한국교육재정경제학회 제39차 학술대회 발표 논문.
- 신광식, "재벌개혁의 정책과제와 방향", KDI, 2000.
- 신도철, "교육서비스 시장에서의 소비자주의 확충방안", 《교육과 삶의 질》, 건국대학교 한국문제연구원, 1998.
- 신보성, "사인에의 행정권한위임의 법적고찰", 《법조》 제526호, 2000. 7, pp. 73~92.
- _____, "지방자치단체의 계획고권에 관한 고찰", 《법조》 제513호, 1999. 6, pp. 38~60.
- _____, "토지수용법상의 사업인정에 관한 고찰", 《토지공법연구》 제6집, 1998. 6, pp. 131~146.
- 신봉기, "계획고권 재론", 《토지공법연구》 제17집, 2003. 2, pp. 253~272.
- _____, "도시개발법제에 관한 검토", 《토지공법연구》 제15집, 2002. 4, pp. 79~126.
- _____, "계획고권 논쟁의 종식과 우리의 과제", 《법률신문》, 2002. 5. 16(제3075호).
- _____, "(번역)수용개념의 이해", 《토지공법연구》 제12집, 2001. 5, pp. 403~417.

- _____, "토지사건 판결에 대한 비판적 연구",《행정법연구》2, 1998. 4, pp. 232∼241.
- 신익현, "전문대학 수업연한의 탄력적 운영방안", 교육부 정책연구과제 00-22, 2000.
- 신철순 외, "고급인력 양성을 위한 대학경쟁력 강화방안 연구", 교육인적자원정책위원회, 2002.
- 심영, "PF사업 활성화를 위한 사업구조 개선방안",《토지연구》, 2006. 1, pp. 42∼55.
- 안정근,《현대부동산학》, 법문사, 2000.
- 안종석·김진영·박정수, "전문대·산업대 예산지원 사업의 성과 및 개선방향", 한국조세연구원, 2003. 7.
- 양금승, "일본의 출자총액규제 폐지계획과 시사점", 전국경제인연합회, 2001. 8.
- 양금승·유환익, "출자총액제한제도, 왜 폐지되어야 하나?", 정책 이슈 시리즈 2004-1, 전국경제인연합회, 2004. 6.
- 양영식, "출자총액제한제도에 대한 쟁점과 정책방향",《산업조직연구》10권 1호, 한국산업조직학회, 2002.
- 염미경, "철강대기업의 재구조화전략과 지역사회의 대응—일본 키타 규슈와 미국 피츠버그의 비교",《한국사회학》제38집 1호, 2004, pp. 131∼159.
- 염영일, "대학평가 결과 활용의 개선방향",《대학교육》87, 1997, pp. 30∼36.
- 오영수, "국민건강보험과 민간건강보험 간 역할 재정립 방안",《보험개발연구》, 2006 ; 17(1).
- 오영수·이경희, "민영건강보험의 언더라이팅 선진화 방안", 보험개발원 보험연구소, 2003.
- 오준근, "도시개발법제에 관한 검토",《토지공법연구》제15집, 2002. 4, pp. 139∼141.
- 우천식, "대학의 국제공동프로그램 활성화 및 외국대학원 유치방안", 인적자원정책협력망 2차토론회 자료, 2003.
- 유원섭, "중증질환 보험급여 현황과 정책과제",《건강보험포럼》, 2005, 겨울호.
- 유현숙 외, "정부 부처의 고등교육기관에 대한 재정지원 분석 및 효율화 방안", 한국교육개발원.
- 윤세창, "토지수용권의 주체와 수용의 대상물",《법조》1970. 12, pp. 1∼12.
- _____, "토지수용권의 주체와 객체 ; 기업자수용권설을 부정하면서",《사법행정》

1974. 7, pp. 12~16.
- 윤정일·이수정, "자립형 사립고등학교 납입금 책정에 관한 연구", 《교육행정학연구》 제21권 제4호, 2003.
- 윤태호·황인경·손혜숙·고광욱·정백근, "민영건강보험의 선택에 영향을 미치는 요인: 민영건강보험 활성화에 대한 함의", 《보건행정학회지》, 2005.
- 이강래, "민간복합도시특별법 제정방향", 국회 지역혁신·기업도시 정책포럼 주최, '민간투자 활성화를 위한 복합도시개발특별법안 공청회', 2004. 11. 3.
- 이광윤, "한국의 토지계획법규범의 구조와 문제점", 《토지공법연구》 제24집, 2004. 12, pp. 63~74.
- 이규식, 《의료보장과 의료체계》, 계축문화사, 2003.
- ____, "OECD를 중심으로 한 유럽의 의료개혁 동향과 교훈", 한국보건행정학회 후기학술대회 연제집, 2002. 11.
- 이규황, 《토지공개념과 신도시-구상에서 실천까지-》, 삼성경제연구소, 1999.
- 이기철, "공공복리 내지 공익의 개념", 《토지공법연구》 제18집, 2003. 6, pp. 147~189.
- 이돈희·서정화 외, "교육개혁 추진평가연구", 교육인적자원정책위원회, 2002.
- 이동규, "사립대학의 재무구조 분석 및 개선방안에 관한 연구", 한국사학진흥재단, 1998.
- 이동수, "기업도시 개발과 정당보상-미국의 사례를 중심으로-", 《토지공법연구》 제29집, 2005. 12, pp. 1~23.
- 이병기, "기업투자에 대한 불확실성의 영향분석", 2004. 12.
- 이병양, "대학(기관)평가의 개선방향에 관한 연구", 동남보건대학 논문집 《인문사회연구》 1, 2000, pp. 1~29.
- 이상이·전창배·이용갑·허순임·서남규, "의료의 산업화와 공공성에 관한 연구-의료산업화를 위한 바람직한 정책방안 모색-", 국민건강보험공단, 2005.
- 이성호 외, "사립학교법의 현행과 개정과제", 사립학교법 연구위원회, 1998.
- 이수희, "기업도시 실현을 위한 관련주체 간 협력", 《국토》, 국토연구원, 2004. 10, pp. 22~30.
- 이양재, "기업도시 개발에 있어 전제되어야 할 기본명제", 《도시정보》, 대한국토·도

시계획학회, 2005. 5, pp. 16~17.
- _____, "민간복합도시(기업도시) 개발의 방향과 정책과제", 대한국토·도시계획학회 주최 '민간복합도시(기업도시) 개발방향과 특별법 제정(안)에 관한 공청회', 2004. 9. 22, pp. 3~35.
- 이우종, "우리나라 도시거버넌스의 현황과 발전방안", 대한국토·도시계획학회·대한주택공사 공동발간 '도시성장 관리와 도시개발', 《도시정보》, 2005. 6, 《주택도시》, 2005. 6, pp. 73~94.
- 이원준, 《부동산학원론》, 박영사, 2000.
- 이윤상, "관민파트너쉽에 의한 도시개발사업 추진방안 연구", 대한국토·도시계획학회 2004 정기학술대회, pp. 191~198.
- 이인권·김현종, "기업지배구조와 출자규제제도의 법리적·실증적 연구", 한국경제연구원, 2005. 1.
- 이정우, "건강보험의 형평과 효율", 국민의료, 형평과 효율에 관한 정책토론회, 건강복지사회를 여는 모임, 2004. 5. 7.
- 이정표, "주요국의 직업훈련과 자격제도의 연계분석 연구", 2001.
- 이종규, 《부동산개발사업의 이해》, 부연사, 2003.
- 이주호 외, "전문대학 시장구조의 변화와 정책과제", 한국직업능력개발원, 2002.
- 이주호, "고교평준화 정책의 개선방안", 《교육재정연구》 제11권 제1호, 2002.
- _____, "고용대책과 인적자원 개발", 한국개발연구원, 1996.
- 이주호·김승보, "한국 대학의 서열과 경쟁", 미발간자료, 2002.
- 이주호·우천식, "한국 교육의 실패와 개혁", 《KDI 정책연구》 제20권 제1호, 1998.
- 이주호·김선웅·김승보, "한국 대학의 서열과 경쟁", 《경제학연구》, 제51권 제2호, 2003.
- 이주호·김선웅·이혜연, "한국의 고등교육시장의 전문대학", 《교육재정경제연구》 제12권 제1호, 2003.
- 이주호·박정수, "사립대학 지배구조의 개혁", 《한국행정학보》 제34권 제4호, 2000, pp. 139~154.
- 이주희, "지방자치단체의 도시계획고권 강화에 관한 연구 : 도시관리계획을 중심으로", 《한국지방자치학회보》 제16권 제4호·통권 제48호, 2004. 12, pp. 115~133.

- 이진석·김헌수·김재현·정백근·강창구, "민간의료보험 실태와 영향 분석", 국민건강보험공단·충북대학교, 2005.
- 이창석,《부동산학개론》, 형설출판사, 2001.
- 이호섭, "고등교육기관 평가의 신뢰도와 타당도에 관련된 문제점 분석", 동국대학교 대학원 석사학위 논문, 1999.
- 이화국, "교육부 대학재정 지원을 위한 평가의 개선방안",《교육평가연구》1(1), 2001, pp. 1~22.
- ____, "미국의 대학평가인정제 변천에 관한 연구 : COPA 해체 이후의 현황을 중심으로",《고등교육연구》제9권 제2호, 1997, pp. 131~155.
- 임재홍, "신자유주의와 교육법의 변화-교육개방과 공교육의 위기",《민주법학》제23호, 2002.
- 장수영 외, "지식강국 구현을 위한 대학교육 역량제고", 교육인적자원부 정책연구과제, 2001.
- 장철순, "외국의 기업도시 개발사례와 시사점",《국토》, 국토연구원, 2004. 10, pp. 31~40.
- 전국경제인연합회, "기업도시 건설을 통한 투자활성화 방안", 기업도시 건설을 위한 정책건의 자료, 2004. 6. 23.
- ____,《기업도시특별법에 관한 문답집》, 2004. 10.
- ____, "조건없는 출총제 폐지", 2006. 11.
- ____, "출자총액제한제도 관련 주요 이슈 검토", 2006. 11.
- 정갑영,《산업조직론》, 박영사, 1991.
- 정기택, "10년 후 병원경영 전망", 병원경영학술대회 연제집, 대한병원행정관리자협회, 2005. 6. 3.
- ____, "미국 비영리병원의 영리법인 전환 및 수익사업 추세",《대한병원협회지》, 2005. 7. 3.
- ____, "민간보험시장 규모 추정", 한국병원경영학회, 2004. 10. 30.
- ____, "민간의료보험 발전방안",《손해보험협회지》, 2000. 12.
- ____, "민간의료보험시장의 발전추세와 주요 정책 이슈",《손해보험협회지》, 2004. 2.
- ____, "민간의료보험의 현황과 활성화 방안", 보험개발연구, 1996.

- _____, "민간의료보험의 현황과 활성화에 관한 연구",《보건행정학회지》, 1997. 10.
- _____, "민영건강보험과 관련된 정책과제", 2005년도 정책세미나 민영건강보험의 정책과제와 발전방안, 한국보험학회, 2005. 12. 2.
- _____, "민영건강보험과 관련된 정책과제",《손해보험협회지》, 2006. 4.
- 정기택·신은규 외, "2020 의료서비스 분야 비전 및 발전전략", 산업연구원, 2006. 11.
- _____, "경제자유구역 내 외국병원 유치관련 여론조사 보고서", 재정경제부 경제자유구역기획단, 2004. 10.
- _____, "경제자유구역(Free Economic Zone)의 보건의료제도 개선을 위한 연구", 재정경제부 경제자유구역기획단, 2004. 11.
- _____, "경제자유구역 내 의료허브 구축전략 연구", 재정경제부 경제자유구역기획단, 2006. 3.
- _____, "민영건강보험 활성화 방안 연구", 생명보험협회, 대한손해보험협회, 2006. 10.
- _____, "바이오메디컬허브 구축", IFEZA, 2006. 3.
- _____, "의료산업 육성에 관한 연구", 재정경제부·한국개발연구원, 2006. 10. 30.
- _____, "의료산업화론의 이론적 배경 연구", 재정경제부 복지경제과, 2006. 10.
- 정기택·신은규, "의료산업 발전방안과 외국병원 설립에 대한 국민인식 조사", 2005년도 제21차 추계학술대회 연수교재 및 연제집, 한국병원경영학회, 2005. 10. 28.
- 정기택, "영리법인제도 도입방안", 제21차 병원관리종합학술대회 연제집, 대한병원협회, 2005. 11. 27.
- _____, "신제도주의 관점에서 본 의약분업 이후 의료공급 행태 및 구조변화", 2002년도 한국보건행정학회 전기학술대회 연제집, 2002. 6. 7.
- 정기택·곽창환·김양균, "민간의료보험의 시장규모 및 재정효과 추정", 보험학회 추계학술대회, 2005.
- 정기택·신은규·곽창환, "민영건강보험의 도덕적 해이에 관한 실증연구",《한국보험학회지》제75집 2006-12호, 2006. 12.
- 정연주, "공용침해의 헌법상 허용요건",《연세법학연구》제3권, 1995. 11, pp. 455~516.
- _____, "공용침해 허용요건으로서의 공공필요",《연세법학연구》제1권 제1호, 1990. 2, pp. 155~170.

- 정영호·박하영·권순만·이견직·고숙자, "보건의료시장의 특성과 제도 개선방향에 관한 연구", 한국보건사회연구원, 2004.
- 정우형·지대식, "기반시설부담제도 운용기준 작성연구", 국토연구원, 2001.
- 정종보, "주문식 교육의 운영현황 및 발전방안", 전문대학 재정지원사업의 수행과 성과 세미나 자료, 한국직업능력개발원, 2001.
- 정지선, "전문대학 재정지원사업의 현황과 성과, 전문대학 교육발전을 위한 재정지원의 방향", 한국직업능력개발원 정책토론회, 2001.
- ＿＿＿, "전문대학 재정지원의 효율화 방안 연구", 한국직업능력개발원, 2000.
- 정태용, "고등교육에서의 산업 중심 대학화로의 개혁방안, 21세기를 향한 직업교육 체제 개혁의 방향 : 직업교육을 중핵으로 하는 평생교육 체제의 구축", 한국직업 교육학회 학술발표자료집, 1995, pp. 49～71.
- 정태화, "국가인적자원 개발과 전문대학의 발전과제", 교육개혁포럼 발표자료, 2002.
- ＿＿＿, "전문대학 직업교육 다양화를 통한 인적자원 개발방안 연구", 교육부, 교육정책연구 2000-일-12, 2000.
- 정하명, "미국에서의 민간에 의한 도시재개발과 공적사용",《토지공법연구》제27집, 2005. 9, pp. 219～232.
- ＿＿＿, "수용요건인 공적사용에 관한 미국연방대법원의 재해석",《토지보상법연구》제6집, 2006. 2, pp. 213～230.
- 정해성, "기업도시개발특별법령",《법제》, 2005. 6, pp. 125～138.
- 정 훈, "수용요건으로서 공익",《토지공법연구》제20집, 2003. 12, pp. 567～583.
- 정희남·김승종, 周藤利一, W. McCluskey, O. Connellan, "일본과 영국의 개발이익환수제도", 2003.
- ＿＿＿, "토지에 대한 개발이익환수제도의 개편방안", 국토연구원, 2003.
- 제정부, "민간사업시행자에 의한 토지수용법제",《법제》, 2000. 3, pp. 13～24.
- 조계완, "아예 재벌공화국을 세워달라, 최근 기업도시안 들고 나온 전경련",《한겨레21》통권 516호, 2004. 7. 8, pp. 70～71.
- 조규창, "토지공개념의 모호성-「민법」제211조를 중심으로-",《월간고시》1985. 1, pp. 69～78.

- 조명래, "외국사례에 비추어 본 기업도시와 경제정의", 대안연대회의·민주노총 주최 '기업도시와 경제정의토론회', 2004. 7. 30, 민주노총 회의실, pp. 40~57.
- _____, "지구화 시대 지방거버넌스: 지방정치의 가능성과 한계", 《지방자치정보》 제129호, 한양대학교 지방자치연구소: 프리드리히 나우만재단, 2001. 11, pp. 9~14.
- 조성봉, "경제력집중 억제정책의 현황과 문제점-출자규제 및 채무보증제한을 중심으로", 《공정거래법 전면 개편방안(상): 경쟁이론과 공정거래법》, 한국경제연구원, 2004. 1, pp. 205~252.
- 조용운·김세환, "민영건강보험의 의료비 지급·심사제도 개선방안", 보험개발원 보험연구소, 2005.
- 조정원, "21세기 대학평가와 대학발전", 한국대학교육협의회 학술세미나논총, '21세기 대학평가의 방향과 과제', 1999, pp. 1~11.
- 주성재, "기업도시 건설의 필요성과 성공조건", 《국토》, 국토연구원, 2004. 10, pp. 6~12.
- 중소기업청, "2005년 중소기업 실태조사", 2006.
- 중소병원활성화대책위원회, "신의료공급체계 구축을 통한 중소병원 활성화 방안-영리법인 병원제도 도입과 의료공공성 강화-", 2005. 6.
- 중앙일보 대학평가팀, 《내겐 이 대학, 이 학과가 최고》, 중앙 M&B, 2000.
- 진학사, 《진학안내》, 2002.
- 최달곤, "현장적응력 높은 인력개발을 위한 평생직업교육체제 연구", 교육인적자원부, 1999.
- 최병호, "의료비 부담구조 분석과 구조개편 방안의 고찰", 《보건경제연구》 제7권 제1호, 한국보건경제학회, 2001. 6, pp. 159~187.
- 최병호·신윤정·오영호·신현웅, "국민건강보험의 재정건실화 방안: 보건의료체계와의 연계구조적 접근", 한국보건사회연구원, 2002. 12.
- 최숙자·고수경·김정희·이상이, "계층화분석법(AHP)을 이용한 건강보험 급여확대 상병 우선순위 결정", 《보건행정학회지》, 16(1), 2006.
- 최정표, "재벌에 의한 경제력집중의 정태 및 동태적 분석", 《산업조직연구》 제12집 제4호, 2004.
- 최준렬, "향후 중등시학의 반점 모형과 자립형 사립고교", 2001. (www.sahak.or.kr)

- 최준석, "시청 없는 도시철강회사 '타타스틸'이 100년 전에 만든 기업도시",《주간조선》통권 1905호, 2006. 5. 22.
- KDI, "시장개혁 추진을 위한 평가지표 개발 및 측정", 2003.
- 한국교육개발원, "자립형 사립고등학교 운영의 실제와 평가", 2003.
- ____, "자립형 사립고등학교 제도도입에 관한 공청회 자료", 2002.
- ____, "자율학교 시범운영 결과 분석과 제도화 방안 연구", 2001.
- ____, "특수목적형 고등학교 운영실태 및 진단에 관한 세미나 자료", 2003.
- 한국노총, "기업도시 관련 노동계의견서", 2004. 11. 4.
- ____, "기업도시 관련 한국노총 입장", 2004. 11. 4.
- 한국대학교육협의회, "지역 간 균형발전을 위한 지방대학 육성방안", 제5회 대학교육정책포럼 발표자료집, 2000. 4.
- 한국디벨로퍼협회, "개발업의 운용실태와 제도화 방안 연구", 2006. 2.
- 한국전문대학교육협의회, "국가인적자원 개발과 고등직업교육체제 개혁", 제4회 전문대학 교육정책포럼, 2001. 10., 전문대학 교육발전 중장기 전망, 연구보고 제2000-10호, 2001. 5.
- 허귀진 외, "국내외 대학평가의 동향", 한국대학교육협의회 연구보고서, 2002.
- 홍정선,《행정법원론(하)》, 박영사, 2001.
- 황인학,《경제력집중, 한국적 인식의 문제점》, 한국경제연구원, 1997.
- ____, "기업의 본질과 재벌정책에 대한 소고", 한국경제연구원, 2007. 2. 13.
- ____, "시장질서 선진화를 위한 기업 및 경쟁정책의 방향과 과제", 2001. 10.
- ____,《재벌의 다각화와 경제력집중》, 한국경제연구원, 1999. 9.
- 황인학·최충규, "기업정책의 현안과 쟁점-공정거래법과 상법 개정논의를 중심으로", 한국경제연구원, 2006. 12. pp. 14~29.
- 大浜啓吉, "일본에 있어서의 도시형성과 소유권", 함인선 옮김,《토지공법연구》제24집, 2004. 12, pp. 49~62.
- 小早川 光郎, "일본에 있어서의 토지이용 조정과 지방분권", 함인선 옮김,《토지공법연구》제7집, 1999. 2, pp. 39~45.
- 日本計劃行政學會,《都市開發における公共と民間》, 學陽書房, 1992.
- ドイツ憲法判例研究會編,《ドイツの憲法判例》, 信山社, 2001.

- Abel-Smith B, Mossialos E. "Cost Containment and Health Care Reform : A Study of the European Union", *Health Policy*, 89(2), 1994, pp. 89~134.
- Agostini, Michael, Veteran Charter School Outperform Non-Charters on API, Charter Schools Development Center, 2003.
- Arrington, B., and Haddock, C.C., "Who Really Profits from not-for-Profits?", Health Services Research; 25(2): 1990, pp. 291~304.
- Arrow, K.J., "Uncertainty and the Welfare Economics of Medical Care", *The American Economic Review*, 1963; 53.
- Bain, J.S. and Qualls, D.P., *Industrial Organization : A Treatise, Greenwich*, JAI Press, 1987.
- Barry Cullingworth, J. and Nadin, Vincent, *Town and Country Planning in Britain*, London and New York : Routledge, 1994.
- Bracey, G.W., *The War Against America's School : Privatizing Schools, Commercializing Education*, Boston : Allyn and Bacon, 2002.
- Burgess, J.E., and Wilson, P.W., "Decomposing Hospital Productivity Changes, 1985-1988 : A Nonparametric Malmauist Approach", *Journal of Productivity Analysis*; 6(4): 1995, pp. 343~363.
- Clark, Burton R., *The Higher Education System : Academic Organization in Cross-National Perspective*, Berkley : Univ. of California Press, 1983.
- Clotfelter, Charles, et al., eds., *Economic Challenges in Higher Education*, The University of Chicago Press, 1991.
- Congressional Budget Office, The Federal Role in Improving Elementary and Secondary Education, 1993.
- Coulson. Edward. et. al., "Estimating the Moral-Hazard Effect of Supplemental Medical Insurance in the Demand for Prescription Drugs by the Elderly", *American Economic Review*, 1995; 85(2).
- Crawford, Margaret, *Building the Workingman's Paradise the Design of American Company Town*, London, New York, Verso. 1995.
- Currie, G. et al., "What does Canada Profit from the For-Profit Debate on Health

Care?", *Canadian Public Policy*; 24(2) : 2003, pp. 227~251.
- Delaware Department of Education, Delaware Charter School Sixth Annual State Report, 2003.
- Duderstadt, James., *A University for 21st Century*, The University of Michigan Press, 2002.
- Edison Schools Inc., Retrieved October 15, 2003 from http://www.edisonschools.com/
- Ericson, John, and Debra Silverman, U.S. Department of Education : Challenge and Opportunity : The Impact of Charter Schools on School Districts, RPP International, 2001.
- Ettner. S., "Adverse Selection and the Purchase of Medigap Insurance by the Elderly", *Journal of Health Economics*, 1997; 16.
- Etzkowitz, H. & Leydesdorff, L., *Universities and the Global Knowledge Economy*, London & Washington : Pinter, 1997.
- Friedman, B. and Shortell, S., "The Financial Performance of Selected Investor-Owned and not-for-Profit System Hospitals before and after Medicare Prospective Payment", Health Services Research ; 23(2) : 1988, pp. 237~267.
- Fuller, Bruce, Marytza Gawlik, Emlei K. Gonzales, Sandra Park, and Gordon Gibbings, Charter Schools and Inequality : National Disparities in Funding, Teacher Quality and Student Support, Policy Analysis for California Education, 2003.
- Garg, P.P., Frick, K.D, Diener-West, M. and N. R. Powe, For-Profit Versus not-for-Profit Dialysis Care for Children with end Stage Renal Disease. Pediatrics ; 104(3) : 1999, pp. 519~524.
- Gaynor, M. et al., "Competition among Hospitals", *The Rand Journal of Economics*; 34(4) : 2003, pp. 764~785.
- Golden, Claudia and F. Katz, Lawrence, "The Shaping of Higher Education : The Formative Years in the United States, 1890 to 1940", *Journal of Economic Perspectives* Vol. 13, No. 1 Winter, 1999.
- Granneman, T.W., Brown R.S., and Pauly, M.V., "Estimating Hospital Costs",

Journal of Health Economics; 5, 1986, pp. 107~127.
- GreatSchools Inc., Retrieved October 15, 2003 from http://www.greatschools.net/cgi-bin/ca/cat6_bytest/11188/#stan9
- GreatSchools Inc., Retrieved October 15, 2003 from http://www.greatschools.net/modperl/browse _ school/co/535/
- Green, Jay, Greg Foster and Marcus Winter, Apples to Apples : An Evaluation of Charter Schools Serving General Student Population, Manhattan Institute, 2003.
- Hansmann, Henry, "The Changing Roles of Public, Private and Nonprofit Enterprise in Education, Health Care and other Human Services", in Fuchs Victor (ed.), *Individual and Social Responsibility*, Chicago : The University of Chicago Press, 1996.
- _____, "The Rationale for Exempting Nonprofit Organization from Corporate Income Taxation", *The Yale Law Journal* 91, 1980, pp. 55~100.
- _____, "Why Do Universities Have Endowments?", *Journal of Legal Studies* 19, 1990, pp. 3~42.
- Hartz, A. J., Krakauer, H., Kuhn, E.M., Young, M., Jacobsen, S.J., Gay, G., Muenz, L., Katzoff, M., Bailey, R.C. and Rimm, A.A., "Hospital Characteristics and Mortality Rates", *New England Journal of Medicine*; 321(25) : 1989, pp. 720~725.
- Hill, Paul T. Hill, Lawrence C. Pierce and James W. Guthrie, *Reinventing Public Education : How Contracting Can Transform America's Schools*, Chicago and London : The University of Chicago Press, 1997.
- Hoerger, T., "Profit Variability in for-Profit and not-for-Profit Hospitals", *Journal of Health Economics*; 10(3), 1991, pp. 259~289.
- Horwitz, JR,. "Making Profits and Providing Care : Comparing Nonprofit, for-Profit, and Government Hospitals", *Health Affairs*; 24(3), 2005, pp. 790~801.
- Institution, mimeo, 1999.
- James Martin, James E. Samuels & Associates, *Merging Colleges for Mutual Growth : A New Strategy for Academic Mergers*, The Johns Hopkins University Press, 1994.
- Janssen, R. Time prices and the demand for GP services. Soc. Sci. Med. 1992; 34(7).

- Jha, A., Li, Z., Orav. E. and Epstein, A., "Care in U.S. Hospitals : the Hospital Quality Alliance Program", *New England Journal of Medicine*; 353(3), 2005, pp. 265~274.
- Jones. Stanley, "Medical Influence on Private Insurance", *Health Care Financing Review*, 1996; 18(2).
- Jung, Ki-Taig, "Influence of the Introduction of a Per-Visit Copayment on Health Care Use and Expenditures : The Korean Experience", *Journal of Risk and Insurance*, 1998; 65(1).
- _____, Moral Hazard and Adverse Selection in the Private Health Insurance Market of Korea, World Congress, International Health Economics Association 2005.
- Kane, Thomas and Rouse, Cecilica Elena, "The Community College : Educating Students at the Margin Between College and Work", *Journal of Economic Perspectives*, Vol. 13, No. 1, Winter, 1999.
- Keeler, E. B., Rubenstein, L.V., Kahn, K.L., Draper, D., Harrison, E.R., McGinty, M.J., Rogers, W.H. and Brook, R.H., "Hospital Characteristics and Qualty of Care", *Journal of the American Medical Association*, 268(13), pp. 1709~1714.
- Ladd, Helen F., Holding School Accountable : Performance-Based Reform in Education, Washington D.C. : The Brookings Institution, 1996.
- Lin HC, et al, "Association of Hospital Ownership with Patient Transfers to Outpatient Care under a Prospective Payment System in Taiwan", *Health Policy*, 69(1), 2004, pp. 11~19.
- Mark, T.L., "Psychiatric Hosptal Ownership and Performance : Do Nonprofit Organizations offer Advantages in Markets Characterized by Asymmetric Information?", *Journal of Human Resources*, 31(3), 1996, pp. 631~649.
- Maurer Hartmut, Allgemeines Verwaltungsrecht, 11 Aufl., 1997.
- _____, Allgemeines Verwaltungsrecht, C. H. Beck's Verlagsbuchhandlung, München 1983.
- McCully, Duncan and Patricia Malin, What Parents Think of New York's Charter Schools, Zogby International/Manhattan Institute, 2003.
- McGlynn EA, Cassel CK, Leatherman ST, DeCristofaro A, Smits HL, "Establishing

National Goals for Quality Improvement", *Medical Care* 41(1 suppl): 2003, pp. 116~129.
- Mckay, NL. et al, "Ownership and Changes in Hospital Inefficiency", 1986-1991. Inquiry-Blue Cross and Blue Shield Association; 39(4): 2002, pp. 388~399.
- Menke, T. J., "The Effect of Chain Membership on Hospital Costs", *Health Services Research*, 32(2): 1997.
- Molnar, A., *Giving Kids the Business : the Commercialization of America's Schools*, Boulder, CO : Westview Press, 1996.
- Morrisey. MA., Wedig, GJ. and Hassan, M. , "Do Nonprofit Hospitals Pay their Way?", Health Affairs; 15(4): 1996, pp. 132~144.
- Mossialos E. , "Regulating Expenditure on Medicines in European Union Countries", Saltman RB, Figueras J, Sakellarides C(eds), *Critical Challenges for Health Care Reform in Europe*, Open University Press, 1999.
- Nathan, Joe, Charter Schools : *Creating Hope and Opportunity for American Education*, San Francisco : Jossey-Bass Publishers, 1996.
- OECD, Education at a Glance : OECD Indicators 2002, 2002.
- _____, Health Data 2005, 2005.
- Park, Se-ll, Managing Educational Reform : Lessons from Korean Experience: 1995-97, The Brookings.
- Pattison, R.V. and Katz, H.M., "Investor-Owned and not-for-Profit Hospitals : A Comparison based on California Data", *New England Journal of Medicine*, 309, 1983, pp. 347~353.
- Pauly M.V., Eisenberg J.M., Radany M.H., Erder M.H., Feldman R, Schwartz J.S., Paying Physicians : Options for Controlling Cost, Volume and Intensity of Services, Ann Arbor : Health Administration Press, 1992, pp. 65~78.
- _____, "Taxation, Health Insurance and Market Failure in the Medical Economy", *Journal of Economic Literature*, 1986; 24.
- _____, "The Economics of Moral Hazard : Comment", *The American Economic Review*, 1968; 3.

- Peck, Graig and Larry Cuban, "Good for Business, Good for Education?", 2002.
- Proenca, E.J. et al., "Correlates of Hospital Provision of Prevention and Health Promotion Services", *Medical Care Research Review*, 60(1): 2003, pp. 58~78.
- Pussar, Brian and Turner, Sarah, The Challenge of Convergence : Nonprofit and for-profit Governance in Higher Education, Cornell Higher Education Research Institute, mimeo, 2002.
- Ratcliff, J.L., "Assessment, Accreditation and Evaluation of Higher Education", Quality in Higher Education Vol. 2, 1996.
- Rosenau, P. et al., "Two Decades of Research Comparing for-Profit and Nonprofit Provider Performance in the United States", *Social Science Quarterly*, 84(2): 2003, pp. 219~241.
- Ruth, Richard, Higher Ed, Inc.: The Rise of the For-Profit University, The Johns Hopkins University Press : Baltimore and London, 2001.
- Saltman, K.J., Collateral Damage : Corporatizing Public School-a Threat to Democracy, New York : Rowman and Littlefield, 2000.
- Sapelli Claudio, "Vial Bernardita. Self-selection and Moral Hazard in Chilean Health Insurance", *Journal of Health Economics*, 2003; 22.
- Schlesinger, M. et al., "Public Expectations of Nonprofit and for-Profit Ownership in American Medicine : Clarifications and Implications", *Health Affairs*, 23(6), 1997, pp. 181~191.
- Shen Y.C., "Changes in Hospital Performance After Ownership Conversions", *Inquiry*, 40(3), 2003, pp. 17~234.
- _____, "The Effect of Hospital Ownership Choice on Patient Outcomes After Treatment for Acute Myocardial Infarction", *Journal of Health Economics*, 21(5), 2002, pp. 901~922.
- Shore, M.B., A History and Survey of Contracting for Management Services in Public Education, Washington D.C. : Economic Policy Institute, 1996.
- Shortell, S.M. and Hughes, E.F.X., "The Effects of Regulation, Competition and Ownership, on Mortality Rates among Hospital Inpatients", *New England Journal of*

- *Medicine*, 318(17), 1988, pp. 1100~1107.
- Silverman, E. et al., "Medicare Upcoding and Hospital Ownership", *Journal of Health Economics*, 23(2), 2003, pp. 369~389.
- Silverman, E.M., Skinner, J.S. and Fisher, E.S., "The Association between for-Profit Hospital Ownership and Increased Medicare Spending", *New England Journal of Medicine*, 341(6), 1999, pp. 420~426.
- Sloan F.A., Picone, GA, Taylor, DH., Jr. and Chou. S., "Hospital ownership and cost and quality of care: Is there a dime's worth of difference?", *Journal of Health Economics*, 20(1), 2001, pp. 1~21.
- Sloan, F.A. and Vraciu, R.A., "Investor-Owned and not-for-Profit Hospitals : Addressing some Issues", *Health Affairs*, 2(1), 1983, pp. 25~37.
- Smith, Nelson, Catching the Wave : Lessons from California's Charter Schools, Progressive Policy Institute, 2003.
- Solomon, Lewis, Findings from the 2002 Survey of Parents with Children in Arizona Charter Schools : How Parents Grade Their Charter Schools, Human Resources Policy Corporation, 2003.
- State University of New York, Charter Schools Institute, State University Authorized Charter Schools' Achievement on the 2003 State English Language Arts Examination, 2003.
- Sunwoong Kim and Ju-Ho Lee, "Changing Facets of Korean Higher Education : Market Competition and the Role of the State", KDI, mimeo, 2002.
- The Center of Education Reform, Retrieved October 15, 2003 from http:// edreform.com/charter _ schools/laws/ranking _ chart.pdf
- The League of Charter Schools, North Carolina's Charter Schools Pass Accountability Test, 2003.
- Town and Country Planning Act, HMSO, 1990.
- U. S. Department of Education, National Center For Eduation Statistics, 1994a, The Condition of Education, 1994.
- _____, National Center for Education Statistics, 1994b, Digest of Education Statistics,

1994.
- Vitaliano, D. and Toren. M., "Cost and efficiency in nursing homes: A stochastic frontier approach", *Journal of Health Economics*; 13(3): 1994, pp. 281~300.
- Weiss, Linda and Hobson, John M., 1995, States and Economic Development : A comparative Historical Analysis Polity Press, 1995.
- Winston, Gordon C., International Financing in Education in M. Carnoy(ed.), *International Encyclopedia of Economics of Education,* 2nd ED., NY : Elsevier Science Inc., 1995, pp. 433~438.
- Wolfe. J. and Goddeeris, J., "Adverse Selection, Moral Hazard and Wealth Effects : the Medigap Insurance Market", *Journal of Health Economics*, 1991; 10.
- Woodhandler, S., Campbell, T. and Himmelstein, D., "Cost of Health Care Administration in the United States and Canada", *The New England Journal of Medicine*, 349(8), 2003, pp. 768~775.
- World Bank Annual Report. 2005.
- World Bank, World Development Report 1997 : The State in a Changing World, World Bank, 1997.
- You Jong-Il and Ju-Ho Lee, "Economic and Social Consquences of Globalization : The Case of South Korea", mimemo, 1999.